Modern Poetry

with Essays in Criticism

Annotated with
Critical Introduction
by
HYEON-OK, KIM

Shinasa

Contents

머 리 말

이 책은 현대 영미시를 강의해 온 편자가 학생들이 흥미를 가지고 현대 영미시의 흐름과 정수를 감상할 수 있도록 교재로 엮은 것이다. 원서뿐만 아니라 국내에서 발간된 수종의 관련 서적을 살피면서 현장 강의를 해온 편자는 그 저자 선생님들의 노고에 감사를 드리면서 나름대로 정리하고 종합하면서 작은 견해를 피력하였다.

1890년대 부터 1960년에 이르기까지 변천하는 세계사와 수많은 사상의 명멸을 숙지하고, 현대시의 저류와 전개 과정에서 밑거름이 되어온 시론을 연구하면서 도도히 흐르는 그 물결의 소용돌이를 찾아 시간을 내어 연구하도록 본서는 짜여져 있다.

편자는 본서에서 현대 영미시의 발전 과정을 크게 현대시의 선구자 Walter Whitman, Emily Dickinson, Thomas Hardy, Gerard Manley Hopkins를 필두로 1910년대의 Georgian Poets를 비롯한 War Poets와 Imagists, Modernism과 1920년대의 T.S. Eliot의 출현과 동시에 그의 선배들인 W.B.Yeats와 D.H.Lawrence 그리고 Edith Sitwell, 1930년대 부터 1940년대의 전반까지 New Country파, 1950년대의 Surrealism과 Apocalypse, 1960년대 등으로 구분하여 주요 시인들을 소개하고 그들의 작품에 해설 및 주를 달았다.

현대 영미시에 있어서 대부분의 양국 시인들이 비슷한 문학사조에 따라 작품 활동을 했기에 두 나라 시인들을 출생 연대순으로 정리하여 가능한 객관적으로 대표작을 간추렸고 특히 Yeats와 Eliot의 시에 비중을 실었다.

이 책자가 각박한 상황의 오늘을 살아가는 젊은 지성인들에게 미래의 도전에 작은 꿈을 심어줄 수 있기를 바라는 마음 간절하다. 비교적 많은 시간을 바쳐 학생들에게 도움이 되도록 노력하였으나 뜻하지 않은 오류가 없는지 걱정스러운 점도 없지 않지만 이 책의 미비한 점은 계속 갈고 닦아 보완하여 현대 영미시에 관심이 있는 분들에게 길잡이가 되도록 노력하겠다.

끝으로 본서를 출판해 주신 정석균 신아사 사장님과 좋은 책이 되도록 수고하여 주신 신아사 여러분께 감사를 드립니다.

1994년 1월

김 현 옥 씀

Introduction

현대시의 흐름

Victoria 여왕(1819~1901)의 64년에 걸쳤던 치세가 1901년에 끝나면서 20세기가 시작된다. Victorian Age 라고 불리우는 시기는 문학상으로는 전통과 기독교 정신의 튼튼한 반석 위에 선 도덕적 이상주의를 이루었고, 정치적으로는 식민제국주의의 정책으로 물질적 번영이 영국 역사상 매우 풍성하였던 때였다. 영토는 크게 팽창되었고 산업·경제는 경이적으로 발달하였다. 그 결과 물질만능주의와 낙관주의가 팽배하였고 정신은 이완되고 해이해졌으며 그 결과 사상은 세기말의 퇴폐적 반항 정신이 풍미했다.

그러나 영국이 누리어 왔던 자본주의적 번영은 노동의 불만이 여러가지 사회적 불안에 자극되어 권리투쟁으로 변하였다. 그 결과 사회주의 운동이 일어나서 정당조직에 까지 이르러 오늘날의 노동당으로 발전하게 되었다.

한편 자연과학의 발달에 따른 인지의 개발과, 신은 죽었다고 외친 Nietzsche (1844~1900)와 Charles Darwin (1809~1882)의 진화론 등에 의하여 종래의 신앙에 회의를 느끼면서 이 시대의 정신적 지주가 흔들리기 시작하였다. 이 때 T.H.Huxley (1825~95), H.Spencer (1820~1903)가 주장한 "불가지론" (Agnosticism)이 싹텄다. 불가지론이란 신을 존재하는 것으로서가 아니라 이상으로서 다루어 사람들에게 그 가치를 인정시킨다는 뜻이며 경험을 초월하는 모든 문제를 거부하는 학설이다.

이러한 추세는 현대문학의 한 저류로서 발생하게 되었다. 1903년에 발표한 Thomas Hardy (1840~1928)의 장시 *The Dynasty* 의 주제는 지금까지의 관습 및 신앙에 대한 회의와 반항, 거기서 탈출함으로써 확립된 합리적 과학정신과 「불가지론」 등 이다.

1910년대의 George 5세 치세 초기에 활약한 일군의 시인들을 통칭하여 편의상 Georgian Poets 라고 한다. 그러나 이들을 현대

시인이라고 부르지 않는다. 이 명칭의 유래는 그들 대부분의 시가 1912년부터 1922년에 이르는 동안 Edward Marsh 에 의해서 5권으로 나누어 간행된 *Georgian Poetry* 라는 시집에 수록된 데 있다.

그들은 뚜렷한 주장이나 시파를 표방한 것도 아니어서 어떤 공통적인 특징이 없었다. 그들은 Victoria 조 시와 데카당 시인들을 경멸했으며 소박성과 진실성을 실천하려 애썼다. 그들의 주제는 주로 자연과 관련이 있어서 그들은 현대세계의 도피자로 보였다. 그들은 약간의 예외를 제외하면 대개 단시를 썼고, 교훈적 의도가 없었고 테마가 단순했다. 힘이 들만큼 정열적이거나 지식을 요구하는 것이 아니었다. Georgian 시인들로는, Edward Thomas (1878~1917), Herbert Read (1893~968), Robert Graves (1895~) 등이 있다.

제 1차 세계대전(1914~18)이 끝났을 때 지금까지의 질서는 완전히 사라졌다. 낙관의 시대는 가고 불안과 환멸의 시대가 왔다. 20세기 초 잠시 훈훈하였던 Indian Summer 는 끝이났다. Eliot 는 전후의 세대를 "가치의 상실이 근본적으로 적극적인 가치를 지닌 세대" (a generation for whom the dissolution of value had in itself a positive value) 라고 말하였다. 1917년 34세의 젊은 나이로 제 1차 세계대전에 자원 입대하여 전사한 Thomas Ernest Hulme (1883~1917)의 말을 빌면 모든 것이 혼돈이며 잿더미였다.

전쟁 후 일체의 전통을 부정하는 절망적인 고뇌에서 관능과 향락·탐미주의로 전락해 가는 정신적 위기의 시대를 맞이하고 있었다. 그러나 이 상황을 극복하고 새로운 세계관이 정립되기를 바라는 때가 또한 이 시대였다. Hulme 은 극복의 단서로써 미술과 문학과 문화의 전반에 걸쳐 낡은 시대의 종말을 고하고 새 시대를 예언하면서 새로운 의미의 고전주의 즉 반휴머니즘에서 찾았다. 이러한 사상적 바탕에서 문학의 경우 주지주의가 성립, 형성되었다.

그러나 현대시의 싹을 키울 만한 전통은 보이지 않았다. 현대 영미시인들이 그들의 선배인 Victoria 조 시인들에게서 모범을 삼아서 발전시킬 만한 것이 없는 정도가 아니라, 오히려 그들에 대한 반발로써 현대시는 출발한 것이다.

그들이 새로운 운동을 모색하면서 방황하고 있을 무렵에 Modernism 의 효시가 될 수 있는 Arthur Symons 의 *The Symbolist Movement in Literature* (1899)가 영미 시단에 알려지게 되었다. 이 책은 200쪽도 못되지만 출판된 지 10년이 넘어 영국 해협에 건너와 현대 영미시의 출발에 큰 공헌을 했다.

상징주의가 문예사조로서 구체적으로 발족되기는 1886년 모래아스(Jean Moreas : 1856~1910)가 *Le Figaro* 지에 상징주의를 선언한 데서 비롯된다.

그러나 그 이전에 보들레르(Charles Baudelaire : 1821~1867)에 의해 이미 시학이 확립되었고, 말라르메(Stéphane Mallarmé 1842~1898), 베를레느(Paul Verlaine : 1844~1896), 랭보(Arthur Rimbaud : 1854~1891) 등 계승자를 통하여 상징중의의 여러 국면이 개척되었다. 문예사조로서의 상징주의의 원조인 Baudelaire 의 「악의 꽃」 *(Les Fleurs du Mal)* 이 출판된 것은 1857년으로 Moreas 의 선언이 있기 30년 전으로 거슬러 올라간다.

"상징"이란 용어는 원래 '하나로 맞추어 보다'(to put together), '비교해 보다'(compare) 는 뜻의 희랍어 동사 'symballein' 에서 유래된다. 따라서 상징의 원리는 "두 개로 쪼개진 것을 하나로 맞추어 본다"는 행위 그 자체에서 찾아 볼 수 있다.

상징의 사전적 의미는 불가시의 어떤 것이 가시적 기호로 이해될 수 있다는 것이다. 이때 가시적 기호는 감각을 통해서 인지할 수 있는 구체적 사물이요, 불가시의 어떤 것(something invisible)이란 감각기관을 통해서는 파악할 수 없는 사상이나 이념과 같은 것을 가리킨다. 상징주의를 한 마디로 요약하면 외적 경험과는 별도로 내면적이고 신비적인 깊은 세계를 암시적으로 표현하는 문예상의 태도, 경향이다.

20세기의 영미시의 최고봉인 Eliot 와 Yeats 의 시에서 상징주의의 뚜렷한 영향을 볼 수 있고, 특히 Eliot 의 경우는 1908년 그가 Harvard 대학 3학년에 재학 중, 앞에서 말한 책자를 통하여 프랑스 상징주의에 접하게 되었다. Eliot 는 시에 Symbol 의 중요성을 깊이 느꼈으며, 갖가지 Poetic symbol 의 능란한 구사로 현대시에 있어 독보적 위치를 누렸던 것이며, 이렇게 하여 상징주의 영향은 현대시의 흐름에 큰 파장을 이루었던 것이다.

상징주의 시가 현대시에 영향을 끼치고 있을 때에 미국에서 영국으로 건너와 활동하고 있던 Ezra Pound 를 중심으로 침체에 빠진 영국시의 전통에 새로 활기를 불어넣기 위한 방법으로 사상파 운동(Imagism) 이 일어났다.

이 운동은 1909년에 시작해서 1917년에 끝났지만 이 영향은 현대시에 지대하였다. 이 운동은 언어와 시의 기교의 혁신에 착안하여 인습화 되어 낡아빠진 언어와 기교를 가지고 미를 추구하고자 했던 George 왕조 시인들과는 달리, 이미지스트들은 시인의 감정을 정확히 전달할 수 있는 언어에 관심을 집중했다. 이 새로운 운동의 모체가 된 것은 인간의 유한성과 불완전성을 터득한 T.E. Hulme 의 Renaissance 이후의 반Humanism 사상과 반낭만주의 (Anti-Romanticism) 사상 그리고 Ezra Pound 의 중세문학과 동양시에서 영향을 받은 고전주의 시론이다. 여기에 프랑스 상징파 시 운동의 영향도 컸다.

이러한 전위적(avant-garde) 인 이미지스트들은 Little magazine 을 통해서 표현의 길을 개척해 갔다. 이 little magazine 이 동인지 같은 역할을 하였으나 영향력을 발휘한 까닭은 문단의 기성 전통에 대한 반발과 새로운 문학 실험에 독자들의 관심이 쏠렸기 때문이다. 그들은 미국에서 발간한 *Poetry, a Magazine of Verse* 를 비롯 *Egoist* 를 통하여 산발적으로 작품을 발표하였다.

1912년 Pound 는 이들이 이미 발표한 시를 편집하여 *Some Imagist Poets* 란 시집을 출판하였다. 그후 Pound 의 관심이 Imagism

을 떠났기 때문에 Amy Lowell이 그 대신 지도자가 되어 1915, 1916, 1917년 연간으로 *Some Imagist Poets*를 내었다. 이 시집에 실린 Imagist들을 보면 Ezrs Pound(1885~1972), Hilda Doolittle (1886~1961), Amy Lowell(1874~1925) 등이 주요 멤버이고 Richard Aldington, F.S. Flint, John Gould Fletcher 등과 D.H. Lawrence, James Joyce의 이름도 들어있다. 그들의 슬로우건은 Pound나 Flint에 의하여 여러가지 형식으로 발표되었지만, 그러한 산발적인 의견을 종합하여 체계화한 것은 Amy Lowell이 발표한 6항의 원칙이다.

1. 일상적인 언어를 쓰되 반드시 정확한 언어를 쓸 것.
2. 새로운 감정의 표현으로서 새로운 리듬을 창조할 것.
3. 소재 선택에 절대적 자유를 허용할 것.
4. 한 이미지를 표현할 것(여기서 "Imagist"란 이름이 나왔다). 우리는 화가의 한파가 아니다. 시는 개별적인 것들을 정확히 표현해야 하지, 아무리 장엄하고 요란한 것이라도 막연한 일반적인 것은 다루지 말아야 한다.
5. 시는 견실하고 분명해야지 흐릿하거나 불분명해서는 안된다.
6. 집중이 시의 정수일 것.

현대 영미시를 보는 시각에는 다소의 차이가 있겠지만 결국 현대시라는 포괄적 의미의 새로운 시를 개척한 것은 T.E.Hulme과 Ezra Pound가 중심이 된 1910년 전후의 Imagist Movement와 이들의 이론을 직접 간접으로 흡수한 W.B.Yeats 및 T.S.Eliot 등이다.

이 시기 이후의 문학의 징후를 「현대적」(modern)이란 형용사로 표현한다면 그것은 전 시대의 문학과 차별성을 지니고 있다. 그 차이는 밀레나 고호의 그림과 세잔느나 피카소우의 그림의 대조처럼 19세기와의 차이라기보다는 르네상스 시대 약 400년 간의 근대 예술 전체와의 차이를 보이고 있다.

20년대에 들어서면서부터 시단에 새로운 경향이 주류를 이루었다. Georgian poets는 전후시의 중심에서 사라지고 그 대신 범세계적이고 도시, 우글대는 거리, 사무실과 바아와 아파트의 생활, 저녁때의 창녀들을 다루는 충격적인 시가 나타났다.

T.S.Eliot는 이미 1910년경에 의식의 흐름(stream of consciousness)의 수법으로 "The Love Song of J.Alfred Prufrock" 같은 혁신적인 시를 써서 시대의 앞장을 섰었다. 그러나 1920년대 초의 상황은 대부분의 시 독자들이 여전히 Georgian적이었지만 Eliot의 *The Waste Land*(1922)는 Wordsworth와 Coleridge의 *Lyrical Ballads*(1798) 이래 가장 혁명적이었다. 1930년대의 많은 젊은이들의 취향은 Eliot에게 향했으며 그의 시는 널리 암송되었다. Eliot를 중심으로 새로 등장한 시인들은 새로운 내용과 새로운 기법을 제시하면서 현대시의 방향을 규정하기에 이르렀다.

Eliot는 현대시의 난해성에 관해서 아래와 같은 말을 썼다.

> 목하 실재하는 대로, 우리의 문명 가운데서 시인들은 난해할 수밖에 없는 듯이 보인다고 우리는 다만 말할 수 있다. 우리의 문명은 거창한 다양성과 복잡성을 포괄하고 있어, 이 다양성과 복합성이, 세련된 감수성을 자극할 때, 다양성과 복잡성을 생성해 낼수밖에 없다. 시인은 언어를 그의 의미 가운데로 강제하거나, 또 필요에 따라, 전위하기 위해서는, 더욱 더 포괄적이고, 더욱 더 인유적이고, 더욱 더 간접적이, 될 수밖에 없다.
>
> (We can only say that it appears likely that poets in our civilization, as it exists at present, must be difficult. Our civilization comprehends great variety and complexity, playing upon a refined sensibility, must produce various and complex results. The poet must become more and more comprehensive, more allusive, more indirect, in order to force, to dislocate if necessary, language into his meaning.)

이러한 시의 혁명은 그때까지 지배적이었던 Victoria조 낭만주의 전통에 대한 전면적인 도전을 의미한 것이며 재래의 시관에 대한 수정을 기도하였다. 물론 이들 현대 시인들이 사물의 정확한 표현을 위해 'exact word' 의 선택, 'hard, dry and precise visual image' 사용, 보다 더 탄력 있는 rhythm 의 창조 등은 10년대 초기에 대두한 imagist 들에게서 영향을 받았다.

또한 현대 시인들에게 심각한 영향을 준 시인들은 형이상학 시인들이라 할 수 있다.

신고전주의 시인 John Dryden(1631~1700) 이 「풍자의 기원과 진전에 관한 논문」(*A Discourse of the Original and Progress of Satire*) 에서 「형이상학」이란 말을 영문학에서는 처음으로 사용하였다. 그러나 형이상학적 비유법을 분석하고 문학비평에 그 용어를 정착시킨 것은 Samuel Johnson(1709~84) 박사였다. 그는 그의 저서 「시인전」(*Lives of the Poets*) 중 "카울리론"(Life of Cowley) 에서 형이상학 시인들을 비난하는 용어로써 이 말을 사용하였다. 많은 모순이 내포된 용어라는 사실이 밝혀졌음에도 불구하고 Metaphysical Poets 가 그대로 사용도고 있는 것은 단지 인습때문이다.

Herbert Grierson 이 편집한 「17세기 형이상학적 서정시, 1921」(*Metaphysical Lyrics and Poems of the Seventeenth Century*) 와 Eliot 의 "The Metaphysical Poets" 라는 평론을 계기로 17세기의 Metaphysical Poets 가 새로운 각광을 받고 그 진가가 인정되었다. 17세기에 찬미를 18세기에 경멸을 받고 20세기에 열광적으로 재발견 되었다.

이러한 현상의 이유는 17세기 초반과 20세기 초반의 시대적 배경이 유사했던 점이라 할 수 있다. 형이상학 시인들이 Elizabeth 조 시풍에 반대했듯이 20세기 시인들이 Victoria 조의 낭만주의 전통에 반대했었고 또 형이상학 시인들의 지적 경향과 현대 시인들의 지적 경향의 일치가 있었기 때문이라 볼 수 있다.

Eliot 이후 그의 영향을 받은 일군의 젊은 시인들은 30년대의 시단을 대표하기에 이르렀다. 이들은 거의 전부가 Oxford 혹은 Cambridge 출신의 지식인들의 시대 정신을 가장 첨예하게 반영하였다. Eliot 가 주장하고 실천한 것처럼 그들은 낡아빠진 시어를 처분하였고 감상주의를 지양하고, 싱싱한 image 를 사용하고, 미묘한 운률의 구사에 있어 대담하고 독창적이었다.

그러나 이들 30년대 시인들은 현실에 대결하는 태도에 있어서는 Eliot 와 달리 하였다. 현실 사회의 부패와 혼돈의 구제를 Eliot 는 초월적인 것에서 찾았는데 반하여 젊은 시인들은 현실사회에 밀착하여 그것을 개조하는 방향을 모색하였다. 그 결과 그들은 현실의 절망과 좌절에서 탈출구를 30년대의 신화였던 Marxist 적인 입장에서 미래 사회를 꿈꾸었고 특히 Auden Group 이라고 불리워진 W.H. Auden(1907~1973), S.Spender(1090~), Louis MacNeice (1907~1964) 등이 두드러진 경향을 보였지만 Spain 내란(1936)을 정점으로 시들기 시작하여 2차 대전의 종말과 더불어 사라졌다. 이들은 정치가 문학을 지배하지 못하며 Proletariat (노동, 무산계급)의 독재가 인간의 자유 및 존귀와 양립될 수 없다는 인식 가운데 그들은 떨어져 나갈 수 밖에 없었다. 이들은 40년대에 와서 결국 Eliot 와 그렇게 멀지 않는 정신적 위치를 자리잡게 되었다.

제 2차 세계대전(1939~45)은 1차 대전을 능가하는 전 세계적 규모로서 전후에 많은 변모를 초래하였다. 그러나 1차 대전 후의 세대가 겪었던 불안이나 환멸은 없었고 정신의 진공 상태인 허허한 공백감만이 만연하였다. 불안이나 환멸은 그 자체가 문학의 대상이 될 수 있지만 이 모진 정치의 바람이 휘몰아친 정신의 공백 가운데는 새로 탄생할 아무런 토양과 양분도 없는 듯한 기운만 팽배하였다. 그러나 이 황무지에서도 한 두 가지의 새로운 움직임이 움트고 있었다.

그 하나로서 Surrealist Movement (초현실주의 운동)를 들 수 있다. 이 운동은 1924년 Andrew Breton(1896~1970) 이 Surrealism 을 선언한 데서 비롯되었는데 자유로운 상상력으로 현실을 초월한 꿈이나 잠재의식의 세계를 창조하려는 문학예술 운동이다. 구라파 대륙에서는 이미 20년대에 전성기였다. 이 운동은 1936년에 영국에서 시작하였다. 그러나 이 운동은 단명하였고 영향의 범위도 좁았으나 기성작가 Herbert Read(1893~1968), Dylan Thomas(1914~1953) 등을 포함한 몇 사람의 신진에게 영향을 주었다.

또 하나의 움직임은 1939년 경에 태동한 Apocalypse(계시문학) 운동이다. George Baker(1913~), G.S.Fraser(1915~) 등의 젊은 시인들이 주동이 되어 기계 시대에 대한 증오심과 신화에 의존한 태도를 보였다. 이들은 *Book of Revelation,* Blake, Hopkins, Franz kafka를 그들의 영향의 원천으로 삼았다. 이 운동 자체는 크게 발전하지 못했지만 그것이 암시해 주는 새로운 낭만적 경향은 거의 30년 동안 뿌리 내린 전위적인 영시의 anti-romanticism의 흐름에 거역하는 듯이 보였다.

지금까지 현대시의 시대적, 사회적 배경을 살펴본 바와 같이 1910년을 전후하여 시작된 문학상의 여러가지 실험들은 모두 그 질서의 거부를 바탕으로 하여 새로운 가치와 방향과 방법에 대한 탐색이요, 모색이었다. 특히 T.E.Hulme의 상속자인 Eliot는 형이상학시, 상징주의시, 사상주의 시론으로 무장하여 그를 기점으로 구 시대의 시와 신 시대의 시의 분수령 역할을 하였다. 뿐만 아니라 그는 현대 시인의 기수로서 영국의 시단은 물론이고 종래의 유럽 대륙과 영국 시단의 영향 속에 안주해 오던 미국의 시단에도 민감한 영향을 일으켰다.

Walt Whitman(1819~1892)

Walt Whitman은 1819년 3월 21일 Longland주의, 당시에는 전원적이었던, Huntington에서 8남매중 둘째 아들로 태어났다. 그의 아버지는 영국출신이며 그의 어머니는 네덜란드 출신이다. 그가 종교적 전통에는 무관심하고 개인적 경험과 개인적 자선에 가치를 부여한 것은 그의 양친이 퀘이커 교도였다는 사실에서 찾아 볼 수 있다.

Whitman이 아직 어렸을 때, 농부이자 목수였던 그의 아버지는 당시 주민이 1만명 미만이었던 Brooklyn으로 이사했다. 그는 신흥도시와 어촌을 오가며 고기를 잡고 바다의 생활을 관찰하며 원시적인 자연 생활 속에서 행복한 어린 시절을 보냈다. 그의 학교 교육기간은 국민학교 5년 뿐이었다. 그가 11세가 되던 1830년에는 변호사 사무실에서 사환으로 일했다. 다음에는 어떤 의사 밑에서 일했다. 그렇지만 그는 곧 인쇄업과 신문, 잡지사의 식자공으로 자리를 바꾸었다. 1837년 18세 때 국민학교 교사가 되었다. 그후 1840년에 뉴욕의 한 신문사에서 입사해 기자로 일하였고 1846년에서 1848년까지는 *Brooklyn Eagle*지의 편집장으로서 열의를 보였으나 그 잡지사의 사주와 정치적 견해차이로 해서 그곳을 떠났다. 그후 *New Orleans Crescent*지의 편집장으로서 몇달 동안 근무하면서 미국 대륙으로 그의 첫번째 여행을 했다.

Whitman은 1847년 시를 쓰기 시작하면서 아버지의 건축일을 도왔다. 이때부터 *Leaves of Grass*를 집필하기 시작했다. 1855년 6월 4일에 12편의 시를 수록한 94페이지의 판이 발행되었다. 첫 7판중 2판을 제외하고는 모두 다 자비출판 되었고 저자 자신이 조판을 했다. 그 책은 저자의 이름은 없었으나 책머리에 작업복 차림에 수염을 기르고 단추가 끌러진 허름한 모습을 한 시인의 사진이 실려있었고 시 속에 "Walt Whitman, 하나의 우주, 맨허턴의 사나이"라는 귀절이 들어 있었다. 따라서 저자가 누구인지는 알 수 있었다. 그 책은 팔리지 않았지만 몇몇 문학계의 중진들의 관심을 끌었다.

Whitman의 복사본을 받은 Emerson은 그 유명한 감사장을 썼다: "나는 당신의 위대한 여정의 출발에 있어서 축하의 인사를 보냅니다. 그러나 이와 같은 출발은 이미 어디에선가 오랜 경륜을 쌓아 왔음이 틀림없으리라 생각합니다. 나는 이 섬광이 환각이 아닌지를 보려고 내 눈을 비볐지만 이 책에 대한 확신감은 의심의 여지없이 분명했습니다. 이 책은 활기를 주고 용기를 북돋워 주는 장점을 지녔습니다".

Whitman은 힐책과 냉대 속에서도 용기를 잃지 않았다. 그는 1881년 *Leaves of Grass*의 제 6판이 나올 때까지 계속 시의 내용을 수정하고, 편집의 순서를 바꾸고 새로운 시를 첨가하는 등 한권의 시집의 완성을 위해 꾸준히 노력했다. 이렇게 해서 완성된 Whitman의 단 한권 뿐인 시집 「풀잎」에는 모두 393편의 시가 수록되어 있다. 이 시집은 어떤 면으로는 시집 전체를 하나의 단일한 시로 볼 수 있다. 하나의 나무가 자라듯이, 혹은 하나의 숲이 완성되듯이 근 30년간에 걸쳐 「풀잎」이라는 하나의 거대한 시가 완성된 것이다.

남북전쟁 중에 Whitman은 부상당한 그의 군인 동생 George와 함께 있기 위해서 1862년에 Virginia에 갔다. George의 부상은 가벼웠으나 몇주 동안 Whitman은 전선 근처에 머물렀다. 그 후 Washington으로 가서 북군, 남군을 막론하고 부상당한 군인들을 돌보기 위해 활동할 수 있는 기회를 얻고자 육군 경리관의 사무실에서 시간급 일을 했다. 병사들에 대한 Whitman의 섬세한 애정은 노동자 출신의 젊은이들과 공감대를 이루어 아름다운 우정은 튼튼해졌다.

전쟁이 끝난 후 Whitman은 Washington에 머물렀다. 그는 1865년에 Office of Indian Affairs에 임명되었다. 그러나 *Leaves of Grass*가 외설이란 이유로 6개월도 못되어 실직하게 되었지만 곧바로 법무장관실에 고용되었다. 그가 1873년 뇌일혈로 고생할 때까지 그곳에서 근무하였다. 1882년 Boston 검찰청에서 「풀잎」에 판매금지 처분이 내려졌다. Whitman은 그 병에서 회복되지 못한 채 한동안 New Jersy 주 Camden에 있는 그의 동생 George의 집에서 환자로 지냈다.

그는 종종 강연이나 여행을 할 정도로 건강이 회복되어서 Lincoln 대통령의 죽음에 대한 작품을 쓸 수 있었다. Camden에 작은 집을 사서 그곳에서 그의 생애의 마지막 8년을 보냈다. Whitman은 1892년 3월 26일 73세의 나이로 세상을 떠났다.

Emily Dickinson(1830~1886)

Emily Dickinson은 1830년 12월 19일 Massachusetts 주의 Amherst에서 존경받는 변호사 Edward Dickinson의 딸로 태어났다. 그녀의 아버지는 여러해 동안 Amherst College의 회계원으로 일했고, 한때는 의회 의원이기도 했다. 그녀에게는 자기를 좋아하는 언니 Lavinia와 오빠 Austin이 있었고, Austin의 아내인 Susan Gilbert는 상당히 세련된 New York 사람으로 한동안 그녀의 가장 소중한 친구였다.

Emily Dickinson은 어린 시절부터 계속 집에서만 생활했으며 Amherst를 거의 떠나지 않았다. 그녀와 절친한 사이인 Thomas Wentworth Higginson이 잡지에 기고한 글을 읽어온 그녀는 두편의 시를 비평과 충고를 부탁한다는 편지와 함께 보냈다.

Emily Dicknson은 17세에 Amherst Academy를 졸업했고, 몇달 후 Massachusetts의 South Hadley에 있는 Mount Holyoke 여자 신학교에 들어갔다. 그곳은 불과 집에서 6~7마일 밖에 떨어지지 않았지만, 그녀는 심한 향수병을 앓았고 1년이 채 안되어 Amherst에 돌아왔다.

그녀는 고향에서 직업을 갖고 즐거운 생활을 보냈다. 1856년에 그녀는 Local Cattle Show(지방 가축 품평회)에 Bread Division에서 2등상을 받았고, 1858년에는 판사로 일했다. 그녀가 가까이 지냈던 사람은 몇 안되지만, 그들은 그녀의 내면적인 삶에 부분적으로 역할을 했고 깊은 우정을 나누었다.

그녀는 아버지의 법률 견습도제인 Benjamin F. Newton과 일상적인 우정의 범위를 넘어선 관계를 보였다. Newton은 열성적이었고 확신에 찬 젊은이로서 그녀를 격려하기도 했으나 그는 가난했고, 그녀의 남편 후보로는 적합하지 않았다. 아마 그녀가 가장 좋아했던 남자는 Reverend Charles Wadsworth였고, 좀처럼 Amherst를 떠난적이 없었던 그녀가 1854년 여행중에 Philadelphia에서 그를 만났다. 그는 San Francisco에 있는 교회로 부름을 받기전인 1860년에 잠깐 그녀의 집을 방문했다.

1860년대 초 쓰여진 그녀의 빼어난 시에 그를 떠나 보내기 힘든 고통과 마음앓이가 나타나 있다. 그녀는 1860년대 기이한 은둔자가 되었다. 그녀는 흰옷을 입었고, 그녀를 찾는 이는 점점 줄어 마침내 아무도 그녀를 찾지 않았다. 그녀는 1886년 5월 14일에 죽었다. 1890년 그녀의 시를 처음으로 편집한 Higginson은 그녀의 시를 손질하여 유고집을 출판하였다.

그후 10년이 지나 그녀의 활동범위가 점점 밝혀졌고, 그녀의 모든 시들은 최초로 원본이 편집 개량되지 않고 손상되지 않는 채 1955년에야 출판되었다.

Thomas Hardy(1840~1928)

Thomas Hardy는 1840년 6월 2일에 영국 남서부 지방 Dorset의 주요도시 Dorchester 부근의 Upper Bockhampton에서 4남매의 맏이로 태어나서 3번의 오랜 부재기간을 제외하고는 그곳에 살면서 그곳에서 운명을 마쳤다.

부친과 조부는 건축기술자였다. 농경사회의 전통을 유지하던

Dorset 에서 그의 집안은 경제적으로 자립한 장인 계층이었다. Hardy 가는 거의 40년 동안 마을 성가대에서 중추적 역할을 했다. 이것은 어린 Hardy 의 문화적 소양에 밑거름이 되었다.

1849에서부터 1856년까지 장거리 도보 통학을 하면서 Dorchester 학교에 다녔다. 그는 출생당시 의사가 사산으로 판단할 정도로 허약하였다. 그런 Hardy 에게 이 통학길은 여러가지 영향을 주었다.

16세 때 그는 학교를 그만 두고 Dorchester 의 건축가요, 교회건물 복원 기술자인 John Hiks 와 도제계약을 맺는다. 그의 첫번째 목표는 빌딩을 설계하는 것이었다. 그는 이 직업으로 생계를 유지해 나갈 수 있다고 생각했지만 틈틈이 라틴고전과 그리이스어를 Hiks 와 Barnes 와 상의하며 공부하였다. 특히 Barnes 는 Hardy 의 문학에 대한 관심을 높여주었다. 그러나 그 당시 그는 문학을 자기의 생업으로 생각지 않았고, 또한 무모한 모험도 하지 않았다.

1858년부터 1861년까지 부근 Fordington 에 살며 Cambridge 와 Oxford 대학에서 공부한 Hoarce Moule 과 교유하며 그리이스어 공부에 도움을 받았다. 다윈의 「종의 기원」에 찬동하며 전통적 신앙체계를 회의하고 과학적 합리주의 시대의 기운에 눈을 떴다.

1862년부터 1867년까지 건축을 좀더 깊이 공부하기 위하여 London 으로 갔다. 거기서 "영국 건축가 왕립학회"의 상을 받았다. 휴일에 London 밖으로 나가 스케치, 회화를 하고 저녁에 정열적으로 독서를 하였다. 초기 시의 대부분은 이 기간중에 씌어졌다. 차츰 London 보다 시골을 선호하게 되고 사회에 대하여 비판적인 태도를 갖게 되었다.

1867년부터 1870년, 교회복원 기술자를 구하는 Hiks 의 서신을 기화로 귀향하였다. 1870년 교회 복원 기획으로 Cornwall 지방으로 출장을 갔다가 목사의 처제인 Emma Lavinia Gifford 를 만나 교제하였다.

1871년 *Desperate Remedies* 를 London 에서 출간하였다. 그때부터 20년 이상이나 소설을 써서 빅토리아조 대소설가의 한사람으로 꼽

히었다. 1874년 9월 Emma Gifford와 London에서 결혼하고 파리 등을 여행한 후 London 교외 Surbiton에 정착하였다.

1875~1878년 Dorchester 북쪽 Sturminster Newton에 처음으로 주택을 마련하여 2년간 Emma와 가장 행복한 시절을 보냈다. 이때에 명작 「귀향」이 출판되었다. Dorchester로 이주하여 교외에 스스로 설계한 평생의 저택 Max Gate를 지어 1885년에 이주하였다.

1888~1892년 「테스」를 집필하였고, 이 무렵 Emma와 사이가 점점 벌어졌다.

그녀는 남편이 문학계에서 뿐만 아니라 사회적으로 성공하였을 때 괴로워하였다. 그녀는 꾀병을 부리거나 집에 혼자 있으면서 남편의 친구들과 거리를 두었다. 결국 그녀는 미치게 되었다.

그러나 1912년 그녀가 죽은 후, Hardy는 거의 50년 동안 "air blue gown"을 입었던 그녀를 환기시키는 가장 열렬한 시를 썼다.

1895년에 발표한 *Jude the Obscure* 「이름없는 쥬드」가 부도덕을 이유로 심한 비난을 받자 몹시 절망한 나머지 소설을 단념하고 원래의 꿈인 시로 돌아선다.

월털 루 평원을 몸소 거닐며 대하 서사시 *The Dynasts* 「제왕들」을 구상하여 1902년 집필하기 시작한 이 작품은 나폴레옹 전쟁사를 토대로 한 Hardy 필생의 대작이다.

1905년 스코틀랜드의 Aberdeen 대학에서 명예문학박사 학위를 받았고, 1910년 왕실의 공로훈장을 받고 Dorchester의 명예시민이 되었다.

1912년 Emma의 사망으로 큰 충격을 받고 회한에 빠졌다. 충직한 Emma를 홀대하였다는 자책과 슬픔 속에서 수십편의 시를 쓰고 Emma의 Cornwall 고향을 참회의 뜻으로 순례하였다. 이때 Cambridge 대학에서 명예 문학박사 학위를 받았다.

1914년 이래 Max Gate에 기거하며 노령의 시인을 돌본 플로렌스와 결혼하였다.

1920년 Oxford 대학에서 명예 문학박사 학위를 받고, 1925년 브리스틀 대학의 명예 문학박사 학위를 받았다.

Hardy는 그의 장수를 영광으로 여기며 1828(88세)에 출판하고자 *Winter Words*를 준비하였다. 그 서문에서 Hardy는 "내가 알고 있는 한 88번째 생일에 새로운 시집을 출판할 수 있는 사람은 내가 유일한 시인이다."라고 표명하였다.

그러나 그 시집은 그의 생전에 완성되지 못하였고 그가 죽은 후 1월 12일에 출판되었다.

Hardy는 연말에 찬바람을 무릅쓰고 로마시대의 포장도로를 답사하다가 병을 얻어 1928년 1월 10일 심장마비로 사망하였다.

내각의 수상, 야당의 당수, 하우스먼, 키플링, 버나드 쇼등이 장례위원이 되어 웨스트 민스터 사원에 유해가 묻혔다.

평생 여덟권의 시집에 1000편 이상의 시를 썼다. 또한 「테스」, 「귀향」, 「이름없는 쥬드」등 십여편의 장편과 50편에 가까운 단편소설을 남겼다.

Hardy는 88세를 일기로 세상을 뜰 때까지 장장 60여년을 작품활동에 투입하였는데, 지금까지 살펴본 바 대로 그 중 전반인 30년은 소설에 후반 30년은 시에 전념하였다. 시를 쓴 후반 30년 동안에는 소설을 쓰지 않았다.

Gerard Manley Hopkins(1844~1889)

Gerard Manley Hopkins는 1844년 7월 28일 런던에서 가까운 Stratford의 Essex에서 태어났다. 그는 런던 해상보험 조정자의 가문이며, 해상보험에 관한 책 뿐만 아니라 많은 시를 썼던 교양을 갖춘 가문의 8형제중 장남이었다. 그의 어머니는 신앙심이 깊은 분이었다.

그는 런던에 있는 Highgate 학교에 다녔으며, 시짓기 대회에서 상을 타기도 하였다. 1864년에 Oxford 대학 Balliol College에 입학하여 Greets (고전, 고대사, 철학)의 작품을 읽었다. 그곳에서 감수성이 강하고 예술적 기질의 청년이었던 그는 그의 선생이었던 Walter Pater의 영향을 받았다.

그는 그당시 그의 한 형제처럼 화가가 되는게 꿈이었고, 그림 솜씨도 훌륭하였다. 그러나 그의 일생에 결정적 영향을 끼친 것은 Cardinal Newman이 주창한 Oxford Movement였다. 1833년에서부터 1841년 사이에 일어난 이 운동은 영국교회내에 가톨릭교주의를 부흥시키고자한 종교운동이었다. 그의 부모의 엄청난 반대에도 불구하고 1866년 10월에 John Henry (후에 추기경), Newman의 영향을 받아 로마 가톨릭으로 개종했다.

1867년에 일등급으로 졸업한 후 Birming에 있는 Newman 산하 Oratory 학교에서 교편생활을 하였고 1868년엔 예수회에 가입 사제직을 위한 준비를 위해 오랜 기간의 지적, 정신적 훈련을 쌓았다. 이때 그는 세속적인 그의 초기 작품을 불태우고 1875년 다시 시를 짓기 시작하였다. 그 해 33세 때 또한 사제가 되었다. 그는 성직자로서 다방면으로 봉사하였고 Dublin 대학(1853년에 가톨릭 권위자인 Newman이 세움)의 희랍어 교수로 1884년까지 봉직하였다. 그곳에서 그가 죽은 해인 1889년까지 머물렀다. 건강은 점차 악화되었고, 1889년 장티푸스로 쓰러져 그 해 6월 8일 영면하였다.

그가 산 시기는 Victoria조 이지만, 20세기 혹은 현대시에 그를 넣는 것은 그가 생시에는 시집을 출판하지 않았고, 사후 거의 30년만에 제 1차 세계대전이 휴전에 들어가는 1918년 친구인 계관시인 Robert Bridges (1844~1930)의 편집에 의해서 *Poems of Gerard Manley Hopkins*가 출판되고서 그 진가가 알려지게 되어 Auden에서부터 Lowell에 이르기까지 20세기의 젊은 영미 시인들 사이에서 우상화되어 그들에게 큰 영향을 주었기 때문이다.

Robert Bridges(1844~1930)

Robert Bridges는 1844년 10월 3일, Kent 주 Walmer에 태어났

다. 그는 Eton, Corpus Christi College와 Oxford에서 교육을 받았다. 재정적인 어려움에도 불구하고 학위를 받은 후 한동안 여행을 하였다.

그는 1869년 의학과정을 시작해서 외과 의사가 되었다. 1881년 폐렴에 걸렸고, 건강을 회복하면서 Italy에서 1881~82년의 겨울을 보냈다. 이러한 일로 해서 그는 의학을 포기하게 되었다.

1884년 그는 결혼했고, Berkshire에 있는 Yattenden에서 처음으로 그의 아내와 정착했다. 그리고 Boar's Hill, Oxford 그리고 그의 모교에서 유명인사가 되었다.

Oxford 재학시절에 Bridges는 Gerard Manley Hopkins를 만났었다. 그리고 수 년에 걸쳐서 편지를 주고 받았으며 시를 나누어 가졌다. Bridges는 Hopkins 작품이 실험적인 단계에 있다는 것을 알고 1918년까지 친구의 작품의 출판을 연기시켰다. 거의 30년동안 지연시킨 이유로 해서 많은 비평이 일어났다. 그러나 이러한 이유로 해서 Hopkins는 망각상태에서 갑자기 명성을 얻게 되었다. Bridges는 1913년 계관시인으로 임명됨으로써 대중적인 명성을 얻었다.

그는 1930년 4월 21일에 생애를 끝마쳤다.

A. E. Housman(1859~1936)

Alfred Edward Housman은 Worcestershire에 있는 Fockbury에서 1859년 3월 26일에 태어났다. 그러나 그의 시적 영감은 Wales에 가까운 England의 서부의 주 Shropshire에서 나왔다.

그는 Oxford의 St. John's College에서 장학생으로서 학업에 정진하였다. 그곳에서 그는 고전 문학, 고대사, 철학에 전념하였다. 그는 그곳에서 명랑하고 다재다능한 Moses Jackson을 만났다. Housman은 그에게서 우정 이상으로 긴밀한 관계를 원했다. 그는 이러한 관계를 비밀로 해야만 했다.

Housman은 처음에는 학교 생활에 충실하였지만 호색적인 생활에서 오는 정서불안과 학업의 정규과정에 대한 불만 때문에 그는 많은 시험을 치르지 않아서 낙제를 당했다.

그때 Jackson은 London의 "특허국"에서 근무하였다. 그는 Housman에게 공무원 시험준비를 하도록 격려하였다. 그들은 자기들의 상황을 헤쳐나갈 수 있는 꿈과 용기가 있었다. Jackson은 과학분야에서 박사학위를 취득하였고, Oxford에서 먹칠을 당한 Housman은 "고전문학"에 전념하면서 British Museum에 파묻혔다.

1886년 Housman은 북 London에 있는 Highgate로 돌아가 그곳에서 외로운 연구생활에 전념한다. Jackson은 교육에 매진하기로 결심하고 1887년 말에 "특허국"을 사퇴하고 India로 가서 조그마한 대학의 학장이 되었다. 그는 2년 후 그를 기다리기로 했던 여인과 결혼하기 위해 영국으로 돌아왔다. Housman은 Jackson 부부가 다시 India로 돌아가자 비탄에 빠졌다. 그의 대부분의 시는 그 후 몇 년 사이에 쓰여졌다.

Housman은 "고전문학" 연구에 대한 탁월한 능력이 인정되어 1892년에 London University의 Greek과 Latin 교수로 초빙되었다.

1894년 그는 아버지의 사망의 슬픔 속에서 또 다른 충격에 시달려야 했다. 그가 전혀 알지도 못한 18세의 사관생도인 Wodwich가 신문칼럼에 Housman의 과거의 동성연애에 관한 사실을 투고하고 자살하였다. 90년대 동성연애자들은 사법처리 되었다. Oscar Wilde는 1895년에 그런 사건으로 해서 2년형을 선고 받았다.

Housman이 남긴 시집은 4권이다. *A Shropshire Lad* (1896)는 장단 63편의 서정시, *Last Poems* (1922)는 42편의 서정시, Housman의 사후에 동생 Laurence Housman이 형의 유작을 모아서 출판한 49편의 시가 담긴 *More Poems* (1936), 그리고 *Additional* (1937) 등으로 총 177편이다.

*A Shropshire Lad*는 참신하고 소박한 노래로서. 19세기 말의 퇴폐

문학(19세기말의 구라파의 회의 사상을 기초로 한 문학이며 구체적으로 말하면 기성의 사회 도덕을 무시하며 예술의 목적을 일시적, 육체적 향락을 구하는 데 있다는 부패한 문학)의 와중에 나타나, 영시를 본래의 모습 즉 전통에로 돌아가게 했으며 독자적인 특색을 발휘했다. 그 특색은 운명이라는 맹목적 의지에 굴복치 말고, 용감하게 분기해서 자기 자신의 의무를 다해야 할 것, 간단히 말하면 Agnosticism (불가지론)과 Stoicism (금욕주의)를 합친 Stoic Agnosticism과 문체의 간결성이다. 특히 그는 언어를 절약해서 감정을, 즉 어두운 애수와 체관(諦觀)을 밑바닥에 가득히 담는 데에 훌륭하였다.

그는 *A Shropshire Lad*에서 Shropshire의 젊은이의 입을 통해서 병역, 사랑, 농경, 우정, 죄악, 향수, Sports, Ludlow 사랑 등의 제재(題材)를 노래하고 있으며 젊은이의 페시미즘과 패배감과 좌절감, 불운과 역경을 견디며 살아 가자는 체관과 결의, 모멸과 강렬한 의분, 영원한 휴식에로의 동경 등이 ballad풍의 rhythm을 타고 독자적 형식으로 전해지고 있다. 3권의 시집은 어느 것이나 양은 많지 않으나, 그 아름다운 우수를 담은 유려하고 간결한 시풍은 고전미의 극치를 보여주고 있다.

Housman의 주요한 업적은 로마시인 Manilius의 *The Astronomicon*을 1903년부터 1930년까지 5권으로 비평을 곁들여서 단속적으로 출판한 일이었다.

1910년 그는 Cambridge 대학교의 고전문학교수로 추대되어 여생을 그곳에서 보냈다. 그의 친구 Jackson은 1923년에 사망했다.

그는 죽음을 목전에 두고서도 인명은 운명에 맡길 수 없다는 인생관을 견지하면서 태연자약하게 1936년 4월 3일 영면하였다.

William Butler Yeats(1865~1939)

William Butler Yeats는 1865년 6월 13일 Dublin에서 초상화가

로서 유명한 John Butler Yeats 와 선박과 방앗간을 소유한 아일랜드 북서부 연안의 소도시 Sligo 의 부유한 가문인 Pollexfen 가 출신의 어머니에게서 태어났다. 부계인 Yeats 가는 17세기말 영국의 요크셔로부터 이주해온 Jervis Yeats 라는 아마포 상인 후예였으며 Yeats 의 증조부, 조부는 목사였다. 모계인 Pollexfen 가는 영국의 데본셔에서 이주해온 영국계 아일랜드인(Anglo-Irish) 이다.

Yeats 는 1884년부터 1886년까지 Dublin 에서 고등학교와 예술학교를 다녔으나 그는 그림을 포기하고 문학 수업에만 전념하였다. 그는 Dublin 과 London 에 "아일랜드 문학회"(Irish Literary Societies) 를 설립하였다.

Yeats 는 1889년 1월 30일 John O'Leary 의 소개로 Maud Gonne (1866~1953)을 알게 된 후 그 미모의 포로가 되어 그녀를 사랑하게 되었다. 그녀는 소위 Yeats 의 평생의 연인이었으나 그의 1891년 여름과 1894년 Paris 방문 때의 구혼을 두차례 다 거절하고 1903년 John MacBridge 소령과 결혼했다. 그러나 2년 후인 1905년 그녀는 그와 이혼하였다.

1916년 Yeats 는 프랑스의 Normandy 에서 간호원으로서 일하고 있는 Maud Gonne 을 만나러 가서, 세번째의 구혼에서 또 거절당하자, 곧 이어서 1917년 여름, 그녀의 양녀 Iseult Gonne 을 사랑해서 구혼했으나 나이 차이가 너무나 심하다고 거절당하였다.

Yeats 가 Maud Gonne 을 처음 만난 것은 그가 23살 때, 그녀가 MacBride 와 결혼 하였을 때는 그가 37살 때 였으며 그녀를 Normandy 로 방문했을 때는 Yeats 는 이미 50살이었다.

실제로 Maud Gonne 은 Yeats 에게 평생동안의 동경의 여성이요, Beatrice 였으며 그녀에 관하여 30여편의 시를 썼다.

Yeats 에게는 그녀가 트로이 전쟁을 일으키게 한 고대 그리스의 미녀 헬렌으로 비치었다. 전설에 의하면 스파르타의 여왕 레다는 올림프스 신전의 최고의 신 제우스의 눈에 띄었고, 그는 백조의 모습으로 지상에 내려와 그녀를 강간한다. 그리하여 레다는 알 두개를 낳는데, 그 중 하나에서 헬렌이 태어난다. 패리스가 헬렌을 유괴함으로써 트로이 전쟁의 원인이 되었고, 그 전쟁은 그리스 건국의 원인이 되었고 그리스 또한 현대 유럽의 기초를 놓았다.

Yeats는 그녀를 영원한 미의 상징으로 보고 사과꽃에 비유했으며 "팽팽한 활"처럼 완벽하고 고결한 아름다움을 지닌 여성으로 생각했다. 그러나 Yeats는 끝내 그의 문학적 이상을 이해못하는 그녀와 "눈 멀고 모진 나라" 아일랜드를 함께 원망하기도 했다.

Yeats는 일종의 신비적 신앙인 접신론(묵상에 의해서 직감적으로 영지를 얻으려는 신비적 신앙)의 창시자 Helena Petrovna Blavatsky와 "황금의 여명"(The Golden Dawn) 이라는 신비스러운 교단의 창시자 MacCregor Mathers의 마력에 사로잡혔다.

Yeats는 이들의 교리가 자신의 비교(秘教)적인 상징에 도움이 된다고 생각하였다. 그러나 그는 이내 이러한 교리를 파헤치고 그들과 결별하였다.

Yeats는 1899년 "The Irish Dramatic Movement"와 1904년 "Abby Theater" 창설로 분주한 시간을 보냈다. 1915년 Yeats는 Knight 작위를 거절하였으며, 비록 영국군으로부터 진압되었지만 1916년 "부활절 봉기"로 해서 그는 민족감정에 눈을 뜨고 정치적 시를 쓰기 시작했다. 다음해 1917년 10월 21일 Yeats는 그의 나이 52세에 이르러서 영국 여인 Georgie Hyde-Lees와 결혼하였다.

1918년 Yeats 부부는 옛 노르만인의 탑인 투루 바릴리 성을 1년에 걸쳐 수리 복구하여 여름 별장으로 여기서 살았다. 그들 부부에게서 1919년 2월 24일, 훗날 화가가 된 장녀 Anne이 출생하였고, 1921년 8월 22일, 훗날 상원의원이 된 장남 William Michale Yeats가 출생하였다.

또한 이 성은 Yeats와 모자사이와 같이 특별한 사이인 Augusta Gregory (1852~1932) 부인 집 근처에 있었다. 지금도 이 성의 담벽에 다음과 같은 시가 새겨져 있다.

"나, 시인 윌리암 예이츠 / 낡은 물레방아 널판자, 바다 녹색의 석판 / 그르트 대장간에서 만든 주철로 / 아내 죠지를 위해, 이 탑을 복구했다. / 모두가 다시 황폐로 돌아가더라도 / 이 문자는 영원히 지워지지 않고 남으리."

Augusta Gregory 부인은 게일어 연구와 설화 수집에 공헌했으며 아일랜드 문예부흥운동의 주역으로 Yeats 와 함께 연극에 깊이 관여를 했다. 그녀의 집인 Coole 장원은 한때 당대의 문인들이 모여서 문학토론을 했던 곳이다. 1921년에는 힘겨운 토지세 때문에 일부를 팔지 않으면 안되었다. 그녀와 Yeats 가 죽은 후에 이 건물은 돌의 가치때문에 건축가들에게 경매되어 지금은 정원의 벽과 초석 몇개와 마루바닥 타이루만 남고 폐허가 되었다.

Coole 장원에 있는 나무에 방문자들이 그들의 첫 이름 글자를 새기었다. Yeats 가 1895년 Arthur Symons 와 함께 아일랜드 서쪽을 여행하였을 때 Edward Martyn 의 소개로 아일랜드의 1급의 귀족 문인인 Gregory 부인을 만났다.

1922년 2월 2일, Yeats 는 아버지와 사별하였고 아일랜드는 내란이 일어났다. 내란이 휴전상태에 들어가자 영국 정부는 아일랜드를 영국 연방의 속국으로 자유정부를 인정하였다. Yeats 는 아일랜드 자유국에서 6년동안 상원의원으로서 봉직한 후 1928년 재선을 사양하였다.

Yeats 는 1922년 2월, Dublin Trinity 대학에서 문학박사 학위를 받았고, 1923년 11월에 노벨문학상을 수상하였다. 이어서 1931년 Oxford 에서 문학박사 학위를 받고 그 해 여름 Gregory 부인을 마지막 방문하였다.

Yeats 는 제2차 세계대전이 시작되기 직전인 1939년 1월 28일, 불란서의 남부 Cap Martin 에서 사망하여 Roquebrune 에 매장되었다. 전쟁이 끝난 후 유해는 구축함에 실려 Sligo 근처, Ben Bulben 기슭이 보이는 곳에 자신의 유언대로 Yeats 의 한 선조가 목사로 봉직했던 Drumcliff 교회의 묘지에 안장되었다.
비문엔 이렇게 새겨져 있다.

삶과 죽음에
차가운 시선을 던져라
말 탄자여, 지나 가라!

Walter De La Mare(1873~1956)

Walter de la Mare는 1873년 4월 25일 Kent주 Charlton에서 태어났다. 그는 London에 있는 성 Paul 대성당 성가대 학교에 다녔으며 교지 *The Choristers' Journal*을 창설하였다. 더 이상 교육을 받을 여건이 되지 못하여 그는 Anglo-American 정유회사의 장부계원으로 일하게 되었다. 그는 이 일을 20년동안 계속했으며, 그가 하는 일이 진실한 삶의 목표가 될 수 없다는 것을 그는 깨닫게 되었다.

그는 1895년 시를 출판하기 시작했고 1902년에 익명으로 첫 시집을 냈다. 2년후 그는 5편의 소설을 발표하였다. 1908년에 정부에서 그를 시민 연금 대상자로 지정해서 1년에 100파운드를 보조해 줌으로써 장부계원을 그만두고 작품을 쓸 수 있었다.

1912년 *The Listeners and Other Poems*라는 작품으로 그는 유명해졌다. 50년 이상이나 그는 평범하지만 성공적인 삶을 살았으며 훌륭한 문학가가 되었다. 75세에 그는 명예훈장을 받고 80세에 메릿 훈장을 수상받았다. De La Mare는 1956년 6월 22일 Twickenham 집에서 작고하였으며, Westminster 사원에 묻혔다.

Robert Frost(1874~1963)

Robert Frost는 1874년 3월 26일 San Francisco에서 태어났다.

그의 아버지 William Prescott Frost Jr. 는 New Hampshire 에서 태어났다. 남군의 옹호파인 그의 아버지는 Robert Lee 장군의 이름을 그대로 아들의 이름으로 한 것이라고 전하여 진다.

그의 아버지는 Pennsylvania 에 있는 조그마한 학교에 교장으로서 1년동안 봉직하였다. 그 학교에는 William 보다 6살 손위인 Isabelle Moodie 라는 단 한분의 여선생이 있었다. 그는 그녀에게 청혼하여 결혼하였다. 그러나 그들의 행복한 결혼 생활은 너무 짧았다. Frost 가 11세가 되던 해인 1885년 5월 그는 결핵으로 사망하였다. 그는 그의 유해를 Masschusetts 주 Lawrence 에 묻어달라는 유언을 남겼다. 미망인은 이 유언을 이행하고 동부에서 지냈다.

그녀의 아들 Frost 는 1888년부터 1892년까지 그 곳에서 고등학교를 다녔다. 그는 고전문학에 뛰어났고 또한 시인으로서 알려지기 시작하였다. 동급생으로서 우수한 여학생이 있었는데 그녀의 이름은 Elinor White 였다. Frost 는 그녀와 결혼하기로 결심하고 꾸준히 청혼하였으나 그녀는 학업과 가정형편을 이유로 그 청혼을 연기하였다.

Frost 는 Dartmouth 에서 장학금을 탔고, 그녀는 St. Lawrence College 에 다녔다. 그는 도중에 학교를 그만두고 Elinor White 에게 결혼하자고 채근들었으나 그녀는 대학을 졸업할 때까지 미루다가 1895년에야 결혼식은 이루어졌다.

1897년 Frost 는 Harvard 대학에서 학위와는 상관없이 특수 대학생으로서 공부할 수 있었다. 그는 Harvard 에서 Santayana 와 James 와 같은 철학자들의 강의에 심취하였다.

1899년 의사들의 충고를 받아들여 시골에서 살기로 작정하였다. 그의 할아버지는 New Hampshire 주에 있는 Derry 에 농장을 사 주었다. 이 때 생활은 궁핍하였고 농촌생활은 힘들었다. 거기다가 아이들은 1905년까지 5명으로 불어났다.

이 때 Frost 는 우울증에 사로 잡혔고 자살까지 기도하였다. 그러나 그는 이 농장에서 청경우독(晴耕雨讀)의 생활을 계속하였다. 그

경험을 살려 후에 이 지방의 소박한 농민과 자연을 노래함으로써 현대 미국 시인중에서 가장 순수한 고전적 시인으로 꼽히게 되었다.

1906년에 Pinkerton Academy에서 교편을 잡을 수 있는 기회가 그에게 주어졌다. 5년동안 영어 교수 과목을 개편하고 연극을 지도하고 그의 첫 시집에 실려있는 대부분의 시를 이 시절에 썼다.

1911년 농장을 팔고, 그의 가족들과 함께 London으로 건너갔는데, 그것이 시인으로서의 새로운 출발이 되었다. 영국에서 그는 당대의 시인들을 알게 되었다. Ezra Pound의 소개로 그가 오랫동안 흠모해 왔던 Yeats를 알게 되었고 F.S.Flint와 Amy Lowell과 같은 사상주의 시인들과 교제하였다.

특히 그가 친하였던 Edward Thomas의 추천으로 처녀시집 *A Boy's Will*(1913)이 London에서 출판되었고 이어 *North of Boston* (1914)이 출판됨으로써 시인으로서의 지위를 확보하였다.

즐거운 그의 영국생활은 전쟁으로 해서 깨졌다. 1915년 귀국하여 미국에서도 신진 시인으로서 환영을 받았다. 이듬해에 제3시집 *Mountain Interval*, 그후 *New Hampshire* (1923) 등이 발표되었다.

신과 대결하는 인간의 고뇌를 그린 시극 *A Masque of Reason* (1945)과 성서의 인물을 현대에 등장시킨 *A Masque of Mercy* (1947)를 거쳐 1962년에 *In the Clearing*을 출판하였는 데, 이것이 최후의 시집이 되었다.

시인으로서의 활동 이외에도 그는 1917년 Amherst를 비롯해서 여러 대학에서 강의를 하였고, 남미친선 특사, John F. Kennedy의 소련의 특사로서 활동하였다. 그렇다고 해서 Frost의 개인생활은 결코 순탄하지만은 않았다. 1938년에 그의 부인은 죽었고, 1940년에 한 아들은 자살하였다. 이러한 불운과 역경 속에서 그의 영광과 명예는 이어져 갔었다.

1961년 그는 John F. Kenndy 대통령의 취임식에 초대되어 자작시를 낭송하는 등 미국의 계관시인적 존재가 되었으며 퓰리쳐상을 4회 수상하였다. 그는 88세의 나이로 1963년 1월 29일 영면하였다.

Carl Sandburg(1878~1967)

Carl Sandburg는 1878년 1월 8일에 Illinois주 Galesburg에서 Sweden 출신의 부모에게서 태어났다. 아버지의 직업은 기계공 분야의 대장장이었다. 그리고 그는 중2때 학교를 그만 두었고 여러가지의 직업에 종사했었다.

스무살 되던 해 그는 미국과 스페인의 전쟁에 자원 입대해 Puerto Rico에서 사병으로 근무하면서 군대생활에서의 경험에 대한 기사를 Galesburg 신문사에서 보냈다. 전쟁이 끝났을 때 그는 West Point(육군사관학교)에 지원했으나 문법과 수학과목 때문에 실패했었다.

그 후 Sandburg는 Illinois주의 Lombard College에 들어가서 공부하면서 그 마을의 소방서에 근무하였다. 대학에서 그는 글쓰는 재능은 인정받았지만 1902년 학위도 받지 못한 채 대학을 그만 두었다. 그 후 10년간 그는 수많은 지역을 전전하면서 많은 직업을 가졌었다. 맨 처음에는 입체경(stereoscopic) 사진을 팔면서 시골로 돌아다녔다. 장사가 목적이 아니어서 그는 기차를 타고 가면서 떠돌이 친구들과 어울리기도 했었는데 한번은 어떤 사건으로 인하여 체포되어 Pittsburg 교도소에 열흘간 수감된 일도 있었다. 생존 경쟁의 패배자에 대한 그의 동정심은 이러한 경험들을 통해서 이루어졌다.

1904년 그는 Galesburg 신문사로 돌아왔고 그 해의 그의 첫 시집을 발간하였다. 1907년에 Chicago에 있는 *Tomorrow Magazine* 잡지사에 부편집자로 일하면서 Whitman과 Bernard Shaw의 문학의 주제에 대해서 순회 강연을 하기도 했다.

1907년에서 1908년까지 사회민주당의 조직책으로서 대통령 후보였던 Eugene Victor Debs와 함께 선거운동을 했었다. 선거운동이 끝난 후 그는 다시 Chicago로 돌아와서 작가로서 자립할 때까지

수년간 여러 신문사에서 근무했다.

1920년에 이르러 Sandburg는 유명 인사가 되어 있었다. 그는 민요 음악회를 열면서 시골을 여행하기도 했고 동화책, 자신의 자서전, Lincoln의 전기, 시에 관한 책 등을 썼다. 그는 Robert Frost처럼 노년에 각광받기 시작하였고 인생을 즐겼다. Illinois 주의 주지사는 그의 75회 생일날을 Carl Sandburg의 날로 제정하였고, Sweden의 왕은 그에게 훈장을 수여하였다. 또한 미의회는 1959년 Lincoln Day에 그를 양원의 합동회의에 초대하여 그의 연설을 들었다. Illinois 주에는 그의 이름을 따서 만든 학교가 설립되기도 했다. 1964년에 그는 Lyndon B. Johnson 대통령으로부터 자유의 메달을 수여받았다.

1967년 7월 22일 Sandburg는 별세했다.

Wallace Stevens(1879~1955)

Wallace Stevens는 Pennsylvania, Reading에서 1879년 10월 2일에 태어났다. 그는 Reading에서 고등학교를 다녔고 Robert Frost처럼 Harvard에 명예입학하였다. 거기서 1897년부터 1900년까지 3년동안 불어와 독어를 공부했고 철학적 재능을 인정받아 철학자이자 시인인 George Santayana와 친하게 지냈다. 또한 Eliot처럼 그 곳에서 초기시를 발표하였다.

글쓰는 일에는 자신이 있었으나 생활을 위한 일에는 확신이 없었다. *New York Herald Tribune*에서 그는 최초로 일자리를 구했으나 오래지 않아 그 직장에 싫증을 느꼈다.

아버지의 제안으로 사퇴서를 내고 1901년 가을 New York 법과대학에 들어갔다. 1904년 New York 법정에서 인정을 받아 변호사 일을 시작했다.

합동 변호사 개업에는 실패하고 여러 법률 회사에서 일을 했다. 1908년 1월에 보험회사의 법률고문으로 입사했다. 1909년 5년 전에

Reading 에서 만난 Elsie Moll 이라는 젊은 아가씨와 결혼하여 안정된 보금자리를 찾았다.

1916년에 Hartford 의 New York 사무소와 Indemnity 회사를 합쳤고 며칠 후 Hartford 로 이사를 했다. 1934년에 부회장이 되었다. 그는 이상할 정도로 자신을 내세우지 않았고 사업동료에게도 자신을 문학인으로서 내보이지 않았다.

그는 회사일로 많은 여행을 했고 또한 자신의 사업을 위해서가 아니라 여행을 위한 여행도 많이 했다.

Tal Coat 와 같은 프랑스 화가의 그림을 몇 폭 샀고 감명깊은 고전음악의 축음기판을 수집했고 정원가꾸기를 좋아했다.

1955년 8월 2일 죽을 때까지 보험회사에서 계속 일을 했다.

Williams Carlos Williams(1883~1963)

Williams Carlos Williams 는 1883년 9월 17일 New Jersey 의 Rutherford 에서 태어났다. 그의 아버지는 영국 Birmingham 에서 이주해 왔고, 그의 어머니는 (Spain 의 서부 Pyrenees 지방에 살고 있는 Basque 족인 어머니와 네덜란드-스페인-유태계인 아버지 사이의) Puerto Rico 에서 이주해왔다.

Williams 는 Geneva 근처 학교와 Paris 에 있는 Lycée Condorcet 에 2년동안 다닌 후 Rutherford 에 있는 학교에 다녔다. 그리고 New York 시에 있는 Horace Mann 고등학교에 다녔다. 그는 특수 시험에 합격한 후 Pennsylvania 대학교의 의학부에 입학하였다. 그 곳에서 Hilda Doolittle 과 Ezra Pound 2명의 시인을 만났다.

Ezra Pound 와의 우정은 Williams 가 그의 삶을 Before Pound 와 After Pound 로 나눌 수 있다고 말할 정도로 그의 삶에 지대한 영향을 끼쳤다.

그는 환자들 사이에서 시를 쓰면서 1906년부터 1909년까지 뉴욕

시에서 인턴신분으로 근무했다. 1909년에 처녀시집 *Poems* 를 출판했다. 그리고 나서 소아과를 공부하기 위해서 Leipziong 로 갔다.

그 후 여생동안 의사 개업을 하고자 Rutherford 로 돌아왔다. 1912년 Florence Herman 과 결혼했다. 1913년 Pound 는 Williams 의 두번째 작품인 *The Tempers* 를 영국에서 출판할 때 출판업자에게 보증인이 되어주었다. 그러나 이 작품은 *Al Que Quiere!(To Him Who Wants It!)* 라는 제목으로 1917년 Boston 에서 이미 출판되었다.

그 다음해에 시뿐만 아니라 단편소설, 소설, 수필 그리고 자서전도 썼다. 1947년에서 서사시인 *Paterson* Ⅰ권을 출판하고자 오랜계획을 착수하였다. 1947, 1948, 1949 년에 잇따라 3권의 책을 출간하였다. 1952년에는 진료를 포기할 정도로 글쓰는 데 정력을 쏟았다.

1958년에는 *Paterson* Ⅴ권을 창작하는 등 작품활동에 왕성한 기력을 나타냈다. 1963년 3월 4일에 Rutherford 에서 생을 마감했다. 그의 마지막 서정시집이 나온 지 무달 후에 시부문에서 Pulitzer 상을 수상했다.

D. H. Lawrence(1885~1930)

David Herbert Lawrence 는 1885년 9월 11일, 영국 중부에 위치한 Nottinghamshire 에서 서북부로 8마일 가량 떨어져 있는 Eastwood 에 있는 Victoria 가 탄광촌에서 누추하고 석탄가루로 검고 지저분한 한 광부의 사택에서 태어났다.

아버지 John Arthur Lawrence 는 열살 때부터 탄광일을 시작했고, 정식교육은 받아본 적이 없었으나 춤과 노래 솜씨가 뛰어난 쾌남아였다. 그는 1875년 전직 교사였고 퓨리탄적 생활관을 가진 Lydia Beardsall 과 결혼했다. 그녀는 이지적이고 교양도 있었으며 음악을 좋아했고 시도 쓸 정도였다.

Lydia Beardsall 은 John Arthur Lawrence 를 한 파티에서 만났

을 때 그의 직업을 모르고 그의 외모와 춤 솜씨에 반해버렸다. 이미 예견된 불행한 결혼생활 속에서 그녀는 모든 정성과 사랑을 다섯 자녀중 넷째이며 막내아들인 David에게 쏟았다. 그의 오이디푸스 콤플렉스의 감정은 이렇게 해서 형성되었다고 한다.

Lawrence는 Eastwood의 국민학교를 거쳐 12세 때에는 중산층의 자녀들이 다닌 Nottingham 고등학교에 다녔다. 22세와 23세 때는 Nottingham 대학의 사범과에서 공부하고 1908년 어머니 곁을 떠나 London의 교외에 있는 국민학교에서 교편을 잡았다.

1920년 12월 어머니가 암으로 별세했다. 그는 그 충격과 고통스런 체험을 시로 읊었다.

그는 처녀작 *The White Peacock* (1911)로 문단에 나와 *Sons and Lovers* (1913)에 의해 일약 유명하게 되었다.

Lawrence는 27세때 Nottingham 대학 시절의 스승인 Ernest Weekley 교수의 아내인 Frieda (1879~1956)를 만나게 되었다. 그녀는 독일의 군인이며 남작의 차녀였고, 당시 1남 2녀의 어머니였고 Lawrence보다 6살 연상이었다. 그는 사랑에 빠져 1912년 5월 Frieda와 함께 고국을 버리고 독일과 이태리 등으로 도피성 여행을 했다.

1914년 그들은 영국으로 돌아왔다. 5월 28일 Frieda와 Weekley는 이혼하고 7월 13일 그들은 정식으로 결혼했다.

제1차 세계대전 중에는 독일인의 부인을 아내로 삼고 있다고 해서 그는 온갖 박해를 받았었다. 1915년 *The Rainbow*가 출판되었으나 비도덕적이라고 곧 출판금지가 되었다. 외설작가라는 낙인외에 그가 스승의 아내와 줄행랑을 쳤다는 사실은 치명적이었다. 그들이 영국의 해안지대인 콘월의 오막살이에서 살 때에는 독일 스파이라는 혐의까지 받았다.

Lawrence는 군 징집에 필요한 신체검사를 두 번 받았으나 허약한 체질로 불합격 판결을 받았다. 이들은 1919년 종전시까지 London과 고향 등지로 옮겨다니며 친지와 친척들의 신세를 지면서 살았다.

전후 그는 인간의 본디대로의 싱싱한 모습, 문명의 때가 묻지 않은 원시적 삶의 모습을 희구하면서 Florence, Sicily, Sardina, Ceylon, Australia, New Mexico 등을 편력, 일시 Mexico에 정착했었다.

1923년 귀국했다가 익년 다시 Mexcico를 거쳐 Florence로 갔다. 1925년에 심한 고열과 기침으로 중태에 빠졌고, 폐병이라는 의사의 선고를 받았다. 1928년 Florence에서 *Lady Chatterley's Lover*를 완성했다. 그의 말년에 쓴 *Last Poems*는 그의 시적성취의 최고봉이다.

1930년 2월 6일에야 의사의 강권에 따라 프랑스 남부의 Venice에 있는 요양원에 들어갔다가 3월 4일 밤 10시 산장 Villa Robermond에서 세상을 떠났다. 향년 44세 5개월이었다.

그는 44년이란 짧은 생애 중 20여년의 집필기간동안 소설 이외에도 *Look! We Have Come Through!* (1917), *Birds, Beasts and Flowers* (1923), 그리고 *Last Poems* (1932)등 8권의 시집에 1,000여편의 시를 발표했다. 이들 중에서 "Piano", "Snake", "Bavarian Gentians", "The Ship of Death" 등은 영시 사상 빼놓을 수 없는 걸작이다. 그는 그의 시에서 풍부한 감수성과 총명하고 민첩한 지성으로서, 현대문명에 의해서 해쳐진 인간성의 회복을 열렬히 주장하고 있다.

Ezra Pound(1885~1972)

Ezra Pound는 1885년 10월 30일 Idaho주 Hailey에서 태어났으나 두살 때 Pennsylvania로 양친과 함께 이사해서 그 곳에서 양육되었다.

Pound의 부모는 서부 개척자의 후예였으며 그의 아버지는 그가 어렸을 때까지 주정부의 고위 관리를 지냈고, 그의 할아버지는 철도를 건설하였다. 그는 할아버지의 그 공적을 자랑스럽게 여겼다.

16세때 그는 Pennsylvania 대학에 학위와는 무관한 특수생으로서 등록하였다. 1930년에 Hamilton 대학으로 옮겨 Ph.B.를 받았다. 그의 관심은 로망스 언어와 문학이었다. 1905년 연구원의 자격으로 Pennsylvania 대학에서 비교문학을 연구하여 그해에 문학석사 학위를 받았다.

1906년 Pound는 연구원의 자격으로서 Lope da Vega에 관한 학위논문 준비차 Provence, Italy, Spain에 갔었다. 그는 귀국해서 Indiana주 Crawfordsville에 있는 Wabash College에서 로망스 언어학 전임강사가 되었다. 그때 스트립쇼로 궁지에 몰린 한 소녀에게 자기 침대를 빌려준 일이 그의 주인집 아주머니에게 오해를 받게 되었다. 학교당국은 이 사실을 알고 그를 중징계에 처하면서도 그해 분의 봉급의 나머지를 지불했다.

그 돈을 가지고 그는 Gibraltal과 Venice에 갔다. 그 곳에서 1908년 그의 첫 시집 *A Lume Spento*를 출판하였다. 이때부터 Pound는 현대 저항문학의 시조로서 유럽문단에 회오리 바람을 일으키면서 London으로 가서 12년동안 단독으로 시적 활동을 하면서 계속 센세이션을 일으켰다. 그는 다른 예술가들에게 철저한 비평을 하면서도 따뜻한 사랑과 격려도 잊지 않았다.

W.B.Yeats는 1912년 자기 문체가 추상적이라고 느끼면서 Pound에게 도움을 청하였다. Robert Frost도 "The Death of the Hired Man"에서 두 서너곳의 수정을 Pound에게서 받았다는 사실을 시인하였다. 시인으로서, 산문작가로서 그리고 앞으로의 작품 가능성에 대해서 James Joyce를 Pound는 이미 알았다고 한다. Joyce의 「젊은 예술가의 초상」(1916), 「율리시즈」(1922)가 햇빛을 보는 데 Pound가 결정적인 역할을 했다.

1912년에 Hilda Doolittle, Richard Aldington, 그리고 F.S.Flint와 함께 이미지즘시 운동 단체를 조직하였다. 그 목적은 시의 형식에 규정을 설정하고 새로운 인식방법을 목표로 한 것이다.

영국에서 Pound에게 가장 잘 어울리는 문학적 관계는 1914년 9월에 만난 T.S.Eliot와 이루어졌다. Pound는 누구도 출판코자 하지 않았던 Eliot 의 작품을 읽고 "Eliot 는 자신을 스스로 현대화 시켰다"고 판단하고 *Poetry* 지의 편집자인 Harriet Monro 를 설득하여 "The Love Song of J.Alfred Prufrock" 를 출판하게 하였고 *Egoist* 지의 편집자인 Harriet Weaver 에게 Eliot 의 첫 시집인 *Prufrock and Other Observations* 를 출판하도록 설득하였다.

1921년 그는 Eliot 의 초고 *The Waste Land* 682행을 432행으로 색연필을 사용하여 대담하게 뜯어 고쳤다. 사실 어울리지도 않는 물질덩어리에 불과한 것을 체로 곱게 걸러준 Pound 의 도움으로 불후의 명작 *The Waste Land* 가 나온 것은 널리 알려진 이야기이다.

이러한 사실로 판단해 볼 때 Pound 는 시를 만드는 시의 기술자이며, 동시에 시를 정확히 볼 줄 알고 시인을 구별할 줄 아는 현대시의 증언자임이 분명하다. 그가 라틴문학과 중국 및 일본의 동양문학에 이르기까지 다양한 재능을 발휘한 것은 그의 비범한 언어학적 천재성을 바탕으로한 고전과 현대영어를 결합시킨 시풍때문이리라.

Pound 는 문학에만 전념한 것은 아니었다. 그는 조각가인 Jacob Epstein 과 Henri Gaudier-Brzeska, 화가이면서 작가인 Wyndham Lewis, Contantin Brancusi 를 포함한 다른 여러 사람들과도 교류하였다. Pound 는 *Villion* 이란 오페라도 쓰고 미국 작곡가인 George Antheil 에 관한 책도 썼다.

1920년에 Pound 는 영국을 떠나 Paris 에서 1924년까지 살았다. 그후 Italy 로 옮겨 1923년까지 Rapallo 에 정착했다. 1939년에 1910년 이래로 처음으로 미국을 방문하고, 다음 해에 Rome 방송을 통해서 Roosevelt 대통령을 비난하고 Mussolini 를 지지하였다. 미국이 세계 제2차 대전에 참가한 후에도 이러한 방송을 계속하여 1943년 반역죄로 기소되었다. 그는 다음에 이탈리아에서 미군에게 체포되어 Pisa 부근에 연금되었다. 그의 최고의 시 *Pisan Cantos* 에는 이때의 경험이 반영되어 있다.

1945년 그는 반역죄인으로서 재판을 받기 위해서 미국으로 호송

되었다. 그러나 재판에 앞서 정신 상태를 감정한 결과 정신이상자라는 판정이 내려져 그는 워싱턴에 있는 St.Elizabeth's Hospital에 위탁되었다.

그가 12년에 걸쳐 정신병 치료를 받는 동안, T.S.Eliot, Robert Frost, W.H.Auden 등 당대의 1급의 문인들은 여러차례에 걸쳐 석방을 탄원했고 그가 정신병원에 갇혀 있던 1949년에는 미의회 도서관이 시상하는 Bollingen 상이 수여되기도 했다.

그의 수상작은 *Pisan Cantos* 였다.

1958년 석방된 Pound는 곧 이탈리아로 망명해 미국은 전체가 정신병원이라고 고국을 비난했다. 이탈리아에서 Pound는 Merano 근처 Schloss Brunnenburg에서 그의 딸과 함께 살다가 그의 오랜 동반자인 Olga Ruge와 함께 Venice에서 살았다.

1969년 6월 그의 생애 마지막으로 미국을 찾았다. Pound의 귀국 첫마디는 모교인 Hamilton 대학 졸업식에서 "나는 지난주 미국에 다시 돌아 왔습니다."란 한마디였다.

그 후 미국 펜클럽주최 환영리셉션 기자회견 등에 얼굴을 내보이긴 했으나 한마디 말도 없이 그저 감회어린 미소만 짓고 있었다.

Ezra Pound는 고국의 모습을 본지 불과 3년만인 87회 생일을 이틀 남긴 1972년 11월 1일 Venice에 있는 "성존 & 풀" 병원에서 87세를 일기로 파란 많던 생애의 막을 내렸다.

H. D.(*Hilda Doolittle*)(1886~1961)

Hilda Doolittle은 1886년 9월 10일, Pennsylvania의 Bethlehem에서 태어났다.

그녀의 아버지는 Lehigh 대학의 수학 및 천문학 교수였고 후에 Pennsylvania 대학교수가 되었다. 그녀는 Philadelphia의 사립학교에서 교육을 받았고 얼마동안 Bryn Mawr에서 공부했다. 그러나 건강이 좋지 않아 2학년 때 대학을 중퇴했다.

1911년 H.D. 는 여름동안 잠시 체류하리라 생각하고 유럽으로 건너갔다. 영국에서 그녀는 한 때 사랑에 빠졌던 Ezra Pound 와 우정을 새롭게 하였고 그는 그녀가 글을 쓰도록 용기를 북돋아 주었다. 같은 시기에 그녀는 영국시인 Richard Aldington 을 만나 곧 그와 결혼했다.

그때 그들은 함께 몇편의 그리스 문학을 번역했고 후에 Aldington 이 전쟁에 참전한 후 H.D. 는 *Egoist* 지의 편집조수가 되었다.

전쟁이 끝난 몇년 후 H.D. 와 Aldington 은 이혼했고 그녀는 스위스로 옮겨갔다. 그녀는 여생의 대부분을 그 곳에서 보냈다. 그러나 1939년 London 으로 돌아가 6년을 그 곳에서 보냈다. London 의 대공습에서 얻은 경험에 감동되어서 *The Walls Do Not Fall* (1944), *Tribute to the Angels* (1945), *The Flowering of the Rod* (1946) 와 같은 3부작의 긴 명상시를 썼다.

그녀의 후기 작품으로는 *A Tribute to Freud* (1956) - H.D. 는 Freud 의 환자였다 - 그리고 Shakespeare 를 찬양하는 신문과 운문인 *By Avon River* (1949) 가 있다. 그녀는 전쟁이 끝난 후 1961년 9월 29일 Zurich 에서 사망했다.

Siegfried Sassoon(1886~1967)

Siegfried Sassoon 은 1886년 9월 8일, London 의 부유한 스페인계 유대인의 가문에서 태어났다. 그의 양친은 Sassoon 이 어렸을 때 별거하였다. 그의 아버지가 일찍 돌아 가셨기에 어머니가 그를 길렀다.

그는 Marlborough Grammar School, Clare College, 그리고 Cambridge 에서 교육을 받은 후 London 에서 몇년을 보냈다.

Sassoon 의 주요 관심사는 여우사냥과 시였다. 그의 예술의 후견인인 Edward Marsh 의 도움과 보호아래서 소년 시절부터 Shelley,

Masefield, Hardy의 시를 애독했다.

1912년 Georgian Poetry를 수집하여 출판하였고 1911년부터 1913년까지 6권의 시집을 익명으로 자비출판했다.

1914년 제1차 세계대전이 발생하자 그는 정의의 전쟁에 참가하는 정열을 품고, 1914년 8월 3일 의병이 되어 기마장교로서 출전했으나 참담한 실상에 그의 꿈은 산산이 깨졌다.

1917년 봄 6인의 폭격단과 함께 Hindenburg의 군단에 속하는 참호에 돌진해서 탄알이 목을 관통했음에도 폭탄을 던지는 것을 멈추지 않았다.

1917년 부상때문에 동료장교인 Robert Graves의 전쟁에 관한 시를 읽으면서 귀향하였다. 이때 받았던 전공십자 훈장을 이 전쟁으로 해서 경제적으로 감정적으로 이익을 받은 시민들에게 격분하면서 철교를 건너는 기차에서 강물에 내던졌다.

이 부상으로 귀국, 많은 통열한 전쟁시를 포함한 시집 *The Old Huntsman and Other Poems* (1917)를 출판하고, 또 전쟁의 잔학성을 비난한 *A Soldier's Declaration* (1917)을 발표했다. 그의 반전 사상이 의회에서 문제가 되었으나 "정신이상"이란 진단을 받고 Edinburgh 부근, Craiglockhart의 정신병원에 수용되었다. 그는 자신의 견해를 재판을 통해서 세상에 알리고자 군법회의에서 최선을 다하려 했으나 수포로 돌아갔다.

1918년 건강이 회복된 후 다시 전지인 프랑스로 갔으나, 두부에 중상을 입고 귀국했다. 이 해에 반전 사상을 담은 *Counter-Attack and Other Poems*에서 처참한 실전을 체험한 Sassoon이 전쟁의 죄악과 공포를 지극히 사실적인 붓으로 전하고 있다.

전쟁이 끝난 후 그는 평화주의자로서 시를 낭송하면서 반전사상을 고취시키면서 미국의 방방곡곡을 여행했다.

Sassoon은 1957년 Roman Catholic에 입교하였고 1967년 9월 1일 잠들었다.

Edwin Muir(1887~1959)

Edwin Muir 는 스코틀랜드 해안에서 조금 떨어진 Orkney 섬에 있는 Deerness 에서 1887년 5월 15일에 가난한 소작농부의 아들로 태어났다.

중세 이래 거의 변화가 없는 사회환경에서, 과거의 가난한 농민생활, 일상적인 섬마을의 풍속들, 농경사회의 민간신앙과 미신들은 그의 대부분의 시의 소재가 되었다.

13세 때에 Muir 의 가족들은 농업을 포기하고 그 당시에 영국의 섬들 중 지독한 빈민굴로 알려진 Glasgow 라는 산업도시로 이사를 갔다. 그의 아버지는 그 도시생활에 적응하지 못하고 급기야는 그 곳에서 그의 부모는 사망하였다. 그후 Muir 는 직업을 구하기 위해 여러 곳을 전전해야만 했다.

그의 나의 14세 때에 학교를 그만두고 독학을 해야만 했다. 1919년 6월에 Muir 는 Willa Anderson 과 결혼했다.

그녀는 그가 작품활동에만 열중할 수 있도록 용기를 주었고 그가 Glasgow 를 떠나 London 으로 가도록 격려해 주었다.

몇 년후 그들 부부가 20세기 독일의 유명한 작가들의 작품을 공동번역하기 시작하면서 Muir 의 작품은 영어를 사용하는 나라들에 차츰 알려지기 시작했다.

Muir 는 한때 신문기자로 일하기도 했다. 수 년동안 소설도 썼다. 때로는 교단에 서 기도했다. 세계 제2차대전 직후에는 영문학을 강연하면서 그의 아내와 체코슬로바키아의 수도 프라하에서 나날을 보냈다.

5년동안 스코틀랜드에 있는 성인 교육 대학에 학장으로 있었다. 1955년부터 56년까지 Harvard 대학교의 교수였다. 그는 1959년 1월 3일에 그의 생애를 마감했다.

Edith Sitwell(1887~1964)

Edith Sitwell은 1887년 9월 7일 태어났다. 그녀는 900년의 가계를 자랑하는 George Sitwell 준남작과 백작의 딸인 Ida 부인의 첫 아이였다.

아버지는 기행이 심한 탓으로 가장으로서의 역할을 다 하지 못하였다. Edith 또한 지나치게 큰 키에다가 괴상한 용모를 하고 있었다. 머리 장식품, 보석 그리고 Elizabeth 시대와 중세풍의 의상에 관심이 많았다. 사진을 찍고 그림 그리기를 좋아했다.

그녀는 동생 Osbert Sitwell (1892~1969), Sacheverell (1897~) 과 함께 1920년대의 시단에 새바람을 불어넣었다.

Edith는 Georgian Poetry에 반격을 가하는 문학 비평지인 *Wheels* (1916~21)를 편집했다. 초기의 시에서는 jazz의 영향으로 시의 음악성을 의미보다 중시해서 기교의훈련을 시도했다. 그녀의 귀족적 유년시절의 세계와는 다른 세계로 도피하려는 듯 기괴한 환상들을 창조하고 단어, 리듬, 시형, 이미저리를 실험했다.

이러한 기교적 훈련을 거쳐 서서히 현실을 반영해 가면서 1923년에는 그녀의 시 파시드(fasade)가 William Walton의 음악과 함께 London의 Aeolian Hall에서 연주되었다. 그녀는 밝은 빛깔의 커튼 뒤에 서서 싯구를 낭송하였다.

1948년에 최초로 원폭을 노래하는 "Three Poems of the Atomic Age"를 발표함으로써 최대의 시인이 되었다. 이 시는 파괴에 대한 분노와 인간애의 상실에서 다시 사랑과 생명을 찾으려는 의식이 행간에 넘치고 있다.

1954년에는 "Dame"의 칭호를 받았다. Oxford, Cambridge, 그리고 다른 대학들에서 명예학위를 받았다. 그녀와 그녀의 동생 Osbert는 엄청난 환영을 받으며 미국을 여행하였다. 1964년 12월 8일 생을 마감하였다.

Marianne Moore(1887~1972)

Marianne Moore는 T.S.Eliot의 고향인 St.Louis에서 1877년 11월 15일, Eliot보다 10개월 전에 태어났다. 그녀는 Metzger Institute에서 교육을 받았고, 그후 BrynMawr College에서 교육을 받았다.

1909년 학위를 받은 후 그녀는 비상한 시각적인 감각을 지니고 있다고 판단해서 전문적인 화가가 되려고 생각하였으나 Carlisle 상업대학으로 갔다. 1911년에서 1915년까지 Pennsylvania의 Carlisle에 있는 Indinan School에서 속기를 가르쳤다.

1918년 New York으로 옮겨와 개인교사와 비서로 일을 하였고, 1912년에서 1925년까지 New York 국립도서관의 사서로 근무하였다.

1926년에서 1929년까지 당대의 가장 권위있는 평론 잡지인 *The Dial*지의 편집장이 되었다. 한편 일반대중들을 독자로 끌 수 있는 단조로운 많은 시를 계속해서 썼다.

그녀는 1977년 2월 5일, New York에서 생을 마쳤다.

Thomas Stearns Eliot(1888~1965)

Thomas Stearns Eliot는 생전에 자신의 전기물이 출판되는 것을 원치 않았으므로 그에 관한 개인적인 자료는 극히 빈약하여 우리는 그의 사생활에 관해서 부분적으로만 알고 있을 뿐이다. 베일속에 가려진 Harvard 시절의 친구 Emily Heil과 주고받은 1천여통의 편지와 유언에 따라 Princeton 대학의 도서관에 보전되어 2020년에 가서야 공개하기로 되어있다.

이러한 상황에도 불구하고 그에 관한 두권의 전기물인 Robert Sencourt의 *T.S.Eliot: A Memoir*와 T.S.Matthews의 *Great Tom:*

Notes toward the Definition of T.S.Eliot 에서 부분적인 흔적을 더듬어 볼 수 있다.

이들 전기에 의하면 Eliot 는 어머니와 네 명의 누나와 아일랜드 출신의 유모로 부터 과잉보호를 받으면서 어린 시절을 보냈다. 1888년 그는 미국 Missouri 주 St. Louis 에서 수압벽돌 공장 사장인 아버지 Henry W.Eliot 와 문학적 소양이 풍부하고 교사를 지낸 바 있는 Charlotte Champe Eliot 의 7남매 중 막내로 태어나 선조로부터 내려오는 청교도적인 가풍 속에서 엄격하고 근엄하게 성장하였다.

Eliot 집안에서 최초의 미국 이민자인 Andrew 는 17세기 중엽 영국 남쪽 East Coker 에서 Boston 으로 이주해 왔다. 3대째의 T.S. Eliot 의 조부인 Willam Greenleaf Eliot 는 Harvard 신학교에서 신학공부를 하고 목사가 되어 St.Louis 에 정착한 후 그 곳에 Unitarian 교회를 세우고 Washington 대학을 설립하였을 뿐만 아니라 그 대학의 제2대 총장을 역임하였다. 이러한 집안의 내력에 비춰볼 때 Eliot 의 선조들은 기독교의 이상을 추구한 사람들임을 말해주고 있다. William 의 며느리인 Charlotte Eliot 도 시아버지의 전기를 써서 자식들에게 그의 도덕규범, 기독교 정신과 순교자적인 생애를 가르쳤고 장편 시극인 *Savonarola* 를 썼다. 이 작품은 1926년 Eliot 가 서문을 써서 출판하였다.

Eliot 는 어머니의 재능을 이어받아 예민한 감수성과 문학적 자질을 지니고 태어났다. 그는 줄곧 치질로 고생했던 탓으로 여덟살에 Smith Academy 에 입학했으나 학교의 활동적인 생활에 참가하지 못하고 내성적인 성격의 소유자로 성장하였다.

Eliot 는 16살에 예비학교인 Milton Academy 에서 역사, 라틴어, 물리, 화학 등을 중점적으로 공부하는 한편 여름방학 때면 Massachusetts 주의 해안으로 피서를 가서 뱃놀이를 즐겼다. 이 때 본 바다의 풍경들이 마음 속에 깊이 새겨져, 후일에 시적 이미지로 부상하여 그의 중요한 시의 세계를 형성한다. 1906년 Harvard 대학에 들어가서 3년의 과정을 끝마치고 1909년에 대학원 철학과에 입학하여 관념적인 이상주의 철학에 전념하였다. 그는 칸트, 헤겔의 전통을 잇는 F.H.Bradley의 이상주의 철학을 연구하여 1910년 석사학위를 받았다. 그후 1년동안 Sorbonne 대학에서 공부하고 F.H. Bradley의 철학에 관한 박사학위 논문 「F.H.Bradley의 철학에 있어서 지식과 경험」*(Exprience and the Object of Knowledge in the Philoscphy of F.H. Bradley)*를 쓰고자 Harvard로 돌아왔다. 그러나 이 논문은 Eliot의 생전에 학위 논문으로서 통과되지 못하였다. 논문심사 때 영국에서 선편으로 미국에 가기로 예약이 되어 있었으나 전쟁때문에 도선계약이 취소되어서 구두시험을 볼 수 없었기 때문이다. 그러나 이 논문은 그가 죽기 1년전인 1964년에 출판되었다.

Eliot는 이즈음 몇년 동안 불란서 시에 빠져들었고 인도 종교에 관심을 가지고 Sanskrit어와 범아어에 열중하였다.

1910년에 그는 최초의 시 「The Love Song of J.Alfred Prufrock」을 발표하였다. 1913~1914 학년도에 그는 독일의 Marburg에서 공부하였으나 전쟁의 발발로 Oxford로 되돌아 가야만 했다.(1차 대전 : 1914~18. 2차 대전 : 1939~45) 그는 평생의 스승인 Ezra Pound를 1914년 9월에 만났다. Pound의 추천으로 누구나 외면하였던 그의 시 "Prufrock"이 당시에 가장 권위있는 문예지 *Poetry*의 1915년 6월호에 실리게 되었다.

이런 시를 쓰던 때에 Eliot가 크게 영향을 받은 시인은 대학시절에 읽었던 「상징주의 문학운동」*(The Symbolist Movement in Literature)*이라는 Arthur Symons의 글이 계기가 되어 알게된 불란서 상징파 시인 Jules Laforgue, Baudelaire, Gautier 등이다.

그들에게서 그가 배운 것은 주로 시의 기교상의 문제이다. 즉 구어체의 리듬, 아이러닉한 어조(자기 극화와 자기 냉소의 방법), 자유시형 등이 그것이다.

Eliot는 다시 이러한 시적 방법을 17세기 형이상학파의 시인들에게서 영향을 받았다. 또한 그는 이미지즘 시인들인 T.E.Hulme과

Ezra Pound로 부터는 낭만적 유연성을 경계해야 한다는 것과 시인의 인격보다는 시적인 매체를 더 중요한 요소로 간주해야 한다는 것 등을 배웠다. 그는 Hulme이 주장했던 그 "고담한"(dry and hard) 이미지 뿐만 아니라 위트, 인유, 아이러니를 구사했다. 이들 이외에도 Jame I 시대의 극작가 Middleton, Tourneur, Webster 등에게서도 받은 바 영향이 크다.

이렇게 해서 습득한 지식과 방법이 더욱 발전하여 심각한 것과 신성한 것, 옛 것과 새로운 것, 구체적인 장면과 환상적인 비전, 서정과 사실 등… 이러한 사물의 양면적 태도, 복합된 의미가 더욱 다채롭게 병치되어 있는 것이 그의 시의 특징을 이루고 있다.

이러한 시적 성숙기인 1915년 6월 26일 부모의 반대를 무릅쓰고 단 두사람의 증인 앞에서 결혼한 화가의 딸이며 발레 댄서인 Vivien Haigh-Wood(?-1947)는 정신병 증세가 곁들인 심한 병약체여서 항시 가정은 우울하였다. 더구나 이 결혼으로 말미암아 그가 지난 8년 동안 심혈을 기울여 준비해 온 박사학위 논문의 결실로 그의 앞날에는 화려한 학문의 길이 전개될 수 있었으나 이를 포기해야 할 뿐 아니라 양친으로부터 경제적 원조도 끊겨 이제부터는 평범한 가장으로 생활 전선에 뛰어들어 하루의 생활비를 마련해야 하는 절박한 의무가 그에게 주어졌다.

Eliot는 High Wycombe Grammar School과 Highgate Junior School에서 교편을 잡은 후 1917년 3월, 수입이 조금 나은 London에 있는 Lloyd 은행에서 행원으로서 8년간 봉직하였다.

1919년 1월, 그의 아버지의 죽음은 그에게 또 다른 타격이었다. 특히 그의 아버지께서는 Eliot가 능력을 낭비하고 있다고 생각하였기 때문이다. 영미시를 통틀어서 과거의 시와 현대의 시를 구분하는데 결정적인 역할을 한 현대시의 기념비적인 작품인 *The Waste Land*의 초고가 1921년 초에 대부분 쓰여졌다. 그 때 Eliot는 근무처인 은행에서 과로를 하면서 출근전 새벽에 일어나서 글을 써야 했기 때문에 건강은 극도로 악화되었다.

Eliot는 Ezra Pound가 모금한 돈과 그의 은행으로부터 3개월간의 유급휴가를 얻어 스위스 제네바 호수가 Lausanne로 가서 휴양을 하면서 정신과 의사로부터 치료를 받았다. 그가 Lausanne에 머무는 동안 *The Waste Land*는 완성되었고 또한 건강이 회복되어 휴양지로부터 돌아오는 길에 Paris에서 묵고 있던 Pound를 만나, 그에게 이 원고를 보여 682행의 시행을 434행으로 크게 수정을 받아서 그는 이 작품을 발표하였다. 이 수정은 흔히 Pound의 "제왕 절개 수술"이라고 일러지고 있다.

Eliot는 *The Waste Land*를 1922년 그 자신이 창간한 *Criterion* (London) 10월호(창간호)와 *The Dial*(New York) 11월호에 발표하였다. 이 시는 처음에는 각주없이 발표되었다가 단행본으로 내려니 분량이 너무 적어 주를 달았다는 것이 Eliot의 설명이다. 그러나 그 시 자체보다 오히려 주가 더 독자들로부터 관심을 모으고 있다.

Eliot는 권위있는 문예지의 편집자로서, 출판회사의 관리자로서, 시인으로서, 비평가로서 영국사회에 우뚝 선 세계적인 인물이 되었다. 1927년 그는 대영제국의 시민이 되었으며 영국정교(성공회)로 개종했다.

Eliot는 1932년 파란 많았던 Vivien과 결혼생활을 청산하였다. 이혼한 지 15년 후인 1947년 1월에 그녀는 이 세상을 떠났다. Vivien이 떠난 지 10년이 지나서 Eliot는 68세의 나이가 된 1957년에 제임스 플레처의 딸이며 자기의 비서였던 28세의 Valerie와 재혼하여 8년간 이승에서의 행복을 누리었다.

그는 1948년 노벨문학상을 수상하였고, 1965년 1월 4 일 77세를 일기로 London에서 영면하였다.

John Crowe Ransom(1888~1974)

John Crowe Ransom이 1888년 4월 30일, Tennessee주 Pulaski에서 태어났다.

1909년 Vanderbilt 대학에서 A.B. 학위를 받고, Rhodes(1853~1902 : 영국 식민지 정치가) 장학생으로서 1913년 Oxford 의 Christ Church 에서 B.A. 학위를 받았다.

Ransom 은 제1차 세계대전 때 중위였다. 그 후 모교 Vanderbilt 대학교 교수로 1937년까지 있었다. 그곳에서 동료 교수들, Allen Tate 그리고 Robert Penn Warren 과 같은 학생들과 "The Fugitives" 라고 하는 모임에 가입하였다.

그들은 서로의 시를 읽고 비평했으며 *The Fugitive* 를 창간 정기적으로 자기들의 시를 발표했다.

1937년 Kenyon College 로 가서 1937년부터 1959년 Ransom 이 은퇴할 때 까지 미국의 문학비평지로서 가장 유명한 *The Kenyon Review* 를 창간, 편집하여 뉴 크리티시즘의 중심인물의 한사람으로써 비평계에 큰 영향을 끼쳤다.

주요 비평서로 *The World's Body*(1938)와 *The New Criticism* (1941) 등이 있고 시집에는 1919년과 1927년 사이에 출판된 *Chills and Fever, Poems about God* 이 있는데, 그의 시는 신랄한 아이러니와 형이상학파적 특징을 보이고 있다.

1963년에 발행한 *Selected Poems* 로 the Bollingen Prize 을 받았다. 1974년 7월 3일 작고하였다.

Archibald MacLeish(1892~)

Archibald MacLeish 는 1892년 5월 7일 Illinois 주 Glencoe 에서 태어났다. 그의 아버지는 헌신적이고 냉엄하며 엄격한 사람이었고, 그의 어머니는 아버지의 세번째 부인이었고 결혼하기 전에는 Vassar College 에서 교편을 잡았다.

MacLeish 는 Hotchkiss School, Yale 대학 (B.A.,1915), Harvard 법과대학에서 교육을 받았다. 세계 제1차대전 중에는 부인과 아이가 있었지만 자원하여 구급차 운전병으로서, 야전포병대 대위로서

전선에서 복무하였다.

전쟁이 끝난 직후 MacLeish는 3년간 변호사 개업을 하였다. 그 일로해서 시에 전념할 수 없었다. 1923년 가족들과 함께 Paris로 이사했다. 그곳에서 Pound, Eliot 등의 영향 아래서 시를 쓰기 시작하였고 모더니즘 혁명에 참가하였다. 모더니즘은 19세기 예술의 근간이라 할 수 있는 사실주의(리얼리즘)에 대한 반항운동이며, 제1차 세계대전 후에 일어난 전위예술(아방가르드) 운동의 한 형태였다. 일명 주지주의 라고도 일컬으며 구체적으로 시에서 낭만주의적 요소를 배격하고 시작 자체의 의식성을 강조하는 시의 기술주의(技術主義)의 형태화라 할 수 있다. 그 특징은 정서적 우세에서 지성적 우세로, 현실에 대한 초월적 태도에 대하여 비판적 적극성을 강조한 것이다.

1924년과 1928년 사이에 4권의 시집을 출판하였다. 1928년 MacLeish는 귀국하였다. 다음해 겨울에 그는 장시 *Conquistador*(정복자)를 쓸 준비단계로서 스페인 탐험가인 Cortez가 인솔한 정복군이 지나갔던 길을 걸어서 때로는 노새를 타고 Mexico 전역을 되돌아 보았다. 이 시는 1932년 Pulitzer 상을 받았다.

대공황기 중에 그는 *Fortune* 지를 편집하였다. 30년대 후반기에 국민들에게 파시즘과의 절박한 전쟁을 경고하고 국가의식 사회의식을 반영하고 애국 정신을 회복하고자 *New Found Land* 등의 작품을 썼다.

1940년 MacLeish는 논쟁을 불러 일으킨 팜플렛 *The Irresponsibles*에서 당대의 위대한 작가들이 독자들의 도덕적 본질을 약화시키고 그들이 파시즘의 희생물이 되도록 방치하고 있는 상황에 대해서 신랄하게 비난하였다.

그는 Eliot와 Pound의 시는 조만간에 전쟁을 하게 될 국가와 국민에게 부적합하다고 믿게 되었다. 제2차 세계대전이 임박하였을 때 그는 공직생활을 하게 된다. 1939년 Roosevelt 대통령은 그를 국회 도서관장에 임명하였다. 그를 아마추어로 본 직업 사서들과 그가 애매한 시를 쓰고 있다고 비난한 정치가들은 그 임명을 맹비난하였다. 그러나 그는 그 자리를 5년동안 지켜냈다. 전시 중에는 선전분야의 특수한 임무를 수행하는 직책과 국무차관보를 비롯 주요한 공직에 있었다.

전쟁 후에는 UNESCO 구성에 노력하였고 1946년에는 파리에서 UNESCO 의장으로서 봉직하였다.

1949년부터 Harvard 대학교수로서 1962년까지 계속 활동하였다.

Wilfred Owen(1893~1918)

Wilfred Owen은 1893년 3월 18일, England의 Oswestry에서 태어났다. 그의 아버지는 조그마한 철도회사에 근무하였고 그의 어머니는 엄격한 칼빈 신자였다.

Owen은 1900년부터 1907년까지 Birkenhead Institute에 다닌 후 Shrewsbury 공업학교를 다녔다. 식물학을 공부하면서 London 대학의 한 단과대학에 근무하였다. 마침내 London 대학에 입학이 허가 되었으나 등록금이 없어서 입학을 포기하였다.

Oxfordshire에 있는 Dunsden에서 학생으로서 교구목사의 보조원으로 있었다. 처음에는 목사가 되고 싶었다. 교구민들의 고통에 동정심을 가지고 그들을 구제하고 싶었으나 그는 기독교에 대한 확실한 신관과 신념이 없었다. 평온과 즐거움보다는 오히려 소외감 때문에 1913년 8월 그 자리를 떠나서 Bordeaux에 있는 Berlitz 학교에서 교편을 잡았다. 이 도시에서 2년동안 머물렀고 잠시 두 소년의 가정교사가 되었다.

제1차 세계대전이 발생하자 그는 이 전쟁이 유럽의 전통과 문명을 파멸시킨다고 생각하고 입대하고자 1915년 8, 9월에 England로 돌아왔다. 훈련을 받은 후 1917년 1월, 서부전선으로 출진한 Manchester 연대에 배속되었다.

전선의 날씨는 지독히 추웠고 전투는 치열하였다. 6월에 Owen은 병에 걸려 병원으로 후송된 후 건강을 회복하기 위하여 England로 돌아왔다. Edinburgh 부근 Craiglockhart 병원에 입원했다. 이 곳에서 이미 전쟁시인으로 유명해진 같은 환자인 Siegfried Sassoon 대위를 만났다.

Sassoon은 그가 시를 쓰도록 격려하고 다른 작가들을 소개해 주었다. Owen이 14개월 후 서부전선으로 복귀할 때 새로운 경험이 시를 쓰는 데 도움이 될 것이라고 그를 확신시켜 주었다.

Owen은 1918년 8월 31일 프랑스로 돌아왔다. 휴전협정 1주일 전인 1918년 11월 4일, Sambre 운하를 건널 때 기관총의 탄환을 맞아 전사하였다. 25세였다.

시집으로써는 Sassoon이 1920년에 출판한 *Collected Poems*와 Edmund Blunden(1896~1947)에 의한 *The Poems of Wilfred Owen* (1931)이 있다.

Owen 자신도 죽기전에 시집의 출판을 계획해서 서문까지 준비했다. *(The Norton Anthology of Morden Poetry,*p.515)

Owen의 시에 담겨있는 진실과 정열, 인간에 대한 한없는 사랑, 전쟁의 시련과 공포를 감당해야 할 운명에 처해 있는 젊은이들에 대한 뜨거운 사랑 등이 전후의 젊은 시인들에게 많은 영향을 주었다. Owen의 시는 순수한 비감이 넘치는 불행한 시대의 표현이다.

E. E Cummings(1894~1962)

Edward Estlin Cummings는 Massachusetts주 Cambridge에서 1894년 10월 14일 태어났다. 그의 아버지는 Boston에 있는 Old South Church에서 설교하는 조합교회파의 목사였고 또한 Harvard 대학 신학부에서 강의하였다.

Cummings는 Harvard에서 1915년에 B.A.를 1916년에 M.A.를 받았다. 그리고 나서 구급차 운전병으로서 지원하여 불란서로 갔다. *The Enormous Room*(1922)이란 그의 전쟁소설은 그의 참전경험을 쓴 것이다.

전쟁 후 Paris에서 살면서 글 쓰는 일 뿐만 아니라 그림 그리는 일에 전념하였다. 몇차례 개인전을 가졌으며 유럽과 New York을 왕래하면서 20년대에 많은 잡지에 기고하였다.

1931년에는 그의 작품에 관한 책을 출판하였다. 30년대 초 Russia를 여행한 후 그 나라를 몹시 싫어하게 되었다. *Eimi*(Greek for "I am")(1933)이라는 책에서 그 나라의 실상을 적나라하게 밝히고 있다.

그는 미국으로 돌아와 New York 시의 Greenwich Village에 정착하였다.

주요 시집으로는 *Tulips and Chimneys, Is 5, I×I* 등과 같은 이상한 제목의 시집이 많이 있고, 희곡, 여행기, 비평, 전기 등 많은 작품이 있다.

그는 시에서 다방면의 실험을 시도한 특이한 시인으로서, 단어의 철자를 임의로 분리 결합시키고 대문자를 써야 할 곳에 쓰지 않고, 시행을 기묘하게 배치시키는 등 인쇄상의 여러조건을 이용하여 시의 시각적 효과를 여러가지로 시도하였다.

말년에는 Harvard 대학교 교수로서 초빙되었다.

1963년 New York 시에서 영면하였다.

Robert Graves(1895~)

Robert Graves는 1895년 7월 26일, London 근처 Wimbledon에서 태어났다. 그의 아버지 Alfred Perceval Graves는 아일랜드인이었고 자칭 시인이었다. 그의 어머니는 독일인이었고 역사가 Ranke의 친척이었다.

양대 전쟁 중 Graves의 독일 친척들은 그에게 말썽을 일으켰다. 학생과 군인으로서 자기 방위를 하면서 아일랜드 부계(父系)임을 주장하였다.

Graves 의 퍼블릭 스쿨은 London 의 카트루지오회 수도원 자리에 세워진 Charterhouse 였다. 그는 이 학교가 인습에 사로 잡혔고 위선적이며 반지성적이라고 생각했다.

1914년 전쟁이 발생하기 1주일 전에 학교를 그만두고 장교로서 퓨질리아 연대(The Royal Welch Fusiliers) 장교로써 프랑스로 갔다. 그 곳에서 많은 전투를 하였다. 자기 또래의 젊은이 세명 중 한 명이 전사한 것을 그는 목도하였다. Graves 자신도 21회 생일 때 전사했다고 보도되었다.

Graves 는 장교계급제도와 안전한 거리에서 전쟁을 즐기는 자기 아버지를 포함한 민간인들이 역겨웠지만, 군인다운 용기와 그 가치를 존경한다고 주장했다.

그는 전쟁시인 Siegfried Sassoon 과 친해졌다. Sassoon 이 무의미한 전쟁을 반대한다고 대중앞에서 선언하였을 때 그는 군사 법정이나 교도소중 양자택일 상태에서 정신병원으로 후송되리라는 것을 Graves 는 알고 있었다.

전쟁이 끝날 무렵 Graves 는 예술가인 Nancy Nicholson 과 결혼했다. 그녀는 여권주의자였다. 결혼 후에도 자기의 성명을 그대로 가지겠다고 주장하였다.

휴전 후 Graves 는 Oxford 에서 공부한 후 카이로의 이집트 대학에서 영문학교수로 있었고 1929년 이래 스페인 영토 Majorca 에 거주하고 있다.

그의 문학활동은 다방면이어서 *Claudius the God and His Wife Messalina* 같은 역사소설, *On English Poetry* 같은 비평, *The Greek Myth* 같은 신화 연구서 등 시작 이외에도 많은 저작이 있다.

Graves 는 Auden 의 견해와 Style 에 반작용을 보였던 시인들의 전형이다. *Lament and Triumph*(1940)와 *Eros in Dogma*(1944)에서 그는 관습적 시형을 따르고 있긴하나 아무 형식적 단련없이 이미지리의 연상에 의해 초현실주의적 효과와 지적인 경향을 띠고 있고 아이러니의 요소가 가미되어 있어서 난해하게 되었다.

Graves는 1961년부터 1966년까지 Oxford 대학교 시학교수였다.

Hart Crane(1899~1933)

Hart Crane은 Pennsylvania 경계근처의 작은 읍인 Ohio의 Garretsville에서 1899년 7월 21일 태어났다. 그의 아버지는 사탕 수공업자였고 정열적이고 다정한 사람이었으나 부인에게서는 만족한 사랑을 느끼지 못하였다. 그로 인한 불화로 해서 부부싸움이 빈번히 일어났다.

그의 양친은 1908년 별거하였다. 그러나 몇달 후 그들은 다시 화해했으나 1917년 이혼할 때까지 그들의 생활은 불화의 연속이었다. Hart Crane은 어머니 편을 들었다. 그러나 어머니와의 관계도 원만치 못하여 불화의 연속이었다. 그의 어머니는 생활비를 벌기 위하여 마루 닦는 일을 하면서도 옛 남편과 아들의 명예는 잊지 않고 과부로서 처신에 신중하였다.

1917년 그의 부모가 이혼한 후 고등학교를 마치지 못하고 New York에 가서 일하며 생활하였다. Crane은 직업을 구하고 생활비를 버는 일에는 약간 성공했으나 그의 개인적 삶은 불행하였다. 그는 돈이 바닥이 날 때마다 Ohio로 돌아왔다. 그러나 결국 New York에서 평생동안 정착했다.

"Voyages"라고 불리운 시의 배경이 된 남자들과의 이상한 관계는 오래 가지 않았다. 그는 말년에 과거의 난잡한 성생활을 청산하고 건전한 방향으로 전환하고자 했다.

그는 Mexico에서 한 여인과 사랑했다. 그러나 배를 타고 돌아오는 길에 특실에서 그녀와 작별을 고하였다. 그녀는 그가 농담하는 것이라 생각했으나 그는 갑자기 갑판위로 가서 바다로 뛰어들었다. 1933년 4월 26일이었다. 그의 생애는 보는 사람의 관점에 따라 설명이 달라지리라.

Yvor Winters(1900~1968)

Yvor Winters 는 1900년 10월 17일 Chicago 에서 태어났다. 그는 California 와 Oregon 에서 유년시절을 보낸 다음 Chicago 로 돌아와 고등학교를 다녔고, Chicago 대학에서 공부를 시작했다.

신입생 시절에 폐결핵을 앓았다. New Mexico 의 Santa Fe 로 가서 건강을 회복한 후, 국민학교에서 교편을 잡았고 때로는 육체노동도 했다.

1925년 그는 Colorado 대학에서 로만스어로 M.A.를 받았다. 1928년 Stanford 대학에서 1966년 은퇴할 때까지 강의를 하였다. 그는 연마제(abrasive) 로 알려졌지만, 시인이면서도 정직하고 예리한 비평가였다.

그는 1968년 1월 26일에 Palo Alto 에서 숨졌다. 그의 첫번째 시집 *The Immobile Wind*(1921) 는 자유시의 실험이었다. 이 시집으로 해서 Winters 는 Imagist 로서 알려졌다. 시의 도덕적 가치를 주장한 *Primitivism and Decadence: A Study of American Experimental Poetry* 를 1937년에 출판하였다.

C. Day Lewis(1904~1972)

Cecil Day Lewis 는 1904년 4월 17일 북 아일랜드의 Queen 읍 Ballintubber 에서 태어났다. 그의 아버지는 아일랜드 교회의 목사였고, 한 때 군목으로 지냈다. 그의 어머니는 Yeats 처럼 Butler 가문의 귀족 후손이었으나 그가 4살이었을 때 돌아가시었다.

그는 퍼블릭 스쿨에 다녔고, Wadham College 와 Oxford 에서는 행복감을 느꼈다. 그의 가정교사 Maurice Bowra 는 그에게 친절하였고 또한 Robert Graves 와도 친하게 지냈다. Oxford 에서 졸업반 때 그의 2년 선배인 W.H.Auden 을 알게 되었다. 이 두사람과 Stephen Spender 와 Louis MacNeice 와 함께 그들은 소위 Auden

Group을 이루었다.

현재는 Auden이 시인으로서의 재능이 뛰어나고, Spender는 평론가로서의 능력이 있다고 한다면 Day Lewis는 오히려 학자로서의 면모가 강조될 수 있다고 하겠다.

Day Lewis는 Auden과 함께 *Oxford Poetry*(1927)를 편집하였다. 그는 고전을 공부하여 후에 Virgil, 고대사 및 철학을 번역하였다. Oxford를 졸업한 후 Scotland에 있는 Larchfield Academy에서 교편을 잡았다. 후에 Auden이 그의 자리를 이어 받았다.

그가 결혼한 후 수입을 올리고자 Nicolas Blake란 필명으로 best seller가 된 추리소설을 1년에 1권 비율로 10여권 썼고 몇권의 장편소설도 썼다. 그러나 시가 그의 지속적인 관심이었다.

그는 30년대에는 반파시즘 운동에 정신(挺身)한 좌익 시인으로 활약했으나 제2차 세계대전 중에 정보국에 근무, 그 이후부터 정치적 정열이 식었다. 가장 관념적이고 전통적인 시풍을 가지는 시인으로서 혁명에 대한 정열의 상실과 함께 점차 개인적 내지 생활적인 주제를 다루게 되었다.

그의 초기 Style은 Eliot를 모방했지만 Eliot의 절망은 받아들이지 않았다. *Transitional Poem*(1929), *From Feathers to Iron*(1931)은 그 서정성과 그 당시에는 흔치 않았던 자연애를 보여준다. *The Magnetic Mountain*(1933), *A time to Dance* 등의 시에서는 기계와 현대 산업주의에서 image를 빌려오는 것이 많았다. 정치적 시인으로서 인간의 선의에 신뢰를 두고 자기의 표현을 완성시키려고 했다. Day Lewis는 인간 사회의 진보와 개선을 믿고 있으나 그것은 좌익적인 것이 아니고 지상에 살고 있는 인간을 통해서 신의 의지의 성취라 할 수 있는 것이다.

비평집으로서는 *A Hope for Poetry*(1944), *The Poet's Way of Knowledge*(1957) 등이 있다. 그러나 첫째의 업적은 1946년 Cambridge 대학에서 강의한 *Poetic Image*(1947)일 것이다.

1951년 Oxford 대학 시학교수로 학문 생활을 계속했다. 1970년에는 계관시인으로 임명되었다.

Day Lewis는 1972년 5월 22일 1년간의 투병끝에 별세하였다.

Louis MacNeice(1907~1963)

Louis MacNeice는 1907년 9월 12일, 아일랜드의 Belfast에서 태어났다. 그의 아버지는 성직자였으며 the Church of Ireland의 주교였다. 성인시기의 대부분을 London에서 보냈어도 그는 아일랜드인임을 자랑스럽게 생각했다. 그의 어머니는 정신질환으로 그가 소년이었을 때 돌아가셨다. 그의 아버지는 남들이 하기 싫어하는 일을 마다하지 않고 성실히 수행하는 인정많고 희생적이며 교양있는 사람이었다고 MacNeice는 아버지에 대한 애정어린 회상을 하곤 하였다.

MacNeice는 Marlborough의 공립학교와 Oxford에서 교육을 받았고 뛰어난 성적으로 철학사 학위를 받았다.

Oxford 재학중 Auden과 Spender와 친교가 있었으나, 정치 사상면에서는 처음부터 그들보다 초연하였다. 앞에서 말한 두 사람과는 함께 1930년대를 대표하는 모더니즘 시인이다.

MacNeice가 애독한 시인은 T.S.Eliot와 James Joyce 그리고 D.H.Lawrence가 있다. 그의 초기 시에는 정치적 관심이 배어있으나 내성적 인생관이 기조가 되어 있다. 그러한 면에서 허위의 문명에 초점을 맞추어 비판하고 있다.

MacNeice는 Birmingham대학과 London대학의 Bedford College에서 희랍문학을 가르쳤다. 제2차 세계대전이 발생하기 전에 미국의 Cornell대학에서 고전문학을 가르쳤다.

1940년 영국으로 돌아와 가수인 Hedli Anderson과 결혼하였다. 1941년 그는 작가와 BBC 프로듀서가 되기 위하여 교직을 포기하였다. Producer가 된 후 자작의 각본 등을 많이 전파에 실었다.

1963년 8월 BBC팀과 야외촬영중 음성효과를 체크하고자 광갱(a

Mine) 으로 들어갔으나 심한 오한을 일으켰다. 너무 늦게 폐렴으로 진단되었다. 그는 20번째의 시집 *The Burning Perch* 가 출판되기 직전인 9월 3일 사망하였다.

고전 학자인 그는 형식과 Style 에 더 흥미를 느꼈다. 그리고 연상의 image 와 기발성으로서 독자의 마음을 감동시키고 있다. *The Earth Compels*(1938) 와 *Plant and Phanton*(1941) 은 그가 서정시인일 때 최상일 수 있음을 보여주며 그의 교훈적 정치시는 확신이 결핍되어 있다.

시집으로서는 그 외에도 *Blind Fireworks*(1929), *Poems*(1935), *Autumn Journal*(1939), *Spring Board*(1944), *Autumn Sequel*(1953), *Visitations*(1958) 등이 있다. 또 Aeschylus 작의 비극 Agamemnon 의 운문역과 Goethe 의 *Faust* 의 번역이 있다.

W.H. Auden(1907～1973)

Wystan Hugh Auden 은 1907년 영국의 York 에서 내과의사 G. A.Auden 과 Constance 의 세째 아들로 태어났다. 그의 아버지는 Auden 이 태어난 다음 해에 Birmingham 대학교의 의학교수가 되었다.

Auden 은 사립학교인 St.Edmund School 을 거쳐 Oxford 대학교의 Christ Church College(1925～28) 에서 학위를 취득하였다. 학위를 취득한 해인 1928년, 처녀시집 *Poems* 를 출판하였는 데 이 시집은 Stephen Spender 에 의해서 손수 프린트 되었다.

30년대에 "대시인"(major poet) 이란 칭호를 받으며 재기넘친 작가들의 중심인물이 되었다. 그와 상당한 견해차이에도 불구하고 Louis MacNeice, Cecil Day Lewis 와 Stephen Spender 는 그의 기치아래서 작품활동을 하였다.

그는 전통적인 문화, 문명이 허물어져 가고 있다고 생각하였다. 그 해결책으로 좌익정치와 사회혁명을 주창하였다. 1936년 Louis

MacNeice 와 함께 아이슬란드 여행도중 스페인 내란의 발발 소식을 듣고 공화당원(The Loyalists) 을 지지하여 앰블런스 운전사로 참전하려 했으나 뜻대로 되지않자 귀국해 버렸다.

그 전쟁은 그의 뜻과 다른 방향에서 해결되었다. 이 전쟁에 방관적 태도를 취했던 그의 조국 영국이 섭섭하였다. 그러나 그는 영국 황실에서 내린 금메달(King's Gold Medal) 을 수상하였는데, 이 상을 받아들인 것은 Auden 을 좌경시인으로 보고 있던 많은 사람들에게 실망감을 안겨주었다.

그는 Thomas Mann 의 딸 Erica Mann 과 결혼하고 1938년 일본과 전쟁중인 중국 여행을 하였다. 일본과 미국을 거쳐 돌아오던 중 미국 이민을 결심하였다. 1939년 1월 영국을 떠나 미국으로 이민하였고 1940년에는 communism 을 버리고 영국국교회로 복귀한 후, 1946년 미국으로 귀화하였다. Auden 이 가지고 있었던 질서와 규범에 대한 정신은 점차로 종교적 방향으로 기울어졌다.

Auden 은 Michigan 대학, Swarthmore 대학, Smith 대학 등에서 교편을 잡았는데 어찌나 많은 학생들을 끌어들였는지, 비서가 "Shakespeare 가 Auden 강의를 한다고 생각이 들 지경입니다." (You think Shakespeare was giving a course in Auden.) 라고 말할 정도였다.

1947년에는 *The Age of Anxiety* 를 출판하였다. 이 시에 퓰리처 상(Pulitzer Prize) 이 주어졌는데, 이 시는 실존주의 철학자 키에르케고르의 영향에 기인한 것이었다. 이 시에서 우리들 세계는 이념이나 경향의 세계가 아닌 것이라고 주장하고, 인생에 있어서 가장 중요한 것은 자기의 혼백과 그 혼을 제어하는 신과의 관계라고 말하였다.

1956년 Oxford 대학 시학교수가 되었고 Christ Church College 내의 기숙사에서 기거하였다. 1973년 9월 오스트리아의 Kirchstetten 농장에서 Oxford 로 돌아오던 중 시학강의를 초청받았던 Vienna 에서 심장마비로 9월 28일 세상을 떠났다. 키르흐스테텐의 교회묘지에 묻히었다.

Theodore Roethke(1908~1963)

Theodore Roethke는 1908년 5월 23일 Michigan주 Saginaw에서 태어났다.

Bismarck의 한때 수석 삼림관(forester)이었던 그의 할아버지는 1870년에 Prussia에서 이민해 와서 그의 아들과 함께 온실(greenhouse)을 시작하였다.

Roethke는 Michigan대학에 다닌 후 Harvard대학에서 대학원과정을 수료하였다. 그 후 몇개의 대학에서 교수로 지냈으며 학생들에게 아낌없이 돈을 빌려주고 때로는 테니스도 코치하였다.

그는 고통에 시달리는 사람이었고, 명예에 광분하였고, 병에 시달리는 사람이었고, 알콜 중독의 희생자였다.

그의 첫 시집은 1941년에 출판되었다. 그의 우수한 작품은 말년에 나왔고 그의 명성은 최근에야 높아졌다.

Roethke는 개성있는 독특한 시인이었다. 그는 당시의 실험주의에 관심이 없었다. 그는 대부분의 현대작가들보다 더 짙은 낭만주의자였고 그의 시는 Blake, Yeats 그리고 Whitman의 영향을 크게 받았다.

영혼, 정신, 혹은 자아는 Roethke의 중요한 주제였다. 그의 소재는 논리적으로 이해된 경험이라기 보다는 정서적 경험이었다. 어린 시절과 관련된 싱그러움과 경이로움이 그의 작품에 표현되고 있다.

그는 Washington대학에서 가장 오랫동안 머물렀고 또한 그의 마지막 자리였다. 그곳에서 때때로 일어나는 그의 지병으로 고통을 받았다. 그는 많이는 쓰지 않았다. 그러나 매우 신중히 썼다. 1959년 얼마 안되는 시를 모아 *Words for the Wind*라는 제목으로 출판하였다. 1963년 지병으로 숨졌다.

Stephen Spender(1909~)

Stephen Spender는 1909년 2월 28일 London에서 태어났다. Oxford 재학 중 선배인 W.H.Auden과 C.Day Lewis와 어울렸고, 1930년대의 초기에 Auden과 Day Lewis와 함께 공산주의의 경향을 지닌 New Country파에 참여했다.

그는 Auden의 첫 시집과 자신의 시집을 손수 프린트하여 1928년 출판하였다. Oxford를 졸업한 후 잠시 독일 여행을 하였고 독일의 많은 시인들의 작품을 번역하였다.

30년대에 Auden과 함께 스페인 내전에 종군하여 공화파를 위해서 선전하는 일을 했다. 그후 공산주의에서 전향하였다. 그의 진정한 관심은 신조보다는 개인이었다. 현대의 정치적 현실 속에서 어떻게 해서 개인의 자유를 보존할 수 있느냐 하는 문제를 끊임없이 모색하고 있는 성실한 지식인의 한 전형을 선명하게 나타내고 있다.

그는 본래는 서정적이며 대체로 낭만적인 시인이다. 삶의 애수와 사랑의 황홀이 그의 Modernism보다 더 좋은 시를 낳았다. Spender의 상상력은 산업시대에 대한 관능적 반응에 의해 움직여진다.

1939년부터 1941년까지 Cyril Connolly와 함께 비평지 *Horizon*의 공동 편집인이었다. 1953년부터 1967년까지 Melvin J.Lasky와 함께 문화자유회의의 문예기관지 *Encounter*의 공동 편집인이었다. 또 P.E.N.Club의 중요한 일원이기도 하다.

시집에는 *Poems*(1933), *The Still Centre*(1939), *Ruins and Visions*(1942), *Poems of Dedication*(1947), *The Edge of Being*(1949), *Collected Poems*(1954) 등이 있다. 이상의 시 속에서 그의 시의 주제가 정치적인 것에서 인간자체에로 옮겨온 변화의 과정을 이해할 수 있다. 그의 후기 시에서는 내성적인 면이 나타나 있으며 궁극적으로는 개인적 서정시를 완성시켰다. 그의 저서로는 1950년까지의 기록인 자서전 *World Within World*(1951)가 있다.

Spender는 London 대학교의 University College에서 영문학교수가 되기 전 미국의 여러 대학에서 많은 강의를 하였다. 1957년 은퇴하였다.

Elizabeth Bishop(1911～)

Elizabeth Bishop는 1911년 2월 8일 Massachusetts주 Worcester에서 태어났다.

그녀는 New England와 Nova Scotia에서 성장하였고 Vassar에 다녔다. 그곳에서 1934년에 B.A.를 받았다.

그 이후 오랫동안 Key West에서 살았고 최근에는 Brazil에서 살았다. 1949년과 1950년에는 국회도서관의 시분야에 상담역을 맡았다.

그녀는 시집 *North and South*로 1956년에 Pulitzer 상을 받았다. 그녀는 현재 Harvard 대학교에서 문예창작을 강의하고 있다.

Karl Shapiro(1913～)

Karl Shapiro는 1913년 11월 10일 Maryland(미국 동부 대서양 연안의 주)의 Baltimore에서 태어났다. 그곳에서 고등학교를 졸업한 후에 Virginia 대학에 입학하였으나 공부하는 것보다 글쓰는 데에 더 흥미가 있었기 때문에 곧 학교를 그만 두었다.

Baltimore에서 여러 직종에 종사하면서 독학하는 동안, Shapiro는 많은 장시와 시극을 썼으나, 그 대부분의 작품을 후에 파기해 버렸다. 1935년은 단시를 모아 출판하였으나 문학계의 관심은 끌지 못하였다.

그는 Johns Hopkins 대학에서 공부를 다시 시작하였으나 학위를 수여받기 전에 입대하였고 남태평양에시 2차 세계대전이 끝날 때까지 복무하였다.

해외에 있는 동안 그는 시를 계속해서 썼고 그의 약혼녀인 Evelyn Katz (그는 1945년 그녀와 결혼했다)는 성공적으로 그의 시를 출판하고자 노력하였다. 그의 시집 *V-Letter* 는 1945년에 시부문에서 Pulitzer 상을 받았다.

그가 병역을 마치고 돌아왔을 때 그는 이미 미국 독자들에게 잘 알려져 있었고 미국도서관 시 부문의 고문으로서 1년동안 봉사하였다. 그 후 Johns Hopkins 대학에서 교편을 잡았다. 1950년에는 Hayden Carruth 의 뒤를 이어 *Poetry* 지의 편집자로서 1956년까지 그 자리에 있었다. 그 후 Nebraska 대학의 교수로서 *Prairie Schooner* 지의 편집자가 되었다. 현재 그는 Davis 에 있는 California 대학에서 교편을 잡고 있다.

Dylan Thomas(1914~1953)

Dylan Thomas 는 1914년 10월 27일 Wales 의 Swansea 에서 태어났고 Swansea Grammar School 을 1913년에 졸업한 것이 그의 교육의 전부이다. 그 학교의 영어교사였던 아버지는 Thomas 를 대학에 진학시키고자 하였으나 그는 Bernard Shaw 의 예를 제시하며 진학을 포기하고 이내 작가가 되고자한 그의 뜻을 아버지께 합리화했다.

10세 때 시를 쓰기 시작했고 17세 때에는 자신의 문체가 형성되었다. 졸업 후 약 2년동안 지방신문의 기자 생활을 한 후 London 에서 신문과 잡지에 시와 평론을 기고했다.

Thomas 는 첫 시집 *18 Poems* 를 20살 때 발표하여 명성을 얻게 되었다. 소위 30년대의 "Auden Group" 의 사회적이고 정치적인 시의 전성 속에서 그는 강열하고 Romantic 한 시풍을 보여주고 있다. 그는 30년대의 후반부터 전후의 40년대를 통해서 당시의 Romantic 한 시풍을 기조로한 영국의 대표자였다. *English Poems*(1934) 에서

Freud의 영향이 있어서 심리적 무드, 특히 어린 시절과 사춘기 시절의 무드를 포착하는데 뛰어났다.

그 다음의 *Twenty-Five Poems*(1936)에서는 sex에 대하여 성서를 중심한 신화를 매체로해서 실험적으로 시를 썼다. 그 후 sex, 병리학, 신화에 근거를 구해서 그 상호의 연결을 끊임없이 의도하면서 시작에 정진하였다.

그의 시는 애매하고 난잡하기 조차 한 언어로 씌어져 매우 난해하기는 하나 한편으로는 매우 매력적이고 화려한 폭발적 언어가 터져나온다. 그의 시에서 우리는 Blake와 Hopkins의 영향이 깃들어 있음을 찾아볼 수 있다. 또한 그는 가장 표현적인 목소리를 지니고 있었기 때문에 의미보다 소리가 더 중요한 시를 썼고 낭송할 때 그의 시는 더욱 좋았다. 그래서 그의 자작시 낭송 레코드는 대성공을 거두었다.

1936년 London에서 그는 성격이 자기와 비슷한 아일랜드 출신의 젊은 미인 Caitlin Macnamara를 만나 다음 해에 결혼하여 Wales의 서남쪽 해안 Laugharne의 마을에서 처와 세자식과 함께 살았다.

Thomas는 긴 미국 시 낭송 여행 중 수많은 대학에서 대부분 다른 작가들의 시를 낭송하고 시학을 강의했다. 그러나 지나친 음주로 해서 많은 시간과 건강을 빼앗겼다. 결국 만성적인 알콜 중독으로 네번째 미국 시 낭송 여행 중 1953년 11월 9일, New York에서 39년의 짧은 생애를 마쳤다.

Randall Jarrell(1914~1965)

Randall Jarrell은 Tennessee주의 Nashville에서 1914년 5월 16일에 태어났다. 그의 가족은 California로 이주했으며, 그의 부모는 이혼하였고, 그는 Hollywood에서 증조부님과 증조모님과 함께 약 1년동안 지냈다. 그 후 Nashiville로 다시 돌아가서 단조롭고 우울한 아동기를 보냈다.

Jarrell은 Vanderbilt 대학에서 공부하였는데 심리학과에서 영문과로 전과하였다. 1937~39년에는 Kenyon College에서 교편을 잡았다. 그곳의 친구들 즉 John Crowe Ransom, Robert Lowell, 그리고 소설가 Peter Taylor 등 모두 다 그의 명랑성, 학식, 낙관적인 자신감에 관해서 글을 썼다.

1942년 그는 공군에 입대하였지만 Pilot 시험에 떨어져서 B-29 승무원들과 함께 일하는 관제탑 기사로서 종사하게 되었다.

1946년 전쟁이 끝난 후 Jarrell은 Sarah Lawrence에서 교편을 잡았다. 그리고 *The Nation* 지의 편집자로서 봉직하였다.

1947년부터 그가 죽을 때까지 Greensboro에 있는 North Carolina 대학교의 여자대학에서 교편을 잡았으며 때로 다른 대학에 초청을 받아 방문하기도 했다.

1965년 교통사고로 사망하였다.

그는 2권의 전쟁시집 *Little Friend, Little Friend*(1945)와 *Losses*(1948)를 남겨 놓았다.

John Berryman(1914~1972)

John Berryman은 1914년 10월 25일 Oklahoma주 McAlester에서 태어났다. 그는 Anadarko에서 10살까지 살았다. 그의 아버지 John Smith는 은행가였고, 어머니는 교사였다. 이듬해 Florida주 Tampa로 이사를 갔다. 그곳에서 가족들과의 불화와 몇년동안의 격렬한 부부싸움은 아버지의 자살로 끝이 났다.

미망인이 된 그의 어머니는 John과 어린 아들을 Massachusetts주 Gloucester를 거쳐 New York으로 갔다. 그 곳에서 그의 어머니는 John Berryman이라는 은행가와 결혼을 했다. 어린이들은 그의 이름을 따온 것이다. 이 부부는 이내 이혼을 하지만 의붓아버지는 이혼 뒤에도 여전히 아이들에게 친절하였다. 그는 John을

Connecticut 지방에 있는 South Kent School 이란 사립학교에 보낸 다음 Columbia College 에 다니게 했다.

1936년 문학박사학위를 받은 John 은 그 후에 Clare College, Cambridge 를 연구원 장학금으로 다녔다. 그가 미국에 돌아와서 1년동안 Wayne State 에서 강의를 하다가 1940년에서 1943년까지 Harvard 에 있다가 이후 8년동안 불규칙적으로 Princeton 에 있었다.

1955년부터 사망하기 전까지 그는 Minnesota 대학의 인문학부교수로 있었다. 이때 첫 시집 *The Disspossed*(소외자들)을 발표한 이후로 중요한 미국시인의 한 사람으로 인정받아왔다. 그 이후로, 그는 장시인 "Homage to Mistress Bradstreet" (브래드스트리트 부인에 대한 경의)를 발표하여 높이 평가 받았으며, 이 작품으로 해서 셸리 기념상과 해리엇 먼로 기념상 등 두 개의 시 문학상을 수상했다.

그는 작가와 문학비평가로서 그리고 전기 작가로서 잘 알려져 있다. 그의 작품들 가운데 "The Imaginary Jew" (상상적인 유태인)은 케논 더블데이 상을 받았으며, 그리고 그가 쓴 Steven Crane 의 전기는 「미국문학인」 시리즈의 한권으로 출판되었다.

성공적인 삶에도 불구하고 그는 신경과민으로 술을 과다하게 마셨고 거칠게 살다 갔다. 세 번 결혼 했었고, 말년에는 유년시절에 가졌던 종교인 Roman Catholicism 에 귀의하였다가 1972년 1월 7일 57세의 나이로 Minneapolis 에 있는 한 다리에서 몸을 던져 생을 마감했다.

Robert Lowell(1917~)

Robert Lowell 은 숙부 항렬인 James Russell Lowell 과 먼 4촌인 Amy Lowell 과 함께 New England 의 명문가에서 1917년 3월 1일 Boston 에서 태어났다. 해군 장교인 아버지가 주둔하고 있었던

Washington 과 Philadelphia 에서 잠시 지낸 기간을 제외하고는 어린 시절을 Boston 에서 보냈다.

St. Mark's School 에 다녔고, 그 곳에서 가르치고 있었던 시인 Richard Eberhart 를 알게 되었다. 그는 시인으로서의 생활을 신중히 생각하면서 미래를 준비하기 시작하였다.

Harvard 에 입학한 후 영문학에 전념하였다. 그러나 2년 후 Kenyon College 로 갑자기 옮겨서 John Crowe Ransom 과 함께 공부하였다. Ransom 의 지도 아래 고전, 논리학, 철학을 공부하였다.

1940년 졸업 후 Lowell 은 Louisiana 주립대학에 다녔다. 그 곳에서 Robert Penn Warren 과 Cleanth Brooks 와 함께 공부하였다. 동시에 Allen Tate 와도 친교를 맺었다. 이렇게 해서 그는 신비평에 전념하게 되었고 형식적이며 난해한 시에 특별한 관심을 가지게 되었다.

Kenyon College 를 졸업한 해인 1940년에 Lowell 은 소설가인 Jean Stafford 와 결혼하였다.(그들은 1948년에 이혼하였다.) 그는 또한 가톨릭교도로 개종하였다. 제2차 세계대전의 발발로 몹시 흔들렸다. 처음에는 입대를 시도했다. 그러나 1943년 민간인 폭격을 보고 공포와 분노에 사로잡혔다. 그는 분명히 전쟁을 반대한다고 선언하였다. 이로 해서 1년 감옥형이 선고 되었으나 6개월 후 석방되었다. 그 후 Bridgeport 근처 Black Rock 에서 잠시동안 살았다.

1944년 최초의 시집을 출판하였다. 전쟁 후 그는 국제적으로 명성을 얻었다. 1959년 *Life of Studies* 의 출판으로 더욱 유명해졌다. Lowell 의 초기작품은 과거의 시의 형식을 되살리고 다시 발견하고자 한 시도였다. Milton, 17세기의 형이상학 시인들, 19세기의 불란서의 상징주의 시인들을 집중적으로 연구하였다.

Lowell 은 신념과 용기를 가지고 최근 일련의 사건에 직면하였다. 그는 모든 사건의 한 중심에 있었다. 시를 통해서 또는 대중적인 활동으로 Vietnam 전쟁을 반대하였다. 이러한 사회운동에서 잠시 물러나 1970년부터 1974년까지 영국에서 살았다.

그는 지금 Harvard 에서 문예창작을 가르치고 있다.

Philip Larkin(1922~1985)

Philip Larkin은 영국 중부 Warwickshire의 Coventry에서 1922년 8월 9일 태어났다. Larkin은 Ted Hughes(1930~)와 함께 제2차 세계대전에 나타난 혜성같은 시인이다.

Oxford 대학시절 그의 궁핍한 생활은 그의 최초의 소설 *Jill*에 묘사되어 있다. 대학원생으로서 1950년대 중기에 *The Movement*라고 알려진 group 중에서 가장 뛰어난 시인이었다.

그들은 Dylan Thomas의 시에서 볼 수 있는 수사적 부절제와 Eliot나 Pound의 시에 나타난 지나친 과장에 반감을 가졌다. Thomas Hardy(1840~1928)와 Edward Thomas(1878~1917)의 시법의 옛전통을 이어받아, 그의 시의 특징은 냉정한 어조, 명쾌하게 정돈된 시형, 지적인 사고라 할 수 있다. 그래서 그의 시에는 기발한 사상도 화려한 표현도 없다. 오히려 소박하고 명상적이며 강열한 비감속에 우울한 관조적 태도가 깃들어 있다.

그의 시의 제재는 얼굴없는 도시문명과 중류계급의 세계이다. 그러나 그의 아이러니 밑에는 그가 조롱하는 체하는 많은 것들에 대한 상당한 존경심이 깔려있다.

1943년 Oxford에서 학위를 받은 이래 Hull 대학의 사서로서 봉직했다.

시집 *The North Ship*(1945), *The Less Deceived*(1955), *The Whitsun Wedding*(1964), *High Windows*(1974) 등에서 1950년대의 anti-modernism 세대의 대변자의 역할을 했다.

소설에는 *Girl in Winter*(1947)와 *Jill*(?)이 있다. 또 *The Oxford Book of Twentieth Century English Verse*(1973)를 편찬했다.

Larkin은 1985년 12월 2일 호흡장애로 사망했다.

Thom Gunn(1929～)

Thom Gunn은 1929년 8월 29일 영국의 Kent주 Gravesend에서 태어났다. 그가 태어난 첫 해에 신문기자인 아버지의 일로해서 여러 곳으로 이사를 했다.

Gunn은 2년동안의 병역을 마치고 Paris로 가서 소설을 쓰면서 the Métro(파리 지하철)사무실에서 몇달 동안 근무하였다. 그 후 Trinity College, Cambridge University에 들어가 1953년 학사학위를 받았다.

Cambridge 시대의 작품을 수록한 처녀시집 *Fighting Terms*(1954)로서 그는 그의 세대에서 가장 관심을 모으는 시인이 되었다.

대학원생으로서 Stanford University에 들어가 Yvor Winters한테서 배우기 전에 6개월 동안 Rome, Paris, Berlin 등에서 각각 얼마동안 살았다.

1950년대 초 영국의 젊은 시인들의 모임인 "The Movement"에 가입하였다. 그는 회원 중 가장 젊은이었다. 최초의 The Movement 시집이 출판되었을 때 그는 이미 California에 살았다.

제2시집 *The Sense of Movement*(1957)에는 Rome, California, Texas 등에서 쓰여진 작품이 수록되어 있다.

Texas주 San Antonio에서 1년동안 교편을 잡은 기간을 제외하고 계속해서 San Francisco에서 살고 있다. 이러한 시간의 경과는 그가 Philip Larkin이나 Kingsley Amis와 같은 식의 "The Movement" 시인이 아님을 명백히 했다.

1958년에서부터 1966년까지 Berkeley에 있는 California 대학교에서 가르쳤다. 그 이후 Berkeley에서 필요에 따라 가르치기도 하고 다른 직업을 선택하기도 한다. 글을 쓰기 위한 자유로운 시간을 향유하고 있다.

그의 작품은 Larkin의 시와 Hughes의 시 사이에 걸친 중요한 다리 노릇을 하고 있다. 1950년대의 "The Movement"의 형식적 정확성과 우아함과 함께 1960년대의 에너지와 폭력에 관심을 가지고 시를 쓴다. Gunn의 시의 특징을 문체의 우아성과 주제의 자극성 사이의 긴장감이다.

그 밖에 시집으로는 *My Sad Captains*(1961), *Positives*(1966), *Touch*(1967), *Poems 1950~1966: A Selection*(1969), *Jack Straw's Castle*(1977) 등이 있다.

Ted Hughes(1930~)

Ted Hughes는 1930년 Yorkshire의 Bronte의 자매가 살았던 Haworth에 가까운 Mytholmrody에서 태어났다. 이 곳에 있는 Grammar School을 마친 후, 제2차 세계대전 중에는 영국 공군의 지상 무전기사로 근무했다.

Cambridge 대학에서 B.A.를 받았으며, 이 대학에서 1956년 2월 어느 party에서 Fulbright fellowship으로 와 있던 미국 시인 Sylvia Plath(1932~1963)와 만나 6월에 결혼했다. 그들은 처음에는 미국에서 살았고 후에는 영국에서 정착하였다. 이들에게는 두 아이가 있었으나 파국이 닥쳐와 Plath가 Gas 자살을 한 1963년까지 별거 생활을 했다.

그는 일반적으로 Philip Larkin과 함께 2차 세계대전 후에 나타난 가장 중요한 두 시인 중 한 사람으로 생각 되어지고 있다. Larkin이 1950년대의 목소리였다면, Hughes는 1960년대의 목소리이다.

Cambridge 대학 재학시절에 발표한 *The Hawk in the Rain*(1957)은 표면적으로는 약간 다듬어지지 않고 야성미가 넘쳐있는 인상을 주지만, 이 시집으로 해서 그는 시인으로서 명성을 얻었다.

Hughes의 시는 일연의 통제된 폭발이다. 즉 힘과 폭력이 *The Hawk in the Rain*과 *Lupercal*(1960)의 테마다. Hughes는 젊은 영국 시인들 중 가장 유명한데, 그 이유는 일반 독자들이 그의 시를 빨리 이해할 수 있기 때문이다. 이 세기의 그의 선배들의 극히 난해한 시를 읽어야 했던 독자들은 그의 시를 환영했다.

Hughes의 시가 난해하지 않는 이유는, 적어도 표면적으로는 그가 혁신자가 아니라 전통주의자이기 때문이다. 즉 그는 영문법, 영문학, 영국적인 것에 뿌리를 박은 영국시인이다. 그에게서 느끼는 것은 비교적 강열한 관능적 체험이다. 이런 면은 Lawrence와 공통점을 갖고 있으며, 또한 그는 Hopkins의 영향을 많이 받았다.

그의 다른 시집으로는 *Woodwo*(1967), *Crow*(1970) 등이 있다.

아주 최근에는 전위적인 영화감독 Peter Brook와 함께 Seneca의 *Oedipus*를 개작했고 프로메테우스의 신화에 관한 *Orghast*를 번역하였다.

※ **프로메테우스(Prometheus) : 그리스의 신화에서 프로메테우스가 천상에서 불을 훔쳐 인간에게 주었기 때문에 Zeus의 노여움을 사서 큰 바위에 사슬로 묶여 매일 큰 독수리에게 간을 먹히는 고통을 당하다가 나중에 Hercules에게 구원되었다.**

WALT WHITMAN
(*1819–1892*)

Walt Whitman was one of the great innovative figures in nineteenth-century Anglo-American literature and remains a uniquely important presence in the poetry of the twentieth century. As one reads modern American poets, one doesn't so much trace Whitman's influence as locate individual writers by their attitude towards him. For a hundred years and more, poets have warily circled Whitman, wondering what they might make of him. He insisted that he was that new man, an American, yet some of his first European readers felt that he was too good for the Americans and that he was a European in spite of himself. The young Yeats admired him; Hopkins admired and feared him, the fear growing from a sense of similarity that Hopkins was reluctant to admit. Ezra Pound swore a pact with Whitman ("It was you that broke the new wood, / Now is a time for carving. / We have one sap and one root — / Let there be commerce between us."). Defenders of Whitman have felt bound to save him from both his enemies and his false friends, while other interested parties have tried to arrange contests between Whitman and expatriate formalists like Henry James and T. S. Eliot; both Hart Crane and William Carlos Williams saw in Whitman's poetry an alternative to T. S. Eliot's pessimism about life in this world, his reliance on external authority, and his suspect devotion to the iamb. A hundred years after the first edition of *Leaves of Grass* the spirit of Whitman seemed to be born again in Allen Ginsberg and his fellow Beats, and John Berryman traced the inspiration for his dream songs to the "Song of Myself." In 1972 Pablo Neruda, the Chilean poet whose work was much admired by American poets of the Sixties, paid tribute to Whitman as the founding father of a continental poetry: "We continue to live in a Whitmanesque age, seeing how new men and new societies rise and grow, despite their birth-pangs. Walt Whitman was the protagonist of a truly geographical personality: the first man in history to speak with a truly continental voice, to bear a truly American name." In sum, in the history of modern poetry, Whitman has been a rallying cry, a battle ground, an inspiration, and a bad example.

Whitman raised most of the important issues that confront the modern poet and his readers. His joyful experiments with language, his pretense of telling all while leaving much to be gathered, his reckless assumption that the poet, his language, his subject matter, and his readers are all part of one expanding community, have endowed him with patriarchal importance. Whitman eludes and sometimes exasperates us because, just as he prophesied, he has become part of our environment, the way we look at and thus create our world:

> I bequeath myself to the dirt to grow from the grass I love,
> If you want me again look for me under your bootsoles.

He is sometimes coquettish and sly:

> Failing to fetch me at first keep encouraged,
> Missing me one place search another,
> I stop somewhere waiting for you.

In his poems Whitman appears as the archetypal over-reacher, and nothing human is alien to him (if he can help it) or negligible. He rescues for poetry the unpoetic, the vulgar, the profane, and the obscene. His mainstay was the English language, augmented from time to time with a gaily worn foreign phrase; his liberation was the realization that poems need no longer look like poems—with their smart couplets and quatrains—need, for that matter, no longer sound like poems. They can sound like the Book of Psalms or Fourth-of-July orations; it was all one to Walt Whitman. He launched his long periodic sentences in search of their subject matter, gave names to everything he saw, and became for later poets a great natural resource, like a forest or a uranium mine.

Walt Whitman was born on May 31, 1819, in then rural Huntington, Long Island. His father was of British, his mother of Dutch ancestry. His indifference to religious orthodoxy, his insistence on the worth of individual experience and on private charity, may owe something to the fact that there were Quakers on both sides of his family. When Whitman was still very young, his father, who was both a farmer and a carpenter, moved the family to Brooklyn, then a city of less than 10,000, where he worked at building houses. Whitman's childhood happily alternated between the growing city and the countryside and seacoast. He attended school for only five years, for in 1830, when he was eleven, he went to work as an office boy, first to an attorney, who encouraged him to read Sir Walter Scott, and then to a physician. He soon turned, however, to printing and journalism, and until the early 1850s—with occasional periods of school teaching—he worked as a newspaperman. From 1846–48 he held the important post of editor of the Brooklyn *Eagle*. He left the paper after a political disagreement with its financial backers, then made his first journey into the interior of America to serve for a few months as editor of the New Orleans *Crescent*.

More than most poets, Walt Whitman had a carefully developed public personality, and he fostered the impression that he was ill-read and indolent. This was not in fact the case. As a youth he read the Old and New Testaments (to this reading his revolutionary cadences bear witness), Shakespeare, McPherson's Ossian, Homer, Aeschylus and Sophocles, the Nibelungenlied, the "ancient Hindoo poems," and Dante. He was also influenced by such contemporary sages as Goethe, Carlyle, and Emerson. As an occasional book reviewer for his newspapers and an energetic amateur of the theater and opera, he accumulated the rich experience that would find expression in his poems.

Whitman had been experimenting with poetry since 1847. In 1851 he moved in with his parents, supported himself with part-time carpentry, and began work on *Leaves of Grass*. The first edition appeared on July 4, 1855;

like all but two of the first seven editions, it was privately printed, and the author himself set the type. It consisted of twelve untitled poems, the first and by far the longest of which would eventually be titled "The Song of Myself." The book was nearly anonymous; Whitman's name did not appear, but the frontispiece was a photograph of the poet in work clothes, bearded, lounging, unbuttoned. The book did not sell well, but it attracted attention in important quarters. Emerson, to whom Whitman had sent a copy, wrote a famous acknowledgment: "I greet you at the beginning of a great career, which yet must have had a long foreground somewhere, for such a start. I rubbed my eyes a little to see if this sunbeam were no illusion, but the solid sense of the book is a sober certainty. It has the best merits, namely, of fortifying and encouraging." Bronson Alcott, Emerson's Concord neighbor and fellow Transcendentalist, sought Whitman out in October of the following year, and he described the prodigy in his journal: "Inquisitive, very; overcurious, even; inviting criticisms on himself, on his poems—pronouncing it 'pomes.'—*In fine,* an egotist, incapable of omitting, or suffering anyone long to omit, noting Walt Whitman in discourse. Swaggy in his walk, burying both hands in his outside pockets. Has never been sick, he says, nor taken medicine, nor sinned, and so is quite innocent of repentance and man's fall. A bachelor, he professes great respect for women." A month later, in November 1856, Thoreau visited Whitman and was a bit puzzled. "He said that I misapprehended him," Thoreau confided in a letter. "I am not quite sure that I do. He told us that he loved to ride up and down Broadway all day on an omnibus, sitting beside the driver, listening to the roar of the carts, and sometimes gesticulating and declaiming Homer at the top of his voice."

In the second and third editions of *Leaves of Grass* (1856, 1860) Whitman's particular mode of composition began to display itself. He slowly discovered that he was writing an increasingly long and complexly orchestrated poem, the unity of which was clear to him only as he worked at it. *Leaves of Grass* is Whitman's one book, a book which appeared in many versions and was transformed in response to changes in its author's life and in the history of his nation. It is Whitman's contribution to that peculiarly nineteenth-century form, the subjective epic, like Wordsworth's *Prelude* a work of heroic introspection, which views the experience of one man so that it will include multitudes. Whitman eventually recognized that his work would have the hard-won unity of a city or of what William Blake had called the "Human form divine." "I can hardly tell why," he wrote, "but feel very positively that if anything can justify my revolutionary attempts & utterances, it is such *ensemble*—like a great city to modern civilization & a whole combined clustering paradoxical unity, a man, a woman. . . ."

Whitman from the first added new poems to his initial slim volume—twenty in 1856, one hundred and twenty-four in 1860—and in a letter to Emerson he promised that there would be more to come. He began to give titles to individual poems and to divide the poems into groups. The first of these groups is called "Calamus"—the title refers to a plant, a "very large & aromatic grass, or rush, growing about water ponds in the valleys . . . often called 'sweet flag' " —and it celebrates masculine friendship or, as Whitman calls it, "adhesiveness." In the second group of poems, "Children of Adam," Whitman is bent on celebrating procreation, but the emotional center of the poem is his admiration for the masculine body at work and play. He praises

> The wrestle of wrestlers, two apprentice-boys, quite grown, lusty, good-natured, native-born, out on the vacant lot at sundown after work,
> The coats and caps thrown down, the embrace of love and resistance,
> The upper-hold and under-hold, the hair rumpled over and blinding the eyes;
> The march of firemen in their own costumes, the play of masculine muscles through clean-setting trowsers and waist-straps,
> The slow return from the fire, the pause when the bell strikes suddenly again, and the listening on the alert,
> The natural, perfect, varied attitudes, the bent head, the curv'd neck and the counting;
> Such-like I love. . . .
>
> ("I Sing the Body Electric")

From the beginning of his career as a writer, Whitman as experimental poet aligned himself with the great social and political experiment of American democracy. His was a "new style . . . necessitated by new theories, new themes . . . , forced upon us for American purposes." "Every really new person," he explained, "(poet or other,) *makes* his style—sometimes a little removed from the previous models—sometimes very far removed." To the degree that poetry would be worthy of America, it must be far removed from European models. In vain Whitman searched the poetry of his contemporaries for "mighty and vital breezes, proportionate to our continent, with its powerful races of men, its tremendous historical events, its great oceans, its mountains and its illimitable prairies;" instead he found a "few little silly fans languidly moved by shrunken fingers." His ambition, Whitman wrote, was "to give something to our literature which will be our own; with neither foreign spirit, nor imagery nor form, but adapted to our case, grown out of our associations, boldly portraying the West, strengthening and intensifying the national soul, and finding the entire fountains of its birth and growth in our own country." Whitman's relationship with his own country was brought to a dramatic resolution—one might almost say, consummation—by the Civil War.

In 1862 Whitman went to the front in Virginia to be with his soldier brother George, who had been reported wounded. George's wounds were slight, but Whitman for a few weeks stayed on near the fighting and then went to Washington. He took a part-time job in the Army paymaster's office in aid of his main activity, the ministering to wounded soldiers, Union and Confederate alike. Unsponsored, living meagerly so that he would have a little money for his charities, Whitman made daily visits to the Washington hospitals: he comforted the dying, dressed wounds, wrote letters home for the soldiers, brought them gifts of flowers, fruit, and tobacco, and read aloud to them, though never from his own poems. Though his first reactions to the

War had been conventionally pro-Union, his awareness of the sufferings on both sides and his readily aroused sympathy for all the wounded and dying young men give his poems about the War—eventually collected and published as "Drum Taps" and later incorporated in *Leaves of Grass*—a beautifully modulated compassion. They are, with the pictures of Winslow Homer and the photographs of Matthew Brady, among the most precious records of the American Civil War. Whitman's tenderness for the soldiers presages the series of sentimental friendships with young working-class men in which his emotional life found its main expression. He was unaware that his sentiments might be considered unorthodox, and when the English critic John Addington Symons, himself a homosexual, questioned Whitman about his sexual preferences, the poet was horrified and as evidence of his heterosexuality adduced six bastard children, hastily invented for the occasion.

Whitman remained in Washington after the War ended. In 1865 he was appointed to a clerkship in the Office of Indian Affairs, but lost his post within six months when it was discovered that he had written an allegedly indecent book—*Leaves of Grass*. He quickly found employment in the Attorney General's Office where he remained until he suffered a stroke in 1873. During these post war years in Washington, he brought out two more editions of the *Leaves of Grass* (1867, 1871), which included "Drum Taps" and "Sequel to Drum Taps." Whitman never completely recovered from his stroke. For a time he lived as an invalid at the home of his brother George in Camden, New Jersey. He was occasionally well enough to do some lecturing—he had a set piece on the death of President Lincoln which he delivered many times—and some travelling. Between 1876 and 1891 Whitman produced the autobiographical prose work *Specimen Days* and three collections of new poems, first published separately and then added to *Leaves of Grass,* which during this period appeared in five further editions. He spent his last eight years in a small house in Camden which he was just prosperous enough to buy for himself. His European and American reputation was already considerable, and he was unembarrassed by disciples who saw him as the founder of a new religion of political and sexual liberation and who treated his poems as sacred texts. His visitors included the young Oscar Wilde, who wrote that there "is no one in this wide great world of America whom I love and honour so much." Whitman died on March 26, 1892, in his 73rd year.

Crossing Brooklyn Ferry

1

* Flood-tide below me! I see you face to face!
* Clouds of the west—sun there half an hour high—I see you also face to face.

Crowds of men and women attired in the usual costumes, how curious you are to me!
On the ferry-boats the hundreds and hundreds that cross, returning home, are more curious to me than you suppose,
And you that shall cross from shore to shore years hence are more to me, and more in my meditations, than you might suppose.

2

* The impalpable sustenance of me from all things at all hours of the day,
The simple, compact, well-join'd scheme, myself disintegrated, every one disintegrated yet part of the scheme,
The similitudes of the past and those of the future,
The glories strung like beads on my smallest sights and hearings, on the walk in the street and the passage over the river,
The current rushing so swiftly and swimming with me far away,
The others that are to follow me, the ties between me and them,
The certainty of others, the life, love, sight, hearing of others.

Others will enter the gates of the ferry and cross from shore to shore,
* Others will watch the run of the flood-tide,
* Others will see the shipping of Manhattan north and west, and the heights of Brooklyn to the south and east,
Others will see the islands large and small;
Fifty years hence, others will see them as they cross, the sun half an hour high,
A hundred years hence, or ever so many hundred years hence, others

---

제 1 편 : 시의 도입부로서 Brooklyn 도선장과 해지는 시간에 집으로 돌아가는 사람들을 등장시킨다. 이 사람들은 시인의 명상 속에서 과거의 사람들 또는 미래의 사람들 일 수도 있어서 기이하게 보인다.

* **Flood-tide :** 만조. face to face : 정면으로

* **Clouds of the west :** 서녁 하늘의 구름.

제 2 편 : 우주 만물을 하나의 잘 짜여진 조직이란 명상으로부터 시작된다. 조직은 우주의 대질서이다. 그 질서안에서 삼라만상은 나왔다가 돌아가고, 50년 후 1백년후에도 똑 같은 과정이 계속될 뿐이다.

* **at all hours of the day :** 하루 종일.

* **run :** 흐름.

* **shipping :** 선박. heights : 구릉들.

will see them,
*Will enjoy the sunset, the pouring-in of the flood-tide, the falling-back to the sea of the ebb-tide.

3

It avails not, time nor place—distance avails not,
*I am with you, you men and women of a generation, or ever so many generations hence,
Just as you feel when you look on the river and sky, so I felt,
Just as any of you is one of a living crowd, I was one of a crowd,
Just as you are refresh'd by the gladness of the river and the bright flow, I was refresh'd,
Just as you stand and lean on the rail, yet hurry with the swift current, I stood yet was hurried,
*Just as you look on the numberless masts of ships and the thick-stemm'd pipes of steamboats, I look'd.

I too many and many a time cross'd the river of old,
*Watched the Twelfth-month[1] sea-gulls, saw them high in the air floating with motionless wings, oscillating their bodies,
Saw how the glistening yellow lit up parts of their bodies and left the rest in strong shadow,
*Saw the slow-wheeling circles and the gradual edging toward the south,
Saw the reflection of the summer sky in the water,
Had my eyes dazzled by the shimmering track of beams,
*Look'd at the fine centrifugal spokes of light round the shape of my head in the sunlit water,
Look'd on the haze on the hills southward and south-westward,
Look'd on the vapor as it flew in fleeces tinged with violet,
Look'd toward the lower bay to notice the vessels arriving,
Saw their approach, saw aboard those that were near me,
Saw the white sails of schooners and sloops, saw the ships at anchor,
The sailors at work in the rigging or out astride the spars,
*The round masts, the swinging motion of the hulls, the slender serpentine pennants,
The large and small steamers in motion, the pilots in their pilot-houses,

* **the pouring-in of the food-tide**: 조수가 밀려들어 온 것.
the falling-back to the sea of the ebb-tide: 썰물이 바다로 밀려 나가는 것.
제 3, 4 편 : 시인은 명상 속에서 시간과 공간을 추월하는 존재가 되어 옛날에 수 없이 많이 건넜던 이 강의 풍경들을 체험한다.
* **ever so**: very:greatly.
* **the thick-stemm'd pipes**: 국직한 통풍 통.
* **Twelfth-month**: 12월에 대한 Quaker 교의 호칭
oscillating their bodies. 몸만을 움직여서.
* **the slow-wheeling circles**: 서서히 선회하는 원.
* **the fine centrifugal spokes of light**: 아름다운 원신적 광륜.
* **the swinging motion of the hulls**: 선체의 동요.

The white wake left by the passage, the quick tremulous whirl of the wheels,
The flags of all nations, the falling of them at sunset,
The scallop-edged waves in the twilight, the ladled cups, the frolicsome crests and glistening,
*The stretch afar growing dimmer and dimmer, the gray walls of the granite storehouses by the docks,
*On the river the shadowy group, the big steam-tug closely flank'd on each side by the barges, the hay-boat, the belated lighter,
On the neighboring shore the fires from the foundry chimneys burning high and glaringly into the night,
Casting their flicker of black contrasted with wild red and yellow light over the tops of houses, and down into the clefts of streets.

4

These and all else were to me the same as they are to you,
I loved well those cities, loved well the stately and rapid river,
The men and women I saw were all near to me,
Others the same—others who look back on me because I look'd forward to them,
(The time will come, though I stop here to-day and to-night.)

5

What is it then between us?
What is the count of the scores or hundreds of years between us?

Whatever it is, it avails not—distance avails not, and place avails not,
I too lived, Brooklyn of ample hills was mine,
I too walk'd the streets of Manhattan island, and bathed in the waters around it,
I too felt the curious abrupt questionings stir within me,
In the day among crowds of people sometimes they came upon me,
In my walks home late at night or as I lay in my bed they came upon me,
*I too had been struck from the float forever held in solution,
I too had receiv'd identity by my body,
*That I was I knew was of my body, and what I should be I knew I should be of my body.

---

* **The stretch afar growing dimmer and dimmer**: 저쪽의 점점 희미해 가는 전망.
the gray walls of the granite storehouses: 석조 창고의 회색 벽.
* **closely flank'd on each side by the barges**: 양쪽에 짐배가 바짝 붙어 있는.
제 5 편 : 시인은 시간과 공간을 초원하는 것뿐만 아니라 너와 나의 구별도 초월하여 자기가 인간이 아닌 원형질 같은 것으로 되돌아 가는 명상에 이른다.
* **had been struck**: 만들어졌다.
* **That I was**: 나라고 하는 것은.
what I should be: 내가 무엇이어야 하는 것도.

6

*It is not upon you alone the dark patches fall,
The dark threw its patches down upon me also,
The best I had done seem'd to me blank and suspicious,
My great thoughts as I supposed them, were they not in reality meagre?
Nor is it you alone who know what it is to be evil,
I am he who knew what it was to be evil,
*I too knitted the old knot of contrariety,
Blabb'd, blush'd, resented, lied, stole, grudg'd,
Had guile, anger, lust, hot wishes I dared not speak,
Was wayward, vain, greedy, shallow, sly, cowardly, malignant,
The wolf, the snake, the hog, not wanting in me,
The cheating look, the frivolous word, the adulterous wish, not wanting,
Refusals, hates, postponements, meanness, laziness, none of these wanting,
Was one with the rest, the days and haps of the rest,
Was call'd by my nighest name by clear loud voices of young men as they saw me approaching or passing,
Felt their arms on my neck as I stood, or the negligent leaning of their flesh against me as I sat,
Saw many I loved in the street or ferry-boat or public assembly, yet never told them a word,
Lived the same life with the rest, the same old laughing, gnawing, sleeping,
Play'd the part that still looks back on the actor or actress,
The same old role, the role that is what we make it, as great as we like,
Or as small as we like, or both great and small.

7

Closer yet I approach you,
*What thought you have of me now, I had as much of you—I laid in my stores in advance,
I consider'd long and seriously of you before you were born.

Who was to know what should come home to me?
*Who knows but I am enjoying this?
*Who knows, for all the distance, but I am as good as looking at you now, for all you cannot see me?

제 6 편 : 죄악은 아담과 이브의 타락이래 인류 보편적인 인간의 숙명이다. 시인은 여기서 자신도 다른 사람들과 일체였음을 강조하여 악의 보편성을 말한다. 그러나 그는 이 악을 결코 정적으로 생각지 않는다.

* **the dark patches**: 검은 천은 죄악을 상징한다.
* **old**: great (강조적으로).
* **I had as much of you**: 나도 너희들에 대하여 똑 같은 생각을 갖는다.
* **but**: only.
* **as good as**: 똑똑히. for all:though.

8

* Ah, what can ever be more stately and admirable to me than mast-hemm'd Manhattan?
River and sunset and scallop-edg'd waves of flood-tide?
The sea-gulls oscillating their bodies, the hay-boat in the twilight, and * the belated lighter?
What gods can exceed these that clasp me by the hand, and with voices I love call me promptly and loudly by my nighest name as I approach?
What is more subtle than this which ties me to the woman or man that looks in my face?
Which fuses me into you now, and pours my meaning into you?

We understand then do we not?
What I promis'd without mentioning it, have you not accepted?
What the study could not teach—what the preaching could not accomplish is accomplish'd, is it not?

9

Flow on, river! flow with the flood-tide, and ebb with the ebb-tide!
* Frolic on, crested and scallop-edg'd waves!
Gorgeous clouds of the sunset! drench with your splendor me, or the men and women generations after me!
Cross from shore to shore, countless crowds of passengers!
Stand up, tall masts of Mannahatta! stand up, beautiful hills of Brooklyn!
Throb, baffled and curious brain! throw out questions and answers!
Suspend here and everywhere, eternal float of solution!
Gaze, loving and thirsting eyes, in the house or street or public assembly!
Sound out, voices of young men! loudly and musically call me by my nighest name!
Live, old life! play the part that looks back on the actor or actress!
Play the old role, the role that is great or small according as one makes it!
Consider, you who peruse me, whether I may not in unknown ways be looking upon you;
Be firm, rail over the river, to support those who lean idly, yet haste with the hasting current;
Fly on, sea-birds! fly sideways, or wheel in large circles high in the air;

제 7 편~9 편 : 삼라만상이 융합하는 신비스런 체험을 노래부른다. 시인은 이 체험을 특수하고 고귀한 것으로 생각한다.

* **mast-hemm'd**: 돛대에 에워싸인.

* **the belated lighter**: 길 늦은 거룻배.

* **crested and scallop-edg'd waves**: 아름다운 햇살.

Receive the summer sky, you water, and faithfully hold it till all
downcast eyes have time to take it from you!
* Diverge, fine spokes of light, from the shape of my head, or any one's
head, in the sunlit water!
Come on, ships from the lower bay! pass up or down, white-sail'd
schooners, sloops, lighters!
Flaunt away, flags of all nations! be duly lower'd at sunset!
Burn high your fires, foundry chimneys! cast black shadows at nightfall!
cast red and yellow light over the tops of the houses!
Appearances, now or henceforth, indicate what you are,
You necessary film, continue to envelop the soul,
About my body for me, and your body for you, be hung our divinest
aromas,
Thrive, cities—bring your freight, bring your shows, ample and suffi-
cient rivers,
Expand, being than which none else is perhaps more spiritual,
Keep your places, objects than which none else is more lasting.

You have waited, you always wait, you dumb, beautiful ministers,
We receive you with free sense at last, and are insatiate hence forward,
Not you any more shall be able to foil us, or withhold yourselves
from us,
We use you, and do not cast you aside—we plant you permanently
within us,
We fathom you not—we love you—there is perfection in you also,
You furnish your parts toward eternity,
Great or small, you furnish your parts toward the soul.

---

* **fine spokes of light**: 아름다운 햇살.

* Cavalry Crossing a Ford

* A line in long array where they wind betwixt green islands,
* They take a serpentine course, their arms flash in the sun—hark to the musical clank,
Behold the silvery river, in it the splashing horses loitering stop to drink,
*Behold the brown-faced men, each group, each person a picture, the negligent rest on the saddles,
Some emerge on the opposite bank, others are just entering the ford—while,
Scarlet and blue and snowy white,
The guidon flags flutter gayly in the wind.

A Sight in Camp in the Daybreak Gray and Dim

A sight in camp in the daybreak gray and dim,
*As from my tent I emerge so early sleepless,
*As slow I walk in the cool fresh air the path near by the hospital tent,
*Three forms I see on stretchers lying, brought out there untended lying,
*Over each the blanket spread, ample brownish woolen blanket,
Gray and heavy blanket, folding, covering all.

Curious I halt and silent stand,
Then with light fingers I from the face of the nearest the first just lift the blanket;
Who are you elderly man so gaunt and grim, with well-gray'd hair, and *flesh all sunken about the eyes?
Who are you my dear comrade?
Then to the second I step—and who are you my child and darling?
*Who are you sweet boy with cheeks yet blooming?

---

* **a Ford**: 여울 Cavalry Crossing a Ford
* **betwixt green islands**: 초록빛 구름 사이로.
* **hark to the musical clank**: 들어라 무기의 철렁이는 소리.
* **the brown-faced men**: 구리빛 탄 얼굴의 병사들.
the negligent rest on the saddles: 안장에 천연히 쉬고 있는 모습.
※ 잿빛으로 어둑한 새벽 진지의 한 광경.
* **from-sleepless**: 잠이 안와 일찍 천막을 나와.
* **in the cool fresh air**: 싱글한 대기 속을.
the path near by the hospital tent: 병동 가까운 길.
* **on stretchers lying**: 들것에 실린.
* **Over each the blanket spread**: 저마다 담요가 씌워져 있는 데.
* **fresh all sunken about the eyes**: 눈 언저리 살은 말끔히 빠지고.
* **cheeks yet blooming**: 꽃피는 홍안.

* Then to the third—a face nor child nor old, very calm, as of beautiful yellow-white ivory;
Young man I think I know you—I think this face is the face of the Christ himself,
* Dead and divine and brother of all, and here again he lies.

---

* **a face nor child nor old**: 어리지도 않고 노인도 아닌 얼굴.
as of beautiful yellow-white ivory: 아름다운 노리께한 상아와 같이.
* **Dead and divine and brother of all.** 죽어서 성스러운 만인의 형제.

EMILY DICKINSON
(*1830–1886*)

Modern American poetry—an expression meaning almost the same thing as "American poetry"—has for one of its founders and ancestral presences a woman. Emily Dickinson wrote poems which are not only excellent but lend a standard of excellence. She is bracketed with Walt Whitman because, unknown to each other and almost simultaneously, they all but invented American poetry. At first glance they seem at opposite poles, he with his invasions of large experiences, she with her careful preservations of private ones. She felt no urge to read him; in 1862 her new friend and future editor Thomas Wentworth Higginson asked if she knew his work, and she replied, "You speak of Mr. Whitman—I never read his Book—but was told that he was disgraceful." Yet the poets complement each other in a quite extraordinary way, and they join in a concern to salvage from the English language something specifically American. William Carlos Williams, with the same aim, thought of Emily Dickinson as his "patron saint." "She was an independent spirit. She did her best to get away from too strict an interpretation. And she didn't want to be confined to rhyme or reason. . . . And she followed the American idiom. She didn't know it, but she followed it nonetheless. . . . She speaks the spoken language, the idiom, which would be deformed by Oxford English. . . . She was a real good guy."

Her letters show that she set great store by Valentine's Day, and some of her earliest poems were valentines, as if the most banal occasion could serve to stir her strange, explosive ponderings. Her later verse is filled with questions and even riddles; even at this stage in her life, her imagination could conceal its wildness under a mask of mischief. She did not write for publication and was easily discouraged from it; only eight of her nearly 1800 poems were published during her lifetime. Her personal reticence was fulfilled by obscurity. It had its roots in a Puritan upbringing, but this was confirmed by some mysterious catastrophe in her youth, probably having to do with unrequited love. After it she appears to have sunk into herself, and she spent the rest of her days in memorializing her oblique visions in lines which she punctuated, as she did her recipes, only with dashes. Yet her Puritanism, if it was that which impeded her immersion in social experience, had a more beneficial effect upon her verse. Since William Blake no other poet has found such inspiration in the Protestant hymnology and in the Biblical imagery it employs. Nor, whatever her sense of life's copiousness, which almost at times embarrasses her, can she long forget the terrifying approaches of death, a presence that inspires in her something like sexual excitement.

The key moment in Emily Dickinson's verse is often the transformation of poverty into riches. Her poems find in the happenings of a reclusive village life all that is required to reveal the cosmos. The speaker is usually in a state of deprivation, but has a vision of the Kingdom which might, by virtue of imaginative energy, be brought into being. "I dwell in Possibility," she says, and describes her occupation as "spreading wide my narrow hands / To gather Paradise." There are sudden intoxications: "Inebriate of Air—am I— / And Debauchee of Dew." She is aware of impediment, agitated by it, but the impediment is always defied or burst through by "the imperial heart." Out of herself, yet with the help of a literary tradition stretching back to the metaphysical poets, she wrote several dozen of the greatest poems of her century. Her poems are like Donne's and Herbert's in their assumption that difficult states of mind require hard words and troubled syntax. Higginson, her first editor, tidied up some of her roughnesses when he brought out a posthumous volume in 1890. Over the following decades her scope was gradually revealed, as several additional collections appeared, and only in 1955, when all her poems were published for the first time, was her text reproduced without editorial improvements. In this belated appreciation of her work she is like her contemporary Gerard Manley Hopkins, another recreator of the metaphysical mode. In the twentieth century she was greeted at last as not only a precursor, but a poet of contemporary feeling.

For one who has often been depicted as a lonely figure in an unpeopled landscape, Emily Dickinson's life is surprisingly documented by her poems, her letters, and the recollections of her friends and neighbors. She was born in Amherst, Massachusetts, on December 19, 1830, the daughter of a respected lawyer, Edward Dickinson, who for many years was the treasurer of Amherst College and for a time was a member of Congress. He was an awesome figure—Emily Dickinson observed that even in going to fetch the kindling he "steps like Cromwell"—and on his death in 1874 she wrote, "His heart was pure and terrible, and I think no other like it exists." She would not attend his funeral service, but listened to it in an upstairs bedroom. A residue of her father and his faith may be found in her work, particularly in the divine paternal figure which she variously finds laughable, terrifying, and consoling. She had a sister, Lavinia, who like Emily never married, and a brother, Austin, whose wife Susan Gilbert, a relatively sophisticated New Yorker, was for a time her treasured friend.

From childhood on Emily Dickinson's life was circumscribed: she always lived in her father's house, and rarely left Amherst. But her mind was well travelled. In the same letter that disclaimed any knowledge of Whitman, she told Higginson that she had read Keats and the Brownings for poetry, and Ruskin, Sir Thomas Browne, and the biblical Book of Revelations for prose. She might have added, from among her contemporaries, Emerson, who probably stimulated her preference for imperfect rhymes and her eagerness to see nature as an emblem, as well as the Brontë sisters, George Eliot, and many others. Her acquaintance with Higginson himself she owed to having read one of his magazine articles, which led her to write to him enclosing two poems (one of them "There Came a Day at Summer's Full," p. 37), and asking for critical advice. The variety of her reading and the vigor of her correspondence belie the assumption that she was merely provincial.

When she was seventeen, Emily Dickinson graduated from Amherst Academy, and some months later she entered Mount Holyoke Female Seminary in South Hadley, Massachusetts. It was only six or seven miles away, but she experienced gruelling homesickness, and she returned to Amherst joyfully after less than a year. It was not so much a retreat as a violent attachment for the place where she would remain. She found her occupations and amusements. In 1856 she won second prize in the Bread Division at the local Cattle Show, and in 1858 she served as one of the judges. There are references in her letters to local merriment. She was given to infatuated friendships, though few of the persons she loved can have known the parts they played in her inner life, for she seldom mailed them the letters of admiration she wrote. With Benjamin F. Newton, one of her father's law apprentices, she seems to have had a relationship which went a little beyond an exchange of flirtatious valentines. Newton had an energetic mind, and he encouraged her to question conventional beliefs, but he was poor and otherwise an unsuitable candidate to be her husband. He left Amherst when she was eighteen, and died soon after. Emily Dickinson was probably thinking of him when years later she wrote to Higginson, "My dying Tutor told me that he would like to live till I had been a poet." Perhaps the man she most admired was Reverend Charles Wadsworth, whom she met in Philadelphia in 1854 on one of her rare trips beyond Amherst. He visited her at home in 1860 shortly before he was called to a church in San Francisco. She took his departure hard, and her greatest poems, written in the early 1860s, are reenactments of this pain and broodings on it. In her second letter to Higginson she was driven to confide in veiled terms, "I had a terror—since September—I could tell to none—and so I sing, as the Boy does by the Burying Ground—because I was afraid."

In his diary Higginson wrote what a visit to Emily Dickinson was like: "a step like a pattering child's in entry . . . a little plain woman with two smooth bands of reddish hair and a face with no good feature. . . . She came to me with two day-lilies, which she put in a sort of childlike way into my hand and said 'These are my introduction,' in a soft, frightened, breathless childlike voice—and added under her breath, 'Forgive me if I am frightened; I never see strangers, and hardly know what I say'—but she talked soon and thenceforth continuously—and deferentially—sometimes stopping to ask me to talk instead of her—but readily recommencing." She became in the 1860s an eccentric recluse; she dressed in white, saw fewer and fewer visitors, and finally none. She worked without stint at her poems, frequently including them in letters; the poems often seem inseparable from the letters, the cadences of the verse chiming with those of the prose. As with Whitman, her period of most intense activity coincided with the Civil War, but she managed to see this chiefly as it impinged on the lives of her fellow villagers. The possibility of death, "that bareheaded life under the grass," held her imagination. In December 1861 she wrote of a widowed neighbor's son, recently killed in action, "Poor little widow's boy, riding tonight in the mad wind, back to the village burying ground where he never dreamed of sleeping! Ah! the dreamless sleep!"

Emily Dickinson died on May 14, 1886, and the day before her death she wrote her beloved cousins, the Norcross sisters, "Little Cousins,—Called back.—Emily." She had once written that "Nature is a Haunted House—but Art—a House that tries to be haunted."[6] The remark has her yearning elusiveness, a marked trait in her, but she had stronger, sterner qualities too: "Every day life feels mightier, and what we have the power to be, more stupendous."[7] In her turn, like her father, she is "pure and terrible."

193

I shall know why—when Time is over—
And I have ceased to wonder why—
Christ will explain each separate anguish
In the fair schoolroom of the sky—

He will tell me what "Peter" promised—[1a]
And I—for wonder at his woe—
I shall forget the drop of Anguish
That scalds me now—that scalds me now!

258

There's a certain Slant of light,
Winter Afternoons—
* That oppresses, like the Heft
Of Cathedral Tunes—

Heavenly Hurt, it gives us—
We can find no scar,
But internal difference,
Where the Meanings, are—

None may teach it—Any—
'Tis the Seal Despair—
An imperial affliction
Sent us of the Air—

When it comes, the Landscape listens—
Shadows—hold their breath—
When it goes, 'tis like the Distance
* On the look of Death—

※시의 순서와 번호는 1955년 Thomas H.Johnson이 *The Poems of Emily Dickinson*을 편집할 때 붙일 것이다.

* *Matthew*: 16:19. 참조.

* **the heft**: weight

* **the look of death**: 죽음의 표정.
"모든 의식에는 심연이 있다. 누구도 우리 함께 그 곳에 갈 수 없다." 1878년 6월 J.G.Holland 부인에게 드리는 편지(*Letters*, Vol. Ⅱ, p. 555).

303

*The Soul selects her own Society—
Then—shuts the Door—
To her divine Majority—
Present no more—

Unmoved—she notes the Chariots—pausing—
At her low Gate—
Unmoved—an Emperor be kneeling
Upon her Mat—

I've known her—from an ample nation—
Choose One—
Then—close the valves of her attention—
Like Stone—

657

I dwell in Possibility—
A fairer House than Prose—
More numerous of Windows—
Superior—for Doors—

Of Chambers as the Cedars—
Impregnable of Eye—
And for an Everlasting Roof
*The Gambrels of the Sky—

Of Visitors—the fairest—
For Occupation—This—
The spreading wide my narrow Hands
To gather Paradise—

712

Because I could not stop for Death—
He kindly stopped for me—

---

* **Society**: Chosen circle.
※ 1850년 2월 George H. Gould(?)에게 보낸 Emily Dickinson 의 편지 참조.
* **the Gambrels**: 곡선 모양의 지붕.

The Carriage held but just Ourselves—
* And Immortality.

We slowly drove—He knew no haste
And I had put away
My labor and my leisure too,
For His Civility—

We passed the School, where Children strove
At Recess—in the Ring—
We passed the Fields of Gazing Grain—
We passed the Setting Sun—

Or rather—He passed Us—
The Dews drew quivering and chill—
For only Gossamer, my Gown—
* My Tippet —only Tulle—

We paused before a House that seemed
A Swelling of the Ground—
The Roof was scarcely visible—
The Cornice—in the Ground—

Since then—'tis Centuries—and yet
Feels shorter than the Day
I first surmised the Horses' Heads
Were toward Eternity—

1732

* My life closed twice before its close;
It yet remains to see
If Immortality unveil
A third event to me,

So huge, so hopeless to conceive
As these that twice befell.
Parting is all we know of heaven,
And all we need of hell.

---

* **Immortality**: 1866년 6월 9일, T.W. Higginson 에 보낸 편지 참조. *Letters,* Ⅱ, 454.

* **Typpet**: Cape (어깨에 걸치는 망토)

※ 이 시는 Emily Dickinson 의 아버지의 죽음과 1855년에 만나서 1961년에 San Francisco 로 가버렸던 Philadelphia의 Charles Wadsworth 에 대한 그녀의 사랑을 암시 한다.

* **closed**: 종말이 오기 전에 두번이나 죽음과 같은 괴로움이 있었다는 뜻.

THOMAS HARDY
(*1840–1928*)

Thomas Hardy and Gerard Manley Hopkins stand like two warders at the portals of modern poetry. Hopkins died before the twentieth century began, while Hardy lived to 1928. Hopkins might be heraldically represented with an eye turned upwards, while Hardy, for a characteristic trait, would be posed casting a backward look. His poetry differs from that of most subsequent poets in its quality of retrospection.

Hardy was born at Upper Bockhampton in Dorset, England, and apart from three long absences it was in this region that he chose to live and die. He liked to associate himself with lengthy expanses of time; once he said that it would have been possible for Wordsworth to see him in his cradle, as for Thomas Gray to have seen Wordsworth in *his*. (The union of these two poets, one associated with churchyards and the other with nature, suggests two of Hardy's principal and closely related concerns.) His date of birth, June 2, 1840, four years before Hopkins, isolates him from the great Victorian poets, Tennyson (born 1809), Browning (born 1812), and Arnold (born 1822). From being their junior during the nineteenth century, he became in this century the senior of all the new poets. Proud of his longevity, he prepared in 1928 a book called *Winter Words* for the press, and in the preface declared, "So far as I am aware, I happen to be the only English poet who has brought out of a new volume of verse on his birthday . . ." He meant to write in "eighty-ninth," but did not quite make it: the volume appeared posthumously. The title *Winter Words* would have suited just as well the poems he wrote in youth; Hardy had something of the premature old age of the child called "Father Time" in *Jude the Obscure*. His earlier books, with titles like *Time's Laughingstocks, Satires of Circumstance,* and *Human Shows—Far Phantasies,* have the same bleakness of outlook.

Hardy's father was a master mason, and the son's first ambition was to design buildings. At sixteen he was apprenticed to a local ecclesiastical architect. But while he could see the possibilities of a livelihood in this profession, he was extremely interested in his school studies in Latin and his private studies in Greek, a language he had taught himself. William Barnes, a good dialect poet, was a neighbor, and encouraged Hardy's literary interests. But a career in letters did not then present itself as a practical course, and Hardy took no wild risks. Having finished his apprenticeship, Hardy went to London in 1862 and became assistant to an architect there. But after five years he returned to Dorset, and, while continuing his architectural work, he began to write novels. The first of them was acceptable to a publisher, but the publisher's reader, who was the novelist George Meredith, called Hardy in and, after praising the book, warned him that its publication would arouse hostility and impair his career. Hardy, strangely docile before this prudential advice—he saw the universe as a many-leveled snub—put the book aside and began another. This new one and thirteen other novels were published without difficulty, but he may never have lost his feeling that prose had a meretricious element and was full of compromises. At any rate, when in 1895 *Jude the Obscure* was lampooned as *Jude the Obscene*, Hardy (perhaps gratefully) turned altogether to verse. Besides volumes of lyrics and dramatic monologues he published, in the first years of the century, his three-part epic-drama entitled *The Dynasts* about England's wars with Napoleon, in which the events are shown to be controlled by demiurges.

Hardy said in a late poem that "he never expected much" of the world or life, but one period, of courtship, was exempt from the general belittlement. In 1870 he went to Cornwall to restore a church. (Restoration of churches was his principal architectural work, an ironic occupation for a sceptic.) He there met Emma Lavinia Gifford and in due course (four years) married her. Their marriage did not go well; Mrs. Hardy was more troubled than pleased by her husband's success, especially when this became social as well as literary. She increasingly withheld herself from his friends, preferring to plead illness and stay home alone. Eventually she became mentally deranged. After she died in 1912, however, Hardy wrote his most passionate poems, evocations of her as she was in her "air-blue gown" almost half a century before.

For a long time Hardy's prose was preferred to his poetry, but readers today often take a different view. He himself was always modest about his poems; in a preface dated 1901 he called them "unadjusted impressions," which however might, by "humbly recording diverse readings of phenomena as they are forced upon us by chance and change," lead to a philosophy. He told a friend that he wanted to avoid "the jewelled line;" his awkwardness, often an ostentatious laboriousness, was both natural and cultivated. He is the first of the poets, so numerous now, who are suspicious of writing well. He broke away from poetic diction towards a quite unexpected vocabulary. With similar purposes he insisted upon provincialism in art. Against Matthew Arnold's disparagement, Hardy said that "a certain provincialism of feeling is invaluable. It is of the essence of individuality, and is largely made up of that crude enthusiasm without which no great thoughts are thought, no great deeds done." More largely, he said that "Art is a disproportioning . . . of realities, to show more clearly the features that matter in those realities." The awkwardness was intended to give a sense of penetrating through the facade of language and syntax as well as the deceptions of circumstance. Younger poets have found these tenets congenial. W. H. Auden, for instance, spent a year when he was nineteen or twenty reading Hardy, and wrote later, "My first master was Thomas Hardy, and I think I was very lucky in my choice. He was a good poet, perhaps a great one, but not *too* good. Much as I loved him, even I could see that his diction was often clumsy and forced and that a lot of his poems were plain bad. This gave me hope where a flawless poet might have made me despair. He was modern without being too modern. . . . If I looked through his spectacles, at least I was conscious of a certain eyestrain. Lastly, his metrical variety, his fondness for complicated stanza forms, were an invaluable training in the craft of making." Philip Larkin also testifies to Hardy's influence, and Dylan Thomas, though he thought Yeats the greatest of modern poets, considered Hardy his favorite.

One trait of Hardy that was with him all his life was dejection; even as a child he was dejected. The event of his childhood that remained with him more than any other was described, according to his second wife, in this way: "He was lying on his back in the sun, thinking how useless he was, and covered his face with his straw hat. The sun's rays streamed through the interstices of the straw, the lining having disappeared. Reflecting on his experiences of the world so far as he had got, he came to the conclusion that he did not wish to grow up. Other boys were always talking of when they would be men; he did not want at all to be a man, or to possess things, but to remain as he was, in the same spot, and to know no more people than he already knew (about half a dozen)." There is a symptomatic self-sheltering in the young Hardy's inclination to stay put as a ruin, a youthful ruin.

In later life Hardy combined with this feeling of settled thwart a conviction that the force that governs the universe cannot comfortably be described as God. When a clergyman wrote to ask how certain horrors of human and animal life might be reconciled with God's goodness, Hardy replied, with formal finality, "Mr. Hardy regrets that he is unable to offer any hypothesis which would reconcile the existence of such evils as Dr. Grosart describes with the idea of omnipotent goodness. Perhaps Dr. Grosart might be helped to a provisional view of the universe by the recently published Life of Darwin, and the works of Herbert Spencer and other agnostics." With no confidence in a supernatural god, Hardy was nonetheless fond of a pantheon of forces for which he kept devising new names. These are the demiurges who move us pathetically about. They are animated, Hardy usually insists, not by malignity but merely by indifference, as in the poems "Hap" and "The Subalterns." In the latter the poet is relieved to discover that the forces that control us are themselves controlled. To Yeats, as to Kafka, this vision of a will-less universe in which dolls control lesser dolls is monstrous; to Hardy there is a kind of comfort in the amorality that operates so much at loggerheads with human morality. Sometimes Hardy said that he should not be described as a pessimist but as an evolutionary meliorist, and that his poems were questionings as a first step in the soul's betterment. But the poems themselves seem more summary than interrogatory, marked by aggrieved recognition of man's hapless lot. And yet Hardy's universe offers a grotesque version of the traditional one, because in place of an immanent divinity he substitutes an immanent indifference.

Although Hardy is bitter about the supernatural, he is fond and affectionate towards the preternatural. His poems are full of ghosts: some ghosts are the shadows of unrealized ideals, some are ghosts of a commoner sort, garden-variety ghosts. Hardy's first published work showed this habit beginning; it was an anonymous skit in a newspaper on the disappearance of the Dorchester Alms-House clock, done in the form of a plaintive letter from the clock's ghost. Hardy keeps to this shadowy company. His intense feelings are usually expressed by or about ghosts as ways of displacing the human condition, of justifying detachment from it, of expressing afterthoughts rather than thoughts, experiences remasticated rather than devoured, or of keeping a residue, however ephemeral, from what's gone.

The archetypal scene in a Hardy poem is a man meditating on his losses. surrounded by ghosts of what he has loved or hoped for, preserving his identity in a friendless landscape only by the momentary intensity of his feeling. Time is not regained, as in Proust; memory only deepens loss. The poem is a thermometer of present chill and past heat. The tone is almost always low-pitched. Shared emotion, especially compassion, is his proffered anodyne for the bleakness of the universe. As he writes in the preface to *Late Lyrics and Earlier,* "Whether the human and kindred animal races survive till the exhaustion or destruction of the globe, or whether these races perish and are succeeded by others before that conclusion comes, pain to all upon it, tongued or dumb, shall be kept down to a minimum by loving-kindness, operating through scientific knowledge, and actuated by the modicum of free will conjecturaly possessed by organic life when the mighty necessitating forces—unconscious or other—that have the 'balancing of the clouds'—happen to be in equilibrium, which may or may not be often."

It may be a flaw in Hardy's poetry, as in Housman's, that it is so dominated by a sense of general blight, as if the universe found its fulfillment in illustrating over and over again his theory about it. There is strength, but also perhaps a certain complacency, in seeing one's view so inveterately borne out, proved to the point of stereotype. And while Hardy's sympathy goes out to those who are indifferently mistreated by indifferent masters of the world, there may be in him also a secret admiration for indifference, for power without feeling as opposed to human feeling without power—for the transcendence of human imperfection by the perfection of absolute zero. There is perhaps a secret longing to be free of choice and concern, the unshakable aspects of human existence, and to ally himself with the workings of inhuman will. Yet his conscious purpose is always to defend and fortify, insofar as possible, the human.

Neutral Tones

We stood by a pond that winter day,
And the sun was white, as though chidden of God,
* And a few leaves lay on the starving sod;
*—They had fallen from an ash, and were gray.

Your eyes on me were as eyes that rove
Over tedious riddles of years ago;
And some words played between us to and fro
On which lost the more by our love.

The smile on your mouth was the deadest thing
Alive enough to have strength to die;
And a grin of bitterness swept thereby
* Like an ominous bird a-wing. . . .

Since then, keen lessons that love deceives,
And wrings with wrong, have shaped to me
* Your face, and the God-curst sun, and a tree,
And a pond edged with grayish leaves.

Drummer Hodge

I

They throw in Drummer Hodge, to rest
Uncoffined—just as found:
* His landmark is a kopje-crest
That breaks the veldt around;
* And foreign constellations west

※ 1867년 고향으로 돌아오기 전 London 에서 쓴 시다. 이 시의 내용은 식어 가는 남녀의 사랑을 관한 것이다.

* **white**: 창백한 : of God : from God.
* **the starving sod**: 풀죽은 잔디.
* **ash**: 서양 물푸레 나무(목서과).
* **Ominous**: [áminās]불길한.
* **the God-crust sun**: 하나님이 저주하는 태양.

※ 남아프리카의 보어전쟁(1899~1902)에 관한 시. Hodge는 영국 서남부의 시골뜨기를 가르킴. 투박하고 어디가 모자라는 촌놈이란 뜻.

* **throw in**: 던져 놓다.
* **kopje-crest**: Afrikaans (남 Africa 에서 사용된 언어)에 있는 작은 동산.
* 남아프리카의 초원을 말함.
* **constellation** [kànsəléiʃən]: 성좌; 별자리. "west" means to set in the west.

* Each night above his mound.

II

Young Hodge the Drummer never knew—
* Fresh from his Wessex home—
* The meaning of the broad Karoo,
* The Bush, the dusty loam,
And why uprose to nightly view
Strange stars amid the gloam.

III

Yet portion of that unknown plain
Will Hodge for ever be;
His homely Northern breast and brain
Grow to some Southern tree,
And strange-eyed constellations reign
His stars eternally.

The Darkling Thrush

* I leant upon a coppice gate
When Frost was spectre-gray,
And Winter's dregs made desolate
The weakening eye of day.
* The tangled bine-stems scored the sky
Like strings of broken lyres,
And all mankind that haunted nigh
Had sought their household fires.

---

* **mound**: 무덤.
* **fresh**: 금방나온 ; 갓 도착한.
* **karoo**: 남 Africa 에 있는 고원.
* **Bush** : 잦나무 숲과 관복 식물로 덮여 있는 남 Africa 지역.
※ The thrush in the dark. 이 시는 *Poems of the past and present* (1902) 에 수록된 것으로 Hardy 의 시중에서 가장 유명한 것의 하나이며 처음에는 "By the Century's Deathbed" 란 제목으로 1900년 12월 31일 *Garphic* 지에 발표되었다.
19세기를 마감하고 세기를 장송하는 만가만이 들리는 죽음의 세계에 환희의 노래를 부르는 새소리가 울려퍼진다. 흔히 지빠귀새는 한겨울 쓸쓸한 철에 "기쁨의 외침"을 포발하는 영광의 새로 알려져 있다.
* **coppice〔koupis〕**= copse = thicket = 잡목숲.
* "낮 하늘의 눈": 해를 비유함.
* **The tangled bine-stems**: stems of a climbing, twisting plant.

The land's sharp features seemed to be
*The Century's corpse outleant,
*His crypt the cloudy canopy,
The wind his death-lament.
*The ancient pulse of germ and birth
Was shrunken hard and dry,
And every spirit upon earth
Seemed fervourless as I.

At once a voice arose among
The bleak twigs overhead
*In a full-hearted evensong
Of joy illimited;
An aged thrush, frail, gaunt, and small,
*In blast-beruffled plume,
*Had chosen thus to fling his soul
Upon the growing gloom.

*So little cause for carolings
Of such ecstatic sound
Was written on terrestrial things
Afar or nigh around,
*That I could think there trembled through
*His happy good-night air
*Some blessed Hope, whereof he knew
And I was unaware.

---

* **The Century's Corpse**: The poems was written on December 31, 1900. outleant: lean out (뻗어 있는; 쓰러진). 이것은 "세기(19세기)의 시체"를 수식한다.
* **His crypt . . . The wind his death-lament.**: The cloudy canopy seemed to be his crypt, the wind seemed to be his death-lament. "His" 및 "his" 는 모두 "the Century's" "death-lament": dirge.
* **The ancient pulse of germ and birth**: "잉태와 출생의 태고부터의 맥박" 태고적부터 이미 생물이 존재해서 면면히 전해져 내려오고 있는 생명력을 말하며 13~14행의 삭막한 풍격은 20세기에 희망의 빛이 없다는 것을 암시한다.
* **full-hearted**: full of emotion, full of feeling.(가슴 벅찬). **evensong**: the song sung in the evening.(저녁 노래).
* **in blast-beruffled plume**: 깃털을 돌풍에 펄럭이며.
* **fling his soul**: send out his soul.(온 마음을 쏟아서 노래하다.)
* **so little cause**: 29행 "that"로 연결되어 "so . . . that"의 구문이다.
* **I could**: I feel inclined to.
* **good-night air**: 밤의 적별의 노래. 즉 song of farewell to the old century.
* **Hope**: hope for the new century.
  where of : of which.

A Young Man's Epigram on Existence

A senseless school, where we must give
Our lives that we may learn to live!
A dolt is he who memorizes
Lessons that leave no time for prizes.

The Oxen

Christmas Eve, and twelve of the clock.
"Now they are all on their knees,"
An elder said as we sat in a flock
By the embers in hearthside ease.

We pictured the meek mild creatures where
They dwelt in their strawy pen,
Nor did it occur to one of us there
To doubt they were kneeling then.

So fair a fancy few would weave
In these years! Yet, I feel,
If someone said on Christmas Eve,
"Come; see the oxen kneel,

*"In the lonely barton by yonder coomb
Our childhood used to know,"
I should go with him in the gloom,
Hoping it might be so.

※ Hardy는 이것을 청년 시절의 냉소주의라고 기록하였다.
※ 성탄 전야 한 밤중이 되면 소들이 무릎을 꿇고 그리스도에게 경배드린다는 오래된 전설이 영국 시골에 있었다. 이 시는 잃어버린 시대에 대한 Hardy의 향수를 표현하고 있다.
* **barton**: 논가의 마당(farmyard).
coomb: 좁고 깊은 골짜기(valley).

In Time of "The Breaking of Nations"

I

* Only a man harrowing clods
In a slow silent walk
With an old horse that stumbles and nods
Half asleep as they stalk.

II

Only thin smoke without flame
* From the heaps of couch-grass;
Yet this will go onward the same
Though Dynasties pass.

III

Yonder a maid and her wight
Come whispering by:
War's annals will fade into night
Ere their story die.

※1차 세계대전(1914~18)의 와중인 1915년에 씌어진 시. 시의 제목은 구약「예레미야서」51장 20절 "너는 나의 무기, 나의 망치였다. 나는 너를 휘들러 나라들을 쳐부수고 만방을 멸망시켰다."
(Thou art my battle axe and weapons of war : with thee will I break in pieces the nations, and with thee will I destroy kingdoms. From *Jeremiah,* 52:20)의 야훼가 사악한 바빌론에 대하여 멸망을 예고한 부분에서 따온 것이다.

Hardy는 이 시에서 국가의 흥망과 왕후의 업적같은 것도 결국 역사의 흐름 속에서 명멸하는 한 포말에 불과하나 이에 반해서 노동과 소박한 남녀의 사랑은 인간생활의 영원한 모습이며 국가의 권세와 전쟁의 파괴력을 이겨낸다는 확신을 표현하고 있다.

* **harrowing clods:** 흙을 써레로 고르게 하는.
* they,i.e. a man with an old horse.
* **couch grass:** a common weed (개밀뿌리가 길게 뻗는 잡초).

GERARD MANLEY HOPKINS
(1844–1889)

Gerard Manley Hopkins, who wrote so little and died so young, was one of the most original poets to write in English at any period. He worked out his innovations in private, and during his lifetime only three of his poems were published. Although he said that fame was the "true and appointed air, element, and setting of genius and its works," his own efforts to secure publication were sporadic and perfunctory, and easily thwarted. His reputation is therefore posthumous, but no less durable for that. His friend from college days, Robert Bridges, the Poet Laureate, collected and edited Hopkins' poetry in 1918, having delayed so long because of his desire to find the propitious moment. The work caught on at once and has been a favorite of the younger poets, from Auden to Lowell.

The life of Hopkins, whatever its inner satisfactions, must seem melancholy in summary. He was the eldest of eight children of a London marine-insurance adjuster (Hopkins' two long poems about ship wrecks may reflect the family concern). His father was a man of some cultivation who wrote not only books about marine insurance but also a volume of poems. His mother was conspicuously pious. Hopkins went to Highgate School in London and won a poetry prize. One of the masters at that time was Canon R. W. Dixon, a minor poet, with whom Hopkins later struck up a long correspondence (published in two volumes in 1935). In 1864 Hopkins enrolled at Balliol College, Oxford, to read Greats (classics, ancient history, and philosophy). At that time his ambition was to become a painter, [illegible] one of his brothers, and he showed proficiency in drawing. But his plans changed because, with three of his friends, he was drawn to Catholicism. "All our minds you see were ready to go at a touch," he wrote John Henry (later Cardinal) Newman. His parents were strongly opposed, but he was resolved. He was received into the Church by Newman in October 1866, and the experience of conversion determined the rest of his life. After having taken a first class degree in 1867, he taught at the Oratory School, Birmingham, under Newman's eye. Two years later he decided to become a Jesuit. It was at this time that he burnt all his early verses as too worldly. "I am a eunuch," he later wrote Robert Bridges, "but it is for the kingdom of heaven's sake." In 1877 Hopkins was ordained. He served variously as priest and teacher until 1884, when he was appointed professor of classics at University College, Dublin (founded by Newman as the Catholic University in 1853). Here until his death in 1889 he remained, out of place in the Irish scene but at home in a state of exalted misery. His health was poor and in 1889 he came down with typhoid; he died of that disease and its complications at the age of forty-four.

After he entered his Jesuit noviatiate Hopkins wrote no poems, though he had not given up the thought of relating his two vocations of priest and poet.

In 1875 he told his superior how moved he felt by the wreck of the *Deutschland*, a ship carrying five nuns exiled from Germany by the Falk Laws. A great storm had driven it ashore in the mouth of the Thames, and many of the passengers, including the nuns, had drowned. His superior kindly expressed the hope that someone would write a poem about it, and, thus encouraged, Hopkins wrote his first important work. It was the kind of subject that interested Hardy too; different as these poets were, they met on the level of melancholy in disaster-ridden waters. Hopkins sent the poem to Bridges, but Bridges, though himself an experimenter in new forms of prosody, was put off by it and called it "presumptious jugglery." Hopkins stood his ground, evidently with an inner conviction that he had done something of worth. The poem brought together his own conversion and the chief nun's transfiguring death, God's wrath and God's love, with the force of an epigram. Against such a view as Hardy's of the indifference of the creator to his creation, Hopkins celebrated the bond between them.

Not that this conclusion was wrung from him without pain: religion was in no sense an escape or refuge for him, as in a way skepticism was a refuge for Hardy in that it confirmed his sense of being neither wanted nor deceived about being wanted. Hopkins' faith was a source of anguish; he said that he never wavered in it, but that he never felt worthy of it. He made his misery clear in many poems, most notably in the "Terrible Sonnets" which he wrote in his last years. It is true that his misery probably antedated his conversion: one poem which somehow survived the destruction of his first work is "The Summer Malison," which already has for subject a curse on the land. Hopkins spoke, in a poem "To R.B." [Bridges], of his "winter world," but except in his blackest moods his poems relieve the winter world with sunsets. As he says in "The Wreck of the Deutschland," it is "a winter and warm."

Most of his poems set anguish and rapture against each other, either in the same poem or in parallel poems. "Hurrahing in Harvest," like "Spring and Fall" a poem about the seasons, shows Christ as immanent: the poet, suddenly in electric touch with him, feels as if his earthly self had been hurled, or half-hurled, off under his feet. On the other hand, "Spring and Fall" tenderly admits the mortality of earth, with no reference to salvation. In "The Leaden Echo and the Golden Echo," the leaden echo declares that there is no way to keep beauty from vanishing away, but the golden echo promises that if we give beauty back to God before death not a hair of it is lost. On the other hand, "Spelt from Sibyl's Leaves" is not redemptive but leaves us on a rack "Where, selfwrung, selfstrung, sheathe- and shelterless thoughts against thoughts in groans grind." Hopkins is at his best in poems where the combat is continued to the last moment, as in "Not, I'll Not, Carrion Comfort," where Christ is adversary as well as saviour. This poetry needs pain as the principal ingredient in joy, but the pain is the more convincing.

Hopkins was unwilling to accept any of the usual appurtenances of nineteenth-century poetry—its stanza forms, meters, language. He was altogether at odds with the view implicit in Hardy that one had better not write too well for fear of losing something central in an experience. He held that difficulty of composition was a means of achieving poetic value, as difficulty of spiritual exercises was productive of higher qualities. In an essay he wrote while at Oxford in 1865, on poetic diction, Hopkins disagreed with Wordsworth's theory—which was also Hardy's—that the language of poetry and that of prose should be very little different. He was somewhat receptive to Swinburne's effort to establish "a new standard of poetical diction of the rhetoric of poetry," but rejected it on the grounds that it was "essentially archaic, biblical a good deal, and so on: now that is a thing that can never last; a perfect style must be of its age." He stated this idea more decisively in a letter to Bridges: "For it seems to me that the poetical language of an age shd. be the current language heightened and unlike itself, but not (I mean normally: passing freaks and graces are another thing) an obsolete one." The language must divorce itself from such archaisms as "ere," "o'er," "wellnigh," "what time," "say not."

On the other hand, he approved William Barnes's use of dialect words, because thereby Barnes was tied "down to the things that he or another Dorset man has said or might say, which though it narrows his field heightens his effects." Hopkins himself borrowed from dialect such words as *fettle, sillion,* and *burl.* He also invented new words, such as *beechbole* (trunk of a beech tree), *bloomfall* (fall of flowers), *bower of bone* (body), *churlsgrace* (grace of a churl or laborer), *firedint* (spark), *firefolk* (stars), *leafmeal* (a fusion of "leaf" and "piecemeal"), *unleaving* (losing leaves). He advised Bridges to concentrate by dispensing with articles: instead of "The eye marvelled, the ear hearkened," he urged "eye marvelled, ear hearkened," as in his own poem, "Spring and Fall." The effect is to convey the meaning more abruptly. In addition, Hopkins made new and original use of internal rhyme, alliteration, consonance, dissonance. Some of his effects he took from classical prosody, some from Welsh poetry (which he studied for the purpose), some from alliterative Middle English verse, especially from William Langland (author of *Piers Ploughman*).

He felt the need for a new set of terms to explain what he was doing in his poetry. His earlier expression, "vividness of idea," gave way to "inscape." This word, formed on the analogy of landscape, meant "individually distinctive beauty." W. A. M. Peter explains more fully that inscape for Hopkins is "the unified complex of the sensible qualities of the object of perception that strike us as inseparably belonging to and most typical of it, so that through the knowledge of this unified complex of sense-data we may gain an insight into the individual essence of the object." It is the "whatness" of a thing, suddenly apprehended like an electrical impulse, a divine spark. Hopkins wrote in his *Notebooks,* "All things therefore are charged with love, are charged with God and if we know how to touch them give off sparks and take fire, yield drops and flow, ring and tell of him." (1881). Or as he writes in a poem, "As Kingfishers Catch Fire," each thing "flings out broad its name" and (using a new verb) "selves" (that is, displays its essential self). Another poem, "Pied Beauty," celebrates sudden recognitions of the identities which compose the universe, in each of which God can be seen to manifest himself.

A second term Hopkins needed arose from a conception of "liveliness," which he made more precise as "instress." This is the power that holds inscape together, like the force that binds the atom. The sense of all things as not just passively meaningless or meaningful, but as actively asserting their totality of symbolical being, connects Hopkins with other symbolist poets.

In technique, Hopkins's most important new term (he has others as well) is "sprung rhythm": this is often defined as simply counting stresses instead of syllables, but W. H. Gardner has shown that it is a new method of timing both the stressed and unstressed syllables. Its use is basic to the effect Hopkins so often achieves, of a sudden rush or an equally sudden slowing down of tension and hypertension and momentary tranquility. Hopkins contended that it was in fact the rhythm "nearest to the rhythm of prose, that is the native and natural rhythm of speech, the least forced, the most rhetorical and emphatic of all possible rhythms, combining, as it seems to me, opposite and, one wd. have thought, incompatible excellences, markedness of rhythm—that is rhythm's self—and naturalness of expression—for why, if it is forcible in prose to say 'lashed: rod', am I obliged to weaken this in verse, which ought to be stronger, not weaker, into 'leashed birch-rod'[7] or something? My verse is less to be read than heard, as I have told you before; it is oratorical, that is the rhythm is so." Hopkins conceived of his verse as eliciting the special identity of a thing or person, releasing its private energy and conveying the specialness of it, and the animation of it, by every means of formal activity. W. B. Yeats, also seeking a dramatic language, had a quite different theory, that some "dull, numb words" were essential to give the sense of an actual man thinking and talking; but Hopkins has none of these, preferring a packed flamboyance.

The density of his verse made for difficulties of comprehension. In a letter to Bridges he defended these: "Epic and drama and ballad and many, most, things should be at once intelligible; but everything need not and cannot be. Plainly if it is possible to express a subtle and recondite way and with great felicity and perfection, in the end, something must be sacrificed, with so trying a task, in the process, and this may be being at once, nay perhaps even the being without explanation at all, intelligible." When Bridges urged him to clarify, Hopkins replied, "I cannot think of altering anything. Why should I? I do not write for the public. You are my public."

He responded also to another criticism of the peculiarity of his verse. On 15 Feb. 1879 he wrote Bridges, "No doubt my poetry errs on the side of oddness. I hope in time to have a more balanced and Miltonic style. But as air, melody, is what strikes me most of all in music and design in painting, so design, pattern or what I am in the habit of calling 'inscape' is what I above all aim at in poetry. Now it is the virtue of design, pattern, or inscape to be distinctive and it is the vice of distinctiveness to become queer. This vice I cannot have escaped." These defenses have been echoed by poets following him in defense of their own difficulty or oddity.

While Hopkins was a professor in Dublin, he called one day in 1886 on

J. B. Yeats, the portrait painter; it happened that his son, W. B. Yeats, was there, so the two poets met. The older Yeats proudly showed Hopkins a copy of his son's first book, *Mosada,* with a frontispiece portrait of the young man, who was just twenty-one. Hopkins thought the portrait "something too much" for a young man's pamphlet, and on reading *Mosada* he disliked it. But he had also read another poem by Yeats, "The Two Titans," and while he thought it absurd to set two titans down on a rock in the sea with no indication of how they got there, he could see, and say, that the poem had many fine lines and vivid images. W. B. Yeats, for his part, wrote later that he had not cared much for the Jesuit priest, who seemed a querulous, sensitive scholar, alien to a young man with Whitman in his pocket. But actually Hopkins had carried Whitman in his pocket too. In later life Yeats found fault with Hopkins' diction: "His meaning is like some faint sound that strains the ear, comes out of words, passes to and fro between them, goes back into words, his manner a last development of poetical diction . . ." He felt that Hopkins' "stoppage and sudden onrush of syllables were to him a necessary expression of his slight constant excitement." Another hostile verdict was delivered by T. S. Eliot, who also complained that Hopkins was too far from the language of common speech. But if an older generation disapproved of him, a younger one, readier to accept grotesqueness, has not been put off. His dislocations of words to embody dislocations of feeling, the artificiality which goes in him so naturally with powerful emotion, attract rather than repel. To most readers today Hopkins seems off-beat and superb.

Heaven-Haven

A nun takes the veil

I have desired to go
Where springs not fail,
To fields where flies no sharp and sided hail
*And a few lilies blow.

And I have asked to be
Where no storms come,
Where the green swell is in the havens dumb,
And out of the swing of the sea.

God's Grandeur

The world is charged with the grandeur of God.
*It will flame out, like shining from shook foil;
It gathers to a greatness, like the ooze of oil
*Crushed. Why do men then now not reck his rod?
*Generations have trod, have trod, have trod;
*And all is seared with trade; bleared, smeared with toil;
And wears man's smudge and shares man's smell: the soil
*Is bare now, nor can foot feel, being shod.

*And for all this, nature is never spent;
*There lives the dearest freshness deep down things;
And though the last lights off the black West went
*Oh, morning, at the brown brink eastward, springs—

---

* **blow**: bloom. (archaic usage).
※ 이 시는 신에 대한 예찬이 담겨 있다.
* **it will frame out**: it는 the grandeur of God로서 신의 장엄의 일면을 화염에 비유하였다.
shook foil: shaken mental sheet.
* **Crushed**: 전행의 oil을 수식한다.
rod: heed his authority.
* **have trod**: have trodden. 이 말의 반복으로서 여러 세대에 걸친 동일 행위의 반복을 암시한다.
* **all**: all the world.
* **being shod**: as foot is covered with shoes.
* **for all this**: nevertheless.
* **There lives ... down things**≒the dearest freshness lives deep down in things.
* **springs**: mornings를 받는 동사. mornings는 신의 장엄한 또 한 면을 the sun에 비유한 것임.

* Because the Holy Ghost over the bent
　* World broods with warm breast and with ah! bright wings.

The Windhover:

To Christ our Lord

* I caught this morning morning's minion, king-
　* dom of daylight's dauphin, dapple-dawn-drawn Falcon, in his riding
　* Of the rolling level underneath him steady air, and striding
* High there, how he rung upon the rein of a wimpling wing
In his ecstasy! then off, off forth on swing,
　* As a skate's heel sweeps smooth on a bow-bend: the hurl and gliding
　* Rebuffed the big wind. My heart in hiding
* Stirred for a bird,—the achieve of, the mastery of the thing!

Brute beauty and valour and act, oh, air, pride, plume here
　* Buckle! and the fire that breaks from thee then, a billion
　* Times told lovelier, more dangerous, O my chevalier!

　* No wonder of it: shéer plód makes plough down sillion
* Shine, and blue-bleak embers, ah my dear,
　* Fall, gall themselves, and gash gold-vermilion.

---

* **the Holy Ghost over ... broods: the Holy Ghost broods over the bent world.**
broods over: 새가 알을 품듯이 품다.
bent: crooked ; evil.

* **warm breast ... bright wings**: 마태복음 3장 16절 참조. warm breast 와 bright wing 은 dove 를 가리키며 신의 장엄의 또 한 면인 자비를 상징함.

※ kestrel, falcon (매)의 속명. 동반구 북부에 사는 매의 일종. 바람을 거슬러 날기 때문에 windhover 란 이름이 붙었다.
이 시는 windhover의 힘과 아름다움속에 나타나 있는 신의 영광을 주제로 하고 있으며, Hopkins 자신이 "the best thing I ever wrote" 라고 말하고 있다.

* **caught**: 눈으로 잡았다. 보았다.
minion: darling ; favorite (총아)

* **dauphin**: 왕자 ; 황태자.
dapple-dawn-drawn : drawn by the dappled dawn.
(아롱진 새벽에 이끌려 나온.)

* **undermeath him steady air**: with steady air underneath him.
striding: 앞에 in his 를 보충.

* **rung upon the rein**: 말뚝에 매어 놓은 말이 고삐(rein)를 중심으로 빙빙 돌듯이 매가 선회하는 것을 말함.(rung 의 "r" 음과 rein 의 "r" 음에서, 귀공자들의 형형색색의 고삐에 매달린 방울 소리를 연상할 수.있다. 또 "rein" 은 reign 의 homony 이다. 이것은 windhover 가 "dauphine" 임을 암시한다.

* **sweeps**: glides.
on a bow-bend: 활처럼 곡선으로 ; 궁형을 그리며.

* **My heart in hiding**: 숨어 있는 내 마음.

Pied Beauty

Glory be to God for dappled things—
For skies of couple-colour as a brinded cow;
For rose-moles all in stipple upon trout that swim;
*Fresh-firecoal chestnut-falls; finches' wings;
Landscape plotted and pieced—fold, fallow, and plough;
*And áll trádes, their gear and tackle and trim.

*All things counter, original, spare, strange;
Whatever is fickle, freckled (who knows how?)
With swift, slow; sweet, sour; adazzle, dim;
He fathers-forth whose beauty is past change:
Praise him.

Felix Randal

*Felix Randal the farrier, O he is dead then? my duty all ended,
Who have watched his mould of man, big-boned and hardy-handsome
Pining, pining, till time when reason rambled in it and some
Fatal four disorders, fleshed there, all contended?

---

* **the thing**: windover 를 가리킨다.
then off: then he went off.
* **Buckle**: windhover 의 야성미와 Christ 의 정신적 숭고미가 매 속에서 '결합하다'의 뜻과 'Jesuit' 인 자신으로서는 마음을 '죄다'의 뜻도 있다.
AND: 전행의 감정의 높아짐을 다음으로 지속시키기 위한 강조다.
fire: 영적 생활에서 발하는 빛 즉 영화.
from thee: from Christ Our Lord.
* **told**: 앞에 is 를 보충한다.
chevalier: knight, (i.e.Christ).
* **No wonder of it**: 당연하다.
sheer plod: 오로지 꾸준한 노역.
plough down sillion: 이랑 밑에 내려진 쟁기.
* **ah my dear**: 아 나의 사랑하는 님이여.
Christ 를 말한다.
* **gall**: bruise.
gash gold-vermilion: 주홍 금빛으로 깊은 상처가 난다. "gash": make a deep cut.
* **chestnut-falls**: That is, the chestnuts when they fall from the tree to the ground.
* **trim**: equipment (장비)
* **counter**: contrary ; in opponsition (반대의).
* **Felix Randal**: 아릴랜드인 이름.
the farrier: one who shoes horses (말굽 대장장이).

Sickness broke him. Impatient he cursed at first, but mended
Being anointed and all; though a heavenlier heart began some
*Months earlier, since I had our sweet reprieve and ransom
Tendered to him. Ah well, God rest him all road ever he offended!

This seeing the sick endears them to us, us too it endears.
My tongue had taught thee comfort, touch had quenched thy tears,
Thy tears that touched my heart, child, Felix, poor Felix Randal;
How far from then forethought of, all they more boisterous years,
When thou at the random grim forge, powerful amidst peers,
*Didst fettle for the great grey drayhorse his bright and battering sandal!

[No Worst, There Is None. Pitched Past Pitch of Grief]

No worst, there is none. Pitched past pitch of grief,
More pangs will, schooled at forepangs, wilder wring.
*Comforter, where, where is your comforting?
Mary, mother of us, where is your relief?
My cries heave, herds-long; huddle in a main, a chief
Woe, world-sorrow; on an age-old anvil wince and sing—
Then lull, then leave off. Fury had shrieked 'No ling-
*ering! Let me be fell: force I must be brief'.

O the mind, mind has mountains; cliffs of fall
Frightful, sheer, no-man-fathomed. Hold them cheap
May who ne'er hung there. Nor does long our small
Durance deal with that steep or deep. Here! creep,
Wretch, under a comfort serves in a whirlwind: all
Life death does end and each day dies with sleep.

---

* **ransom**: confession, absolution and communion.
* **fettle**: make ready.
* **Comforter**: 성령.(요한복음 14 : 16,26 참조)
* **fell**: cruel ; terrible
force: perforce ; of necessity.

ROBERT BRIDGES
(1844–1930)

Robert Bridges is a poet conspicuous for his exalted utterance, which includes a disregard of those devices that easily win attention. He even used an off-putting orthography, as if to emphasize indifference to acclaim. Though acquainted with the leading writers of his day, he pursued goals different from theirs. Much of his energy went into technique: he studied prosody with great care, especially that of Milton in *Samson Agonistes,* and evolved his own "loose Alexandrines" partly from this model. Joined to intricate repetition and variation of metrical feet was a stately deftness of expression. Yet these alone would not insure Bridges a place in modern literature. Certain qualities of mind—serenity joined with a capacity for genuine feeling, and an intellectual fervor—also pervaded his verse.

As opposed to confessional poets, Bridges seems distant; even his series of love poems, *The Growth of Love,* has a quality of melodious abstraction. Not demonic possession, but self-possession, is his note. He allies himself, similarly, with quietude, not noise. Bridges is poetically conservative—classical in his handling of metre, and in many of his dramatic subjects; and political conservatism also seems part of his character. He did not regard this formalism as a limitation; on the contrary, he wrote in the preface to *The Poems of Digby Mackworth Dolben,* "What has led me to poetry was the inexhaustible satisfaction of form, the magic of speech, lying as it seemed to me in the masterly control of the material; it was an art which I hoped to learn."

Bridges took a quite different view of the English literary tradition from that which Eliot was to promulgate. For Bridges Milton was a grand poet, and he was annoyed by Eliot's using Dryden as a stick with which to beat Milton. In riposte he spoke of Dryden as "a poet with whose works I am by choice unfamiliar." He did not greatly care for Wordsworth, saying that he worked with "blunted tools"—a reference to his prosodic conformity. Keats and Shelley were allowable, especially Keats, but the rest of the nineteenth century did not interest him. A tougher problem was his friend Gerard Manley Hopkins, whom he had known at Oxford and with whom he kept up a lifelong correspondence. Bridges found Hopkins experimentally rash or "odd," and too prone in his religion to Marianism (excessive reverence to the Virgin Mary). Hopkins was put on the defensive, but wrote some splendid letters to justify his innovations. (It is an instance of Bridges' reticence that he did not mention his own poetry to Hopkins during the first ten years of their acquaintance, so that Hopkins had to learn of it from the publication of a book.) Bridges was designated as Hopkins' literary executor and delayed publication of his friend's work until 1918, on the grounds that the public was not yet ready for it. This delay has been much criticized, yet it did have the effect of bringing Hopkins from oblivion to instant fame.

Bridges had a philosophic bent which enabled him to write and to publish, in his eighty-fifth year, *The Testament of Beauty*. This was an attempt to unite art, philosophy, religion, and nature into a harmonious scheme. Though anachronistic, it was not negligible. To modern taste it seems too fond of words like "beauty" and "reason," too averse to words like "socialism," too resolute and Christian in reconciliation of discords. As so often, Bridges seems to be attempting a stylization of experience such as other poets, notably Yeats in *A Vision*, were trying, but in a totally different and traditional way.

Bridges was born on October 3, 1844, at Walmer, Kent. He was educated at Eton and at Corpus Christi College, Oxford. Unvexed by financial worries, Bridges traveled for a time after taking his degree. He then decided that his poetry (which had been his major concern since his days at Eton) would profit from immersion in ordinary life. Accordingly he began a medical course in 1869 and became a physician. In 1881 he contracted pneumonia, and spent the winter of 1881–82 in Italy recovering his health. The experience had the effect of making him give up medicine. In 1884 he married and settled with his wife first at Yattenden in Berkshire, then at Boar's Hill, Oxford. He became a well-known figure at his old university. In 1913 he was made Poet Laureate, and in 1929 he received the Order of Merit. There is a quiet impressiveness about his life and work. He died on April 21, 1930.

London Snow

When men were all asleep the snow came flying,
In large white flakes falling on the city brown,
Stealthily and perpetually settling and loosely lying,
  Hushing the latest traffic of the drowsy town;
Deadening, muffling, stifling its murmurs failing;
Lazily and incessantly floating down and down:
  Silently sifting and veiling road, roof and railing;
Hiding difference, making unevenness even,
Into angles and crevices softly drifting and sailing.
  All night it fell, and when full inches seven
It lay in the depth of its uncompacted lightness,
The clouds blew off from a high and frosty heaven;
  And all woke earlier for the unaccustomed brightness
Of the winter dawning, the strange unheavenly glare:
The eye marvelled—marvelled at the dazzling whiteness;
  The ear hearkened to the stillness of the solemn air;
No sound of wheel rumbling nor of foot falling,
And the busy morning cries came thin and spare.
  Then boys I heard, as they went to school, calling,
They gathered up the crystal manna to freeze
Their tongues with tasting, their hands with snowballing;
  Or rioted in a drift, plunging up to the knees;
Or peering up from under the white-mossed wonder,
'O look at the trees!' they cried, 'O look at the trees!'
  With lessened load a few carts creak and blunder,.
Following along the white deserted way,
A country company long dispersed asunder:
  When now already the sun, in pale display
* Standing by Paul's high dome, spread forth below
His sparkling beams, and awoke the stir of the day.
  For now doors open, and war is waged with the snow;
And trains of sombre men, past tale of number,
Tread long brown paths, as toward their toil they go:
  But even for them awhile no cares encumber
Their minds diverted; the daily word is unspoken,
The daily thoughts of labour and sorrow slumber
At the sight of the beauty that greets them, for the charm they have
    broken.

---

* **Paul's**: London 의 중심부에 성 바울 성당을 말한다.

[The Snow Lies Sprinkled on the Beach]

The snow lies sprinkled on the beach,
*And whitens all the marshy lea:
The sad gulls wail adown the gale,
The day is dark and black the sea.
   Shorn of their crests the blighted waves
With driven foam the offing fleck:
The ebb is low and barely laves
The red rust of the giant wreck.

On such a stony, breaking beach
My childhood chanced and chose to be:
'Twas here I played, and musing made
My friend the melancholy sea.
   He from his dim enchanted caves
With shuddering roar and onrush wild
Fell down in sacrificial waves
At feet of his exulting child.

Unto a spirit too light for fear
His wrath with mirth, his wail was glee:—
My heart is now too fixed to bow
Tho' all his tempests howl at me:
   For to the gain life's summer saves,
My solemn joy's increasing store,
The tossing of his mournful waves
Makes sweetest music evermore

* **lea**: 목장; 휜히 트인 들판.

A. E. HOUSMAN
(1859–1936)

Housman refused to have his poems included in an anthology of the Nineties, saying that it "would be just as technically correct, and just as essentially inappropriate, as to include Lot in a book on Sodomites." But it is not quite so inappropriate as that. Certain poems of Yeats, Lionel Johnson, and Ernest Dowson are quite close to poems by Housman. The interest in a small, predominantly rural area, whether Ireland or Shropshire, the use of ballad meters, the sense of the world's unsatisfactoriness, and the reiterated theme of unrequited love, are aspects that Housman shared with the early Yeats in particular. The two poets also shared an intense admiration for Blake, whom Housman put second only to Shakespeare. But Housman admires Blake for his lyrical intensity and subordination of idea to passion, while Yeats is much more occupied with Blake's system and its interpretation. Housman minimizes and disparages the intellect in poetry, while Yeats, like other poets of larger scope, recognizes the necessity of incorporating it. Housman, when he can, *ex*cludes, while Yeats *in*cludes. It was characteristic of Housman to devote much of his life to editing a minor work, the *Astronomicon* of Manilius, as against classical poems of greater enterprise.

While disclaiming close kinship with contemporaries, Housman conceded that he had read and been influenced by the poems of Heinrich Heine, and some of his sardonic wistfulness may come from that source: He also liked Hardy's novels, with their step-by-step demonstration of the workings of doom. But even as a boy Housman had been attracted to the theme of death. At sixteen he won a prize at school for a poem on "The Death of Socrates." Later he read and reread Arnold's *Empedocles on Etna,* where the hero tells why he must commit suicide and then commits it. Dirges and laments were also favorite reading. Housman appears to have thought of himself as a loser, predestined to see hopes dashed and love unrequited. He could have considered social convention to be the vanquishing evil, but he preferred to represent the adversary as death. Often the method of dying is by execution, society being implicated as executioner. His poems, written mostly after he was thirty-five, deal chiefly with young men between the ages of twenty-one —or, as he would say, one-and-twenty—and twenty-five. Youth and life and love end at a stroke. He extracts all possible ironies from this situation. Nature adds to the gloom either by baleful destructiveness or by its phantasmal parade of meaningless fertility and beauty.

Housman's life scarcely seems ever to have started, yet he accomplished two ambitions, to be a poet and to be a scholar. His strong feelings were to an extraordinary extent poured into words rather than actions. Complications developed. A romantic in feeling, longing to transgress, he applied himself to the minutiae of impeccably editing classical texts. His poetry expressed his love; his blistering comments on other textual editors expressed disdain and contempt. In his life love and hate found no such direct outlets.

Alfred Edward Housman was born March 26, 1859, in Fockbury, which is in Worcestershire and not, as might be supposed from his verse, in Shropshire. His "sentimental" attachment to Shropshire came, he said, from the fact that "its hills were our western horizon," and he confessed indifferently to having some of his topographical details "quite wrong." His father was a solicitor from Lancashire; his mother was Cornish. After her death in 1870, a stepmother entered the home. He was brought up in the High Church party of the Church of England, "which is much the best religion I have ever come across." But at the age of eight—which was also the year he first tried writing poetry—he was converted to paganism by Lemprière's *Classical Dictionary*. Of his later religious career he commented flatly, "I became a deist at 13 and an atheist at 21."

Housman did well at school and won a scholarship to St. John's College, Oxford, where he read Classical Moderations and then Greats, the latter a combination of classics, ancient history, and philosophy. "Oxford had not much effect on me," he said, "except that I there met my greatest friend." This was effect enough. The friend was Moses Jackson, a bright and versatile student. He was receptive to friendship, but Housman wanted a more intimate relationship. In a posthumously published verse, he wrote, "Because I liked you better / Than suits a man to say, / It irked you, and I promised / To throw the thought away." Enjoined to dimiss his feelings, he had to conceal their intensity in order to enjoy Jackson's company. In their last year at Oxford the two young men, with another student, shared rooms out of college.

At first Housman did well academically, but either because of amorous commotion or because of disaffection from some required studies in his course, he did not even answer many of the examination questions, and was failed. The following fall, 1881, he returned ignominiously to complete a marginal, "pass" degree. Meanwhile Jackson had taken a job in the Patent Office and encouraged Housman to pass a civil service examination and join him there. Housman did so, and for a time the two shared rooms in London. But both had ambitions to transcend their circumstances: Jackson was at work on a doctorate in science, and Housman, scorned for his scholarship by Oxford, was determined to prove himself in classics and spent most of his nights at the British Museum.

Living at such close quarters with Jackson was probably too anguishing. At any rate, Housman in 1886 moved into his own place in Highgate (North London) and lived there a life of total and solitary concentration. Jackson was one of the few people allowed to visit. He, however, had decided upon marriage and upon a career in India. Towards the end of 1887 he resigned from the Patent Office and sailed to India, where he became principal of a small college. Two years later he returned to England to marry the woman who had promised to wait for him. Housman wrote sadly in "Epithalamium," "Friend and comrade yield you o'er / To her that hardly loves you more."

He was left to mourn as the Jacksons went to India again. Most of his poems were written in the early 1890s. Besides his grief for Moses Jackson's marriage he had another sorrow, the death of young Adalbert Jackson, brother of Moses, from typhoid in 1892. The removal from his life of these two brothers marked a pivotal moment for Housman. He commented afterwards, "I did not begin to write poetry in earnest until the really emotional part of my life was over."

Housman's extraordinary capacity in classical scholarship earned signal recognition in 1892, when he was elected to the chair of Greek and Latin at University College, London. In 1894 his father died, and then occurred a death which afflicted Housman sharply even though he did not know the dead man. It was of a Woolwich cadet, eighteen years old, who committed suicide and left a note reported in a newspaper article that Housman kept for life. It was possible to read the cadet's statement as referring to a hopeless homosexual love, "that one thing I have no hope of obtaining." Suicide is a chronic theme in Housman. In the nineties, homosexuals were in danger of victimization by the law: in 1895 Oscar Wilde was convicted on this charge and sentenced to two years in prison. Housman felt for him, and sent him a copy of his book of poems. This book, a product of all Housman's misfortunes and anxieties, was put together in 1896. Its original title was *The Poems of Terence Hearsay*, Terence being a character in them, and Hearsay perhaps a disclaimer of personal involvement. But the publisher wisely proposed *A Shropshire Lad* as a better title. When the book was published in 1896, Housman sent the first copy to Jackson. He was later to dedicate to Jackson his five-volume edition of Manilius, which he published sporadically from 1903 to 1930.

When in 1910 a chair of classics fell vacant at Cambridge, Housman was elected to it, and he lived there from 1911 until his death. His later life is even barer of incident. In 1922 he gathered together a second slender volume, lugubriously entitled *Last Poems*, and in the prefatory note remarked that "I can no longer expect to be visited by the continuous excitement" which he had experienced in the early 1890s. His friend Jackson died a year later. Housman lived a retired life at Cambridge, though in 1933 he delivered his famous Leslie Stephen lecture, "The Name and Nature of Poetry," which created a profound impression. He died April 30, 1936. His brother Laurence Housman edited *More Poems* later in that year, and recently some additional poems, as well as the manuscripts of all his verse, have been published.

In his lecture Housman attributed to poetry a "superior terseness" over prose, but denied that ideas used in poetry had any special poeticality. They could mostly be expressed better in prose, he declared. The function of poetry is "to transfuse emotion—not to transmit thought but to set up in the reader's sense a vibration corresponding to what was felt by the writer. . . ." On this principle he rejected seventeenth-century poetry as too deliberate, while eighteenth-century poetry was too intelligent. "That Pope was a poet is true; but it is one of those truths which are beloved of liars, because they serve so well the cause of falsehood. That Pope was not a poet is false; but a righteous man, standing in awe of the last judgment and the lake which burneth with fire and brimstone, might well prefer to say it." Against Pope he upheld the school of irrational men, or rather madmen, Collins, Smart, Cowper, and Blake. Here was the passionate urgency he required. Blake in particular offered to "entangle the reader in a net of thoughtless delight." Housman insisted that poetry should be "more physical than intellectual," and he gave his famous touchstone of poetry, which was that when a line of genuine poetry entered his head while he was shaving, he could feel his skin bristle, his spine shiver, and the pit of his stomach receive something like a spear.

These theories, or opinions, plead for lyricism of a special kind. It is limited lyricism, yet his poems stay in the mind and even outlast less limited ones. They are easily parodied, as is his esthetic, and perhaps inseparable from an element of "camp." Yet they have a refined agony, a stylized pain, a kind of courtly lovelornness which insures their memorability.

Loveliest of Trees, the Cherry Now

*Loveliest of trees, the cherry now
Is hung with bloom along the bough,
*And stands about the woodland ride
*Wearing white for Eastertide.

*Now, of my threescore years and ten,
*Twenty will not come again,
*And take from seventy springs a score,
It only leaves me fifty more.

*And since to look at things in bloom
*Fifty springs are little room,
About the woodlands I will go
*To see the cherry hung with snow.

When I Was One-and-Twenty

*When I was one-and-twenty
I heard a wise man say,
*'Give crowns and pounds and guineas
*But not your heart away;
Give pearls away and rubies
*But keep your fancy free.'

---

* cherry : cherry tree.
* woodland ride : 숲속의 승마도로.
ride : a road for riding.
* Wearing . . . Eastertide : 벚나무에 하얀 꽃이 핀 것을 부활절 때 처녀가 흰옷을 입는 것에 비유.
Eastertide : 부활절 후 40-50일 동안 계속되는 기간.
* threescore years and ten : 70년
(cf) "The days of our years are threescore year and ten," (*Psalms*, 90 : 10).
* Twenty : 뒤에 "years" 를 보충.
* take... score : 일흔 화의 봄에서 스무회의 봄을 빼면.
seventy springs : seventy years.
a score : a score years(20years).
* things in bloom : 꽃이 활짝 핀 벚나무를 말한다. "꽃이 한창인 것"
* room : opportunity. are little room : 너무나 짧다. 잠깐 동안이다.
* with snow : 눈처럼 하얀 꽃.
* one-and-twenty : twenty-one years old. 성년이 되었음을 말한다.
* crown : 5실링짜리의 은화. pound : 20실링. guinea : 21실링짜리의 금화.
이 행은 "금전을 다 써서 없애 버려도"의 뜻
* heart : 애정. 정.
* fancy : inclination. notion. judgement.

But I was one-and-twenty,
*No use to talk to me.

When I was one-and-twenty
I heard him say again,

'The heart out of the bosom
*Was never given in vain;
*'Tis paid with sighs a plenty
And sold for endless rue.'
And I am two-and-twenty,
And oh, 'tis true, 'tis true.

To an Athlete Dying Young

The time you won your town the race
*We chaired you through the market-place;
Man and boy stood cheering by,
And home we brought you shoulder-high.

*To-day, the road all runners come,
Shoulder-high we bring you home,
*And set you at your threshold down,
*Townsman of a stiller town.

*Smart lad, to slip betimes away
From fields where glory does not stay
*And early though the laurel grows
*It withers quicker than the rose.

Eyes the shady night has shut
*Cannot see the record cut,
*And silence sounds no worse than cheers

---

* No use : it was no use.
* in vain : for nothing.
* "Tis . . . rue" : 그 댓가로 많은 한숨과 끝없는 후회가 지불된다. a plenty : in plenty. sold : it is sold. rue : regret.
* chaired . . . place : 너를 무등태우고서 시장 바닥을 지나 갔었다.
* the road : on the road.
* your threshold : the threshold of your tomb.
* Townsman of a stiller town : 전 행의 "you"와 동격이며고, 그가 죽었으므로 이 town은 한층 조용해졌다.
* betimes : early.
* laurel : in ancient Greece, the emblem of victory in athletics or preeminence in poetry.
* rose : a symbol of female beauty.
* cannot . . . cut : 기록이 깨어지는 것을 보지 못하다.
* silence . . . cheers : 침묵은 환호성에 못지 않다.

After earth has stopped the ears:

*Now you will not swell the rout
Of lads that wore their honours out,
*Runners whom renown outran
And the name died before the man.

So set, before its echoes fade,
*The fleet foot on the sill of shade,
And hold to the low lintel up
The still-defended challenge-cup.

And round that early-laurelled head
*Will flock to gaze the strengthless dead
And find unwithered on its curls
The garland briefer than a girl's.

*With Rue My Heart Is Laden

With rue my heart is laden
*For golden friends I had,
For many a rose-lipt maiden
*And many a lightfoot lad.

By brooks too broad for leaping
The lightfoot boys are laid;
The rose-lipt girls are sleeping
*In fields where roses fade.

---

* swell : 뽐내게 하다.
* Runners : 다음행의 "the name" 과 함께 전 행의 "loads" 와 동격.
* shade : death.
* strengthless dead : "will flock" 의 주어. 그 젊은이가 영원히 승리를 간직하여 죽음을 이겨낸 것이니 "strengthless" 라 하였다.

※ 이미 고인이 된 어린 시절의 벗이 그리워서 쓴 시다.

* **rue** : 연민(pity).
ladden : cf. a heart ladden with sorrow : 슬픔이 가득찬 가슴.
* **golden** : 훌륭한.
* **lightfoot** : 발걸음도 가벼운.
* **fade** : 이울다. 시들다.

The Chestnut Casts His Flambeaux

*The chestnut casts his flambeaux, and the flowers
*Stream from the hawthorn on the wind away,
*The doors clap to, the pane is blind with showers.
*Pass me the can, lad; there's an end of May.

*There's one spoilt spring to scant our mortal lot,
*One season ruined of our little store.
*May will be fine next year as like as not:
Oh ay, but then we shall be twenty-four.

We for a certainty are not the first
*Have sat in taverns while the tempest hurled
Their hopeful plans to emptiness, and cursed
*Whatever brute and blackguard made the world.

*It is in truth iniquity on high
*To cheat our sentenced souls of aught they crave,
And mar the merriment as you and I
*Fare on our long fool's-errand to the grave.

Iniquity it is; but pass the can.
My lad, no pair of kings our mothers bore;
*Our only portion is the estate of man:
We want the moon, but we shall get no more.

---

* **casts**: "내던지다"는 열매가 익기 전에 떨어 뜨린다는 뜻.
  flambeaux: "횃불"이란 마로니에의 꼿꼿한 꽃떨기를 말한다.
* **on the wind**: 바람을 거슬러서; 바람을 타고.
* **clap to**: 쾅 닫히다.
* **Pass me the can**: 내게 잔을 건네라.
* **spoil**: 빼앗다.
* **store**: 세월, 수명, 평생을 뜻한다.
* **fine**: 쾌청한.
  as like as: perhaps; possibly.
* **Have sat**: Have 앞에 who를 보충. 다음 행의 cursed 앞에도 who have를 보충한다.
* **brute and blackguard**: 축생과 무뢰한.
* **iniquity on high**: 하늘의 부정. 즉 「신의 옳지 못함」을 뜻한다.
* **our sentenced souls**: 죽게 마련인 우리.
* **Fare**: 가다(go); 여행하다.(travel).
  fool's errand: 쓸데 없는 심부름.
  long: 지루한.
* **the estate of man**: 인간이라는 신분. 혼해 빠진 사람이라는 팔자.

*If here to-day the cloud of thunder lours
  To-morrow it will hie on far behests;
*The flesh will grieve on other bones than ours
  Soon, and the soul will mourn in other breasts.

The troubles of our proud and angry dust
  Are from eternity, and shall not fail.
Bear them we can, and if we can we must.
  Shoulder the sky, my lad, and drink your ale.

---

* **lour**: 얼굴을 찡그리다. 날씨가 험악해지다.
on far behests: 먼나라의 명령에 따라. 하늘의 명령에 따라.
* **than ours**: 우리의 것이 아닌.

W. B. YEATS
(1865–1939)

When Swinburne died in 1909, Yeats remarked to one of his sisters that he was now "king of the cats." He had in fact achieved the crown ten years before with the publication of *The Wind among the Reeds.* His reign continued until his death in 1939, and after it his fame continued to swell during the Forties and Fifties. In the Sixties and Seventies there was much grumbling because of his politics, dismissed (on slender evidence) as fascistic; because of his occultism, represented by critics as more naive than it was; and because of his theatricality, as if he were not anti-theatrical as well. In spite of these cavils, no other poet holds so central a place. He dominates this century's verse as Wordsworth dominated that of the last, and happily without Wordsworth's later respectability. Even in old age, Yeats called himself "a wild old wicked man," and he celebrated sexual passion with a zest which the young would have preferred to keep as their own preserve.

Though he described himself in his *Autobiography* as a timid man, timidity only enlarged his ambitions. Half-consciously at least, he prepared himself for the role of a major literary figure. Though he had no knack for languages, he informed himself through translations about the western cultural tradition and then, as no important poet in English had done before him, about the eastern tradition. Though not learned, he knew instinctively what it would be necessary for him to know. His range of allusion comprehends Homer's "unchristened heart," a prophecy from Virgil's Sixth Eclogue, Dante's "multifoliate rose," a sentence from Hafiz or Tagore or a Noh play. Goethe remarked that a poet must know all philosophy, but keep it out of his work. Yeats disobediently wrote philosophical lyrics in which he invoked theories of "golden-thighed Pythagoras," ghostly Plato and "solider Aristotle," Berkeley "who thought all things a dream," and contemporaries like "profound McTaggart." He knew also the *à rebours* philosophical tradition as expounded by Theosophists, Rosicrucians, spiritualists; he doctored the English of Tagore's Bengali mysticism, based upon the immanence of the divine in everyday life, and translated with the aid of a Hindu swami *The Ten Principal Upanishads.*

Yeats did not neglect the tradition of English verse. With E. J. Ellis he edited and interpreted all the writings of William Blake, including some he was the first to transcribe. He had fresh theories about Shakespeare and the early nineteenth-century poets, as well as about William Morris, Shaw, Wilde, and other figures of the nineties. He pursued the Irish tradition to the earliest saga literature and followed it to his own day. He edited the stories of the early nineteenth-century Irish writer William Carleton; he compiled anthologies of Irish tales, fairy and folk, and of poems. Not content to minister to the dead, he drew into creative activity the Irish playwrights Lady

Gregory and John Synge, and to some extent James Joyce, not to mention many young writers who were obliged, sometimes reluctantly, to recognize his lofty standards and strong purposes. When with Lady Gregory's help he founded and developed the Abbey Theatre, Yeats demonstrated that he had ability in "management of men" as well as in "this sedentary trade" of poetry.

However international his reading and his interests, Yeats clung to Ireland as source of his imagery, center of his local allusions, and arena of most of his activities. His talent burst the national boundaries, but he was pleased to be an Irish Senator as well as a Nobel prize winner. His deliberate Irishism began at the age of twenty, when he accepted the view of John O'Leary—an ageing patriot just returned from exile—that a national literature was both necessary and possible. The first book of the new poets was *Poems and Ballads of Young Ireland* (1888), and the next year Yeats published his *The Wanderings of Oisin and Other Poems,* in which for the first time Irish legend found original expression in a modern consciousness.

From this time until the end of the century, Yeats was busy hammering his thoughts into unity (his own phrase for it). The thoughts included literary and political nationalism, research in the dexterities of English verse, and a "spiritual philosophy" to go with provincial themes. A dominant motif was his adherence to symbolism, the implicit kind to be found in poets like Whitman and the explicit kind in mystics and occultists like Madame Blavatsky and Swedenborg. With the help of Arthur Symons he read Mallarmé and other French members of the Symbolist school. Yeats came to feel that most poets had written within schemes of systematic images, and he traced in Blake, and also in Shelley, the recurrent symbols.

That in the Nineties he should have worked out his own symbology was a predictable result. Images hit upon perhaps accidentally began to recur with doubled meaning; at first these were common ones, such as rose, lily, or star, but gradually uncommon ones were added, such as the two trees and the Valley of the Black Pig, and all were given an Irish inflection. In *The Wind among the Reeds* Yeats gathered together an array of themes, attitudes, scenes, and images to form a symbolic cluster.

With this book he set the method for the modern movement, as in 1798 Wordsworth in *Lyrical Ballads* had given a shape to the romantic movement. Wordsworth's new theme was a renewal of man's bond to nature; Yeats' was the uncovering of a second nature in which all outward things took their character from being internalized. The mighty presence which for Wordsworth was outside man was for Yeats inside, and all the scenic elements, such as stars, sea, winds, and woods, became emblematic of human activities. At the pinnacle of Yeats's early symbolism was the rose of beauty, which in certain circumstances might flower from the cross of suffering. The meaning of rose and cross varies according to the context, but in general, as in "To the Rose upon the Rood of Time," the rose is at once a muse (with a special affection for Irish poets and subjects), an epitome of eternal beauty, and an image of completeness, timelessness, superhumanity; the cross is not only the emblem of suffering, of Christ's passion which is mimicked by every lover's, but is also representative of discord, incompleteness, opposition, mortality, temporality. Yeats invokes the rose but warns it not to come too close because he does not wish to give up entirely the painful but familiar ingredients of the time world. Yet some juncture of the two is heralded. If it is not easy in this volume to know whether Yeats is addressing a particular woman or a feminine principle, that is because the poet, searching for ways to bind the worlds of matter and spirit together, is a type of the lover, longing for the requital which will complete him.

Although Yeats worked out his symbology with subtlety, it did not wholly content him. It became associated in his mind with "the celtic twilight" (his term for the persistent spirituality he found in the peasantry) just when he began to feel a need for Irish daylight. His second nature had too much the appearance of a hothouse growth, being too wistful, too aspiring, too respectful of spirit and too little respectful of body. He determined therefore to enlarge his means and his scenes, to present himself in his poems with robustness rather than slenderness. Mortal conditions did not need to be transcended; they might be accepted with such intensity that they would no longer hamper him. He need not go to the Lake Isle of Innisfree to shun the world of affairs; he might master it in Dublin. Corporeal love need not be filtered and attenuated in what he once called "the autumn of the body;" it might achieve "profane perfection" in a belated spring.

With this resolution Yeats "came into his force." He spoke with new pungency, as when he astounded Lady Gregory by telling her, "We must accept the baptism of the gutter." His Crazy Jane would say later, "Nothing can be sole or whole / That has not been rent." And in his own person Yeats declared, "I must lie down where all the ladders start, / In the foul rag-and-boneshop of the heart." In "A Dialogue of Self and Soul," the self defies the soul's injunction to leave the world behind and insists, "I am content to live it all again, / And yet again, if it be life to pitch / Into the frogspawn of a blind man's ditch . . ." The world of the rose and that of the cross might enter into many relations: they could encroach upon each other instead of fusing, for example. What is sought is not so much the raising of mortal to immortal but an interpenetration. Instead of sanctifying the human, one must laicize the world of spirit, or, more simply, achieve a *lay sanctity*.

Yeats regarded his new energy as based upon incarnation and the old as based upon transfiguration. In the new, spirit became flesh; in the old, flesh became spirit. He developed a new symbology which would express this opposition, among others, more concretely. It took an intermediate form in those of his poems and prose writings which dwelt upon the battle within each individual mind, between what one is and what one would like to be, the real and the image of its opposite. It is as if every man put on a mask which expressed his antiself and struggled to make it fuse with his face. But after his marriage Yeats greatly expanded this imagery. He now conceived of all consciousness as a conflict of opposites, which he represented by two interpenetrating cones or *gyres*, the apex of one in the base of the other. These were like his earlier use of the cross as an emblem of earthly pain. Beyond the gyres is a sphere which represents a totality which they merely subdivide. It is comparable to the emblematic rose of his early poetry.

In order to represent the varying dominance of one opposite or another, Yeats conceived of a circle of twenty-eight phases of the moon. Phase 15 is the full moon, phase 1 is the dark of the moon. At phase 15 the urge to incarnate is strongest, and at phase 1 the impulse to discarnate is most powerful. Heroes, lovers, artists cluster in phases 13, 14, 16, 17, and 18 (phase 15 being reserved for works of art and purified spirits), while hermits, devotees, and saints cluster in the phases around the dark of the moon. This opposition may be illustrated:

FULL MOON	DARK OF THE MOON
Spirit becomes body; Incarnation	Body becomes spirit; Transfiguration
Unity of Being (approximate union of body and soul)	Unity of Non-Being (approximation to nothingness)
Saturation in the world	Purgation of the world
Form (Europe)	Formlessness (Asia)
Image-Making	Image-Breaking
Hero, Lover, Poet	Hermit, Devotee, Saint
Human speech	Inhuman (divine) speech

But beyond this antinomy is reality or truth, which is single rather than dual; Yeats sometimes calls it simply "There"; what "there" represents may be detailed as follows:

There
The Sphere
Flowering of rose from cross
Union of opposites
Europasia
Terrestrial Paradise
Coupling of eternity and time
Profane perfection
Innisfree/Byzantium (Nature/Art)

This symbology Yeats put into his book *A Vision*, one of the strangest works of the century. It can profitably be read in connection with his poems, but it also has an intrinsic fascination as the most complete symbology since Blake's, written so well that at moments it leans towards philosophy and at other moments towards poetry. After he had composed it Yeats did not stay still; he was working on new ideas and new symbols, and would probably have published still another edition, or perhaps a second vision.

As Yeats grew older his sense of life sharpened, and he dwelt more boldly upon its lust and rage, its mire and fury, but also envisaged more passionately the state of completeness to which incompleteness may attain. Feelings rarefied when he was young became thick with substance later. He was determined to "beat upon the wall / Till truth obeyed his call," as he said Blake had done; and he pushed to the most extreme point his thought and his expression, content to be, as he said, "for the song's sake a fool." But within this vehemence and gusto, and within the intricate figures of symbology, Yeats remained from first to last concerned with the great themes of symbolism: the degree to which art may be considered the ideal and nature the real, or art the artificial and nature the genuine, or art the subduer or absorber of nature, or nature as itself art and mother of art. Each poem finds a new context for this debate, a debate on which all experience seems to hang. Different poems weigh more heavily in different directions, but they join in asserting the primacy of the imagination. Man is for Yeats a being who, born incomplete, conceives of completeness and at moments attains it, or imagines that he does, which may be just as satisfying. The desert, peopled by images, becomes the garden.

The relation of Yeats's life to his work is close though not simple. His mythmaking imagination was so powerful that it transforms events which in another writer might be commonplace. It may be helpful, however, to bear in mind some unadorned facts. He was born in Dublin on June 13, 1886, the son of John Butler Yeats, later well known as a portrait-painter. His mother came from the Pollexfen family which lived near Sligo, and Yeats spent much of his childhood with them. In 1874 the family went to London so that J. B. Yeats might continue his art studies, but in 1880 they returned to Dublin. Here Yeats attended high school and then art school, the latter from 1884 to 1886. He gave up painting abruptly and threw himself into literary work. From now on his life expanded in many different directions. He founded Irish literary societies in both Dublin and London. In 1889 he met Maud Gonne and "the troubles of my life began." A nationalist, and a beauty, she became his ideal love and his coadjutor in various nationalistic activities. But eventually, in 1903, she married Major John MacBride. Her political extremism completed her separation from Yeats. She remained a figure in his poetry till the end.

To some extent Yeats fell under the spell of two famous occultists of the time, Madame Helena Petrovna Blavatsky, founder of the Theosophical movement, and MacGregor Mathers, founder of a magical order called the Golden Dawn. Yeats found their doctrines helpful in his own esoteric symbolism. That he was not totally credulous, however, is clear from his having been expelled by Madame Blavatsky herself from the Theosophists; he would have been expelled by Mathers as well if he had not succeeded in expelling Mathers first.

The Irish dramatic movement, which Yeats began to organize in 1899, took up more and more of his time, especially after the founding of the Abbey Theatre in 1904. It was necessary to tread perilously between chauvinists on the one side and British authorities on the other, and Yeats frequently ran afoul of both. As a result he felt some "estrangement" from his country, or at least from large groups within it. But the Easter Rebellion in 1916, though put down at once by the British, awoke his old sympathy and his best political poems. The following year, 1917, Yeats married an Englishwoman, Georgie (changed by Yeats to George) Hyde-Lees. The early days of their marriage were troubled by his concern that his marriage was ill-advised. Mrs. Yeats, in an endeavor to distract her husband, attempted automatic writing, and his doubts evaporated. Some of her script proved so relevant to his own concerns that Yeats began to work it into the book which eventually became *A Vision*.

The Yeatses had a son and a daughter, both memorialized in verse, and they lived off and on in a Norman tower called Thoor (Castle) Ballylee near Lady Gregory's house at Coole. This tower in turn became the setting of several of his poems and gave him the title of one of his books; its winding stair provided the title of another.

After the Irish Free State was formed Yeats served six years in the Senate, and after his term he continued to devote himself to various schemes for invigorating the country. Some of these were harebrained, but they always came back to his own ideal of a nation of men free to cultivate their imaginative capacities. All governments began to appall him, and the grim prophecy in his poem, "The Second Coming," seemed to him more and more apt. He died on January 28, 1939, in southern France, just before the Second World War began. After it was over, his body was exhumed and brought back to Ireland by an Irish destroyer. He was buried, as his poem had directed, near Sligo, "under Ben Bulben."

The Lake Isle of Innisfree

*I will arise and go now, and go to Innisfree,
*Anw a small cabin build there, of clay and wattles made;
*Nine bean rows will I have there, a hive for the honey bee,
*And live alone in the bee-loud glade.

And I shall have some peace there, for peace comes dropping slow,
*Dropping from the veils of the morning to where the cricket sings;
*There midnight's all a glimmer, and noon a purple glow,
*And evening full of the linnet's wings.

I will arise and go now, for always night and day
I hear lake water lapping with low sounds by the shore;
While I stand on the roadway, or on the pavements gray,
I hear it in the deep heart's core.

No Second Troy

*Why should I blame her that she filled my days
*With misery, or that she would of late
*Have taught to ignorant men most violent ways,
Or hurled the little streets upon the great,
Had they but courage equal to desire?
What could have made her peaceful with a mind

---

* **I . . . Now:** 누가복음 15:18절 근거. "I will arise and go to my father." 도연명 귀거래사 첫 머리 연상.
* (a small cabin) made of clay and wattles.
* **Nine:** 간소한 생활을 내포한 표현.
a hive . . . bee: bean과 함께 simple life 풍취
* **bee-loud:** loud with bee.
* **from . . . to . . .:** from dawn till dusk.
the veils of the morning: morning mist(안개 낀 아침)
* **midnight's:** midnight is.
all: entirely.
* **Linnet:** a songbird of the finch family.
* 유동음 1음이 세번 되풀이 됨으로 거의 소리도 없이 귀뚜라미가 우는 평화로운 해질녁 호반의 섬 기슭을 씻는 출렁이는 잔물결의 음향이 떠오른다.
* **her:** maud Gonne. 여기서 그녀는 트로이의 헬렌에 비유되고 있는 데 그녀는 아름다움과 고결함을 지닌 존재로 표현되었다.
* **With misery:** Yeats 는 Maud Gonne 에게 네번이나 구혼을 한 것으로 알려져 있지만 그녀의 계속적인 청혼 거절과 John Macbride 소령과 예기치 않은 결혼(1903)은 그에게 큰 충격을 주었다.
* **most . . . ways:** Maud Gonne 의 사상, 행동은 매우 과격했었다. 즉 애란의 독립을 위해서는 폭력을 주장한 과격한 독립투사였다.

That nobleness made simple as a fire,
*With beauty like a tightened bow, a kind
That is not natural in an age like this,
Being high and solitary and most stern?
*Why, what could she have done, being what she is?
Was there another Troy for her to burn?

*The Wild Swans at Coole

*The trees are in their autumn beauty,
The woodland paths are dry,
Under the October twilight the water
Mirrors a still sky;
Upon the brimming water among the stones
Are nine-and-fifty swans.

The nineteenth autumn has come upon me
Since I first made my count;
I saw, before I had well finished,
All suddenly mount
And scatter wheeling in great broken rings
Upon their clamorous wings.

I have looked upon those brilliant creatures,
*And now my heart is sore.

---

* **a tightened bow**: Blake 가 사용한 성적인 상징.
* **Why**: 아니; 그렇다면.

※ **Coole 장원은 Galway 주에 있는 작은 마을로 호수가 있는 영지다. 1768년 Gregory 가에 의해서 매수된 이래 대대로 Gregory 가가 살았다. 1892년 미망인이 된 Gregory 부인은 Coole 장원을 Ireland 의 문인과 예술가들에게 개방해서, Ireland 의 문예의 발전에 기여했다. Yeats 는 1897년 32세때 오랫동안 이곳에 머물렀고, 이후에도 여러번 이곳을 방문해서 자모같은 부인 밑에서 여름을 보내고, 이 호수를 보면서 시작을 했다.**

* **The . . . autumn**: Yeats 가 처음으로 Coole Park 를 찾아간 것은 1897년 여름이며 32세때였으나, 이 시를 쓴 것은 1917년으로 51세였으니 다시 그곳을 찾았던 때는 19년째에 해당한다.
1916년이라면 Easter Rebellion 의 충격이 시인을 사로잡았고 또 1916년에 Yeats 는 Normandy 에서 간호원으로 일하고 있는 Maud Gonne 을 찾아가 구혼했으나 세번째 거절당한 해이다.
* **my . . . sore**: Yeats 는 또 다시 청혼을 거절한 Maud Gonne 에 대한 계속적인 사랑을 언급하고 있다.
* 지난 19년 동안의 시인을 둘러싸고 있는 상황의 변화를 가리킨다. 즉 사회적으로 제1차 세계대전(1914~18), 가까이는 Easter Rebellion 과, 그 때의 많은 벗의 죽음 등등, 개인적으로는 Maud Gonne 의 John Macbride 와의 결혼(1903)및 이혼(1905), 32세였던 청년시인이 지금은 51세, Maud Gonne 에 대한 순애와 절망적인 결말 즉 최종적인 구혼의 거절(1916), 그리고 젊은 시절의 한결같은 정열을 차츰 잃어가고 있다.

All's changed since I, hearing at twilight,
The first time on this shore,
The bell-beat of their wings above my head,
Trod with a lighter tread.

Unwearied still, lover by lover,
*They paddle in the cold
Companionable streams or climb the air;
Their hearts have not grown old;
Passion or conquest, wander where they will,
Attend upon them still.

But now they drift on the still water,
Mysterious, beautiful;
Among what rushes will they build,
By what lake's edge or pool
Delight men's eyes when I awake some day
To find they have flown away?

The Second Coming

Turning and turning in the widening gyre
The falcon cannot hear the falconer;

※ 2연과 3연에서는 자신과 백조의 관계를 서술한다. 그가 처음 이 호수가에서 백조를 보고 그들을 헤아려 본 이래 19년이 지났다. 지금도 그때처럼 백조들은 요란하고 영롱한 날개소리를 내며 날아오르지만 지금의 그의 마음은 무겁고 아프다.
모든 것은 변했다.(위의 15행의 해설 참조)

※ 마지막 두연에서는 이러한 시인의 변화무상한 삶과 백조들의 변함없는 모습과 지칠줄 모르는 정열을 비교하면서 신비롭고 아름다운 백조의 이미지를 그린다.
백조는 언뜻 보기에 늙고 젊은 백조를 구별할 수 없다. 그들은 언제나 활기차고 아름다움을 지닌다. 그래서 백조는 영원불멸의 상징이라 할 수 있다.

* **the cold ... streams**: 차가운 물은 백조들과는 서로 마음이 맞으나, 나이를 먹은 Yeats 에게는 그렇지 않다. companionable(=agreeable) 란 낱말에는 짝이 없는 자신의 고독함이 담겨져 있다.

※ 1919년 1월의 작품이지만 그 초고가 씌여진 것은 전년 즉 제1차 세계대전의 여세가 사라지지 아니한 때라고 추측하고 있다.
1919년에는 제1차 세계대전이 끝난 직후이며, 영국에는 평화가 찾아왔으나 Ireland 에서는 독립운동이 점점 성해지고 있었다. 그것을 진압하기 위해서 파견된 영국의 약 6,000명의 경비대 즉 Khaki 옷에 검은 모자를 쓴 Black and Tan 과의 사이에 피비린내 나는 유격전이 되풀이 되고 있었다.
또 이에 앞서서는 1917년에 러시아 혁명(볼셰비키 혁명)이 있었고 한편 Yeats 의 부인 Georgie Hyde-Lees 의 automatic writing 에도 비극과 공포의 도래를 알리는 말이 여러번 나타났었다고 한다. 이상이

Things fall apart; the centre cannot hold;
Mere anarchy is loosed upon the world,
*The blood-dimmed tide is loosed, and everywhere
*The ceremony of innocence is drowned;
The best lack all conviction, while the worst
Are full of passionate intensity.

*Surely some revelation is at hand;
Surely the Second Coming is at hand.
*The Second Coming! Hardly are those words out
*When a vast image out of *Spiritus Mundi*
Troubles my sight: somewhere in sands of the desert
A shape with lion body and the head of a man,
A gaze blank and pitiless as the sun,
Is moving its slow thighs, while all about it

현대의 혼돈과 미래에 대한 공포와 불안을 노래한 이 시를 낳게한 배경이다.

재림이란 그리스도가 다시 지상에 강림해서 최후의 심판을 행하고 구원을 성취한다는 것이나, Yeats는 언제나 구원에 대한 안이한 기대를 거부하고 있었기에 「요한계시록」에 나오는 1천년간 심연속에 가두어져 있던 용 즉 마귀가 지옥에서 해방되어 지상에 출현해서, 세상을 혼란의 소용돌이 속에 던져 넣는다고 예감한다. 즉 그리스도의 세기는 끝나고 재림하려는 것은 2천년에 나타난 그 세계의 구세주가 아닌 앞에서 말한 용에 상당하는 반기독교적인 인면수신의 괴물이다.

시는 12행까지는 그리스도의 재림을 기대시키고 있으나 13행의 "Trouble"로써 일전해서 불안감을 암시하며 괴수가 처음 나타난다. 이것은 "사자의 몸에 인간머리"를 가진 괴물 즉 sphinx의 image에 의해서 효과적으로 묘사되어 있다.(The Black and Tan : 1919~21년 아일랜드에 파견되어 반란을 진압한 약 6천명의 영국 경비대며, 그들이 Knaki 옷에 검은 모자를 쓴데서 나온 명칭.)

* 하나의 문명(이 시에서 기독교 문명)의 말기를 소용돌이가 넓어진 상태에 비유하고 있다.
* 통제의 상실을 의미
* 1917년 Rusia 혁명을 암시한다.
* **tide**: 피로 흐려진 조수. 대전에 의한 황폐를 생각케 하며, 그것이 고귀한 전통을 붕괴시킨다.
* **The ceremony**: 종교적 의식과 문명화된 행위를 암시한다.
* 악인들이 발호하고, 선인들은 전혀 없어서 회의적이 되어 주저한다. 이것이 혼돈의 현실의 세계다.
* **at hand**: 이것은 약속된 Christ의 재림이 아니고 「성 요한의 계시록」이 기괴한 용에 상당하는 Yeats의 창조물이다.
* **the second Coming**: ①최후의 심판 때의 Christ의 재림(cf. Matthew. x x iv). ②지복 천년기(the millennium)의 종말에 해방되어 세계의 혼란의 소용돌이 속에 떨어지는 짐승 즉 Antichrist의 출현(cf. Revelation, x x).
* **vast image**: The Sphinx (여자 머리에 날개 있는 사자 몸의 괴물).
* 사막의 새들이 새로운 괴물이 무서워서 부들부들 떨며 날아다닌다. "격분한"이란 말은 새로운 현현인 괴물의 목격자인 새들이 그것을 공포뿐만 아니라 경멸하는 마음으로 바라보고 있다.

Reel shadows of the indignant desert birds.
*The darkness drops again; but now I know
*That twenty centuries of stony sleep
*Were vexed to nightmare by a rocking cradle,
*And what rough beast, its hour come round at last,
Slouches towards Bethlehem[1] to be born?

A Prayer for My Daughter

Once more the storm is howling, and half hid
Under this cradle-hood and coverlid
My child sleeps on. There is no obstacle
But Gregory's wood and one bare hill
Whereby the haystack- and roof-levelling wind,
Bred on the Atlantic, can be stayed;
And for an hour I have walked and prayed
Because of the great gloom that is in my mind.

I have walked and prayed for this young child an hour
And heard the sea-wind scream upon the tower,
And under the arches of the bridge, and scream
In the elms above the flooded stream;
Imagining in excited reverie
That the future years had come,
Dancing to a frenzied drum.
Out of the murderous innocence of the sea.

May she be granted beauty and yet not
Beauty to make a stranger's eye distraught,
Or hers before a looking-glass, for such,
Being made beautiful overmuch,
Consider beauty a sufficient end,
Lose natural kindness and maybe
The heart-revealing intimacy
That chooses right, and never find a friend.

---

* **The darkness ... again**: 환상의 모습이 사라졌음을 뜻한다. 또 Christ 가 재림하는 직전에 어둠이 찾아온다.(cf. Matthew x x iv-29)
* **twenty centuries**: 성 요한의 「묵시록」에 의하면 "the beast"가 신의 손에 의해서 유폐되어 있는 시기.(cf. Revelation, x x)
* **rocking cradle**: 흔들리는 대지. 즉 현실 세계의 동란 등.(제1차 세계대전과 1916년의 Easter Rising 등)
* 때가 드디어 돌아왔으니. its hour : 탄생의 시기.

※ **Yeats 의 딸, Anne Butler Yeats 는 1919년 2월 26일 태어났다.**

* Coole 에 있는 Gregory 부인의 숲은 Thoor Ballylee 탑에서 멀지 않는 곳이다. 당시에 Yeats 는 이곳에서 살았다.

*Helen being chosen found life flat and dull
And later had much trouble from a fool,
*While that great Queen, that rose out of the spray,
Being fatherless could have her way
*Yet chose a bandy-leggèd smith for man.
It's certain that fine women eat
A crazy salad with their meat
*Whereby the Horn of Plenty is undone.

In courtesy I'd have her chiefly learned;
Hearts are not had as a gift but hearts are earned
By those that are not entirely beautiful;
Yet many, that have played the fool
For beauty's very self, has charm made wise,
And many a poor man that has roved,
Loved and thought himself beloved,
From a glad kindness cannot take his eyes.

May she become a flourishing hidden tree
*That all her thoughts may like the linnet be,
And have no business but dispensing round
Their magnanimities of sound,
Nor but in merriment begin a chase,
Nor but in merriment a quarrel.
O may she live like some green laurel
Rooted in one dear perpetual place.

My mind, because the minds that I have loved,
The sort of beauty that I have approved,
Prosper but little, has dried up of late,
Yet knows that to be choked with hate
May well be of all evil chances chief.
If there's no hatred in a mind
Assault and battery of the wind
Can never tear the linnet from the leaf.

An intellectual hatred is the worst,

---

* **Helen being chosen**: 스파르타의 왕 Menelaus 의 왕비 Helen. 트로이의 왕자 Paris 가 그녀를 유혹해 감으로써 트로이 전쟁을 불러 일으킨 여인을 의미하지만 여기서는 Yeats 의 첫사랑인 Maud Gonne 을 암시하고 있음.
* **Queen**: 희랍 신화에 나오는 사랑과 미, 풍요의 여신인 Aphrodite.
* **a bandy-legged smith**: 불의 신 Hephaestus.
* **the Horn of Plenty**: 제우스에게 젖을 먹여 키운 Amalthea 의 뿔로써 그 속에서 꽃, 과실, 곡식이 쏟아져 나오는 모양을 나타내어 물건의 풍요함을 상징함.
* **linnet**: songbird.
* Helen 및 Maud Gonne 을 암시.

So let her think opinions are accursed.
Have I not seen the loveliest woman born
Out of the mouth of Plenty's horn,
Because of her opinionated mind
Barter that horn and every good
By quiet natures understood
For an old bellows full of angry wind?

Considering that, all hatred driven hence,
The soul recovers radical innocence
And learns at last that it is self-delighting,
Self-appeasing, self-affrighting,
And that its own sweet will is Heaven's will;
She can, though every face should scowl
And every windy quarter howl
Or every bellows burst, be happy still.

And may her bridegroom bring her to a house
Where all's accustomed, ceremonious;
For arrogance and hatred are the wares
Peddled in the thoroughfares.
How but in custom and in ceremony
Are innocence and beauty born?
Ceremony's a name for the rich horn,
And custom for the spreading laurel tree.

Sailing to Byzantium

I

*That is no country for old men. The young
In one another's arms, birds in the trees

※이 시는 그가 61세였던 가을의 작품이다. 이 시는 몸에 감겨 붙어 다니는 노추를 의식한 61세의 시인의 육체와 관능의 노래의 나라를 버리고, 영과 영지의 노래의 나라로 가려고 결의하는 출범의 노래다. 죽엇없는 목숨인 육체와의 결별이며 성화속에 우뚝 선 현인에 대한 동경과 예술가로서의 완성에 대한 결의다.

Balkan 반도의 동남단에 위치한 Byzantium은 고대 그리이스의 식민지였으나, 330년 Constantin 대제가 이곳을 로마제국의 수도로 정하고 Constantinople 이라 불렀고 395년 제국이 양분된 후에는 동로마제국(비잔틴 제국)의 수도로서 1453년 터어키인에게 멸망당할 때까지 번영한 곳이다. 지금의 Istanbul 이다.

6세기 중엽 이 땅에 꽃핀 Byzantine 예술은 그리이스, 동방제국, 그리스도교 등의 각 문화를 종합하고 집대성한 독특한 양식으로 문화의 융성기를 맞아들여, 특히 로마식의 웅대한 건축과 대리석과 mosaic, 금, 은 세공품등을 주류로 해서 예술, 종교생활이 일치된 세계로서 화미를 극했다고 한다. 그 제일 최성기는 Justinian I 세의 재임기간 (527~65)이며, St. Sophia 사원 등이 이 시기를 대표하는 건축이라고 한다. 이 시에서는 영원성, 상상력, 성스러운 지혜, 예술 등을 상징한다.

* —Those dying generations—at their song,
The salmon-falls, the mackerel-crowded seas,
*Fish, flesh, or fowl, commend all summer long
Whatever is begotten, born, and dies.
Caught in that sensual music all neglect
*Monuments of unageing intellect.

II

An aged man is but a paltry thing,
A tattered coat upon a stick, unless
Soul clap its hands and sing, and louder sing
For every tatter in its mortal dress,

Yeats 가 이 시대의 Byzantium 을 동경한 이유로서는 ① 그것이 Europe 문명의 중심이고 또 정신문화의 원천이라는 것과 ② 그곳에서 모든 문화요소의 예술적 종합을 볼 수 있다는 것 등이다. 즉 거기에는 종교적 생활과 미적 생활과 실천생활이 깃든 이상향이 있다고 시인은 생각하고 있다. 요컨대 Yeats 에게는 Byzantium 은 역사와 지리를 초월한 곳에 있으며, 영원히 예술의 도시, 불멸·영혼의 도시, 성스러운 지혜의 도시로서의 상징이다.

제1연은 노년의 육체적 노쇠와 대조된 자연의 풍요로움을 표현하고 있다.

* **that**: 지금 시인이 출범해서 뒤로한 땅, 즉 4행의 "the salmon-falls" 에 의해서 Ireland 를 가리킨다(연어들이 알을 까러 모이는 골웨이의 만). 광의적으로는 사랑과 생식과 죽음에 의해서 이루어지는 natural world 즉 the physical world 를 좀 더 광의적으로는 현실의 세계, 현대 세계 전반을 가리킨다.

* **Those dying generations**: though those generations too will die in time. 〈그것도 모르고〉의 뜻이 담겨져 있다.

at their song: singing, birds 를 수식하며 자연계의 관능적 노래를 의미함.

* "연어가 띄어오르는 (거슬러 올라가는) 폭포", "고등어 우글거리는 바다"도 Ireland 적인 풍경의 특징의 하나이다.

* **Fish, flesh, or fowl**: 이 5~6행을 "dying generations" 의 sensual 한 면을 allit-eration (두운법)을 사용해서 강조하고 있다.

* 늙지 않는 불후의 영지(예지)의 금자탑(기념비) : 관능에 빠지는 일이 없는 엄한 철리와 영지에서 생긴 불멸의 예술과 학문의 소산을 가리킨다.

"monuments" 를 제2연의 "monuments" 와 마찬가지로 견고하여 변하지 않는 것, 영원성의 상징으로 "unaging intellect" 를 "philosophy" : "a timeless" 로 해석하기도 한다.

* 예술, 정신의 음악으로 1년의 관능적 음악과 대조.

* "죽음을 면치 못할 불멸의 옷이 해질 때마다" : 늙어서 육체가 쇠약해지면 쇠약해 질수록 영혼은 그 만큼 소리높이 손뼉치며 노래를 해야 한다. 만일 그렇게 하지 않는다면 노인은 허수아비와 마찬가지로 참혹하다는 뜻이다. "이내 사라질 옷자락"은 body 를 의미한다.

제3연은 기원의 형식으로 쓰여져 있다.

* 이 image 의 출처에 대해서는 여러가지 설이 있으나, 시인이 1907년에 찾아간 이태리의 Ravenna 의 St.Apollinare Nuovo 사원의 mosaic frieze 가 가장 유력하다.

* Like the mosaic figures on the walls of the church of Hagia Sophia("Holy Wisdom")in Byzantium.

Nor is there singing school but studying
Monuments of its own magnificence;
And therefore I have sailed the seas and come
To the holy city of Byzantium.

III

O sages standing in God's holy fire
As in the gold mosaic of a wall,
*Come from the holy fire, perne in a gyre,
And be the singing-masters of my soul.
*Consume my heart away; sick with desire
*And fastened to a dying animal
*It knows not what it is; and gather me
Into the artifice of eternity.

IV

*Once out of nature I shall never take
My bodily form from any natural thing,
But such a form as Grecian goldsmiths make
Of hammered gold and gold enamelling
To keep a drowsy Emperor awake;
Or set upon a golden bough to sing
To lords and ladies of Byzantium
Of what is past, or passing, or to come.

---

* **perne in a gyre**: perne 은 spool 이라는 뜻의 아일랜드말로 여기서는 spin (맴돌며 날으다) 이라는 뜻. gyre 는 다음과 같은 두가지 뜻이 있다. ① 나선형으로 날아오르는 매의 비상 ② 역사의 주기적 운동.
* 구체적으로 성자들의 도움을 청하는 말이다.
* "나의 마음을 소멸케 하라." "my heart": 나의 마음의 망념. Byzantium 에 도착했으나 나의 마음은 아직도 육체와 관능의 세계에 대해서 미련을 가지고 있으니, 성스러운 불로써 태워서 purify 해 달라고 현자들에게 부탁하고 있다.
* **a dying animal**: the aged man's body ; my body.
* **It**: My heart.
* "나를 모아 영원의 예술로 만들어 다오." 나를 영원한 예술품으로 재생시켜 달라는 뜻이다. 예술지상의 사상과 원망이 엿보인다.
* 불사조의 image. 이 시는 전편에 새의 image 가 관류하고 있다. 제1연은 관능을 노래하는 "자연의 새", 제2연은 이젠 노래를 못하게 된 헌 누더기의 허수아비, 이것은 "노쇠한 까마귀"의 image 다. 제4연은 다시 태어난 "황금의 새"에 대한 원망이다.
* **Once . . . nature**: Once I get out of nature : when I get out of this physical world. (일단 물질계를 벗어나면, 일단 죽는다는 뜻이다.)
* 비잔티움의 한 황제는 황금나무를 갖고 있었는데 그 나무 위에서 황금새들이 기계적으로 노래했다고 한다. Han Andersen 의 동화 *The Emperor's Nightingale* 참조.

Byzantium

*The unpurged images of day recede;
*The Emperor's drunken soldiery are abed;
*Night resonance recedes, night-walkers' song
*After great cathedral gong;
A starlit or a moonlit dome disdains
All that man is,
All mere complexities,
The fury and the mire of human veins.
Before me floats an image, man or shade,
Shade more than man, more image than a shade;
For Hades' bobbin bound in mummy-cloth
*May unwind the winding path;
*A mouth that has no moisture and no breath
*Breathless mouths may summon;
I hail the superhuman;
I call it death-in-life and life-in-death.

Miracle, bird or golden handiwork,
More miracle than bird or handiwork,
Planted on the star-lit golden bough,
Can like the cocks of Hades crow,
*Or, by the moon embittered, scorn aloud
In glory of changeless metal
Common bird or petal
And all complexities of mire or blood.

※ 1930년 9월의 작품. 전작 "Sailing to Byzantium"과 짝이다. Italy에서 열병에 걸렸던 —1929년 가을— Yeats가 회복후, 인생에 복귀하기 위해서 썼다는 시다.
이 작품은 응축된 image군을 통해서 죽음의 세계 혹은 연옥의 세계를 노래해서, 그것이 동시에 예술적 완성의 세계로 되어 있다.

* **the unpurged image of day**: 정화된 한밤의 상상적 이미지들과 구별되는 사물성(thingness)을 버리지 않고 있는 대낮의 사물의 모습들.(불순한 형상들)
* **The Emperor**: Justinian I (483~565)
* **night—walker**: 매춘부와 도둑 따위를 말함.
* **cathedral gong**: the sounding of the gong at midnighe(symbolic of the summons to death)
* **unwind the winding path**: ① 생사의 도정을 역으로 돌린다. ② 우주와 자연의 비의를 해명한다. ③ 역사의 흐름을 역전시킨다.
* **A mouth . . . no breath**: 인간적인 비린내가 전혀없는 미이라의 입. 이미 정화된 영혼이 새로 이 나라에 온 영혼에게 소리질러 부른다.
* **Breath mouth**: 사자의 입.
* **moon**: 변화하는 것 즉 무상의 상징.

*At midnight on the Emperor's pavement flit
*Flames that no faggot feeds, nor*steel has lit,
Nor storm disturbs, flames begotten of flame,
*Where blood-begotten spirits come
And all complexities of fury leave,
Dying into a dance,
An agony of trance,
An agony of flame that cannot singe a sleeve.

Astraddle on the dolphin's mire and blood,
*Spirit after spirit. The smithies break the flood,
*The golden smithies of the Emperor!
*Marbles of the dancing floor
Break bitter furies of complexity,
Those images that yet
Fresh images beget,
That dolphin-torn, that gong-tormented sea.

---

* **the Emperor's pavement**: the Forum of Constantine. Constantinople 의 중앙에 있었던 대광장이며, 갈고 닦은 대리석이 깔려 있었다.
* **Flames**: purgatorial immaterial flames. 앞의 "image"와 "miracle"과 마찬가지로, 눈에 보이지 않으나 느껴지는 연옥의 정화.
* **steell**: flint.
* **blood-begotten**: 피가 낳은, 피에서 태어난.
* **The smithies break the blood**: The smithies of the Emperor shatter the flood of time and space. 대장장이가 쇠를 두그려서 정련하는 것과 마찬가지로, 눈에 보이지 않는 생명의 오탁한 조수를 때리고 두들겨서 정화한다는 뜻도 담겨 있다.
* **The golden smithes of Emperor**: 구체적으로는 Byzantium 을 가득 채운 건축물을 포함한 전 예술작품을 발한다.
* **Marble of the dancing floor**: the Emperor's pavement.

WALTER DE LA MARE
(1873–1956)

Although Walter de la Mare's verse is all nuances and objects eluding the grasp, it doggedly and variously explores his central concern. His theme is the unsuccessful quest, which never reaches its goal: the integral vision he associates with childhood, or some imaginative land which can be dreamed of, or dimly apprehended, before being lost. The goal, as he writes in a late long poem called *The Traveller,* is "The all-but-uttered, and yet out of reach." What gets in the way is another world of sense, intellect, reason, daytime. In "The Flight," he says, "When the world's clocks are dumb in sleep / 'Tis then I seek my kind." Yet "we live under deep water / All of us, beasts and men" ("Nobody Knows"). Man is estranged from the flora and fauna among which he lives, and he is estranged also from woman, whom de la Mare describes with romantic triteness as "the mystery, the impossible she." But beyond this unfathomable quality of life is another quality, sinister and evil, which keeps de la Mare from regarding either the visionary or the visible worlds as innocent.

If estrangement pervades his verse, the mode of expression is a reconciliation of what he calls two voices, that of verbal sounds and of verbal symbols. The sinister, Hardyesque web of circumstance is controlled by what T. S. Eliot described, in a laudatory poem for de la Mare's seventy-fifth birthday, "the delicate, invisible web you wove". De la Mare has in fact great technical proficiency. Auden, another admirer, speaks in the preface to *A Choice of de la Mare's Verse*[3] of "the delicacy of his metrical fingering and the graceful architecture of his stanzas," and finds his invention of new stanza forms as fertile as Hardy's. He had also a keen ear and a sense of memorable words and cadences.

De la Mare was born at Charlton, Kent, on April 25, 1873. He attended St. Paul's Cathedral Choir School in London and founded the school magazine, *The Choristers' Journal.* Unable to afford further education, he became a bookkeeper at the London branch of the Anglo-American Oil Company, a branch of Standard Oil. He continued at this work for eighteen years, and learned to contrast this immersion in affairs with the true life of the mind. He began to publish poems in 1895, and his first book of verse appeared, under a pseudonym, in 1902. Two years later he published the first of five novels. In 1908 the Asquith government granted him a Civil List pension of a hundred pounds a year, which enabled him to give up keeping books for writing them. In 1912 his book, *The Listeners and Other Poems,* brought him fame. He continued to write verse and prose, and in the latter form was most successful in *Memoirs of a Midget,* (1931), where the midget is endowed with the perspicuity de la Mare associated with childhood. De la Mare died on June 22, 1956, in his home at Twickenham.

A Portrait

A solemn plain-faced child stands gazing there,
Her small hand resting on a purple chair.
Her stone-grey waisted gown is looped with black;
Linked chain and star encircle a slender neck;
Knots of bright red deck wrist, breast, flaxen hair;
Shoulder to waist falls band of lettered gold:
Round-eyed, she watches me—this eight-year-old,
*The ghost of her father in her placid stare.
Darkness beyond. A moment she and I
Engage in some abstruse small colloquy—
On time, art, beauty, life, mortality!
But of one secret not a hint creeps out—
*What grave Velasquez talked to her about;
And from that shadow not a clapper cries
Where now the fowler weaves his subtleties.

Thomas Hardy

Mingled the moonlight with daylight—the last in the narrowing west;
Silence of nightfall lay over the shallowing valleys at rest
In the Earth's green breast:
*Yet a small multitudinous singing, a lully of voices of birds,
Unseen in the vague shelving hollows, welled up with my questioning words:
*All Dorsetshire's larks for connivance of sweetness seemed trysting to greet
Him in whose song the bodings of raven and nightingale meet.

Stooping and smiling, he questioned, 'No birdnotes myself do I hear?
Perhaps 'twas the talk of chance farers, abroad in the hush with us here—
In the dusk-light clear?'
And there peered from his eyes, as I listened, a concourse of women and men,
Whom his words had made living, long-suffering—they flocked to remembrance again;
'O Master,' I cried in my heart, 'lorn thy tidings, grievous thy song;
Yet thine, too, this solacing music, as we earthfolk stumble along.'

※ 이 시는 Diego de Velasquez(1599~1660)가 그린 Spain의 Margarita 공주의 초상화를 서술한 것이다.

* **her father**: King Philip Ⅳ of Spain(1605~1665).

* **Velasquez**: 야생 조류를 사냥한 사람.

※ Hardy에 바친 이 헌사의 운률은 Hardy의 어떤 시를 모방한 것이다.

* **lully**: lullaby (자장가).

* **Dorsetshire**: 대부분의 Hardy의 소설이 가리키는 영국 지역.

ROBERT FROST
(1874–1963)

Robert Frost pursued so resolutely an image of himself as patriarch that this self-projection obscured, during his lifetime, many less patriarchal aspects of his character and work. He wished to be identified with rural New England, especially New Hampshire and Vermont, so that it comes as a surprise to learn that he was born and lived to the age of eleven in San Francisco, and that he spent his high school years in a Massachusetts mill town, not a farm center. He presented himself in many of his poems—which are almost always in the first person—as building soil, chopping wood, cleaning out the spring, patching fences, picking apples; he was familiar enough with these activities, but happily was spared the necessity of relying entirely upon them for his livelihood. (A grandfather provided the extra money and suffered Frost's ingratitude for his generosity.) In the course of New Englandizing himself, Frost changed from western to eastern speech patterns; in particular, as his biographer Lawrance Thompson has disclosed, he modeled himself on a New Hampshire farmer named John Hall, whose offbeat rhythms and wry tones, unexpected asides, and unparaphrasable remarks he admired.

In his poems Frost, even as a young man, offered ancient wisdom, as if he were expressing the sempiternal processes of nature. In his life he displayed, never without compunction, an unusually large share of the pettiness which his verse abjured or overlooked. "I always hold that we get forward as much by hating as by loving," he remarked. This startling statement underlies a poem like "Fire and Ice," and it also suggests Frosts' awareness of his own tendencies. It would seem that the taut, almost muscle-bound quality of his poems, the sense of their being inwrought to near-excess, reflected his effort to control urges towards cruelty and self-isolation, with the remorse consequent upon both. Hence the reconstructed innocence, the knowing ignorance, of his speakers. The conflict between ingenuousness and disingenuousness gave the poems their peculiar savor.

To Frost composition was a process of letting the poem take over from him; he said in an essay, "The Figure a Poem Makes," that "like a piece of ice on a hot stove the poem must ride on its own melting." But while he often composed poems as extremely compact units, they can hardly be said to escape into impersonality. He planned to call one of his books "Melanism" —meaning dark pigmentation—and since his death critics have discovered darkness to be more prominent a counter-theme to his usual cheeriness than he intended. It could be said that Frost wished to play the game both ways, evincing despair and then dispelling it by household philosophy or offhandedness. He was convinced that he could always grab the reins just before the horse left the road, yet it is possible to glimpse madness in his sanity. One indication was his strident conservatism in age after a radical youth; the maintenance of social, and political order became equivalent to the retention of control over his own mind. Liberalism became for him a form of insanity, and towards the really insane, such as his sister, Frost was notably hard-hearted. Even simple humanitarianism offended him; he could say that he was *enjoying* the First World War, and he discouraged concern for the poor, saying, "I need them in my business."

The image of his father, William Prescott Frost Jr., kept its hold on him in spite of his father's early death. W. P. Frost was born in New Hampshire, the state to which Robert Frost made his devious way back. As a boy he tried to enlist in the Confederate army, a passionate displaced regionalism which his son (appropriately named Robert Lee after the general) emulated, though he found it necessary to change the region. William Frost transmitted to his son an appetite for fighting. In the father's case, this had to be satisfied in political battles, though in adolescence he had dreamed of military glory and had applied for admission to West Point. Turned down, he enrolled instead at Harvard; his son, after a false start at Dartmouth, was to enroll at Harvard, too. Following his degree with honors, William Frost determined to go west, but to earn money for a year first as headmaster at a small private school in Pennsylvania. The school had only one other teacher, Isabelle Moodie, a woman six years older than himself, whom he courted and married. Robert Frost, perhaps judging by his father's impetuousness and his mother's pliancy, always supposed that his parents had married because she was pregnant; he went to the absurd length of changing his birthday from March 26, 1874, to 1875, to cover up for their frailty. But late in life he discovered incontrovertible evidence that he was unspectacularly legitimate and at last admitted to the extra year.

Isabelle Moodie had been brought over, at the age of nine, from her native Scotland to live in the house of a rich uncle in Columbus, Ohio. She was an ardent Swedenborgian, and her husband, though himself an unbeliever, did not prevent her baptizing her two children in the Swedenborgian church. Her religion affected her son, though it is hard to say how much. Robert Frost found it possible to include God in his poetic scheme, but Swedenborgianism was a more benign creed than his own, which he once referred to as a grafting of Schopenhauer upon Christianity.

A sensitive, mild woman, prone to writing religious verse, Isabelle Frost seems to have been bullied a good deal by her husband, and perhaps also by her son. She and William Frost threw up their teaching jobs at the end of the school year and went out to San Francisco. He found work on the *San Francisco Bulletin* and spent the rest of his life in journalism, serving on various papers in important posts. It soon became clear that he was a difficult husband; his propensity to drink led to sporadic brutality. At one point his wife left him for a year, but she was persuaded to return. His recklessness found many examples, one fatal: he accepted a challenge to a six-day walking race, won it, but contracted tuberculosis as a result of the ensuing exhaustion. In May 1885 he died of this disease.

His instructions were that he be buried in Lawrence, Massachusetts, and his widow discharged this wish and then remained in the East. She found a teaching job in Salem, New Hampshire, but had to give it up after a year because she could not keep discipline. She returned to Lawrence, and her son attended high school there from 1888 to 1892. Robert Frost was an excellent student of classics, and he also began to be known as a poet. In the school another student of equal excellence was Elinor White. The two were co-valedictorians. Frost resolved to marry her, and it was characteristic of his tenacity that he succeeded in doing so in spite of her delays and doubts. He won a scholarship to Dartmouth, and she went to St. Lawrence College. Before a semester was over, Frost had dropped out. It may have been now that he, like the speaker of "The Lockless Door," decided "to hide in the world." He had hoped to persuade Elinor White to marry him at once, but she insisted upon waiting until she had finished college. The ceremony did not occur until 1895.

Frost continued to write poetry while making a living in miscellaneous ways. One poem, "My Butterfly," was accepted by the *New York Independent,* to his great delight, but this acceptance did not prelude any further successes. In 1897 he decided he must have his Harvard education after all, and persuaded the authorities to admit him as a special student (rather than a degree candidate). He was to say in later life that this was a turning-point for him. At Harvard he could try himself against the cultural powers of his time, and he could listen to philosophers like Santayana and James. But again, in March 1899, he withdrew of his own accord. On medical advice he thought he would live in the country, and his grandfather bought him a farm in Derry, New Hampshire. These years, when money was short and family life was especially difficult—the Frosts had five children by 1905—were gloomy ones for Frost. He more than once meditated suicide. A lift came when in 1906 he took a teaching job at Pinkerton Academy. During the next five years he reformed its English syllabus, directed plays, and wrote most of the poems later included in his first book.

In 1911 he sold his farm, and the next year marked a second turning-point in his life, when in October he took ship with his family to Glasgow and then went on to London. The move was perhaps a caprice, but it was a fortunate one. There was little reason to hope that publication of his verse would be any easier in England than in the United States, but a month after his arrival he submitted his poems to the English publisher Alfred Nutt and had them accepted. *A Boy's Will* was published in 1913 and a second book, *North of Boston,* in 1914. The fact that verse so insistently American should first find recognition in England was ironic, but no less agreeable for that.

In England Frost came to know the poets of the time. Ezra Pound introduced him to Yeats, whom he had long admired, and Frost also met imagists like F. S. Flint and Amy Lowell and became friendly with the Georgian poets. Among these last his closest friend was Edward Thomas, in whom he recognized something like an *alter ego.* This pleasant idyll in England was broken into by the war, which forced him to return in 1915 to the United States. There his luck held: the publisher Henry Holt was easily persuaded to publish both his earlier books as well as subsequent ones. Although Frost could not live on his poems, his poetry made him much sought after by colleges and universities. In 1917 he began to teach at Amherst, and he kept up for many years a loose association with this college, intermixed with periods as professor or poet in residence elsewhere. He was a frequent lecturer around the country and eventually became a goodwill emissary to South America and then, at his friend President John F. Kennedy's request, to the Soviet Union.

Frost's personal life was never easy. He demanded great loyalty and was quick to suspect friends of treachery. In 1938 his wife died, and in 1940 a son committed suicide. He was thwarted by never receiving the Nobel Prize, which Yeats and Eliot had both won; the reason may have been his determined provincialism. Nonetheless, he was showered with honors. Perhaps the most conspicuous was, at John F. Kennedy's invitation, to read a poem at the presidential inauguration ceremony in 1961. From being the most unrecognized poet in America during the days of his youth, he had become by far the most recognized. He lived about as long as Thomas Hardy, dying at the age of eighty-eight on January 29, 1963.

The poetry of Frost has some kinship with that of Robinson in its choice of a New England setting and in its attempt to be true to the peculiarities of the region. But Frost's idiom is much less literary, and here he seems to have learned a little from Hardy and from Yeats's peasant plays. But even his earliest poems show a successful striving for utter colloquialism. This did not entail any surrender of form; he prided himself, for all his country accents, on being close to his favorite Latin poet Horace in the way his poems were chiselled out. Free verse was like playing tennis without a net, he said. To secure his effect Frost emptied his verse of any hint of the grand manner; John Crowe Ransom has remarked that he was startled during his own boyhood to discover that Frost's poetry had no kings or queens in it. Certainly the revival of Arthurian materials by his compatriot Robinson struck Frost as absurd. He prided himself, too, on staying close to earth, and objected to what he called "Platonism" in poetry, an insistence on essence without matter.

Yet his flatness is not so open as it at first appears. He works with *paysages moralisés*, moralized landscapes. "Poetry," he said, "provides the one permissible way of saying one thing and meaning another. People say, 'Why don't you say what you mean?' We never do that, do we, being all of us too much poets. We like to talk in parables and in hints and in indirections—whether from diffidence or some other instinct." At the same time, he is different from other poets who practice obliquity. He is countrified where Wallace Stevens is not; he is conclusive where Williams is not. Unlike Yeats and Eliot, he has almost nothing to say in prose, whether from guardedness or economy, except for some gnomic and highly quotable statements. Aside from long meditative poems and two masques, he wrote only lyrics. While no poet need do more than Frost, and few can do as much, he presents, in comparison with other eminent writers of his time, an example of reserve or holding back in genre, diction, theme, and even philosophy, which is impressive but also, as seen after his death by a generation bent on extravagance, cautious.

Mending Wall

Something there is that doesn't love a wall,
That sends the frozen-ground-swell under it
And spills the upper boulders in the sun,
And makes gaps even two can pass abreast.
The work of hunters is another thing:
I have come after them and made repair
Where they have left not one stone on a stone,
But they would have the rabbit out of hiding,
To please the yelping dogs. The gaps I mean,
No one has seen them made or heard them made,
But at spring mending-time we find them there.
I let my neighbor know beyond the hill;
And on a day we meet to walk the line
And set the wall between us once again.
We keep the wall between us as we go.
To each the boulders that have fallen to each.
And some are loaves and some so nearly balls
We have to use a spell to make them balance:
'Stay where you are until our backs are turned!'
We wear our fingers rough with handling them.
Oh, just another kind of outdoor game,
One on a side. It comes to little more:
There where it is we do not need the wall:
He is all pine and I am apple orchard.
My apple trees will never get across

※ 제2시집인 *North of Boston* 의 첫머리에 나오는 이 시는, 겨우내 생긴 담장의 간극을 수선하는 두 이웃의 이야기로서 해학적인 어조를 띠면서 맹목적인 습관과 합리적 사고의 대조를 통해 인간성에 관한 흥미있는 관찰을 보여준다.

* 자연적 환경에 거슬어 담장을 세우는 것이 현대화된 인간의 소유의 상징이다. 담장은 나의 권리와 남의 권리를 보호하고 침해하지 않는다는 적극적인 면이 있지만 인간사이의 거리를 뜻하므로 "담장을 싫어하는 무엇이 있어"로 시작된다.
* 대등한 입장에서 각자의 임무를 수행하는 광경을 약간 해학적인 어조로 표현하고 있다.
* 돌덩어리를 쌓아 담장을 수선하는 어려움을 그리고 있다. 자연적 세력에 반대하는 인위적 행위의 무리함을 암시.
* 담장은 낙농사회의 지혜일 뿐 농경사회에 필요한 것은 아니라고 본다. 맹목적 습관 대신 합리적 이유에 근거한 행동의 필요성을 암시한다. 그러나 작중화자가 문명의 가치를 부정하는 것은 아니다. "울타리가 튼튼해야 이웃사이가 좋지요"라고 말한다. 이 귀절은 John F.Kennedy 가 Cannada 에서 인용한 것으로 유명해 졌다.
* 옛날 습관에 구속되어 있는 이웃을 구석기 시대의 야만인에 비유하는 구절.

And eat the cones under his pines, I tell him.
He only says, 'Good fences make good neighbors.'
Spring is the mischief in me, and I wonder
If I could put a notion in his head:
'*Why* do they make good neighbors? Isn't it
Where there are cows? But here there are no cows.
Before I built a wall I'd ask to know
What I was walling in or walling out,
And to whom I was like to give offense.
Something there is that doesn't love a wall,
That wants it down.' I could say 'Elves' to him,
But it's not elves exactly, and I'd rather
He said it for himself. I see him there
Bringing a stone grasped firmly by the top
In each hand, like an old-stone savage armed.
He moves in darkness as it seems to me,
Not of woods only and the shade of trees.
He will not go behind his father's saying,
And he likes having thought of it so well
He says again, 'Good fences make good neighbors.'

After Apple-Picking

My long two-pointed ladder's sticking through a tree
Toward heaven still,
And there's a barrel that I didn't fill
Beside it, and there may be two or three
Apples I didn't pick upon some bough.
But I am done with apple-picking now.
Essence of winter sleep is on the night,
The scent of apples: I am drowsing off.
I cannot rub the strangeness from my sight
I got from looking through a pane of glass
I skimmed this morning from the drinking trough
And held against the world of hoary grass.
It melted, and I let it fall and break.

※ 제2시집 *North of Boston* 에 실린 이 시는 농촌생활을 배경으로 노동의 즐거움 및 인생론적 의의를 다루고 있다.
이 시는 다섯부분으로 나누어진다. 서두의 8행은 과일 따는 일이 완료되었음을 지적한다. 다음의 9행은 예상되는 꿈의 내용을 그 이후의 10행에서는 과실 따는 경험을 취급한다.

* "겨울잠의 정기"와 "사과의 향기"를 동일시함으로써 조용하고 표묘한 분위기를 자아내고 있다. 사과향기를 맡으며 "졸고 있다."는 말은 수확의 기쁨에 도취된 상태를 암시하며 풍작의 기쁨과 보람을 연장해 누리려는 마음인 것이다.

But I was well
Upon my way to sleep before it fell,
And I could tell
What form my dreaming was about to take.
Magnified apples appear and disappear,
Stem end and blossom end,
And every fleck of russet showing clear.
My instep arch not only keeps the ache,
*It keeps the pressure of a ladder-round.
I feel the ladder sway as the boughs bend.
And I keep hearing from the cellar bin
The rumbling sound
Of load on load of apples coming in.
For I have had too much
Of apple-picking: I am overtired
Of the great harvest I myself desired.
There were ten thousand thousand fruit to touch,
Cherish in hand, lift down, and not let fall.
For all
That struck the earth,
No matter if not bruised or spiked with stubble,
*Went surely to the cider-apple heap
*As of no worth.
One can see what will trouble
*This sleep of mine, whatever sleep it is.
Were he not gone,
The woodchuck could say whether it's like his
Long sleep, as I describe its coming on,
Or just some human sleep.

The Road Not Taken

Two roads diverged in a yellow wood,
And sorry I could not travel both

* **a ladder-round**: a ladder rung.
* "수만개나 되는 과일을 만지고/쓰다듬고 떼어내고 안 떨구려 했다."는 시행은 노동을 즐기는 작중화자의 심경을 시사한 것이다.
* **cider-apple heap**: 사과주를 만들 사과더미.
* **As of no worth**: As if they are of no worth.
* "쓸모없는 것으로/사과주용 더미로 보내 버린다."말은 풍성한 수확에 따른 여유를 허장허세로 나타낸 것이다.
* **it**: this sleep of mine.

※ 제3시집 *Mountain Interval* 의 첫머리에 수록되었으며, 이 시의 내용은 인생은 여러 가능성 중의 어느 하나를 선택하여 실현시켜야 된다는 것이다.
첫째 연은 "한 나그네가 두 길을 여행할 수 없음을 섭섭히 여긴다."는 미묘한 심리를 해학적으로 표현하고 있다.

*And be one traveler, long I stood
And looked down one as far as I could
To where it bent in the undergrowth;

Then took the other, as just as fair,
And having perhaps the better claim,
Because it was grassy and wanted wear;
*Though as for that the passing there
*Had worn them really about the same,

And both that morning equally lay
In leaves no step had trodden black.
Oh, I kept the first for another day!
Yet knowing how way leads on to way,
I doubted if I should ever come back.

I shall be telling this with a sigh
Somewhere ages and ages hence:
Two roads diverged in a wood, and I—
I took the one less traveled by,
And that has made all the difference.

Birches

*When I see birches bend to left and right
Across the lines of straighter darker trees,
I like to think some boy's been swinging them.
But swinging doesn't bend them down to stay
As ice-storms do. Often you must have seen them
Loaded with ice a sunny winter morning
After a rain. They click upon themselves
As the breeze rises, and turn many-colored

---

* **one traveller**: 한쪽 길을 가는 길손.
* **that**: i.e. that the road was grassy and wanted wear.
둘째 연에서는 이미 선택해 버린 상황이지만, 이것은 충동적 행동이 아닌 합리적 이유에 근거한 도덕적 선택인 것이다.
* **them**: the roads.
셋째 연에서는 배제의 아쉬움을 체념하려 들지만 "길은 길로 뻗어가는 것이기에"가 암시하듯이 작중화자는 선택의 일회성을 지각하고 있는 것이다.
마지막 연은 미래의 시점에서 배제의 애석함을 재확인하는 동시에 선택의 결과를 큰 차이로 파악하고 있다. 이 시의 두길은 거의 비슷한 매력을 지닌 직종이라 할 수 있다. 그러나 그 중 하나를 선택하여 가능성을 실현시키는 것이 불가피한 인생의 조건이다.

※ 제3시집 *Mountain Interval* 에 수록되어 있으며 Frost 의 시중 가장 우수한 것 중의 하나다. 이 시는 관찰, 상상, 명상의 자연스러운 배합을 보여준다. 인생에 대한 명상이 긴 호흡과 사실적 세부에 의존하고 있다.

* **band to left and right**: 좌우로 휘어지다.

As the stir cracks and crazes their enamel.
Soon the sun's warmth makes them shed crystal shells
Shattering and avalanching on the snow-crust—
Such heaps of broken glass to sweep away
You'd think the inner dome of heaven had fallen.
They are dragged to the withered bracken by the load,
And they seem not to break; though once they are bowed
So low for long, they never right themselves:
You may see their trunks arching in the woods
Years afterwards, trailing their leaves on the ground
*Like girls on hands and knees that throw their hair
Before them over their heads to dry in the sun.
But I was going to say when Truth broke in
With all her matter-of-fact about the ice-storm,
I should prefer to have some boy bend them
As he went out and in to fetch the cows—
Some boy too far from town to learn baseball,
Whose only play was what he found himself,
Summer or winter, and could play alone.
One by one he subdued his father's trees
By riding them down over and over again
Until he took the stiffness out of them,
And not one but hung limp, not one was left
For him to conquer. He learned all there was
To learn about not launching out too soon
And so not carrying the tree away
Clear to the ground. He always kept his poise
To the top branches, climbing carefully
With the same pains you use to fill a cup
Up to the brim, and even above the brim.
*Then he flung outward, feet first, with a swish,
Kicking his way down through the air to the ground.
So was I once myself a swinger of birches.
And so I dream of going back to be.
It's when I'm weary of considerations,
And life is too much like a pathless wood
Where your face burns and tickles with the cobwebs
Broken across it, and one eye is weeping
From a twig's having lashed across it open.

---

* **on hands and kness**: 손을 짚고 무릎을 꿇고.
* 겨울철 폭풍으로 휘어진 자작나무에 대한 관찰로 이루어졌다.
* 휘어진 자작나무들을 폭풍의 소치로 보는 대신 어떤 소년이 매달려 놀던 것으로 상정해본다.
* **Then he fulng ... to the ground**: 그는 발을 앞으로 하여 휙 몸을 내던져 공중을 차면서 땅으로 내려왔다.
* 작중화자의 소년기의 같은 기억이 언급되고 그 경험의 인생론적인 의의가 취급되어 있다.

I'd like to get away from earth awhile
And then come back to it and begin over.
May no fate willfully misunderstand me
And half grant what I wish and snatch me away
Not to return. Earth's the right place for love:
I don't know where it's likely to go better.
I'd like to go by climbing a birch tree,
And climb black branches up a snow-white trunk
Toward heaven, till the tree could bear no more,
But dipped its top and set me down again.
That would be good both going and coming back.
One could do worse than be a swinger of birches.

Stopping by Woods on a Snowy Evening

Whose woods these are I think I know.
His house is in the village, though;
He will not see me stopping here
To watch his woods fill up with snow.

My little horse must think it queer
To stop without a farmhouse near
Between the woods and frozen lake
The darkest evening of the year.

He gives his harness bells a shake
To ask if there is some mistake.
The only other sound's the sweep
Of easy wind and downy flake.

The woods are lovely, dark and deep,
*But I have promises to keep,
And miles to go before I sleep,
And miles to go before I sleep.

※ 제4집 *New Hampshire* 에 수록되어 있으며 여행의 모티브를 통해 인생에 대한 태도를 미묘한 어조와 암시성을 통해 보여준다.

첫째 연에서 숲에 주인을 언급함으로써 숲에 눈이 내리는 장면을 혼자 완상하는 기쁨을 시사하고 있다.

둘째 연에서 첫째 연에서와 마찬가지로 멈춤의 행위를 반복해 말하는 것은 작중화자의 심미적 반응을 간접적으로 표시한 것이다.

세째 연에서 "마구에 달린 방울" 소리와 "눈송이 쓸리는 소리"와 "느슨한 바람"을 언급함으로써 눈 내리는 숲의 감각적 아름다움 및 유혹을 시사하고 있다.

마지막 연은 "지켜야 할 약속"과 "몇 마일을 가야만"함을 반복해 언급함으로써 인생의 윤리적인 면을 강조하고 있다.

* **But I have .... I sleep:** 죽기 전에 해야 할 개인적, 사회적 책임이 있다는 것을 암시.

Two Tramps in Mud Time

Out of the mud two strangers came
And caught me splitting wood in the yard.
And one of them put me off my aim
By hailing cheerily "Hit them hard!"
I knew pretty well why he dropped behind
And let the other go on a way.
I knew pretty well what he had in mind:
He wanted to take my job for pay.

Good blocks of oak it was I split,
As large around as the chopping block;
And every piece I squarely hit
Fell splinterless as a cloven rock.
The blows that a life of self-control
Spares to strike for the common good,
That day, giving a loose to my soul,
I spent on the unimportant wood.

The sun was warm but the wind was chill.
You know how it is with an April day
When the sun is out and the wind is still,
You're one month on in the middle of May.
But if you so much as dare to speak,
A cloud comes over the sunlit arch,
A wind comes off a frozen peak,
And you're two months back in the middle of March.

A bluebird comes tenderly up to alight

※ 제6시집 *A Further Range*에 수록되어 있으며 노동의 양면성을 다루고 있다. 이 시에서는 노동을 "즐김"과 "필요" 또는 "오락"과 "생업"의 양면이 있는 것으로 본다. 즐거움과 필요가 합쳐진 상태를 노동의 이상적 조건으로 보는 것이 이 시의 주장이다.

* "실한 밤나무 토막"을 올바로 팼을 때 "바위처럼 쩍 갈라져 깨끗이 떨어졌."고 지적하고 있다.

* 자연의 양면성을 암시하고 있다. 햇볕이 따스하고 바람이 잘 때는 오월 중순으로 느껴지는 사월 하루가 다음 순간 구름이 끼고 바람이 불면 "두 달을 뒷걸음 쳐 삼월 중순"이 된다는 것이다.

* 파랑새는 자연의 준엄한 면을 알고 있으며 꽃의 개화기를 재촉하는 것도 아니지만 살아있는 기쁨을 노래로 표현한다.

* 자연의 양면성을 묘사함으로써 인간의 노동 역시 양면성을 띠고 있음을 암시하는 동시에 일면만을 분리하여 생각하는 일은 현실적 태도가 아니라고 시사한다.

* 노동의 쾌감이 촉각, 운동감각, 리듬을 통해 정확히 표현되고 있다.

And turns to the wind to unruffle a plume
His sing so pitched as not to excite
A single flower as yet to bloom.
It is snowing a flake: and he half knew
Winter was only playing possum.
Except in color he isn't blue,
But he wouldn't advise a thing to blossom.

The water for which we may have to look
In summertime with a witching wand,
In every wheelrut's now a brook,
In every print of a hoof a pond.
Be glad of water, but don't forget
The lurking frost in the earth beneath
That will steal forth after the sun is set
And show on the water its crystal teeth.

The time when most I loved my task
These two must make me love it more
By coming with what they came to ask.
You'd think I never had felt before
The weight of an ax-head poised aloft,
The grop on earth of outspread feet,
The life of muscles rocking soft
And smooth and moist in vernal heat.

Out of the woods two hulking tramps
(From sleeping God knows where last night,
But not long since in the lumber camps).
They thought all chopping was theirs of right.
Men of the woods and lumberjacks,
They judged me by their appropriate tool.
Except as a fellow handled an ax,
They had no way of knowing a fool.

Nothing on either side was said.
They knew they had but to stay their stay
And all their logic would fill my head:
As that I had no right to play
With what was another man's work for gain.
My right might be love but their was need.
And where the two exist in twain
Theirs was the better right—agreed.

But yield who will to their separation,
My object in living is to unite

My avocation and my vocation
As my two eyes make one in sight.
Only where love and need are one,
And the work is play for mortal stakes,
Is the deed ever really done
For Heaven and the future's sakes.

CARL SANDBURG
(*1878–1967*)

Carl Sandburg, like Edgar Lee Masters, belonged to a group of writers centered in Chicago who sought to liberate verse from gentility. After Whitman American poetry lost intensity, and at the end of the nineteenth century, except for Robinson (who was just beginning to publish), there were no models capable of satisfying the young. T. S. Eliot, coming a little later, had to go to France for his examples of live poetry. Sandburg took Whitman as his example and America for his subject matter. In part perhaps because he was the child of immigrant parents, he saw with gusto and exaltation what poets of established families took for granted or disparaged.

Chicago, for example, had seemed another overgrown industrial city until Sandburg began to apostrophize its monstrosity with maternal indulgence. He did this directly in his poem, "Chicago," and by implication in such a poem as "Prayers of Steel," where he asks, "Let me be the great nail holding a skyscraper through blue nights into white star." Some readers of his *Chicago Poems* (1916) objected to his delight in violence and attributed it to his membership in the International Workers of the World, a socialist action organization. Sandburg defended himself in a letter: "I admit there is some animus of violence in *Chicago Poems* but the aim was rather the presentation of motive and character than the furtherance of I. W. W. theories. Of course, I honestly prefer the theories of the I. W. W. to those of its opponents and some of my honest preferences may have crept into the book, as you suggest, but the aim was to sing, blab, chortle, yodel, like people, and people in the sense of human beings subtracted from formal doctrines." In fact, Sandburg regarded himself as the defender of the people, and expressed their basic drives in two modes, one rough-and-ready, the other tender. In "Wilderness," for example, he wrote,

> O, I got a zoo, I got a menagerie, inside my ribs, under my bony head, under my red-valve heart—and I got something else: it is a man-child heart, a woman-child heart: it is a father and mother and lover: it came from God-Knows-Where: it is going to God-Knows-Where—For I am the keeper of the zoo: I say yes and no: I sing and kill and work: I am a pal of the world: I came from the wilderness.

There can be no doubt that Sandburg helped to blow a new wind into American verse, in part by his very lack of subtlety. He was a sharp observer and an engaged one: he wrote a poem attacking Billy Sunday the Evangelist and another defending Sacco and Vanzetti the anarchists. It was a poetry more immediately political and sociological than Whitman's, with a journalistic delight in timeliness, yet honest and unaffected. Probably with a sense of his difference from Whitman in mind he told a correspondent, "Without tying it [his own poetry] up to any special schools or doctrines, the intellectual background of it takes color from the modern working class movement rather than old fashioned Jeffersonian democracy." Sandburg saw socialism, not democracy, as the ideal of the new age.

This change necessitated changes in technique. "It is a time of confusions," he wrote. "Particularly in America is it a period of chaos, in the economic America that hurls forms and images of new designs so rapidly and changefully that artists who honestly relate their own epoch to older epochs understand how art today, if it is to get results, must pierce exteriors and surfaces by ways different from artists of older times." He was in revolt against what he considered "Arrow Collar" literature. Free verse and prose were natural media for him as he embraced his countrymen with loose formulations and noble generalities.

Carl Sandburg was born in Galesburg, Illinois, on January 6, 1878. His father and mother had come from Sweden. At first he exhibited little of the tenacity that marked his father's work as a machinist's blacksmith: he left school after the eighth grade and took on all kinds of jobs. When he was twenty the Spanish-American War gave him an opportunity to enlist as a volunteer. He served as a private in Puerto Rico and sent back letters about his army experiences for a Galesburg newspaper. The war ended, he applied to West Point, and would have been appointed if he had not abjectly failed the examinations in grammar and mathematics.

Sandburg now entered Lombard College in Illinois and supported himself by working in the town fire department. At college he distinguished himself by his writing, but he left in 1902 without a degree. The next ten years took him to many places and many jobs. At first he traveled about the country selling stereoscopic photographs. But he also rode the rails, enjoying the company of hobos; on one occasion he was arrested and made to serve ten days in a Pittsburgh jail. His sympathy for underdogs was fixed by such experiences. In 1904 he returned to work for a Galesburg newspaper, and in this year published his first poems under the romantic title, *In Reckless Ecstasy*. They were not yet in his mature manner.

Two years later, in 1906, Sandburg saw, at the fortieth anniversary of the Lincoln-Douglas debate in Galesburg, Lincoln's son, Robert Todd Lincoln. This encounter cemented his lifelong interest in the president, which he appeased by writing a four-volume biography. He also wrote a biography of Lincoln' wife. But in the meantime he took other jobs: in 1907 he became assistant editor of *Tomorrow Magazine* in Chicago, and began to do itinerant lecturing on such subjects as Whitman and Bernard Shaw. In 1907–08 he worked as an organizer for the Social Democratic Party and campaigned with Eugene Victor Debs, the presidential candidate. He returned to Chicago and took on a variety of journalistic jobs for the next dozen years until he was able to support himself entirely as a writer.

In 1914 Harriet Monroe, the editor of *Poetry,* published there some of Sandburg's work under the title of "Chicago Poems," and her assistant editor persuaded Henry Holt to publish a book with the same title two years later. Sandburg quickly became a popular figure. He toured the country giving ballad concerts, he wrote articles, books for children, an autobiography, his biographies of the Lincolns, and a series of books of verse. His fellow poets were not all as impressed as the public: Robert Frost, scarcely ingenuous himself, used to call Sandburg a fraud. But Sandburg was not pretentious, and if anything took satisfaction in modesty. William Carlos Williams, a kindlier man than Frost, regretted that Sandburg "deliberately invited" failure by inattention to the demands of craft. Sandburg was not artless, but his principal interest was in subject, and he is often makeshift in form. The reading public felt his genuineness and was not put off by his clumsiness. Like Frost, he enjoyed in old age extraordinary acclaim. The governor of Illinois proclaimed his seventy-fifth birthday as "Carl Sandburg Day," the King of Sweden decorated him, the United States Congress invited him to address a joint session in 1959 on Lincoln Day, schools bearing his name were opened in Illinois, and in 1964 he received from President Lyndon B. Johnson the Presidential Medal of Freedom. Sandburg died on July 22, 1967.

While his poetry invites comparison with Whitman's, it suffers from that comparison. Sandburg tends to ramble around his subjects as once he rambled around America. His poems do not so much encompass as expand a point of view. Sandburg imitating Whitman's inventories of American life without often transcending a sensitive reportage combined with an old socialist's sympathy. He respected the sturdy and reliable repetitiveness of life and death, like Marinetti and the Futurists he admired dynamism, he hated injustice, and he trusted in his fellow-countrymen's ability to handle what might come.

Chicago

Hog Butcher for the World,
Tool Maker, Stacker of Wheat,
Player with Railroads and the Nation's Freight Handler;
Stormy, husky, brawling,
City of the Big Shoulders:

They tell me you are wicked and I believe them, for I have seen your painted women under the gas lamps luring the farm boys.
And they tell me you are crooked and I answer: Yes, it is true I have seen the gunman kill and go free to kill again.
And they tell me you are brutal and my reply is: On the faces of women *and children I have seen the marks of wanton hunger.
And having answered so I turn once more to those who sneer at this my city, and I give them back the sneer and say to them:
Come and show me another city with lifted head singing so proud to be alive and coarse and strong and cunning.
Flinging magnetic curses amid the toil of piling job on job, here is a tall *bold slugger set vivid against the little soft cities;
Fierce as a dog with tongue lapping for action, cunning as a savage *pitted against the wilderness,
Bareheaded,
Shoveling,
Wrecking,
Planning,
Building, breaking, rebuilding,
Under the smoke, dust all over his mouth, laughing with white teeth,
Under the terrible burden of destiny laughing as a young man laughs,
Laughing even as an ignorant fighter laughs who has never lost a battle,
Bragging and laughing that under his wrist is the pulse, and under his ribs the heart of the people,
Laughing!
Laughing the stormy, husky, brawling laughter of Youth, half-naked, sweating, proud to be Hog Butcher, Tool Maker, Stacker of Wheat, Player with Railroads and Freight Handler to the Nation.

※ Chicago는 인구 400만의 미국 제2의 대도시로 교통과 공장이 집결되어 있어 도박단, 갱단 등으로 이름난 말하자면 불량 청년과 흡사한 도시이다. 1913년 7월 30일 Sandburg가 Chicago에 관하여 한 친구에 보낸 편지 참조.
[*The Letter of Carlsandburg,* ed. Herbert Mitgang, New York, 1968, pp.99-100.]

* **wanton**: without regard for what is right, just, humane. 무자비한
* **slugger**: a person who strikes hard.
* **pitted against**: to set in opposition or combat, as ond against another.

Grass

*Pile the bodies high at Austerlitz and Waterloo.
Shovel them under and let me work—
I am the grass; I cover all.

*And pile them high at Gettysburg
*And pile them high at Ypres and Verdun.
Shovel them under and let me work.
Two years, ten years, and passengers ask the conductor:
What place is this?
Where are we now?

I am the grass.
Let me work.

Cool Tombs

When Abraham Lincoln was shoveled into the tombs, he forgot the *copperheads and the assassin . . . in the dust, in the cool tombs.

And Ulysses Grant lost all thought of con men and Wall Street, cash *and collateral turned ashes . . . in the dust, in the cool tombs.

Pocahontas' body, lovely as a poplar, sweet as a red haw in November or a pawpaw in May, did she wonder? does she remember? . . . in the dust, in the cool tombs?

Take any streetful of people buying clothes and groceries, cheering a *hero or throwing confetti and blowing tin horns . . . tell me if the lovers are losers . . . tell me if any get more than the lovers . . . in the dust . . . in the cool tombs.

---

* **Austerlitz**: a town in Czechoslovakia. 1805년 러시아와 Austria의 군대가 Napoleon에게 패배한 곳.
  Waterloo: 1815년 6월 18일 Napoleon이 치명적인 패배를 당한 곳.(a village in Belgium).
* **Gettysburg**: 미국 Pennsylvania 남부의 도시. 남북전쟁 때 남부 연방군(Confederate)이 패배한 곳(1860).
* **Ypres**: a town in Belgium.
  Verdun: 1차 세계대전때 불란서 요새지.
* **copperheads**: 남북전쟁(1860-61)중에 시도 되었던 "남부 11개주의 분리정책"에 대하여 동정심을 보인 북군에 대한 경멸적인 별명.
* **collateral**: 부속물.
* **confetti**: 색종이.

Old Timers

I am an ancient reluctant conscript.

*On the soup wagons of Xerxes[5a] I was a cleaner of pans.

*On the march of Miltiades' phalanx I had a haft and head;
I had a bristling gleaming spear-handle.

Red-headed Cæsar picked me for a teamster.
He said, "Go to work, you Tuscan bastard,
Rome calls for a man who can drive horses."
The units of conquest led by Charles the Twelfth,
The whirling whimsical Napoleonic columns:
They saw me one of the horseshoers.

I trimmed the feet of a white horse Bonaparte swept the night stars with.

Lincoln said, "Get into the game; your nation takes you."
And I drove a wagon and team and I had my arm shot off
At Spotsylvania Court House.

I am an ancient reluctant conscript.

Losers

If I should pass the tomb of Jonah
I would stop there and sit for a while;
Because I was swallowed one time deep in the dark
And came out alive after all.

If I pass the burial spot of Nero
I shall say to the wind, "Well, well!"—
I who have fiddled in a world on fire,
I who have done so many stunts not worth doing.

I am looking for the grave of Sinbad too.
I want to shake his ghost-hand and say,
"Neither of us died very early, did we?"

* **Xerxes**: Greece 의 정복을 시도했던 Persia 왕(485-465 B.C.).
* **Miltiades**: 마라톤 평원에서 페르시아군을 무찌른 (490 B.C.) 아테네의 장군.
* Daniel 4:33. "and he was driven from men, and did eat grass as oxen."(사람에게 쫓겨서 소처럼 풀을 먹으며.)

And the last sleeping-place of Nebuchadnezzar—
When I arrive there I shall tell the wind:
"You ate grass; I have eaten crow—
Who is better off now or next year?"

*Jack Cade, John Brown, Jesse James,
There too I could sit down and stop for a while.
I think I could tell their headstones:
"God, let me remember all good losers."

I could ask people to throw ashes on their heads
*In the name of that sergeant at Belleau Woods,
Walking into the drumfires, calling his men,
"Come on, you . . . Do you want to live forever?"

---

* **John Brown**: John Cade 는 1450년 영국의 Henry VI 의 폭압적인 조치에 저항하였던 Jack Cade 반란사건의 지도자였다. 그는 패배를 인정치 않고 잠적하였으나 결국 살해되었다.

* **Belleau Woods**: 1918년 5월과 6월에 미군과 독일군 사이에서 치열한 전투가 있었던 불란서의 Chateau-Thierry 근처의 숲.

WALLACE STEVENS
(1879–1955)

Since the deaths of Yeats and Eliot, it has become clear that a third great imaginative force in the first part of this century was Wallace Stevens. Compared to these other poets, he was extraordinarily self-effacing. He spent his daytime life as an executive of the Hartford Accident and Indemnity Company, and never presented himself as a literary figure to his business associates. He had little to do with other writers, and his correspondence reveals that he was on a first-name basis with almost no one. Yet his verse is prodigiously exciting and unexpectable.

His letters indicate that at the age of fifteen Stevens was already writing with much of his later manner. In a letter to his mother of August 4, 1895, he informs her that his brother is entertaining a girl friend and that "Buck's kaleidescopic feelings have inspired the keen, splattering tink-a-tink-tink-a-a-a that are gamboling off the hackneyed strings of his quivering mandolin." Or he writes, "Extraordinarily brilliant day. A day for violet and vermilion, for yellow and white—and everything of silk." Stevens, a near-contemporary of Frost, brings into modern poetry a Keatsian color in contrast with Frost's Wordsworthian plainness. Frost called him a bric-a-brac poet, in private, while Stevens, professing virtual ignorance of Frost's verse, remarked, "His work is full (or said to be full) of humanity."

Stevens seems to have formed quite early the idea expressed later in "Sunday Morning," that the poet must rediscover the earth. He commented in "Imagination as Value," an essay written in later life, that "the great poems of heaven and hell have been written and the great poem of the earth remains to be written." But he was already working towards this conclusion in a journal on April 18, 1904: "One word more. I thought, on the train, how utterly we have forsaken the Earth, in the sense of excluding it from our thoughts. There are but a few who consider its physical hugeness, its rough enormity. It is still a disparate monstrosity, full of solitudes + barrens + wilds. It still dwarfs + terrifies + crushes. The rivers still roar, the mountains still crash, the winds still shatter. Man is an affair of cities. His gardens + orchards + fields are mere scrapings. Somehow, however, he has managed to shut out the face of the giant from his windows. But the giant is there, nevertheless. . . . There was a girl on the train with a face like the under-side of a moonfish. Her talk was of dances + men. For her, Sahara had no sand; Brazil, no mud."

Just what the world is, is not always so plain. Stevens boasts to his wife, "I believe that with a bucket of sand and a wishing lamp I could create a world in half a second that would make this one look like a hunk of mud." Yet he is quick to insist that "the imagination creates nothing. We are able to romanticize and to give blue jays fifteen toes, but if there was no such thing as a bird we could not create it. . . . Dreams are hash." At still another stage in this debate with himself, he writes, "It is easy to suppose that few people realize on that occasion, which comes to all of us, when we look at the blue sky for the first time, that is to say: not merely see it, but look at it and experience it and for the first time have a sense that we live in the center of a physical poetry, a geography that would be intolerable except for the non-geography that exists there—few people realize that they are looking at the world of their own thoughts and the world of their own feelings." Precisely what is the domain of the imagination, and what that of the world, is a question that Stevens prefers to keep asking and answering. In this quality he is comparable to Mallarmé and to Yeats, for whom the changing relation of image to fact is also to be explored rather than arrested.

Stevens held that, in a time when religion no longer could satisfy men, poetry must replace it. He pondered a good deal what satisfactions poetry might offer, and evolved a theory of necessary fictions. Among them poetry is "the supreme fiction." What it provides is "a freshening of life." "What makes the poet the potent figure that he is, or was, or ought to be, is that he creates the world to which we turn incessantly and without knowing it and that he gives to life the supreme fictions without which we are unable to conceive of it." In 1954, he wrote a brief biographical note about himself, in which he said: "The author's work suggests the possibility of a supreme fiction recognized as a fiction, in which men could propose to themselves a fulfillment. In the creation of any such fiction, poetry would have a vital significance. There are many poems relating to the interaction between reality and the imagination, which are to be regarded as marginal to this central theme."

His thoughts return to this problem, which underlies his early work but is there expressed more obliquely. "If one no longer believes in God (as truth)," he writes, "it is not possible merely to disbelieve; it becomes necessary to believe in something else. Logically, I ought to believe in essential imagination, but that has its difficulties. It is easier to believe in a thing created by the imagination. A good deal of my poetry recently has concerned an identity for that thing." Yet he objected to what he called the romantic view of the imagination because it excluded the abstract in favor of minor wish-fulfillments, presumably word-pictures of no lasting value in the great task of replacing religion. "The imagination is the liberty of the mind. . . . It is intrepid and eager and the extreme of its achievement lies in abstraction." The abstraction must be blooded, he writes in "Notes for a Supreme Fiction." It must not leave the world behind, but must "express an agreement with reality."

The function of poetry elicited some of Stevens' best poems. In one, "Poetry Is a Destructive Force," he warns that "it can kill a man," but more usually what he celebrates is its power to make man live, to help him live. He upholds the poet's "instinctive integrations" as means of establishing value, of emerging from a personal world of mere chaos. This is also the burden of his poem, "The Idea of Order at Key West."

Stevens was born on October 2, 1870, in Reading, Pennsylvania. He attended high school in Reading and then entered Harvard as a special student, like Robert Frost. He remained for three years, 1897 to 1900, during which he studied French and German and, following his philosophical bent, became friendly with the philosopher-poet George Santayana. He was later to write "To an Old Philosopher in Rome" in Santayana's honor. Stevens became president of the *Harvard Advocate,* and like Eliot published his early poems in it.

Apart from his interest in writing, he was not sure how to make a livelihood. His first job was on the *New York Herald Tribune,* and he did not like it. At his father's suggestion he resigned and entered the New York Law School in the fall of 1901. In 1904 he was admitted to the New York Bar and began, unsuccessfully, to practice law. A partnership failed, and then he worked in several other law firms. In January 1908 he entered the legal staff of an insurance firm and at last felt secure enough to marry, in 1909, Elsie Moll, a young woman whom he had met in Reading five years before. In 1916 he joined the New York office of the Hartford Accident and Indemnity Company and a few months later moved to Hartford. In 1934 he became Vice-President. His routine labors at first seemed stultifying: "I certainly do not exist from nine to six, when I am at the office," he wrote Elsie Moll before their marriage. But he told a reporter five years before his death, "It gives a man character as a poet to have this daily contact with a job."

Stevens began to publish his mature poems in 1914, chiefly in *Poetry.* But he held off from publishing a volume until 1923, when *Harmonium* appeared. It was somewhat ignored because of the fanfare over Eliot's *The Waste Land,* issued the previous year. The following year his only child, Holly, was born. The events of his subsequent life are scanty. He travelled a good deal, chiefly for his company but sometimes on his own. He bought a few paintings by French artists like Tal Coat; he built up an impressive collection of phonograph records of classical music; he grew fond of gardening. He continued to work at the insurance company until his death on August 2, 1955.

Le Monocle de Mon Oncle

I

*"Mother of heaven, regina of the clouds,
O sceptre of the sun, crown of the moon,
There is not nothing, no, no, never nothing,
Like the clashed edges of two words that kill."
And so I mocked her in magnificent measure.
Or was it that I mocked myself alone?
I wish that I might be a thinking stone.
The sea of spuming thought foists up again
The radiant bubble that she was. And then
A deep up-pouring from some saltier well
Within me, bursts its watery syllable.

II

A red bird flies across the golden floor.
It is a red bird that seeks out his choir
Among the choirs of wind and wet and wing.
A torrent will fall from him when he finds.
Shall I uncrumple this much-crumpled thing?
I am a man of fortune greeting heirs;
For it has come that thus I greet the spring.
These choirs of welcome choir for me farewell.
No spring can follow past meridian.
Yet you persist with anecdotal bliss
*To make believe a starry *connaissance*.

III

Is it for nothing, then, that old Chinese
Sat tittivating by their mountain pools
Or in the Yangtse studied out their beards?
I shall not play the flat historic scale.
*You know how Utamaro's beauties sought
The end of love in their all-speaking braids.
You know the mountainous coiffures of Bath.
Alas! Have all the barbers lived in vain

※ The title means of course My Uncle's Monocle, or merely a certain point of view.

* **"Mother of heaven"**: "My recollection is that the Mother of Heaven was merely somebody to swear by." *Letters*, p.251.
* **connaissance**: 제 세상에서의 교제(Fr).
* **Kitagawa Utamoro**: 18세기 일본의 유명한 초상화 화가.
* 18세기에 영국의 온천장을 방문한 여인들은 hair style을 높이 솟게 했다.
* Stevens는 이 두행은 "화자가 머리를 늘어 뜨리고 있는 부인에게 말을 하고 있다는 것을 의미한 것"으로 설명한다. *Letters*, p.251.

That not one curl in nature has survived?
Why, without pity on these studious ghosts,
Do you come dripping in your hair from sleep?

IV

This luscious and impeccable fruit of life
Falls, it appears, of its own weight to earth.
When you were Eve, its acrid juice was sweet,
Untasted, in its heavenly, orchard air.
An apple serves as well as any skull
To be the book in which to read a round,
And is as excellent, in that it is composed
Of what, like skulls, comes rotting back to ground.
But it excels in this, that as the fruit
Of love, it is a book too mad to read
Before one merely reads to pass the time.

V

In the high west there burns a furious star.
It is for fiery boys that star was set
And for sweet-smelling virgins close to them.
The measure of the intensity of love
Is measure, also, of the verve of earth.
For me, the firefly's quick, electric stroke
Ticks tediously the time of one more year.
And you? Remember how the crickets came
Out of their mother grass, like little kin,
In the pale nights, when your first imagery
Found inklings of your bond to all that dust.

VI

If men at forty will be painting lakes
The ephemeral blues must merge for them in one,
The basic slate, the universal hue.
There is a substance in us that prevails.
But in our amours amorists discern
Such fluctuations that their scrivening
Is breathless to attend each quirky turn.
When amorists grow bald, then amours shrink
Into the compass and curriculum
Of introspective exiles, lecturing.
*It is a theme for Hyacinth alone.

---

* **Hyacinth**: Apollo 신이 아름다움 때문에 사랑한 희랍소년.

VII

The mules that angels ride come slowly down
The blazing passes, from beyond the sun.
Descensions of their tinkling bells arrive.
These muleteers are dainty of their way.
*Meantime, centurions guffaw and beat
Their shrilling tankards on the table-boards.
This parable, in sense, amounts to this:
The honey of heaven may or may not come,
But that of earth both comes and goes at once.
Suppose these couriers brought amid their train
A damsel heightened by eternal bloom.

VIII

Like a dull scholar, I behold, in love,
An ancient aspect touching a new mind.
It comes, it blooms, it bears its fruit and dies.
This trivial trope reveals a way of truth.
Our bloom is gone. We are the fruit thereof.
Two golden gourds distended on our vines,
Into the autumn weather, splashed with frost,
Distorted by hale fatness, turned grotesque.
We hang like warty squashes, streaked and rayed,
The laughing sky will see the two of us
Washed into rinds by rotting winter rains.

IX

In verses wild with motion, full of din,
Loudened by cries, by clashes, quick and sure
As the deadly thought of men accomplishing
Their curious fates in war, come, celebrate
The faith of forty, ward of Cupido.
Most venerable heart, the lustiest conceit
Is not too lusty for your broadening.
I quiz all sounds, all thoughts, all everything
*For the music and manner of the paladins[1]
To make oblation fit. Where shall I find
Bravura adequate to this great hymn?

* **centurions**: 고대 로마의 백인대 대장.
* **paladin**: 중세 왕실에서 왕의 기사들 중 가장 노련하고 유명한 무사.

X

The fops of fancy in their poems leave
Memorabilia of the mystic spouts,
Spontaneously watering their gritty soils.
*I am a yeoman, as such fellows go.
I know no magic trees, no balmy boughs,
No silver-ruddy, gold-vermilion fruits.
But, after all, I know a tree that bears
A semblance to the thing I have in mind.
It stands gigantic, with a certain tip
To which all birds come sometime in their time.
But when they go that tip still tips the tree.

XI

If sex were all, then every trembling hand
Could make us squeak, like dolls, the wished-for words.
But note the unconscionable treachery of fate,
That makes us weep, laugh, grunt and groan, and shout
Doleful heroics, pinching gestures forth
From madness or delight, without regard
To that first, foremost law. Anguishing hour!
Last night, we sat beside a pool of pink,
Clippered with lilies scudding the bright chromes,
Keen to the point of starlight, while a frog
Boomed from his very belly odious chords.

XII

A blue pigeon it is, that circles the blue sky,
On sidelong wing, around and round and round.
A white pigeon it is, that flutters to the ground,
Grown tired of flight. Like a dark rabbi, I
Observed, when young, the nature of mankind,
In lordly study. Every day, I found
Man proved a gobbet in my mincing world.
Like a rose rabbi, later, I pursued,
And still pursue, the origin and course
Of love, but until now I never knew
That fluttering things have so distinct a shade.

---

* **yeoman**: 중세 왕실에서 머슴의 일을 하는 하급관리나 수행원.

A High-Toned Old Christian Woman

Poetry is the supreme fiction, madame.
*Take the moral law and make a nave of it
And from the nave build haunted heaven. Thus,
The conscience is converted into palms,
*Like windy citherns hankering for hymns.
We agree in principle. That's clear. But take
The opposing law and make a peristyle,
*And from the peristyle project a masque
Beyond the planets. Thus, our bawdiness,
Unpurged by epitaph, indulged at last,
*Is equally converted into palms,
Squiggling like saxophones. And palm for palm,
Madame, we are where we began. Allow,
Therefore, that in the planetary scene
Your disaffected flagellants, well-stuffed,
Smacking their muzzy bellies in parade,
Proud of such novelties of the sublime,
Such tink and tank and tunk-a-tunk-tunk,
May, merely may, madame, whip from themselves
A jovial hullabaloo among the spheres.
This will make widows wince. But fictive things
Wink as they will. Wink most when widows wince.

---

* **nave**: 회중이 앉은 교회의 중요한 부분.
* **citherns**: 바람으로 연주된 현악기. 16-17세기에 유행.
바람 머리에 두면 저절로 울리는 악기인 aeolian harp.
* **masque**: 16~17세기에 영국 귀족 사이에서 유행했던 가면극.
* **palms**: 종려의 잎(승리의 상징으로 쓰였다). 종려의 잎은 기독교 의식 뿐만 아니라 이교도의 주요부분이다.

WILLIAM CARLOS WILLIAMS
(*1883–1963*)

William Carlos Williams has attracted more followers in the last decade than have Yeats or Eliot. He is at the center of post-war poetry, especially in the United States. The young men and women who trace their branches to his roots regard many other important poets of the century as merely makers of what Verlaine dismissed as "literature." If at one time these older poets were considered liberators, Williams had to liberate poetry from them.

In this conception Williams joins his disciples; he sees most writing as having taken a wrong turn and regards his own efforts, even if stumbling, as at least in the right direction. This mixture of humility and assertiveness can be found in his poems as well, for example, in "Danse Russe," where the naked dance of the writer before his mirror characterizes him first as a ludicrous figure, then as "the happy genius of my household." Of course Williams had no corner on nakedness: Yeats claimed (in "A Coat") that he was "walking [if not dancing] naked" as early as 1912, and the forcible arrest of the naked perception has been a principal endeavor of most poets since the time of Blake.

In the same way, many of Williams's dicta about poetry make points that were made also by Eliot and Pound. "The language is worn out," Williams declares in *Paterson;* Pound had said the same in the *Cantos* and Eliot in *Four Quartets.* He was on their side, though he thought himself opposed to them, when he wrote Harriet Monroe, editor of *Poetry,* in 1913, "Most current verse is dead from the point of view of art. . . . Now life is above all things else at any moment subversive of life as it was the moment before—always new, irregular. Verse to be alive must have infused into it something of the same order, some tincture of disestablishment, something in the nature of an impalpable revolution, an ethereal reversal, let me say. I am speaking of modern verse." Pound was to insist in the same way on "making it new," though he annoyed Williams by his belief that a great deal of the remote past was capable of modernization.

Williams was by profession a general practitioner of medicine—the most important literary doctor since Chekhov. Notwithstanding his insistent Americanism, his background and education were cosmopolitan. He was born September 17, 1883, in Rutherford, New Jersey, and died in the same city on March 4, 1963. His father had emigrated from Birmingham, England, and his mother (whose mother was Basque and whose father was of Dutch-Spanish-Jewish descent) from Puerto Rico. Williams attended schools in Rutherford until 1897, when he was sent for two years to a school near Geneva and to the Lycée Condorcet in Paris. On his return he attended the Horace Mann High School in New York City. After having passed a special examination, he was admitted in 1902 to the medical school of the University of Pennsylvania. There he met two poets, Hilda Doolittle and Ezra Pound. The latter friendship had a permanent effect; Williams said he could divide his life into *Before Pound* and *After Pound.* Both were writing a good deal of verse, Williams in the English romantic mode: "Keats was my god. *Endymion* really woke me up," he wrote in his *Autobiography.* Pound was studying romance literature, chiefly in Spanish and Italian, and kept urging Williams to do the same; Williams became increasingly uncooperative. They remained friends, but by cherishing disagreement.

Williams did his internship in New York City from 1906 to 1909, writing verse in between patents. He published a first book, *Poems,* in 1909. Then he went to Leipzig in 1909 to study pediatrics, and after that returned to Rutherford to practice medicine there for the rest of his life. In 1913 Pound secured a London publisher for Williams' second book, *The Tempters.* But his first distinctly original book was *Al Que Quiere!* (To Him Who Wants It), published in Boston in 1917. It was a time for titles in foreign languages, though Williams was soon to abjure such gestures. In the following years he wrote not only poems but short stories, novels, essays, and an autobiography. In 1946 he began the fulfillment of a long-standing intention, to write an epic, with the publication of *Paterson,* Book I. The four following books appeared in 1948, 1949, 1951, and 1958; at the time of his death he was working on a sixth book.

Williams set himself to write poetry which would have its basis in the language as spoken in the United States. He disapproved of Pound's expatriation, and Eliot's, and said that the publication of *The Waste Land* in 1922 was "the great catastrophe" which, by its genius, interrupted the "rediscovery of a primary impetus, the elementary principles of all art, in the local conditions." He refused to present himself as an artist, insisting instead that he was like other men, using slang to avoid pretentiousness and allowing himself to be thought a fool in preference to being considered a subtle artificer. His object was to communicate with the world directly: "There is a constant barrier between the reader and his consciousness of immediate contact with the world," he wrote in *Spring and All* (1923). In his Manifesto for a magazine called *Contact* which he edited in the 1920s, Williams said, no doubt with Eliot and Pound as his unnamed adversaries, "I take contact to mean: man without the syllogisms, without the parody, without Spinoza's ethics, man with nothing but the thing and the feeling of that thing. . . . Seen from this angle, Contact might be said to resolve into the counterpart of Culture, and Williams becomes thereby one of our most distinguished Neanderthal men. . . . His hatred of the idea in art is consequently pronounced, and very rightly brings in its train a complete disinterest in form. . . . Williams, however, must go back to the source. And the process undeniably has its beauties." In explaining an aphorism in *Paterson,* "No ideas but in things," Williams said, "The poet does not . . . permit himself to go beyond the thought to be discovered in the context of that with which he is dealing. . . . The poet thinks with his poem. . . ."

Wallace Stevens, in a famous review of Williams, called his work "anti-poetic," and the adjective has its pertinence if poetry is regarded as bookish and allusive. Williams always emphasizes that the poem must have its own idiom, that it must deal with "those things which lie under the direct scrutiny of the senses, close to the nose." In a poem like "The Red Wheelbarrow" he flouts the great subject and makes clear how any object, rightly regarded, can display its special signature. "The particular thing offers a finality that sends us spinning through space. . . ." Each line is suspended to make it demand another line to complete it, and the whole poem shows the dependence of everything (in the poem, but also, since a microcosm is implied, in the world) upon the red wheelbarrow. "To refine, to clarify, to intensify that eternal moment in which we alone live there is but a single force—the imagination," says Williams, with something of William Blake's radiant energy. "The only realism in art is of the imagination . . ."

To secure this contact, this immediacy and momentary finality, new forms have to be invented. Williams commends Whitman for his daring, and praises Poe for clearing the ground. In "The Poem as a Field of Action," he writes, "I propose sweeping changes from top to bottom of the poetic structure. . . . I say we are *through* with the iambic pentameter as presently conceived, at least for dramatic verse; through with the measured quatrain, the staid concentration of sounds in the usual stanza, the sonnet."

In freeing himself from the brokerage of other writers, Williams seeks "radiant gists," as he calls them in *Paterson*. These are not so unlike Pound's topflight or magic moments as Williams believes. To attain them there must be a totality of experiencing rather than partial or copycat experiencing. He wrote his "Portrait of a Lady" against Eliot's "La Figlia che Piange," because he felt that Eliots poem "confirms . . . just the right amount of everything drained through." Williams, on the other hand, wishes to let everything in. He is opposed to symbolism, but often, as in "The Widow's Lament in Springtime," and in his fine late lyrics, the details take on a symbolical weight.

Although he is ostentatiously in the American grain, Williams is no flag-waver. "I believe all art begins in the local and must begin there since only then will the senses find their material," he said. "Our own language is the beginning of that which makes and will continue to make an American poetry distinctive. . . ." In "A Poem for Norman MacLeod," he says, "The revolution / is accomplished / noble has been / changed to no bull." This purging of staidness and search for new forms and vital, local language led Williams to conceive his poem, *Paterson*, in which the city is at once a giant in the landscape, like Finnegan in Joyce's *Finnegans Wake*, and a city, and a person. "I took the city as my 'case' to work up. . . . It called for a poetry such as I did not know, it was my duty to discover or make such a context on the 'thought.' To *make* a poem, fulfilling the requirements of the art, and yet new, in the sense that in the very lay of the syllables Paterson as Paterson would be discovered . . . it would be as itself, locally, and so like every other place in the world. For it is in that, that it be particular to its own idiom, that it lives." The poem is about the difficulties of bringing the particulars into poetry, and in the course of this process it suggests the blockage of feeling and thought in the modern city. But like Hart Crane in *The Bridge,* Williams emerges from the waste land. As he wrote in a news release about the last book of *Paterson,* "I had to think hard as to how I was going to end the poem. It wouldn't do to have a grand and soul satisfying conclusion because I didn't see any in my subject. It didn't belong to the subject. It would have been easy to make a great smash up with a 'beautiful' sonnet at sea, or a flight of pigeons, love's end and the welter of man's fate. Instead, after the little girl gets herself mixed up at last in the pathetic sophistication of the great city, no less defeated and understandable, even lovable than she is herself, we come to the sea at last. Odysseus swims in as man must always do, he doesn't drown, he is too able but, accompanied by his dog, strikes inland again (towards Camden) to begin again." This cyclical conclusion is like that of *Finnegans Wake,* but in many ways the poem is closer still to Pound's *Cantos,* in which different kinds of matter are ushered, with a combination of plainspokenness and finesse, towards complete expression. Pound insisted that Williams was interested in "the loam," while he was interested in "the finished product." But there is a good deal of loam in the *Cantos,* and much of the finished product in Williams.

Tract

I will teach you my townspeople
how to perform a funeral
for you have it over a troop
of artists—
unless one should scour the world—
you have the ground sense necessary.

See! the hearse leads.
I begin with a design for a hearse.
*For Christ's sake not black—
nor white either—and not polished!
Let it be weathered—like a farm wagon—
with gilt wheels (this could be
applied fresh at small expense)
*or no wheels at all:
a rough dray to drag over the ground.

Knock the glass out!
My God—glass, my townspeople!
For what purpose? Is it for the dead
to look out or for us to see
how well he is housed or to see
the flowers or the lack of them—
*or what?
To keep the rain and snow from him?
He will have a heavier rain soon:
pebbles and dirt and what not.
Let there be no glass—
and no upholstery, phew!
and no little brass rollers
and small easy wheels on the bottom—
my townspeople what are you thinking of?

A rough plain hearse then
with gilt wheels and no top at all.
On this the coffin lies
by its own weight.

No wreaths please—
especially no hot house flowers.
Some common memento is better,

---

* **For Christ's sake**: 제발
* **no wheels at all**: 다른 방법이 없다. 꼭 그래야 된다.
* **or what**: 아니면 뭔가?

something he prized and is known by:
his old clothes—a few books perhaps—
God knows what! You realize
how we are about these things
my townspeople—
something will be found—anything
even flowers if he had come to that.
*So much for the hearse.

For heaven's sake though see to the driver!
Take off the silk hat! In fact
that's no place at all for him—
up there unceremoniously
dragging our friend out to his own dignity!
Bring him down—bring him down!
Low and inconspicuous! I'd not have him ride
on the wagon at all—damn him—
the undertaker's understrapper!
Let him hold the reins
and walk at the side
and inconspicuously too!

Then briefly as to yourselves:
Walk behind—as they do in France,
seventh class, or if you ride
Hell take curtains! Go with some show
of inconvenience; sit openly—
to the weather as to grief.
Or do you think you can shut grief in?
What—from us? We who have perhaps
nothing to lose? Share with us
share with us—it will be money
in your pockets.
Go now
I think you are ready.

---

* **So much for**: ~에 대해서는 이 정도로 하고.

The Widow's Lament in Springtime

Sorrow is my own yard
where the new grass
flames as it has flamed
often before but not
with the cold fire
that closes round me this year.
Thirtyfive years
I lived with my husband.
The plumtree is white today
with masses of flowers.
Masses of flowers
loaded the cherry branches
and color some bushes
yellow and some red
but the grief in my heart
is stronger than they
for though they were my joy
formerly, today I notice them
and turned away forgetting.
Today my son told me
that in the meadows,
at the edge of the heavy woods
in the distance, he saw
trees of white flowers.
I feel that I would like
to go there
and fall into those flowers
and sink into the marsh near them.

※ 이 시는 Williams 의 어머니에게 바친 시다.

The Yachts

contend in a sea which the land partly encloses
shielding them from the too-heavy blows
of an ungoverned ocean which when it chooses

tortures the biggest hulls, the best man knows
to pit against its beatings, and sinks them pitilessly.
Mothlike in mists, scintillant in the minute

*brilliance of cloudless days, with broad bellying sails
they glide to the wind tossing green water
*from their sharp prows while over them the crew crawls

ant-like, solicitously grooming them, releasing,
making fast as they turn, lean far over and having
caught the wind again, side by side, head for the mark.

In a well guarded arena of open water surrounded by
lesser and greater craft which, sycophant, lumbering
and flittering follow them, they appear youthful, rare

as the light of a happy eye, live with the grace
of all that in the mind is fleckless, free and
naturally to be desired. Now the sea which holds them

is moody, lapping their glossy sides, as if feeling
for some slightest flaw but fails completely.
Today no race. Then the wind comes again. The yachts

move, jockeying for a start, the signal is set and they
are off. Now the waves strike at them but they are too
*well made, they slip through, though they take in canvas.
Arms with hands grasping seek to clutch at the prows.
Bodies thrown recklessly in the way are cut aside.
It is a sea of faces about them in agony, in despair

until the horror of the race dawns staggering the mind,
the whole sea become an entanglement of watery bodies
lost to the world bearing what they cannot hold. Broken,

beaten, desolate, reaching from the dead to be taken up

---

* **bellying sails**: 부푼 돛.
* **sharp prows**: 뾰족한 뱃머리.
* **though . . . canvas**: 돛은 말았으나(천천히 가고자).

they cry out, railing, failing! their cries rising
in waves still as the skillful yachts pass over.

An Elegy for D. H. Lawrence

Green points on the shrub
and poor Lawrence dead.
The night damp and misty
and Lawrence no more in the world
to answer April's promise
with a fury of labor
against waste, waste and life's
coldness.

Once he received a letter—
he never answered it—
*praising him: so English
he had thereby raised himself
to an unenglish greatness.
Dead now and it grows clearer
what bitterness drove him.

This is the time.
The serpent in the grotto
water dripping from the stone
into a pool.
Mediterranean evenings. Ashes
of Cretan fires. And to the north
forsythia hung with
yellow bells in the cold.

Poor Lawrence
worn with a fury of sad labor
to create summer from
spring's decay. English
women. Men driven not to love
but to the ends of the earth.
The serpent turning his
stone-like head,
the fixed agate eyes turn also.

※ **Lawrence는 1930년 3월 4일 France의 남부에서 죽었다. Williams는 Lawrence의 몇개의 작품을 언급하고 있다.**

* **him**: "I have always answered letters, but others have seldom answered those I sent out in my desperation. D.H.Lawrence answered . . . when once later I wrote to him." Williams, *Autobiography*.

And unopened jonquils
hang their folded heads. No
summer. But for Lawrence
full praise in this
half cold half season—
before trees are in leaf and
tufted grass stars
unevenly the bare ground.

Slowly the serpent leans
to drink by the tinkling water
the forked tongue alert,
Then fold after fold,
glassy strength, passing
a given point,
as by desire drawn
forward bodily, he glides
smoothly in.

To stand by the sea or walk
again along a river's bank and talk
with a companion, to halt
watching where the edge of water
meets and lies upon
the unmoving shore—
Flood waters rise, and will rise,
rip the quiet valley
trap the gypsy and the girl
She clings drowning to
a bush in flower.

Remember, now, Lawrence dead.
Blue squills in bloom—to
the scorched aridity of
the Mexican plateau. Or baked
public squares in the cities of
Mediterranean islands
where one waits for busses and
boats come slowly along the water
arriving.

But the sweep of spring over
temperate lands, meadows and woods
where the young walk and talk
incompletely,
straining to no summer,

hearing the frogs, speaking of
birds and insects—

Febrile spring moves not to heat
but always more slowly,
burdened by a weight of leaves.
Nothing now
to burst the bounds—
remains confined by them. Heat,
heat! Unknown. Poor Lawrence,
dead and only the drowned
fallen dancing from the deck
of a pleasure boat
unfading desire.

Rabbits, imaginings, the
drama, literature, satire.
The serpent cannot move
his stony eyes, scarcely sees
but touching the air
with his forked tongue surmises
and his body which dipped
into the cold water
is gone.

Violently the satiric sun
that leads April not to
the panting dance but to stillness
in, into the brain, dips
and is gone also.
And sisters return
through the dusk
to the measured rancor
of their unbending elders.

Greep, greep, greep the cricket
chants where the snake
with agate eyes leaned to the water.
Sorrow to the young
that Lawrence has passed
unwanted from England.
And in the gardens forsythia
and in the woods
now the crinkled spice-bush
in flower.
The noiseless wheels of my car

rush with a crackling sound over
dried leaves as I bow and pass smiling.

These

are the desolate, dark weeks
when nature in its barrenness
equals the stupidity of man.

The year plunges into night
and the heart plunges
*lower than night

to an empty, windswept place
without sun, stars or moon
but a peculiar light as of thought

that spins a dark fire—
*whirling upon itself until,
in the cold, it kindles

to make a man aware of nothing
that he knows, not loneliness
itself—Not a ghost but

*would be embraced—emptiness,
despair—(They
whine and whistle) among

the flashes and booms of war;
houses of whose rooms
the cold is greater than can be thought,

the people gone that we loved,
the beds lying empty, the couches
*damp, the chairs unused—

Hide it away somewhere
out of the mind, let it get roots
and grow, unrelated to jealous

※ These : 지금은.
* **lower than night**: 밤보다 깊숙이.
* **whirling upon itself**: 스스로 소용돌이 치다.
* **would be embraced**: 안기고 싶어 한다.
* **the chairs unused**: 앉을 이 없는 의자.

ears and eyes—for itself.
In this mine they come to dig—all.
*Is this the counterfoil to sweetest

music? The source of poetry that
seeing the clock stopped, says,
The clock has stopped

that ticked yesterday so well?
and hears the sound of lakewater
splashing—that is now stone.

---

* **counterfoil**: 부본.(예를 들어 수표장의 보관용)

D. H. LAWRENCE
(1885–1930)

D. H. Lawrence has about him something of the prophet of humanity, like Whitman, and something of the insurgent rhapsode, like the Beat poets. He is not so all-encompassing as Whitman; he complained, in fact, that Whitman was too indiscriminate. And he is not so silly as the Beat poets can be. He thought of himself in various ways, latterly as a cleanser and a stinger. The title of his book of poems, *Pansies,* he derived from the French word *panser* (to cleanse) rather than from the flower. Another of his later books had the title, *Nettles.*

In an early poem by W. H. Auden, Lawrence is ranked along with Blake and an American psychotherapist named Homer Lane as a healer, and Lawrence would not have objected to this epithet or to the company of Blake. Like Blake, he sees man as imprisoned within his body, his "bowels of steel"—a mechanism grown incapable of genuine feeling. He is imprisoned within his egoism as well; Lawrence speaks of it as a "barbed-wire enclosure of Know Thyself." And he is imprisoned within sexual taboos which destroy his ability to feel and think by isolating the processes of feeling and thinking from each other.

No wonder, then, that in Lawrence's writings the relations of mother and son are perverse—ruined by possessiveness, an excess of feeling; and the relations of lovers perverse too—ruined by frigidity, an excess of thinking. Jehovah (called by Blake "Nobodaddy") has replaced pulpy Pan and brooding Osiris, for the time at least. The spirit has to break through egoism and become, as a line in one poem says, "Not I, but the wind that blows through me!" To shed self-involvement, to diminish mind, is the way for western man, at least, to achieve secular beatitude. To die is to be risen, "the same as before yet unaccountably new." Only then can a man "let his buttocks prance," in Lawrence's deliberately homely image.

It might seem that Lawrence espouses mindlessness, but he does so only to make his polemic more clear, not because he wishes mere physicality. The self has to be released by "phallic consciousness, which, you understand [as Lawrence wrote to Harriet Monroe, the editor of *Poetry,* who could scarcely have understood], is not the cerebral sex-consciousness, but something really deeper, and the root of poetry, lived or sung." Sexual intercourse is for Lawrence less a physical act than a mystical mode, so that his endorsement of it is oddly grim.

As a young man Lawrence, who liked to present himself at moments as a fool in motley, said he had naturally in this capacity "turned his capering wits to the trapeze of verse. . . ." But he was opposed to contemporary verse, whether it derived from Verlaine's insistence on music above everything or from Mallarmé's symbolist inexpressiveness. As he said in the same letter,

"My verses are tolerable—rather pretty, but not suave; there is some blood in them. Poetry now-a-days seems to be a sort of plaster-cast craze, scraps sweetly moulded in easy Plaster of Paris sentiment. Nobody chips verses earnestly out of the living rock of his own feeling. . . . Before everything I like sincerity, and a quickening spontaneous emotion. I do not worship music or the 'half-said thing.' " He objected to Yeats's poetry as sickly, and to Housman's because he could "only sing the stale tale of the bankruptcy of life, in death." A certain extremism is necessary for the poet. He chides Eleanor Farjeon, in a letter of May 18, 1915, because "never the last dregs of bitterness will you drink, never face up to the last embrace of the fire, in your poems." He makes the same criticism of Miriam's lovemaking in *Sons and Lovers,* as if love and art required the same attributes.

Lawrence defined the qualities he sought in poetry in varying ways. He wrote to Catherine Carswell, "The essence of poetry with us in this age of stark and unlovely actualities is a stark directness, without a shadow of a lie, or a shadow of deflection anywhere. Everything can go, but this stark, bare, rocky directness of statement, this alone makes poetry, today." But this emphasis was more for her benefit than for his own. His basic conception of the poetic process was one of self-extinction: "From the first, I was a little afraid of my real poems—not my 'compositions,' but the poems that had the ghost in them. They seemed to me to come from somewhere, I didn't quite know where, out of a me whom I didn't know and didn't want to know, and say things I would much rather not have said: for choice. But there they were. I never read them again." In a preface to his *Collected Poems,* Lawrence remarked, "A young man is afraid of his demon, and puts his hand over the demon's mouth and speaks for him. And the things the young man says are very rarely poetry. So I have tried to let the demon say his say, and to remove the passages where the young man intruded." He is eager to deny that the revisions are merely formal, rather they are attempts to disentangle the basic, as opposed to the superficial, self.

Some of Lawrence's critics, especially formalists like R. P. Blackmur, have taken him to task for not valuing more highly the discipline of craft. Lawrence was not indifferent to good writing—the fact that he made many verbal as well as ideological modifications is evidence—but he thought that form must arise spontaneously from the material, not be imposed upon it from above. When someone objected to the form of his novels, he replied that what was being asked for was *imitative* rather than *natural* form.

This attitude is clarified in the preface to the American edition of *New Poems* (1918). He distinguishes there between two kinds of poetry, that which is perfect, complete, final, conveyed in perfect symmetry of form, like "the gem-like lyrics of Shelley and Keats. But there is another kind of poetry, the poetry of that which is at hand: the immediate present. In the immediate present there is no perfection, no consummation, nothing finished. . . . Life, the ever-present, knows no finality, no finished crystallisation. . . . Give me nothing fixed, set, static. Don't give me the infinite or the eternal: nothing of infinity, nothing of eternity. Give me the still, white seething, the incandescence and coldness of the incarnate moment: the moment, the quick of all change and haste and opposite: the moment, the immediate present, the Now. The immediate moment is not a drop of water running downstream. It is the source and issue, the bubbling up of the stream. Here, in this very moment, up bubbles the stream of time, out of the wells of futurity, flowing on to the oceans of the past. The source, the issue, the creative quick." (The passage illustrates as well Lawrence's pulsing prose.) It is the poetry of now, rather than that of past or present, for which he speaks: "The poet of now is never finished, and is not like the ouraboros, the serpent of eternity with its tail in its own mouth, with a rhythm that returns upon itself. There is no static perfection, none of that finality which we find so satisfying because we are so frightened." For such a poetry he finds that the appropriate medium is free verse, because it alone can be "direct utterance from the instant, whole man." If it is marked by some discord and confusion, those qualities have a purpose, they "belong to the reality as noise belongs to the plunge of water."

David Herbert Lawrence was born on September 11, 1885, in Eastwood, Nottinghamshire. His mother was a schoolteacher, his father a miner; their personalities clashed and marked their son's, whose Oedipal feelings play a prominent part in his novel *Sons and Lovers*. Lawrence tended to think of his life as in two parts, the first of them dominated by his mother. Like her he became a schoolteacher, after he had attended the University of Nottingham. He published his first poems in a magazine in 1909; later Ezra Pound wished to adopt him into the Imagists, with whom he had affinities, but Lawrence preferred to play his own game. He published his first novel, *The White Peacock*, in 1911. A month before, in December, his mother had died, and Lawrence felt very conscious of this "wound," as he called it. The second part of his life, a process of recovery, began in April 1912, when he met Frieda von Richthofen Weekley, the wife of a professor of philology and daughter of a German baron. Almost at once they determined to elope to the continent, although Frieda would have to leave her three children behind. Eventually Frieda secured a divorce and Lawrence married her in 1914. Back in England, Lawrence opposed the First World War and was suspected of being a spy. As soon as it was over, he and his wife left for Italy. They were to travel about a great deal during the remaining years of Lawrence's life. One extended sojourn was at Taos, New Mexico, where he was surrounded by women admirers. Lawrence was so insistent on the importance of bodiliness that his death at Vence, France, on March 4, 1930, from tuberculosis, had a bitter irony.

Lawrence's most notable poems or passages are bursts of unified perception, characterized by brutal honesty of observation. He pries open the lid, whatever the box may hold. It is the honesty of a man with a *parti pris*, not of a detached observer. He disturbs whatever he touches, he goads and is goaded. A second and rather surprising aspect of his poetry is its dignity. He respects, and demands that his readers respect, the things and experiences he values. Lines which other poets would find too raw, such as, "It was the flank of my wife / I touched with my hand, I clutched with my hand," are in context not ridiculous though when excerpted they may appear so. Beyond honesty and dignity his verse has a more fundamental quality of dynamism, a concentrated apprehension of the inner beings of animals and flowers. No poet has a more uncanny sense of what it is like to be, for example, a copulating tortoise. Lawrence's view of nature is not, what principles of order and harmony can I find here? Rather it is, what is the center of violent feeling here? This he elicits with great distinctiveness.

Piano

Softly, in the dusk, a woman is singing to me;
* Taking me back down the vista of years, till I see
A child sitting under the piano, in the boom of the tingling strings
And pressing the small, poised feet of a mother who smiles as she sings.

In spite of myself, the insidious mastery of song
Betrays me back, till the heart of me weeps to belong
To the old Sunday evenings at home, with winter outside
And hymns in the cosy parlour, the tinkling piano our guide.

So now it is vain for the singer to burst into clamour
* With the great black piano appassionato. The glamour
* Of childish days is upon me, my manhood is cast
Down in the flood of remembrance, I weep like a child for the past.

Snake

* A snake came to my water-trough
On a hot, hot day, and I in pyjamas for the heat,
To drink there.

* In the deep, strange-scented shade of the great dark carob-tree
I came down the steps with my pitcher
And must wait, must stand and wait, for there he was at the trough before me.

He reached down from a fissure in the earth-wall in the gloom
And trailed his yellow-brown slackness soft-bellied down, over the edge of the stone trough
And rested his throat upon the stone bottom,
And where the water had dripped from the tap, in a small clearness,

---

※ 초기시로서 결정고의 출판은 *New Poems* 가 출판된 1818년이다. 이 시는 잃어버린 어린날에 대한 회상과 향수의 분위기가 넘친다.

* **the vista of years**: long succession of memories of past years.
* **appassionato**: impassioned.
* **is cast down**: is saddened.

※ *Birds, beasts and flowers* 에 수록. 이 시는 간략한 시형과 회화체의 rhythm 이 사용되어, 인간과 절연된 자연의 생명에 대한 경외감이 나타나 있다.

* **A snake**: 이 작품에서 뱀의 image 는, a guest, a god, a king in exile, one of the lords of life 로 변모한다.
water-trough : 물통.
* **carob-tree**: 지중해 연안에 있는 식물의 일종.

He sipped with his straight mouth,
Softly drank through his straight gums, into his slack long body,
Silently.

Someone was before me at my water-trough,
And I, like a second comer, waiting.

He lifted his head from his drinking, as cattle do,
And looked at me vaguely, as drinking cattle do,
And flickered his two-forked tongue from his lips, and mused a moment,
And stooped and drank a little more,
Being earth-brown, earth-golden from the burning bowels of the earth
* On the day of Sicilian July, with Etna smoking.

The voice of my education said to me
He must be killed,
For in Sicily the black, black snakes are innocent, the gold are venomous.

And voices in me said, If you were a man
You would take a stick and break him now, and finish him off.

But must I confess how I liked him,
How glad I was he had come like a guest in quiet, to drink at my water-trough
And depart peaceful, pacified, and thankless,
Into the burning bowels of this earth?

Was it cowardice, that I dared not kill him?
Was it perversity, that I longed to talk to him?
Was it humility, to feel so honoured?
I felt so honoured.

And yet those voices:
If you were not afraid, you would kill him!

And truly I was afraid, I was most afraid,
But even so, honoured still more
That he should seek my hospitality
From out the dark door of the secret earth.

He drank enough
And lifted his head, dreamily, as one who has drunken,

* **Etna**: Sicily섬에 있는 화산.
* 이탤릭체의 이 line은 speaker의 내면의 소리를 나타낸다.

And flickered his tongue like a forked night on the air, so black;
Seeming to lick his lips,
And looked around like a god, unseeing, into the air,
And slowly turned his head,
*And slowly, very slowly, as if thrice adream,
Proceeded to draw his slow length curving round
*And climb again the broken bank of my wall-face.

And as he put his head into that dreadful hole,
And as he slowly drew up, snake-easing his shoulders, and entered farther,
A sort of horror, a sort of protest against his withdrawing into that horrid black hole,
Deliberately going into the blackness, and slowly drawing himself after,
Overcame me now his back was turned.

I looked round, I put down my pitcher,
I picked up a clumsy log
And threw it at the water-trough with a clatter.

I think it did not hit him,
But suddenly that part of him that was left behind convulsed in undignified haste,
Writhed like lightning, and was gone
Into the black hole, the earth-lipped fissure in the wall-front,
At which, in the intense still noon, I stared with fascination.

And immediately I regretted it.
I thought how paltry, how vulgar, what a mean act!
I despised myself and the voices of my accursed human education.

*And I thought of the albatross,
And I wished he would come back, my snake.

For he seemed to me again like a king,
Like a king in exile, uncrowned in the underworld,
Now due to be crowned again.

And so, I missed my chance with one of the lords
Of life.
And I have something to expiate;
*A pettiness.

---

* **adream**: in dream.
* **bank**: 비탈.
* **albatross**: S.T.Coleridge 의 "The Rime of the Ancient Marina" 에서 노수부가 이 새를 쏘아 죽임으로써, 그 배에 저주가 내렸었다.
* **pettiness**: a mean act.

Bavarian Gentians

Not every man has gentians in his house
*in Soft September, at slow, sad Michaelmas.

Bavarian gentians, big and dark, only dark
*darkening the day-time, torch-like with the smoking blueness of Pluto's gloom,
*ribbed and torch-like, with their blaze of darkness spread blue
down flattening into points, flattened under the sweep of white day
torch-flower of the blue-smoking darkness, Pluto's dark-blue daze,
*black lamps from the halls of Dis, burning dark blue,
*giving off darkness, blue darkness, as Demeter's pale lamps give off light,
*lead me then, lead the way.

Reach me a gentian, give me a torch!
let me guide myself with the blue, forked torch of this flower
down the darker and darker stairs, where blue is darkened on blueness
even where Persephone goes, just now, from the frosted September
*to the sightless realm where darkness is awake upon the dark
*and Persephone herself is but a voice
or a darkness invisible enfolded in the deeper dark
*of the arms Plutonic, and pierced with the passion of dense gloom,
among the splendour of torches of darkness, shedding darkness on the *lost bride and her groom.

※ **Bavaria** 는 Lawrence 가 이 시를 쓸때 체류했던 독일 남부 지방이고 **gentian** 은 그 지방신 용담꽃으로 가을에 푸른색의 아름다운 꽃이 피는 풀이다.

* **Michaelmas**: 대천사 Michael 제(9월29일). 이 시는 Lawrence 가 죽기 1년 전인 1929년 Michaelmas 날에 썼다. 이 때 그는 이미 자기의 죽음을 예지하고 있었다.
* **Pluto**: god of the underworld.(명부의 왕).
* **ribbed**: 이랑 무늬 진.
* **Dis**: another Roman name for Pluto.
* **Demeter**: 농경 수확의 여신.
* **lead**: 이 시의 동사들은 대부분 명령형이다.
* **the sightless realm**: 명부.
* **Persephone**: bride of Pluto (daughter of Demetter).
but a voice: 죽음(어둠)의 나라에서 그들은 목소리만 들리고 형체는 안 보인다.
* pierced=hollow out.
* **the lost bride**: Persephone.

The Ship of Death

I

*Now it is autumn and the falling fruit
*and the long journey towards oblivion.

The apples falling like great drops of dew
to bruise themselves an exit from themselves.

And it is time to go, to bid farewell
to one's own self, and find an exit
from the fallen self.

II

Have you built your ship of death, O have you?
O build your ship of death, for you will need it.

The grim frost is at hand, when the apples will fall
thick, almost thundrous, on the hardened earth.

And death is on the air like a smell of ashes!
Ah! can't you smell it?

And in the bruised body, the frightened soul
finds itself shrinking, wincing from the cold
that blows upon it through the orifices.

III

And can a man his own quietus make
*with a bare bodkin?

With daggers, bodkins, bullets, man can make
a bruise or break of exit for his life;
*but is that a quietus, O tell me, is it quietus?

※ *Last Poems* 에 수록된 작품. 이 시는 1929년말에 쓰여졌고, Lawrence 는 1930년 3월 2일에 죽었다. 인간의 가장 긴 여행에 비유된 죽음의 세계에 대한 이 시는 Lawrence 의 전 작품에 일관하는 죽음과 재생의 주제의 최후의 결론이라 할 수 있다.

* **autumn**: *Last poems* 의 세계는 가을과 그림자의 세계다.
* **oblivion**: 죽음은 살아 있을 때의 모든 괴로움을 잊어버리고 평화롭게 있을 수 있는 세계다.
* **bare**: mere 와 unsheathed 의 두가지 뜻.
  bodkin: 단도(small dagger).
* **quietus**: 인생의 총 결산 ; 죽음.

Surely not so! for how could murder, even self-murder
ever a quietus make?

IV

O let us talk of quiet that we know,
that we can know, the deep and lovely quiet
of a strong heart at peace!

How can we this, our own quietus, make?

V

Build then the ship of death, for you must take
the longest journey, to oblivion.

And die the death, the long and painful death
that lies between the old self and the new.

Already our bodies are fallen, bruised, badly bruised,
already our souls are oozing through the exit
of the cruel bruise.

Already the dark and endless ocean of the end
is washing in through the breaches of our wounds,
already the flood is upon us.

Oh build your ship of death, your little ark
and furnish it with food, with little cakes, and wine
for the dark flight down oblivion.

VI

Piecemeal the body dies, and the timid soul
has her footing washed away, as the dark flood rises.

We are dying, we are dying, we are all of us dying
and nothing will stay the death-flood rising within us
and soon it will rise on the world, on the outside world.

We are dying, we are dying, piecemeal our bodies are dying
and our strength leaves us,
and our soul cowers naked in the dark rain over the flood,
cowering in the last branches of the tree of our life.

VII

We are dying, we are dying, so all we can do
is now to be willing to die, and to build the ship
of death to carry the soul on the longest journey.

A little ship, with oars and food
and little dishes; and all accoutrements

fitting and ready for the departing soul.

Now launch the small ship, now as the body dies
and life departs, launch out, the fragile soul
in the fragile ship of courage, the ark of faith
with its store of food and little cooking pans
and change of clothes,
upon the flood's black waste
upon the waters of the end
upon the sea of death, where still we sail
darkly, for we cannot steer, and have no port.

There is no port, there is nowhere to go
only the deepening blackness darkening still
blacker upon the soundless, ungurgling flood
darkness at one with darkness, up and down
and sideways utterly dark, so there is no direction any more
and the little ship is there; yet she is gone.
She is not seen, for there is nothing to see her by.
She is gone! gone! and yet
somewhere she is there.
Nowhere!

VIII

And everything is gone, the body is gone
completely under, gone, entirely gone.
The upper darkness is heavy as the lower,
between them the little ship
is gone
she is gone.

It is the end, it is oblivion.

IX

And yet out of eternity, a thread
separates itself on the blackness,
a horizontal thread
that fumes a little with pallor upon the dark.

Is it illusion? or does the pallor fume
A little higher?
Ah wait, wait, for there's the dawn,
the cruel dawn of coming back to life
out of oblivion.

Wait, wait, the little ship

drifting, beneath the deathly ashy grey
of a flood-dawn.

Wait, wait! even so, a flush of yellow
and strangely, O chilled wan soul, a flush of rose.

A flush of rose, and the whole thing starts again.

X

The flood subsides, and the body, like a worn sea-shell
emerges strange and lovely.
And the little ship wings home, faltering and lapsing
on the pink flood,
and the frail soul steps out, into her house again
filling the heart with peace.

Swings the heart renewed with peace
even of oblivion.

Oh build your ship of death, oh build it!
for you will need it.
For the voyage of oblivion awaits you.

EZRA POUND
(*1885–1972*)

The most extraordinary career in modern poetry has unchallengeably been that of Ezra Pound. It was he more than anyone who made poets write modern verse, editors publish it, and readers read it. Yeats asked Pound's help when in 1912 he felt his style had become abstract; Eliot asked Pound's help when in 1921 he had to sift *The Waste Land* out of a mass of ill-assorted material. Even Robert Frost was obliged to admit that two or three changes which Pound proposed in "The Death of the Hired Man" were acceptable. Pound may also be said to have discovered Joyce, first as a poet and then as a prose writer, and to have made possible all his later work. These were major benefactions, but there were innumerable minor ones as well. Until his later misadventures, Pound's life was a history of openhandedness, financial—though he had little money—as well as literary.

His life was centered with great energy on the pursuit of what Arnold called the best that has been thought and said in the world, and on the attempt to "make it new" (his slogan) for the present day. He showed an American voracity for swallowing up talented utterance in all languages. Pound was born on October 30, 1885, in Hailey, Idaho; at the age of two he was taken to Pennsylvania and brought up in the East. He retained a frontiersman's pleasure in thinking about the opening up of the west, and prided himself on the exploits of a grandfather who built a railway; he kept up a rough-and-ready manner, an American bluntness in effete Europe. His career might be viewed as a struggle to build a cultural railway from Idaho to Provence, or even to Peking, for he incorporated Chinese characters in his later verse and translated as freely from Chinese and Japanese as from Italian or Greek. He tried to marry continental and oriental suavities with western directness and even vulgarity. More profoundly, he sought to bring incandescent moments ("magic moments," he sometimes called them) out of seeming welter, precision out of seeming improvisation, the most telling English out of conversational or prosy details. The result of this effort remains controversial. Yeats found Pound's verse to be too experimental; Eliot, though personally devoted to him, thought it verged on the "quaint and archaic." Pound himself had misgivings about his literary as well as political directions. But if his poetry is imperfect, it suits the present time, when many poets feel, without misgivings, that the effect of formal perfection is to betray the original vision. Pound has had a great effect on verse written in the second half of the century, notably that of Charles Olson, no less than on verse written in the first half.

At the age of sixteen Pound enrolled as a special student (rather than as a degree candidate) at the University of Pennsylvania, to study (as he said) what he thought important. Then in 1903 he matriculated more conventionally at Hamilton College, and took a B.A. in 1905. His interests were in romance languages and literatures; he returned as a fellow in these to the University of Pennsylvania in 1905. He took a master of arts degree that year, but much more consequential was his meeting with two poets also just getting started, William Carlos Williams and Hilda Doolittle. Miss Doolittle later became a member of Pound's Imagist group, and Williams and Pound criticized and befriended each other all their lives.

The next year Pound won a fellowship to go to Provence, Italy, and especially Spain, in preparation for a dissertation on Lope de Vega. This was never to be written. On his return he became an instructor in romance languages at Wabash College in Crawfordsville, Indiana. His generosity in offering his bed to a girl stranded from a burlesque show was construed by his landladies, and then by the college authorities, as immoral behavior; he was discharged, but was given the rest of his year's salary, and with this he went to Gibraltar and Venice. In the latter city (which was to be the scene of his declining years as well) Pound published his first book, *A Lume Spento* ("With Tapers Extinguished")—he would describe these poems later as "stale creampuffs," but with all their echoes of Yeats and more exotic poets they are full of possibility. Pound makes, for example, the first important use in modern verse of ellipses to indicate the speaker's panicky repressions. From Venice Pound went to London, where for twelve years he remained a continuing sensation.

At that time (1908) Pound was convinced that all English poets except Yeats were on the wrong track, and that Yeats was the greatest poet writing in English. The friendship of these two, which began shortly after Pound's arrival, was important for both. It was the period when Victorianism was giving way to a new idiom: Virginia Woolf said that in 1910 human personality changed, and at any rate it appeared to do so as modern art, music, and architecture began to coalesce with modern literature. Pound did not confine himself to literature: he was friendly with the sculptors Jacob Epstein and Henri Gaudier-Brzeska (about whom he wrote a book), the painter and writer Wyndham Lewis, and others, including, later, Constantin Brancusi; he wrote an opera, *Villon,* and did a book on the American composer George Antheil. In literature he was perhaps excessively fond of the troubadours, but he also evinced great respect for a writer like Henry James, the full range of whose modernity was not yet clear to most readers. He profited from the friendship of Ford Madox Ford, a novelist and poet much occupied with bringing the language up to date. Finally, Pound moved in the same circle as T. E. Hulme, who offered the modern movement one of its principal esthetic programs. Hulme, trained in philosophy, was fed up with Romanticism, humanism, and individualism: he thought it important for man to recognize himself as finite and limited, burdened down with original sin. Hulme opposed as ingenuous the current meliorism, which assumed a permanent betterment of the human race. Against the vague outlines and damp emotions which he found in Romantic art, he espoused the formalized lines of Byzantine sculpture and painting and the geometrical qualities of Egyptian art. He said that Romanticism was a well and classicism a bucket, and that the bucket was preferable.

Without quite subscribing to Hulme's doctrines, Pound in this milieu wrote poems that became starker. To Harriet Monroe, the editor of the newly founded magazine *Poetry*, he sent his famous pronouncement, "Poetry must be *as well written as prose*," and went on: "Its language must be a fine language, departing in no way from speech save by a heightened intensity (i.e. simplicity). There must be no book words, no periphrases, no inversions. It must be as simple as De Maupassant's best prose, and as hard as Stendhal's. . . . Objectivity and again objectivity, and expression: no hindside-beforeness, no straddled adjectives (as 'addled mosses dank'), no Tennysonianness of speech; nothing—nothing that you couldn't, in some circumstance, in the stress of some emotion, actually say. Every literaryism, every book word, fritters away a scrap of the reader's patience, a scrap of his sense of your sincerity."

His gradual accumulation of these principles led him in 1912, with Hilda Doolittle, Richard Aldington, and F. S. Flint, to found the Imagist group. Their purpose was to sanction experimentation in verse form and to aim at new modes of perception. Pound published in *Poetry* (March 1913) "A Few Don'ts for an Imagist," which set forth three principles:

(1) Direct treatment of the "thing," whether subjective or objective.

(2) To use absolutely no word that does not contribute to the presentation.

(3) As regarding rhythm: to compose in the sequence of the musical phrase, not in the sequence of the metronome.

In the preface to his anthology, *Des Imagistes* (1915), he added to these: (1) To use the language of common speech, but always the exact word—not the almost exact one. (2) To create new rhythms. Free verse was encouraged but not required. (3) Absolute freedom in the choice of subject. But as time passed, imagism was taken over by late arrivals, especially by Amy Lowell, and degenerated into what Pound considered sentimentality and called "Amygism." Something tougher seemed required, and Pound now joined with Wyndham Lewis to promulgate a new movement, Vorticism. Its principal difference from imagism was in insisting upon dynamism; the mood of imagism had been too placid. The Vorticist image was a force rather than a picture.

Pound's most congruent literary relationship in England was with T. S. Eliot, whom he met in September 1914. He was astonished to discover that Eliot had "modernized himself on his own," and he quickly obliged Harriet Monroe to publish "Prufrock" and persuaded the editor of the *Egoist*, Harriet Weaver, to publish Eliot's first book, *Prufrock and Other Observations*. But then both men decided on a change of technique. As Pound wrote, "at a particular date in a particular room, two authors, neither engaged in picking the other's pocket, decided that the dilutation of *vers libre*, Amygism, Lee

Masterism, general floppiness had gone too far, and that some countercurrent must be set going. Parallel situation centuries ago in China. Remedy prescribed 'Emaux et Camées' [*Enamels and Cameos,* by Théophile Gautier] (or the Bay State Hymn Book). Rhyme and regular strophes. Results: Poems in Mr. Eliot's *second* volume, not contained in his first, . . . also 'H. S. Mauberley'. Divergence later."

Hugh Selwyn Mauberley: Life and Contacts was first published in 1920, though its first section was completed at least a year earlier. It anticipates many of the devices of *The Waste Land* (1922), such as sudden shifts of perspective, unacknowledged quotations in different languages, and the presentation of an individual consciousness against a panorama of the age. It is much more loosely knit, however. Pound was eager to disavow that the poem was autobiographical: "Of course, I'm no more Mauberley than Eliot is Prufrock. . . . Mauberley is a mere surface. Again a study in form, an attempt to condense the James novel. Meliora speramus [let us hope for better]."

In the meantime Pound had begun his principal work, the *Cantos,* long meditated and destined to occupy him during the rest of his life. He eventually published 117 Cantos, the last ones being incomplete. At various times Pound offered indications of his plan in the *Cantos,* but these varied from each other. In one he claimed a musical organization: "Take a fugue: theme, response, contrasujet. Not that I mean to make an exact analogy of structure. . . . There *is* at start, descent to the shades, metamorphoses, parallel (Vidal-Actaeon). All of which is mere matter for little - - - rs and Harvud instructors *unless* I pull it off as reading matter, singing matter, shouting matter, the tale of the tribe." Another explanation, to his father, offered as his outline of the main scheme another fugal pattern:

> "A. A. Live man goes down into world of Dead
> C. B. The 'repeat in history'
> B. C. The 'magic moment' or moment of metamorphosis, bust thru from quotidien into 'divine or permanent world.' "

He indicates in the same letter that the poem includes aspects of an inferno, a purgatorio, and a paradise.

Although Pound insisted that "There is no mystery about the Cantos," readers have experienced difficulties with their abrupt shifts in time and place, and their often recondite allusions. Pound is eager to avoid predigesting his materials, and wants to present as many particulars as possible before generalizing about them. As he wrote in his *ABC of Economics,* "I am not proceeding according to Aristotelian logic but according to the ideogrammic method of first heaping together the necessary components of thought." (Chinese scholars do not agree with Pound's theory that the ideogram is still read with a sense of its original components.) The *Cantos* include many kinds of data and many forms of artistic resolution. Pound is fond of the image of the magnet which exerts its force through a mirror on iron filings scattered on the glass, causing them to assume a pattern, a "rose in the steel dust." But the total impression of the *Cantos* may rather be one of shifting, intersecting forms, coming into being and then retreating from the page.

Yet the *Cantos* do, in the aggregate, display Pound's preference for what is active, bountiful, abundant, passionate, and concrete, over what is passive, usurious, niggardly, ratiocinative, and abstract. They pose a "green world" against a waste land, and instead of the fragments adding up to degradation, as in Eliot, they compose for Pound possibilities and brief realizations. The *Cantos* stand like a monolith in modern literature, not to be avoided or ignored.

It remains to indicate some of the events of Pound's later years. In 1920 he left England for Paris, where he lived until 1924. Then he moved to Italy, where by 1928 he had settled in Rapallo. In 1925 he published *A Draft of XVI Cantos* as if these versions were to be thought of as tentative. He was later to drop the word "draft" without altering the poems. In 1926 his opera, *The Testament of François Villon,* was performed in Paris. Pound continued to publish the *Cantos* along with books of prose. In 1939 he visited the United States for the first time since 1910. The next year he began to give talks on the Rome radio, denouncing President Roosevelt and supporting various activities of Mussolini as conducive to a new society no longer based on money grubbing. After the United States entered the war he continued to give these talks, and so was indicted in 1943 for treason. The following year the U.S. Army arrested him, and he suffered confinement in a stockade in Pisa. This experience was reflected in some of his best poems, the *Pisan Cantos.* In 1945 he was flown to Washington to stand trial, but was remanded to St. Elizabeth's Hospital for the criminally insane. When in 1949 he was awarded the Bollingen Prize for poetry, a great furore was raised, and Pound's adherents and detractors argued the merits of his case, and of the poems, for a long time afterwards. In 1958, because of the intercession of various poets, including Frost and MacLeish, and of other sympathizers, the indictment for treason was dismissed. Pound went to Italy and resided for a time with his daughter at Schloss Brunnenburg, near Merano, and then with his longtime companion, Olga Rudge, in Venice. He died there on November 1, 1972.

Portrait d'une Femme

*Your mind and you are our Sargasso Sea,
London has swept about you this score years
And bright ships left you this or that in fee:
Ideas, old gossip, oddments of all things,
*Strange spars of knowledge and dimmed wares of price.
Great minds have sought you—lacking someone else.
You have been second always. Tragical?
No. You preferred it to the usual thing:
*One dull man, dulling and uxorious,
One average mind—with one thought less, each year.
Oh, you are patient, I have seen you sit
Hours, where something might have floated up.
And now you pay one. Yes, you richly pay.
You are a person of some interest, one comes to you
And takes strange gain away.
Trophies fished up; some curious suggestion;
Fact that leads nowhere; and a tale or two,
*Pregnant with mandrakes, or with something else
That might prove useful and yet never proves,
That never fits a corner or shows use,
Or finds its hour upon the loom of days:
The tarnished, gaudy, wonderful old work;
Idols and ambergris and rare inlays,
These are your riches, your great store; and yet
For all this sea-hoard of deciduous things,
Strange woods half sodden, and new brighter stuff:
In the slow float of differing light and deep,
No! there is nothing! In the whole and all,
Nothing that's quite your own.
Yet this is you.

※ portrait of a woman(Fr).

* **Sargassp Sea**: 해초로 질식된 북대서양에 있는 바다. 많은 배들이 이곳에서 해초에 얽힌다고 믿어졌다.
* **Strange spars**: 파선된 나무로 만든 배의 조각들.
* **uxorious**: 부인을 몹시 좋아하거나 부인에게 순종하는.
* **mandrake**: 인체의 하체처럼 갈라진 맨드레이크 뿌리. 이것은 마취제나 정욕을 일으키게 하는 최음제로 사용되었다.

The Return

See,* they return; ah, see the tentative
        Movements, and the slow feet,
        The trouble in the pace and the uncertain
        Wavering!

See, they return, one, and by one,
With fear, as half-awakened;
As if the snow should hesitate
And murmur in the wind,
                and half turn back;
These were the "Wing'd-with-Awe,"
                Inviolable.
*Gods of the wingèd shoe!
With them the silver hounds,
                sniffing the trace of air!

Haie! Haie!

        These were the swift to harry;
These the keen-scented;
These were the souls of blood.

Slow on the leash,
                pallid the leash-men!

A Pact

I make a pact with you, Walt Whitman—
I have detested you long enough.
I come to you as a grown child
Who has had a pig-headed father;
I am old enough now to make friends.
It was you that broke the new wood,
Now is a time for carving.
We have one sap and one root—
Let there be commerce between us.

---

* **they**: 이교도들의 신에 대한 애매한 언급.
* **Gods of the winged shoe**: 신들의 사자인 헤르메스(Hermes : 과학, 상업, 변론의 신)는 날개달린 신을 신였다.

※ 이 시의 제목은 「휴전」(Truce)이었으나 나중에 Pound 가 「협정」(pact)로 고쳤다.

In a Station of the Metro

The apparition of these faces in the crowd;
Petals on a wet, black bough.

Hugh Selwyn Mauberley

LIFE AND CONTACTS

*"Vocat æstus in umbram"
Nemesianus Ec. IV.

**E. P. Ode pour L'Election de Son Sepulchre*

I

For three years, out of key with his time,
He strove to resuscitate the dead art
Of poetry; to maintain "the sublime"
In the old sense. Wrong from the start—

No, hardly, but seeing he had been born
*In a half savage country, out of date;
Bent resolutely on wringing lilies from the acorn;
*Capaneus; trout for factitious bait;

※ 이 시는 파리의 어느 지하철 어두운 플랫폼에서 밝은 차칸의 얼굴들을 보고서 그때의 받은 인상을 사상파(寫象派) 시인의 수법으로 압축해서 쓴 시이다.

※ Hugh Selwny Mauberley(1919년작, 13편)과 Mauberley(1920년작, 5편)를 합친 18편의 이 연작시는 흔히 *The Cantos* 와 더불어 Pound 의 2대 대표작으로 꼽힌다. 주인공 Mauberley 는 Pound 의 자서전적인 인물.

Mauberley 는 현대상의 상업주의에 반발하여 예술지상주의에 빠진다. 결국 쾌락주의자로 변신, 먼 남쪽의 고도에서 일생을 마치게 된다.

* **Vocat ... umbram**: The epigraph is from the Fourth Eclogue of Nemesianus, a third century Latin poet, and means, "Summer heat calls us into the shade", it suggests Mauberley's alienation from the contemporary scene.

* **E.P. ... Sepulchre**: "Ode on the Choice of his Tomb." The title is adapted from that of a poem by Pierre de Ronsard(1524-1585), "De L'Election de Son Sepulchre."

* **In a half ... country**: 문화가 뒤떨어진 미국을 말함.

* **Capaneus**: (그리스의 신화) Thebes 를 공격한 7용사의 한 사람. Zeus 에 반항을 한 탓으로 번개불에 타 죽었다. 권력에 반항적인 시인 자신도 같은 위험에 처해 있음을 암시한다.

* 이 행은 *Odyssey*, Ⅻ, 189행으로 "For we know all the toils in the wide Troy." 의 뜻인데, Sirens 가 Odysseus 와 그 일행을 유혹하는 노래의 일부분이다. 다음 행, Odysseus 는 Siren 에게 유혹되지 않게 귀를 봉했지만 Pound 는 일부러 매혹되어 문명에 추방되고 싶어했다.

Ἴδμεν γάρ τοι πάνθ', ὅσ' ἐνὶ Τροίῃ
Caught in the unstopped ear;
Giving the rocks small lee-way
The chopped seas held him, therefore, that year.

*His true Penelope was Flaubert,
He fished by obstinate isles;
Observed the elegance of Circe's hair
Rather than the mottoes on sun-dials.

Unaffected by "the march of events,"
He passed from men's memory in *l'an trentuniesme*
De son eage; the case presents
No adjunct to the Muses' diadem.

II

The age demanded an image
Of its accelerated grimace,
*Something for the modern stage,
Not, at any rate, an Attic grace;

Not, not certainly, the obscure reveries
Of the inward gaze;
*Better mendacities
Than the classics in paraphrase!

The "age demanded" chiefly a mould in plaster,
Made with no loss of time,
A prose kinema, not, not assuredly, alabaster
Or the "sculpture" of rhyme.

III

*The tea-rose tea-gown, etc.
*Supplants the mousseline of Cos,

---

* **Penelope**: Odysseus 의 아내. Flaubert : Pound 의 예술적 이상향.
* 시대의 움직임보다 예술의 매력을 선택하려는 의지를 나타냈다.
* 이 시를 쓰던 해에 Pound 는 34세였다.
위의 제1편은 프랑스의 Ronsard 의 시 제목을 딴 것이다. 원래의 이 시의 내용은 푸른 섬의 이상향을 꿈꾸는 것이었으나 Pound 의 의도는 Irony 이다.
* **Something . . . stage**: 현대의 무대(현대 사회)에 적합한 것.
* **Better . . . paraphrase**: 이해하기 쉽게 고쳐 쓴 고전보다 거짓말이 낫다는 뜻.
위의 제2편은 Pound 가 시인을 언어로 조각가로 보고 노래한 것이다.
* **tea-rose tea-gown**: 값싼 장미 무늬의 다회복(茶會服)
* **Mousseline of Cos**: 희랍산 고급 면직물. 희랍의 모슬린 명산지.

The pianola "replaces"
*Sappho's barbitos.

Christ follows Dionysus,
Phallic and ambrosial
Made way for macerations;
Caliban casts out Ariel.

All things are a flowing,
Sage Heracleitus says;
But a tawdry cheapness
Shall outlast our days.

Even the Christian beauty
*Defects—after Samothrace;
*We see τὸ καλὸν
Decreed in the market place.

Faun's flesh is not to us,
Nor the saint's vision.
We have the press for wafer;
Franchise for circumcision.

All men, in law, are equals.
*Free of Pisistratus,
We choose a knave or an eunuch
To rule over us.

O bright Apollo,
τίν' ἄνδρα, τίν' ἥρωα, τίνα θεὸν,
*What god, man, or hero
*Shall I place a tin wreath upon!

IV

These fought in any case,
and some believing,
*pro domo, in any case . . .

---

* **barbitos**: 고대 희랍의 칠현으로 된 수금과 같은 악기.
* **Samothrace**: 민주주의를 채택했던 에게해의 섬나라.
* **We see . . . the market place**: 우리는 아름다움이 시장에서 결정되는 것을 본다.(현대미술의 상업주의를 비웃는다.)
* **Pisistratus**: 고대 그리스의 폭군.
* **"what god, what hero, what man"-Pindar**: Second Olympian Ode, line 2.
* **a tin wreath**: 합석으로 만든 화관.
위의 3연은 희랍시대 이후로 쇠퇴하고 타락한 서구문명을 비판한 시.
* **pro domd**: for the home.(조국을 위해서)

Some quick to arm,
some for adventure,
some from fear of weakness,
some from fear of censure,
some for love of slaughter, in imagination,
learning later . . .
some in fear, learning love of slaughter;

Died some, pro patria,
*non "dulce" non "et decor" . . .
walked eye-deep in hell
believing in old men's lies, then unbelieving
came home, home to a lie,
home to many deceits,
home to old lies and new infamy;
usury age-old and age-thick
and liars in public places.

Daring as never before, wastage as never before.
Young blood and high blood,
fair cheeks, and fine bodies;

fortitude as never before

frankness as never before,
disillusions as never told in the old days,
hysterias, trench confessions,
laughter out of dead bellies.

V

There died a myriad,
And of the best, among them,
For an old bitch gone in the teeth,
*For a botched civilization,

Charm, smiling at the good mouth,
*Quick eyes gone under earth's lid,

For two gross of broken statues,

---

* **non "Dulce"**: 즐겁지도 않게. non "et decor": 명예로울 곳도 없이.
위의 제4편은 1차대전을 소재로 전쟁의 무의미함과 환멸을 읊었다.
* **For . . . civilization**: 이 빠진 늙은 창부와 만신창이가 된. 운명을 위해.
* **Quick eyes . . . lid**: 총명한 사람들이 죽어 흙에 묻혔다.
위의 제5편은 이미 멸망한 멸망을 위해 너무 많은 사람들이 전쟁의 회생으로 바쳐졌다는 시.

For a few thousand battered books.

Yeux Glauques

Gladstone was still respected,
When John Ruskin produced
"Kings' Treasuries"; Swinburne
And Rossetti still abused.
Fœtid Buchanan lifted up his voice
When that faun's head of hers
Became a pastime for
Painters and adulterers.

The Burne-Jones cartons
Have preserved her eyes;
Still, at the Tate, they teach
Cophetua to rhapsodize;

Thin like brook-water,
With a vacant gaze.
The English Rubaiyat was still-born
In those days.

The thin, clear gaze, the same
Still darts out faun-like from the half-ruin'd face,
Questing and passive. . . .
"Ah, poor Jenny's case" . . .

Bewildered that a world
Shows no surprise
At her last maquero's
Adulteries.

"Siena Mi Fe'; Disfecemi Maremma"

Among the pickled fœtuses and bottled bones,
Engaged in perfecting the catalogue,
I found the last scion of the
Senatorial families of Strasbourg, Monsieur Verog.

For two hours he talked of Gallifet;
Of Dowson; of the Rhymers' Club;
Told me how Johnson (Lionel) died
By falling from a high stool in a pub . . .

But showed no trace of alcohol
At the autopsy, privately performed—
Tissue preserved—the pure mind
Arose toward Newman as the whiskey warmed.

Dowson found harlots cheaper than hotels;
Headlam for uplift; Image impartially imbued
With raptures for Bacchus, Terpsichore and the Church.
So spoke the author of "The Dorian Mood,"

M. Verog, out of step with the decade,
Detached from his contemporaries,
Neglected by the young,
Because of these reveries.

Brennbaum

The sky-like limpid eyes,
The circular infant's face,
The stiffness from spats to collar
Never relaxing into grace;

The heavy memories of Horeb, Sinai and the forty years,
Showed only when the daylight fell
Level across the face
Of Brennbaum "The Impeccable."

Mr. Nixon

In the cream gilded cabin of his steam yacht
Mr. Nixon advised me kindly, to advance with fewer
Dangers of delay. "Consider
"Carefully the reviewer.

"I was as poor as you are;
"When I began I got, of course,
"Advance on royalties, fifty at first," said Mr. Nixon,
"Follow me, and take a column,
"Even if you have to work free.

"Butter reviewers. From fifty to three hundred
"I rose in eighteen months;
"The hardest nut I had to crack
"Was Dr. Dundas.

"I never mentioned a man but with the view

"Of selling my own works.
"The tip's a good one, as for literature
"It gives no man a sinecure.

"And no one knows, at sight, a masterpiece.
"And give up verse, my boy,
"There's nothing in it."

. . . .

Likewise a friend of Blougram's once advised me:
Don't kick against the pricks,
Accept opinion. The "Nineties" tried your game
And died, there's nothing in it.

X

Beneath the sagging roof
The stylist has taken shelter,
Unpaid, uncelebrated,
At last from the world's welter

Nature receives him;
With a placid and uneducated mistress
He exercises his talents
And the soil meets his distress.

The haven from sophistications and contentions
Leaks through its thatch;
He offers succulent cooking;
The door has a creaking latch.

XI

"Conservatrix of Milésien"
Habits of mind and feeling,
Possibly. But in Ealing
With the most bank-clerkly of Englishmen?

No, "Milésian" is an exaggeration.
No instinct has survived in her
Older than those her grandmother
Told her would fit her station.

XII

"Daphne with her thighs in bark
Stretches toward me her leafy hands,"—

Subjectively. In the stuffed-satin drawing-room
I await The Lady Valentine's commands,

Knowing my coat has never been
Of precisely the fashion
To stimulate, in her,
A durable passion;

Doubtful, somewhat, of the value
Of well-gowned approbation
Of literary effort,
But never of The Lady Valentine's vocation:

Poetry, her border of ideas,
The edge, uncertain but a means of blending
With other strata
Where the lower and higher have ending;

A hook to catch the Lady Jane's attention,
A modulation toward the theatre,
Also, in the case of revolution,
A possible friend and comforter.

. . . .

Conduct, on the other hand, the soul
"Which the highest cultures have nourished"
To Fleet St. where
Dr. Johnson flourished;

Beside this thoroughfare
The sale of half-hose has
Long since superseded the cultivation
Of Pierian roses.

Envoi (1919)

Go, dumb-born book,
Tell her that sang me once that song of Lawes:
Hadst thou but song
As thou hast subjects known,
Then were there cause in thee that should condone
Even my faults that heavy upon me lie,
And build her glories their longevity.
Tell her that sheds
Such treasure in the air,
Recking naught else but that her graces give
Life to the moment,
I would bid them live

As roses might, in magic amber laid,
Red overwrought with orange and all made
One substance and one colour
Braving time.

Tell her that goes
With song upon her lips
But sings not out the song, nor knows
The maker of it, some other mouth,
May be as fair as hers,
Might, in new ages, gain her worshippers,
When our two dusts with Waller's shall be laid,
Siftings on siftings in oblivion,
Till change hath broken down
All things save Beauty alone.

The Cantos

Ezra Pound began to publish the *Cantos* in 1917, when early versions of the first three appeared. In the end, there were 109 complete Cantos and "drafts and fragments" of eight more. From the beginning he was vague about the final dimensions of the work; his decision in 1969 to publish incomplete versions of the latest additions may have meant that he thought he could do no more.

Attempts to establish the *Cantos'* structural plan have so far been unconvincing, and Pound himself offered only partial explanations. He said that the poem constitutes a "commedia agnostica" as against Dante's *Divina Commedia.* In a letter to his father, he suggested an analogy to musical structure: "[The *Cantos* are] rather like, or unlike subject and response and counter subject in fugue," the principle three elements being: "Live man goes down into the world of Dead. The 'repeat in history.' The 'magic moment' or moment of metamorphosis, bust through from quotidian into 'divine or permanent world.' Gods, etc." He also hoped that "Out of the three main classes of themes, permanent, recurrent, and casual (or haphazard), a hierarchy of values should emerge." Though he often intimated that he could provide an "Aquinas-map" of the *Cantos* if he chose, such guidance was not forthcoming.

Pound's intention was to develop a modern epic, a "poem including history," that encompasses not only the world's literature but its art and architecture, myths, economics, the lives of historical figures—in effect "the tale of the tribe"—in a profuse assemblage of particular details that may, or may not, make connections with each other. Underlying this concept are didactic purposes: to present materials which he thinks a civilized reader ought to absorb, and to point, by means of documents and achievements of the past and present, towards a good civilization ruled by right-thinking men of action.

The famous obscurity of the *Cantos* results partly from Pound's disjunctive arrangement of his materials, but partly also from the obscurity of the materials themselves; Pound, formidably traveled and read, usually assumes that his readers are as familiar with 16th-century Italian architecture, Provençal lyrics, Confucian philosophy, and medieval economic history as he is, as well as with the nearly dozen languages from which he draws, or into which he translates, many of his allusions. In some ways it is easier, armed with patience and the *Annotated Index to the Cantos of Ezra Pound,* to read right through the poem rather than to read excerpts from it, as Pound's hermetic allusions are often tags which are expanded elsewhere.

Cantos 1–7 indicate the poem's procedures and some of its themes. Cantos 8–11 present Sigismundo Malatesta (d. 1468), the Venetian soldier and art patron, as a type of the man of action. Cantos 12–13 contrast modern economic exploitation with the tranquil order of Confucian moral philosophy. Cantos 14–16 describe a passage through hell (in the guise of modern London), ending with a vision of medieval Venice as paradise in Canto 17. American presidents whose policies and personal styles Pound admires are presented in Cantos 31–3 (Jefferson), 34 (John Quincy Adams), 37 (Van Buren), and 62–71 (John Adams); Canto 41 introduces Mussolini, whom Pound, sympathizing with the Fascist economic program and seeming patronage of art, thought the best contemporary leader. As Pound identifies humane civilization and government with Confucian ethics, he sketches a history of ancient China (Cantos 52–61) to show that Chinese prosperity and peace only attended rule by Confucian moral principles—a conclusion that modern historians find dubious. In counterpoint to these "historical" Cantos Pound sets those of the *Fifth Decad of Cantos,* which inveigh against usurious monetary systems (those, according to Pound, based on paper values rather than real ones) and exalt those principles, from the Eleusinian mysteries of ancient Greece to the "social credit" theories of Pound's contemporary C. H. Douglas, which encourage the growth of natural fertility and wealth. During the Second World War Pound wrote two Cantos in Italian which have not been published; at the war's end he was imprisoned near Pisa by the U.S. Army on charges of treason arising from his wartime broadcasts on the Italian radio.

The *Pisan Cantos,* written in the prison camp under great physical and psychological duress while Pound was waiting to be returned to the United States for trial and quite possibly execution, record a "dark night of the soul" through which the poet passes toward a vision of Aphrodite, the goddess of love, and the acceptance of his own death. Available to him were the scenes and events of the detention camp, the Bible, an edition of Confucius, a poetry anthology, and the resources of his extraordinary memory. Under extreme pressure these elements combine, in a "magic moment" recorded in Canto 81. The *Pisan Cantos* are both impressive and difficult, and when they won the Bollingen Prize in 1949 (given by the Library of Congress; the distinguished jury included T. S. Eliot), a controversy was set off involving not only the charge of treason which was still pending against Pound, and the undeniably Fascist and antisemitic passages in parts of the poems, but also a reaction against the aesthetic of post-symbolist "modernism" as exemplified in all the works of Pound and Eliot.

The later Cantos—*Section: Rock Drill* (1955) and *Thrones* (1959)—consolidate the insights of the earlier Cantos and are yet more cryptic. The *Drafts and Fragments of Cantos CX–CXVII* (1969) hint at an apologia: "But the beauty is not the madness / Tho' my errors and wrecks lie about me. / And I am not a demigod, / I cannot make it cohere." (From Canto 116.) In a 1968 conversation with Daniel Cory, Pound said that he had "botched" the work. But despite its unevenness and obscurity, the *Cantos* remains for readers and for other poets one of the great literary challenges and inspirations of the century.

I

And then went down to the ship,
*Set keel to breakers, forth on the godly sea, and
*We set up mast and sail on that swart ship,
Bore sheep aboard her, and our bodies also
Heavy with weeping, and winds from sternward
*Bore us out onward with bellying canvas,
*Circe's this craft, the trim-coifed goddess.
Then sat we amidships, wind jamming the tiller,
Thus with stretched sail, we went over sea till day's end.
Sun to his slumber, shadows o'er all the ocean,
Came we then to the bounds of deepest water,
*To the Kimmerian lands, and peopled cities
Covered with close-webbed mist, unpierced ever
With glitter of sun rays
Nor with stars stretched, nor looking back from heaven
Swartest night stretched over wretched men there.
The ocean flowing backward, came we then to the place
Aforesaid by Circe.

※ The Cantos I (시편 I)는 1917년에 처음 발표한 3편중의 하나다. 이 시는 일종의 사회비판을 시도한 장편 서사시로 120여편을 썼다고 하나 확실히 밝혀진 것은 109편 뿐이다.
The Cantos I 은 Odysseus 가 지구의 끝까지 항해를 하고, 그곳에서 저승의 정령을 부르는 장면을 묘사한 *Odyssey* 11권 첫부분에서부터 68행까지를 자유롭게 번역한 것이다.

* **set kneel to breakers**: 부서진 흰파도에 배를 댔다.(주어는 다음행의 we).
* **swat**: black, dirty.
* **bellying canvas**: (바람에) 부푼 돛.
* **the trim-coifed goddess**: the goddess of lovely tresses. Odysseus 는 여신 Circe 와 1년동안 살았던 그 섬을 떠난다. 여신의 지시에 따라 저승의 입구까지 간다. 그곳에서 예언자 Tiresias 와 자기의 귀향문제를 상의한다.
* **The kimmerian lands**: Homer 의 시에서, 세계의 서쪽 끝 저멀리 안개와 암흑속에 산다고 노래한 Kimmer 족의 나라.

*Here did they rites, Perimedes and Eurylochus,
And drawing sword from my hip
*I dug the ell-square pitkin;
Poured we libations unto each the dead,
*First mead and then sweet wine, water mixed with white flour.
Then prayed I many a prayer to the sickly death's-heads;
As set in Ithaca, sterile bulls of the best
For sacrifice, heaping the pyre with goods,
*A sheep to Tiresias only, black and a bell-sheep.
*Dark blood flowed in the fosse,
*Souls out of Erebus, cadaverous dead, of brides
Of youths and of the old who had borne much;
Souls stained with recent tears, girls tender,
Men many, mauled with bronze lance heads,
*Battle spoil, bearing yet dreory arms,
These many crowded about me; with shouting,
Pallor upon me, cried to my men for more beasts;
Slaughtered the herds, sheep slain of bronze;
Poured ointment, cried to the gods,
*To Pluto the strong, and praised Proserpine;
Unsheathed the narrow sword,
I sat to keep off the impetuous impotent dead,
*Till I should hear Tiresias.
But first Elpenor came, our friend Elpenor,
Unburied, cast on the wide earth,
Limbs that we left in the house of Circe,
Unwept, unwrapped in sepulchre, since toils urged other.
Pitiful spirit. And I cried in hurried speech:
"Elpenor, how art thou come to this dark coast?
Cam'st thou afoot, outstripping seamen?"

And he in heavy speech:
*"Ill fate and abundant wine. I slept in Circe's ingle.
Going down the long ladder unguarded,

---

* **Perimedes and Eurylochus**: 앞의 they 와 동격, Odysseus 의 두 부하들.
* **ell-sguare pitkin**: trench about a cubit long and a cubit wide. A pitkin 은 작은 구멍을 표현하고자 한 Pound 의 조어다. an ell 은 길이의 측정이다.
* **mead**: 벌꿀 술.
* **bell-ship**: 양떼를 모는 사람.
* **fosse**: **trench**: Ditch(Latin).
* **Erebus**: 태고의 암흑. 저승. 지하계.
* **dreory**: bloody.
* **Pluto**: 지하계의 로마신.(Proserpine 은 그의 아내).
* **Tiresias**: (그리스의 신화) Thebes 의 예언자.
* **Elpenor**: Odysseus 의 한 친구.
* **Circe's ingle**: Hearth.

I fell against the buttress,
*Shattered the nape-nerve, the soul sought Avernus.
But thou, O King, I bid remember me, unwept, unburied,
Heap up mine arms, be tomb by sea-bord, and inscribed:
A man of no fortune, and with a name to come.
And set my oar up, that I swung mid fellows."
*And Anticlea came, whom I beat off, and then Tiresias Theban,
Holding his golden wand, knew me, and spoke first:
*"A second time? why? man of ill star,
Facing the sunless dead and this joyless region?
Stand from the fosse, leave me my bloody bever
*For soothsay."
And I stepped back,
And he strong with the blood, said then: "Odysseus
*Shalt return through spiteful Neptune, over dark seas,
Lose all companions." And then Anticlea came.
Lie quiet Divus. I mean, that is Andreas Divus,
In officina Wecheli, 1538, out of Homer.
And he sailed, by Sirens and thence outward and away
And unto Circe.
Venerandam,
In the Cretain's phrase, with the golden crown, Aphrodite,
Cypri munimenta sortita est, mirthful, orichalchi, with golden
Girdles and breast bands, thou with dark eyelids
*Bearing the golden bough of Argicida. So that:

---

* **the soul ... Acrnus**: my soul came down to Hades. Cumae 와 Naples 근처의 호수.
* **Anticlea**: Odysseus 의 어머니.
* **man of ill star**: 불운의 사람, 액운의 사람.
A second time: 그들은 전에 지상에서 만났다.
* **for soothsay**: for prediction. 예언하는 힘을 갖도록.
* **Neptune**: 로마의 해신.
* **Argicida**: 괴물을 죽인 자. 즉 Hermes 또는 Mercury (도둑의 수호신)의 별칭.

H. D. (Hilda Doolittle)
(*1886–1961*)

The American poet and critic R. P. Blackmur paid H. D. an extraordinary tribute. He wrote that her "special form of the mode of Imagism—cold, 'Greek,' fast and enclosed—has become one of the ordinary resources of poetic language; it is a regular means of putting down words so that they will keep; and readers are mistaken who confuse familiarity with flatness or who think facile imitation of the form emulates the perception that goes with the mode." Blackmur may be giving H. D. too much credit, for many of her friends and contemporaries—Pound, Eliot, and Williams among them—were also conducting the experiment of putting poetry on a thin diet, the effort to discover how few words are required to make a poem. H. D.'s poems, often modelled on the fragments of classical verse and exploiting that very quality of fragmentariness, are reminders that less can be more and that implication is an all-important source of energy in poetry.

Hilda Doolittle was born in Bethlehem, Pennsylvania on September 10, 1886. Her father was a professor of mathematics and of astronomy at Lehigh University and later at the University of Pennsylvania. She was educated at private schools in Philadelphia and she studied at Bryn Mawr for a time, but because of ill health she left the college in her sophomore year. William Carlos Williams remembered her in those early years:

> There was about her that which is found in wild animals at times, a breathless impatience, almost a silly unwillingness to come to the point. She had a young girl's giggle and shrug which somehow in one so tall and angular seemed a little absurd. She fascinated me, not for her beauty which was unquestioned if bizarre to my sense, but for a provocative indifference to rule and order which I liked. She dressed indifferently, almost sloppily and looked to a young man, not inviting—she had nothing of that—but irritating, with a smile.

In 1911 H. D. went to Europe for what she thought would be a brief summer's stay. In England she renewed her friendship with Ezra Pound, who several years before had been momentarily in love with her, and he encouraged her to write. "I had never heard of *vers libre,*" H. D. recalled, "till I was 'discovered' . . . by Ezra Pound. Ezra Pound was very kind and used to bring me (literally) armfuls of books to read. . . . I did a few poems that I don't think Ezra liked . . . , but later he was beautiful about my first authentic verses, . . . and sent my poems in for me to Miss Monroe [the editor of *Poetry* magazine]. He signed them for me 'H. D., Imagiste.' The name seems to have stuck somehow. . . ." At about the same time H. D. met the English poet Richard Aldington, whom she married; they collaborated on some translations from the Greek, and after he had gone off to war, she was an assistant editor of the magazine called the *Egoist*. Several years after the war H. D. and Aldington were divorced, and she moved to Switzerland where she spent most of the remainder of her life. She published her collected poems in 1924, and in her later years she turned from the short lyric to increasingly longer narratives, some in verse, some in prose, and some in combinations of the two. She returned to London in 1939 and remained there for six years; inspired by her experience of the Blitz, she composed a trilogy of long meditative poems, *The Walls Do Not Fall* (1944), *Tribute to the Angels* (1945), and *The Flowering of the Rod* (1946). Her later books include A *Tribute to Freud* (1956)—H. D. had been one of Freud's patients —and *By Avon River* (1949), a celebration of Shakespeare in prose and verse. After the war she returned to Switzerland and died in Zurich on September 29, 1961.

H. D.'s poems are exclamations in the face of, and in praise of, actuality, what is seen, what is immediately there. The poet often appears in the role of a priestess who has come to worship and celebrate a natural event. She prays that the event—the heat of the day, the sea, any item of real or imagined life —will overwhelm her, take her by storm. Her early poems are often confident magical spells. The later *The Walls Do Not Fall* is a kind of dejection ode. At first the poet distrusts her ability to identify with, and thus to recreate, what surrounds her; she eventually finds some consolation in the realization that the secret of the gods is "stored / in man's very speech" and that the poet "takes precedence of the priest, / stands second only to the Pharoah."

Oread

Whirl up, sea—
whirl your pointed pines,
splash your great pines
on our rocks,
hurl your green over us,
cover us with your pools of fir.

From The Walls Do Not Fall

1

An incident here and there,
and rails gone (for guns)
from your (and my) old town square:

mist and mist-grey, no colour,
*still the Luxor bee, chick and hare
pursue unalterable purpose

in green, rose-red, lapis;
they continue to prophesy
from the stone papyrus:

*there, as here, ruin opens
the tomb, the temple; enter,
there as here, there are no doors:

the shrine lies open to the sky,
the rain falls, here, there
sand drifts; eternity endures:

ruin everywhere, yet as the fallen roof
leaves the sealed room
open to the air,

so, through our desolation,
thoughts stir, inspiration stalks us
through gloom:

※ 희랍 신화의 산의 요정. 이 시는 Oread 가 바다를 향하여 하는 말로 되어 있다.

* **the Luxor**: Nile 강 상류에 있는 Egypt 도시명. 이 도시에는 Egypt 의 신들을 섬기는 많은 성소가 있다. 후에 그 성벽 안에는 교회가 세워졌다.

* **there, as here**: "there" 는 옛 Egypt "here" 는 2차 대전 중 London. 그때 매일 독일 폭격기들이 수천개의 건물을 파괴시켰다.

unaware, Spirit announces the Presence;
shivering overtakes us,
*as of old, Samuel:

trembling at a known street-corner,
we know not nor are known;
*the Pythian pronounces—we pass on

to another cellar, to another sliced wall
where poor utensils show
like rare objects in a museum;

*Pompeii has nothing to teach us,
we know crack of volcanic fissure,
slow flow of terrible lava,

pressure on heart, lungs, the brain
about to burst its brittle case
(what the skull can endure!):

*over us, Apocryphal fire,
under us, the earth sway, dip of a floor,
slope of a pavement

where men roll, drunk
with a new bewilderment,
sorcery, bedevilment:

the bone-frame was made for
no such shock knit within terror,
yet the skeleton stood up to it:

the flesh? it was melted away,
the heart burnt out, dead ember,
tendons, muscles shattered, outer husk dismembered,

yet the frame held:
we passed the flame: we wonder

---

* **Samuel**: Israel 의 예언자이며 재판관.
* **Pythian**: 예언으로 유명한 Delphi 에 있는 무녀.
* **Pompeii**: 기원전 79년 Vesuvius 산(이탈리아 서남부, 나폴리 부근의 활화산)의 폭발로 파괴된 Italy 도시.
* **Apocryphal fire**: 구약의 「경외서」(현재의 보통 성서에서 생략되어 있는 것)인 「에스드라서」 11, 13장 언급이다. 에스드라는 군중들에게 공격을 받을 때, 그는 스스로 큰 산을 조각한다. 그리고 불과 불꽃의 홍수를 입에서 토해낸다.
* H.D. 는 *Arabian Nights* 의 이야기중 하나를 암시하고 있다. 그 이야기에서 한 신령이 그의 주인이게 그의 명령에 따라 많은 보물을 가져온다.

what saved us? what for?

4

There is a spell, for instance,
in every sea-shell:

continuous, the seathrust
is powerless against coral,

bone, stone, marble
hewn from within by that craftsman,

the shell-fish:
oyster, clam, mollusc

is master-mason planning
the stone marvel:

yet that flabby, amorphous hermit
within, like the planet

senses the finite,
it limits its orbit

of being, its house,
temple, fane, shrine:

it unlocks the portals
at stated intervals:

prompted by hunger,
it opens to the tide-flow:

but infinity? no,
of nothing-too-much:

I sense my own limit,
my shell-jaws snap shut

at invasion of the limitless,
ocean-weight; infinite water

can not crack me, egg in egg-shell;
closed in, complete, immortal

full-circle, I know the pull
of the tide, the lull

as well as the moon;
the octopus-darkness

is powerless against
her cold immortality;

so I in my own way know
that the whale

can not digest me:
be firm in your own small, static, limited

orbit and the shark-jaws
of outer circumstance

will spit you forth:
be indigestible, hard, ungiving,
so that, living within,
you beget, self-out-of-self,

selfless,
that pearl-of-great-price.

5

When in the company of the gods,
I loved and was loved,

never was my mind stirred
to such rapture,

my heart moved
to such pleasure,

as now, to discover
over Love, a new master:

His, the track in the sand
from a plum-tree in flower

to a half-open hut-door,
(or track would have been,

but wind blows sand-prints from the sand,
whether seen or unseen):

His, the Genius in the jar

which the Fisherman finds,

He is Mage,
* bringing myrrh.

6

In me (the worm) clearly
is no righteousness, but this—

persistence; I escaped spider-snare,
bird-claw, scavenger bird-beak,

Clung to grass-blade,
the back of a leaf

when storm-wind
tore it from its stem;

I escaped, I explored
rose-thorn forest,

was rain-swept
down the valley of a leaf;
was deposited on grass,
where mast by jewelled mast

bore separate ravellings
of encrusted gem-stuff

of the mist
from each banner-staff:

unintimidated by multiplicity
of magnified beauty,

such as your gorgon-great
*dull eye can not focus

nor compass, I profit
by every calamity;

I eat my way out of it;

*** myrrh**: 미르라(몰약). 동방 박사들은 값비싼 보물을 아기 예수에게 가져온다.
*** dell eye**: 머리가 뱀인 신화에서 나온 괴물인 고곤(gorgons) 은 보는 사람들을 돌로 변화시켰다.

gorged on vine-leaf and mulberry,

parasite, I find nourishment:
when you cry in disgust,

a worm on the leaf,
a worm in the dust,

a worm on the ear-of-wheat,
I am yet unrepentant,

for I know how the Lord God
is about to manifest, when I,

the industrious worm,
spin my own shroud.

8

So we reveal our status
with twin-horns, disk, erect serpent,

though these or the double-plume or lotus
are, you now tell us, trivial

intellectual adornment;
poets are useless,

more than that,
we, authentic relic,
bearers of the secret wisdom,
living remnant

of the inner band
of the sanctuaries' initiate,

are not only "non-utilitarian,"
we are "pathetic":

this is the new heresy;
but if you do not even understand what words say,

how can you expect to pass judgment
on what words conceal?

yet the ancient rubrics reveal that
we are back at the beginning:

you have a long way to go,
walk carefully, speak politely

to those who have done their worm-cycle,
for gods have been smashed before

and idols and their secret is stored
in man's very speech,

in the trivial or
the real dream; insignia

in the heron's crest,
the asp's back,

enigmas, rubrics promise as before,
protection for the scribe;

he takes precedence of the priest,
stands second only to the Pharoah.

SIEGFRIED SASSOON
(1886–1967)

Siegfried Sassoon was born into a world of leisured ease and country pleasures, a privileged world which in retrospect he transformed into a timeless Eden. "Time went as slowly," he wrote, "as the carrier's van that brought the parcels from the station, and international affairs were comfortably epitomized in the weekly cartoons of *Punch*. France was a lady in a short skirt, Russia a bear, and the performances of the county cricket team more important than either of them. . . ." This quiet world exploded in 1914, and Sassoon served in the British Army for four and a half years. During this period he wrote the short satirical poems for which he is best remembered.

He was born in London on September 8, 1886, into a prosperous family of Sephardic Jews. His parents separated when Sassoon was a child; his father died soon thereafter, and he was raised by his mother. He was educated at Marlborough Grammar School and at Clare College, Cambridge, and then spent a few years in London; Sassoon was an attractive young man, well connected and comfortably situated, and his main interests were hunting and poetry. The most interesting of his prewar poems is *The Daffodil Murderer,* a parody of John Masefield's *The Everlasting Mercy,* a long narrative poem which had been a success thanks to its treatment of low life and its forthright language. Sassoon was taken up by Sir Edward Marsh, a patron of the arts, and for a time figured in the collections of Georgian poetry he began to publish in 1912.

When war broke out in 1914, Sassoon immediately enlisted and went to France as a second lieutenant. His first war poems were written under the enchantment of a chivalric ideal. In "The Dragon and the Undying" he writes:

> . . . they are fortunate who fight
> For gleaming landscapes swept and shafted
> And crowned by cloud pavilions white.

Another poem "The Kiss" is curious in that it may be read in two ways, either as a satire or "straight." It was inspired by a bloody-minded indoctrination speech in which the troops were urged to destroy the enemy with cold steel; Sassoon may have been taken in by the invitation to savagery, but not for long. His fellow officer Robert Graves showed him his own poems about the war, and Sassoon objected that they were too "realistic," though he would soon change his mind about the war and the proper way to write about it. He set himself the task of observing the war and his reactions to it. He wrote Edward Marsh, "I am going up to the trenches very shortly; . . . and I mean to suck in all I can when I get up there. I am always trying to impress things on my memory, and make as many notes as I can." Two collections of Sassoon's poems appeared during the war: *The Old Huntsman* (1917) and *Counter Attack* (1918). In 1917 Sassoon was wounded and he was sent home; disgusted with the war and with the civilians who were profiting from it financially and emotionally, he threw his Military Cross into the sea and did his best to get court-martialled so that he could make his views public. Instead he was judged to be "temporarily insane" and thus denied a hearing; he eventually returned to France where he was wounded for a second time.

When the war was over, Sassoon, a declared pacifist, toured the United States, reading his poems and speaking against war. Although he continued to write poetry, his best later work was a three-volume fictionalized autobiography—*Memoirs of a Fox-Hunting Man* (1928), *Memoirs of an Infantry Officer* (1930) and *Sherston's Progress* (1936)—and several volumes of undisguised autobiography. Sassoon became a Roman Catholic in 1957; he died on September 1, 1967.

Sassoon began as a social and poetic radical; in the trenches he used to dream that one day he and Graves would "scandalize the jolly old Gosses and Stracheys," the established literary figures of their day. Once this wartime exuberance had spent itself, Sassoon's views of poetry turned out to be rather old-fashioned. In 1939 he observed that "for the last decade and a half the writing of straight-forward and whole-hearted verse has been increasingly out of fashion, and indirect utterance has been indulged in to an unprecedented degree." Clearly Sassoon's sympathies are all on the side of direct utterance, and in his remarks on poetry he shows little interest in exploring the very complex feelings from which simple poetic statements often derive their power. He demands from poetry a "full and living voice, seemingly natural, though often using the language of a personal poetic idiom. I mean the true vocal cadence of something urgently communicated—the best words in the best order—yes—but empowered by sincerity and inspiration." Almost certainly it was the emotion engendered in Sassoon by the war, an emotion for which "urgency" is far too mild a word, that inspired what Graves calls the "extraordinary five years of Siegfried Sassoon's efflorescence (1917–1921)." When it is nakedly expressed as in "Repression of War Experience" ("O Christ, I want to go out / And screech at them to stop—I'm going crazy; / I'm going stark, staring mad because of the guns") the emotion is simply there, and although the reader is willing to credit this state of near-madness, the poem itself cannot really contain it. Other poems succeed better because Sassoon can arrange a confrontation between a rather nostalgic poetic vocabulary ("Soldiers are citizens of death's grey land") and the grim particulars of the war (the "soft, unanswering heap" of a corpse, the soldiers "in foul dug-outs, gnawed by rats"). Another contrast, equally grim, is between the horror of war itself and the attitude of civilians who send their sons off to war and then enjoy the carnage at a safe distance:

I'd like to see a Tank come down the Stalls,

Lurching to ragtime tunes, or "Home, sweet Home,"—
And there'd be no more jokes in Music-halls
To mock the riddled corpses around Bapaume.

"Blighters"

The House is crammed: tier beyond tier they grin
And cackle at the Show, while prancing ranks
Of harlots shrill the chorus, drunk with din;
"We're sure the Kaiser loves the dear old Tanks!"

*I'd like to see a Tank come down the stalls,
Lurching to ragtime tunes, or "Home, sweet Home,"—
And there'd be no more jokes in Music-halls
*To mock the riddled corpses round Bapaume.

Dreamers

Soldiers are citizens of death's grey land,
*Drawing no dividend from time's to-morrows.
In the great hour of destiny they stand,
Each with his feuds, and jealousies, and sorrows.
*Soldiers are sworn to action; they must win
Some flaming, fatal climax with their lives.
Soldiers are dreamers; when the guns begin
*They think of firelit homes, clean beds, and wives.

*I see them in foul dug-outs, gnawed by rats,
And in the ruined trenches, lashed with rain,
*Dreaming of things they did with balls and bats,
And mocked by hopeless longing to regain
*Bank-holidays, and picture shows, and spats,
And going to the office in the train.

---

* **the stalls**: Orchestra seats.
* **Bapaume**: 북 프랑스에 있는 작은 도시.
※ France 전선에서 쓴 시다.
* **Drawing no dividend**: 배당을 못받는.
* **are . . . action**: 전쟁하는 것이 피할 수 없는 의무다.
* **firelit**: 벽난로의 불이 따뜻한.
* **dug-outs**: 대피호(참호안에 만든).
* **balls and bats**: cricket 용의 ball 과 bat.
* **Bank-holidays**: 영국의 일반 공휴일(년 6회).
picture show: 영화
spats: 짧은 각반.

The Fathers

Snug at the club two fathers sat,
Gross, goggle-eyed, and full of chat.
One of them said: "My eldest lad
*Writes cheery letters from Bagdad.
But Arthur's getting all the fun
*At Arras with his nine-inch gun."

"Yes," wheezed the other, "that's the luck!
My boy's quite broken-hearted, stuck
In England training all this year.
Still, if there's truth in what we hear,
*The Huns intend to ask for more
Before they bolt across the Rhine."
I watched them toddle through the door—
These impotent old friends of mine.

---

* **Bagdad**: 영국의 국경일.
* **Arras**: 북 프랑스에 있는 도시이며 제1차 세계대전 중 서부전선의 요새지다. 1917년 4월, 132,000명의 영국군 사상자를 낸 격전지다.
* **The Huns**: The German army.

EDWIN MUIR
(1887–1959)

Edwin Muir wrote in his Autobiography "I was born before the Industrial Revolution and am now about two hundred years old. But I have skipped a hundred and fifty years of them. . . . No wonder I am obsessed with Time." He was in fact born on May 15th, 1887, in Deerness in the Orkney Islands off the coast of Scotland. He was the son of a small tenant farmer and spent his boyhood, as he later came to recognize, in a society which had changed little since the Middle Ages. Muir's recollections of this primitive agricultural life, its daily and seasonal rituals, its folk beliefs and superstitions, are the material for much of his poetry. His family and their neighbors "had a culture made up of legends, folk-song, and the poetry and prose of the Bible; they had customs which sanctioned their instinctive feelings for the earth; their life was an order and a good order." His parents seemed to him "fixed allegorical figures in a timeless landscape." As a boy he read a condensed version of William Morris's *The Earthly Paradise,* a collection of tales from Greek and Norse mythology, and it seemed to him that he was watching "a new race in my familiar countryside: a race of goddesses, beautiful women, and great warriors, all under the low Northern sky, for even the Greek stories unfolded for me in a landscape very like Orkney."

When he was thirteen Muir's family had to give up their farm and move to the industrial city of Glasgow, then famous for its prosperity and for its terrible slums, which were thought to be the worst in the British Isles. His parents found life in the city unbearable and by the time Muir was 18 both were dead. Muir moved from one shabby job to another. He had left school at 14 and was forced to continue his education on his own. He wrote some short prose observations, modelled on the epigrams of Nietzsche, and sent them to *The New Age,* a magazine edited by A. R. Orage, who took a kindly interest in the young writer. Muir's aphorisms were collected in his first book *We Moderns* (1918). In June 1919 Muir married Willa Anderson, and he was frequently to say that his marriage was the most important single event of his life. She gave him the courage to devote himself to writing, encouraging him to leave Glasgow and move to London, and some years later collaborated with him on their translations of twentieth-century German writers. Accounts of this extraordinarily happy marriage may be found in Muir's autobiography and in *Belonging,* a book which Mrs. Muir wrote after her husband's death.

Muir made his living as a journalist—for years he reviewed novels for *The Listener*—and as an occasional teacher. He and his wife spent some time in Prague both before and after the Second World War where he lectured on English literature, and for five years he was the Warden of Newbattle, a residential adult education college in Scotland. In 1955–56 he was

Charles Eliot Norton professor at Harvard. He died on January 3, 1959.

Muir is a difficult writer to place, because in his poetry and his criticism he attempts to go his own way and to steer clear of schools and influences. He wrote Stephen Spender, "I think we are all too much moved by a spirit of emulation, and when something 'new' appears feel almost in conscience bound to produce something new, whereas if we wrote from the solidest base within ourselves we should produce something which is new. I know that in my own experience I have generally to burst through to that solid foundation (at least it always feels like that) and only rarely touch it: for me it is the most difficult thing in the world to reach. I am very rarely on it, most of my life is elsewhere."

For Muir the "solidest basis" within himself was the vanished Eden of his childhood. His last book takes its title from the poem "One Foot in Eden," and his tombstone bears lines from his poem "Milton":

his unblinded eyes
Saw far and near the fields of Paradise.

In the spring of 1938 he wrote in his diary "I have often had a vague fancy or intuition of a certain state of human existence, which satisfies me more completely than any other human image. It is a state in which the earth, the human buildings on the earth, and the earthly life of everyone will in some way be in harmony with the sky which overarches them. In childhood I had that feeling of harmony, and I can still remember it; the sky fitted the earth then: but since that time I have often been troubled by a sense of dislocation between the earth and the sky: an actual physical, or visual, feeling of something wrong." Muir's poem "The Horses," which T. S. Eliot described as "that great, that terrifying poem of the 'atomic age'," celebrates the reconstitution of the human and the natural world after the destruction of our mechanized and inhuman "civilization." Because of the enduring simplicities of his recollected childhood, Muir's bent is towards allegory. In 1937 he and his wife translated Kafka's *The Trial*, and his words on that great allegorist are also a summary of Muir's own endeavor and achievement: "He has provided imaginative writers not merely with a way of looking at life, but with a way of dealing with life. In an age obsessed with the time sense, or, as it is called, the historical sense, he has resurrected and made available for contemporary use the timeless story, the archetypal story, in which is the source of all stories."

*Ballad of Hector in Hades

Yes, this is where I stood that day,
  Besides this sunny mound.
The walls of Troy are far away,
  And outward comes no sound.

I wait. On all the empty plain
  A burnished stillness lies,
Save for the chariot's tinkling hum,
  And a few distant cries.

His helmet glitters near. The world
  Slowly turns around,
With some new sleight compels my feet
  From the fighting ground.

I run. If I turned back again
  The earth must turn with me,
The mountains planted on the plain,
  The sky clamped to the sea.

The grasses puff a little dust
  Where my footsteps fall.
I cast a shadow as I pass
  The little wayside wall.

The strip of grass on either hand
  Sparkles in the light;
I only see that little space
  To the left and to the right,

And in that space our shadows run,
  His shadow there and mine,
The little flowers, the tiny mounds,
  The grasses frail and fine.

But narrower still and narrower!
  My course is shrunk and small,
Yet vast as in a deadly dream,
  And faint the Trojan wall.

※ Hector : 트로이 군대의 지도자였으나 희랍의 영웅 Achilles 에게 전사 당하였다. Achilles 는 전차로 그의 시체를 Troy 성벽 주변으로 끌고 다녔다. (*Autobiography*, 1954, pp.42-3).

The sun up in the towering sky
  Turns like a spinning ball.

The sky with all its clustered eyes
  Grows still with watching me,
The flowers, the mounds, the flaunting weeds
  Wheel slowly round to see.

Two shadows racing on the grass,
  Silent and so near,
Until his shadow falls on mine.
  And I am rid of fear.

The race is ended. Far away
  I hang and do not care,
While round bright Troy Achilles whirls
  A corpse with streaming hair.

The Refugees

A crack ran through our hearthstone long ago,
And form the fissure we watched gently grow
The tame domesticated danger,
Yet lived in comfort in our haunted rooms.
Till came the Stranger
And the great and the little dooms.

We saw the homeless waiting in the street
Year after year,
The always homeless,
Nationless and nameless,
To whose bare roof-trees never come
Peace and the house martin to make a home.
We did not fear
A wrong so dull and old,
So patiently told and patiently retold,
While we sat by the fire or in the window-seat.
Oh what these suffered in dumb animal patience,
That we now suffer,
While the world's brow grows darker and the world's hand rougher.
We bear the lot of nations,
Of times and races,
Because we watched the wrong

※ 제2차 세계대전 중 Muir 는 Edinburgh 로 오는 많은 피난민들을 위한 저녁 프로그램을 짜는 영국 문화협회에서 일을 했다. (*Autobiography*, 1954, p.250.)

Last too long
With non-committal faces.
Until from Europe's sunset hill
We saw our houses falling
Wall after wall behind us.
What could blind us
To such self-evident ill
And all the sorrows from their caverns calling?

This is our punishment. We came
Here without blame, yet with blame,
Dark blame of others, but our blame also.
This stroke was bound to fall,
Though not to fall so.
A few years did not waste
The heaped up world. The central pillar fell
Moved by no living hand. The good fields sickened
By long infection. Oh this is the taste
Of evil done long since and always, quickened
No one knows how
While the red fruit hung ripe upon the bough
And fell at last and rotted where it fell.

For such things homelessness is ours
And shall be others'. Tenement roofs and towers
Will fall upon the kind and the unkind
Without election,
For deaf and blind
Is rejection bred by rejection
Breeding rejection,
And where no counsel is what will be will be.
We must shape here a new philosophy.

The Three Mirrors

I looked in the first glass
And saw the fenceless field
And like broken stones in grass
The sad towns glint and shine.
The slowly twisting vine
Scribbled with wrath the stone,
The mountain summits were sealed

※ 1940년 Muir는 "Yesterday's Mirror : Afterthoughts to an Autobiography" 라고 하는 논문을 썼다. 이 논문에서 이 시의 3거울과 비슷한 경험을 생각하는 3가지 방법을 구별하였다. (*Scots Magazine,* September 1940, pp. 404~10.)

In incomprehensible wrath.
The hunting roads ran on
To round the flying hill
And bring the quarry home.
But the obstinate roots ran wrong,
The lumbering fate fell wrong,
The walls were askew with ill,
Askew went every path,
The dead lay askew in the tomb.

I looked in the second glass
And saw through the twisted scroll
In virtue undefiled
And new in eternity
Father and mother and child,
The house with its single tree,
Bed and board and cross,
And the dead asleep in the knoll.
But the little blade and leaf
By an angry law were bent
To shapes of terror and grief,
By a law the field was rent,
The crack ran over the floor,
The child at peace in his play
Changed as he passed through a door,
Changed were the house and the tree,
Changed the dead in the knoll,
For locked in love and grief
Good with evil lay.

If I looked in the third glass
I should see evil and good
Standing side by side
In the ever standing wood,
The wise king safe on his throne,
The rebel raising the rout,
And each so deeply grown
Into his own place
He'd be past desire or doubt.
If I could look I should see
The world's house open wide,
The million million rooms
And the quick god everywhere
Glowing at work and at rest,
Tranquillity in the air,
Peace of the humming looms

Weaving from east to west,
And you and myself there.

The Labyrinth

Since I emerged that day from the labyrinth,
Dazed with the tall and echoing passages,
The swift recoils, so many I almost feared
I'd meet myself returning at some smooth corner,
Myself or my ghost, for all there was unreal
After the straw ceased rustling and the bull
Lay dead upon the straw and I remained,
Blood-splashed, if dead or alive I could not tell
In the twilight nothingness (I might have been
A spirit seeking his body through the roads
*Of intricate Hades)—ever since I came out
To the world, the still fields swift with flowers, the trees
All bright with blossom, the little green hills, the sea,
The sky and all in movement under it,
Shepherds and flocks and birds and the young and old,
(I stared in wonder at the young and the old,
For in the maze time had not been with me;
I had strayed, it seemed, past sun and season and change,
Past rest and motion, for I could not tell
At last if I moved or stayed; the maze itself
Revolved around me on its hidden axis
And swept me smoothly to its enemy,
The lovely world)—since I came out that day,
There have been times when I have heard my footsteps
Still echoing in the maze, and all the roads
That run through the noisy world, deceiving streets
That meet and part and meet, and rooms that open
Into each other—and never a final room—
Stairways and corridor and antechambers
That vacantly wait for some great audience,
The smooth sea-tracks that open and close again,
Tracks undiscoverable, indecipherable,
Paths on the earth and tunnels underground,
And bird-tracks in the air—all seemed a part
Of the great labyrinth. And then I'd stumble
In sudden blindness, hasten, almost run,
As if the maze itself were after me
And soon must catch me up. But taking thought,

※ Muir 는 1946년 Czechoslovakia 에 있는 동안 이 시를 썼다.
* **Hades**: 희랍 신화에서 사자들의 왕국

I'd tell myself, 'You need not hurry. This
Is the firm good earth. All roads lie free before you.'
But my bad spirit would sneer, 'No, do not hurry.
No need to hurry. Haste and delay are equal
In this one world, for there's no exit, none,
No place to come to, and you'll end where you are,
Deep in the centre of the endless maze.'

I could not live if this were not illusion.
It is a world, perhaps; but there's another.
For once in a dream or trance I saw the gods
Each sitting on the top of his mountain-isle,
While down below the little ships sailed by,
Toy multitudes swarmed in the harbours, shepherds drove
Their tiny flocks to the pastures, marriage feasts
Went on below, small birthdays and holidays,
Ploughing and harvesting and life and death,
And all permissible, all acceptable,
Clear and secure as in a limpid dream.
But they, the gods, as large and bright as clouds,
Conversed across the sounds in tranquil voices
High in the sky above the untroubled sea,
And their eternal dialogue was peace
Where all these things were woven, and this our life
Was as a chord deep in that dialogue,
As easy utterance of harmonious words,
Spontaneous syllables bodying forth a world.

That was the real world; I have touched it once,
And now shall know it always. But the lie,

The maze, the wild-wood waste of falsehood, roads
That run and run and never reach an end,
Embowered in error—I'd be prisoned there
But that my soul has birdwings to fly free.

Oh these deceits are strong almost as life.
Last night I dreamt I was in the labyrinth,
And woke far on. I did not know the place.

EDITH SITWELL
(*1887–1964*)

Among the English poets of this century, Edith Sitwell occupied for a time an eminent but precarious place. It would seem now, since her death, that her significance is small and eccentric. Her poetry suggests some indecision as to who she was: in most of it she is determined to make overtures to experience with as much n[illegible] artistry as possible, but in her later work she embraces it in the ag[illegible] rhythms of nature and womanhood. Appropriately, her first import[illegible]k bears the title *Façade* (1922), and her last one bears the Dantesq[illegible]e, *The Canticle of the Rose* (1949).

Dame Edith (she was created a Dame Grand Cross of the British Empire by Elizabeth II) was slightly older than T. S. Eliot, but it was Eliot who seems to have shown her how a new world might be opened up. "With the publication of . . . *Prufrock*," she wrote, "a new era in poetry began." To see the world with different eyes was the feat for which she particularly admired Eliot. "The beauty of the old masters is the beauty of species and mass—the new beauty is highly individualised and separate. . . . The great quality of the old masters is force, used in the scientific sense of the word—the binding together of the molecules of the world . . ." But against this, "The great quality of the modern masters is an explosive energy, the separating up of the molecules, exploring the possibilities of the atom."

The poetry that particularly enraged Edith Sitwell in her youth was that of the Georgians, whose "dim bucolics" she and her two brothers resolved to overthrow. "At the time I began to write, a change in the direction, imagery, and rhythms in poetry had become necessary, owing to the rhythmical flaccidity, the verbal deadness, the dead and expected patterns, of some of the poetry immediately preceding us." Various influences besides Eliot played a part: she read Baudelaire, at the age of seventeen, with great excitement, and was affected by the later *symbolistes* as well; Stravinsky's music, the Russian Ballet of Diaghilev, and modern art also played their part. A considerable tension was generated by the influx of the new into the ancestral great house of Renishaw, where she lived in the midst of old-fashioned splendor.

What resulted were poems which renewed the visible and sonal world, or sought to do so. The poems in *Façade* were "abstract poems—that is, they are patterns in sound," she said later. "They are, too, in many cases virtuoso exercises in technique of an extreme difficulty . . ." They avoid translatability as they seek to establish new modes of sensory data. Dame Edith approved of Cocteau's characterization of someone's verse as that "of a child overtaken by a technician." Her early work dwelt upon the material world, always with the ulterior object of seeing what it might reveal of the immaterial one; her later poetry largely reverses this procedure.

One of her favorite early subjects is accordingly the "growth of consciousiness. Sometimes it is like that of a perosn who has always been blind and who, suddenly endowed with sight, must learn to see; or it is the cry of that waiting, watching world, where everything we see is a symbol of something beyond, to the consciousness that is yet buried in this earth-sleep . . ." Her poem "Aubade" is a poem of this kind, and in her autobiography she is at pains to explain how the poem is based on two modes of perception, the unseeing one of the stupid servant girl and the synesthetic sensitivity of the true witness; only the latter can take in how "Each dull blunt wooden stalactite / of rain creaks, hardened by the light." Or in "Dark Song," the line,

The fire was furry as a bear,

is intended, as she explains in prose, to suggest the animal beginnings of things. Edith Sitwell also had an elaborate notion, based in part on Mallarmé but more reiterative, of the effects of particular letters and sounds. As in Mallarmé, these often seem less inevitable to the reader than they were to the poet.

In 1923 Edith Sitwell's *Façade,* with music by William Walton, was performed at the Aeolian Hall in London. She stood behind a painted curtain and intoned the lines. The critics were generally baffled or exasperated; she was to boast afterwards, "never . . . was a larger and more imposing shower of brickbats hurled at any new work." In her next long work, *Gold Coast Customs* (1929), she turned to social satire and criticism to define, as she was to say, the state that led up to the Second World War. "In this poem the bottom of the world has fallen out. We see everything reduced to the primal mud—the 'rich man Judas, brother Cain,' and the epitome of his civilisation, Lady Bamburgher, are at one with the slum-ignorance and the blackness and superstition of the African swamp." Here Eliot and another of her admirations, Alexander Pope, seem to contribute to the juxtapositions of English and African social surfaces. The poem is, however, less certain in its effect than these impressive derivations might suggest.

Growing older, Edith Sitwell wrote and thought of her poems as "hymns of praise to the glory of life." She reduced herself to her elemental form of an old woman, in order to sing with great threnodic force of rhythms in nature and of her sense of ecstatically translating, now, sensory experience into illumination. She had always been fond of Blake, and a new delight of these years was Dylan Thomas, both as poet and friend. She was also deeply affected by the late poetry of Yeats, who in his turn showed great respect for her verse. In these poems of her late years, she felt that she was responding to the needs of poetry now that the great burst of innovation (from 1910 to 1930) was over. She wished to achieve "a greater expressiveness, a greater formality, and a return of rhetoric . . ." To anticipate rejoinder, she makes clear that the rhetoric must be good rhetoric, and asserts that all the great poets have had it. In defense, it may be, of all the febrile or other excitement of her verse from beginning to end, she declares, "We must fear the debilitated state and lowered vitality which is shown by the outcry for understatement, for quietness, for neutral tints in poetry."

Edith Sitwell was born on September 7, 1887. She was the first child of Sir George Sitwell, baronet, and of Lady Ida, herself the daughter of an earl. It must not be thought that aristocratic surroundings bred happiness. "My parents were strangers to me from the moment of my birth," she complained in her autobiography. Her father was an extreme eccentric and an impossible parent; as for her mother, she was upset by Edith's unusual features and then by her great height. These might have made for ungainliness, but Edith Sitwell exploited them, by headdresses, jewelry, and Elizabethan or medieval costume, so they became assets. She was much photographed and painted.

She and her two brothers, Osbert and Sacheverell, were inseparable as children and remained so later. In an autobiographical poem, "Colonel Fantock," Edith Sitwell remembers their early days:

> But Dagobert and Peregrine and I
> Were children then; we walked like shy gazelles
> Among the music of thin flower-bells.
> And life still held some promise—never ask
> Of what—but life seemed less a stranger then,
> Then ever after in this cold existence.
> I always was a little outside life . . .

Her first poems were published in 1915. In 1916 she became editor of a literary review, *Wheels,* the purpose of which was to stir up the poetic scene. Seven numbers appeared between 1916 and 1921. All three Sitwells were lavishly represented, and so was Wilfred Owen. Reviewers were often cruel to the Sitwells, and the Sitwells made a point of being cruel back. Perhaps in part because of their sense of being utterly upper class by birth, if Bohemian by choice, they were very good at snubbing the snubbers.

Dame Edith remained a controversialist all her days, but in later life honors rather than brickbats came to her, not only of being called "Dame" but also of being called "Doctor," as a result of honorary degrees from Oxford, Cambridge, and elsewhere. She and her brother Osbert toured the United States to great applause. The record of her reading of *Façade* was widely distributed. She remained, through all this, incontrovertibly herself.

Her talent was offbeat and, it may be, a little cloistered. But certain possibilities of enlivening the relations of sound, image, and sense were explored by her further than by almost anyone else except the greatest poets of the time. The oddity of her verse has shown staying power for this reason, and also, no doubt, because of the extraordinary personality of the poet which gives the lines—or at least the poems—a memorability that, without it, they might lack.

*Aubade

Jane, Jane,
Tall as a crane,
The morning light creaks down again;

*Comb your cockscomb-ragged hair,
Jane, Jane, come down the stair.

Each dull blunt wooden stalactite
Of rain creaks, hardened by the light,

Sounding like an overtone
From some lonely world unknown.

But the creaking empty light
Will never harden into sight,

Will never penetrate your brain
With overtones like the blunt rain.

The light would show (if it could harden)
Eternities of kitchen garden,

Cockscomb flowers that none will pluck,
And wooden flowers that 'gin to cluck.
In the kitchen you must light
Flames as staring, red and white,

As carrots or as turnips, shining
Where the cold dawn light lies whining.

Cockscomb hair on the cold wind
Hangs limp, turns the milk's weak mind. . . .
Jane, Jane,
Tall as a crane,
The morning light creaks down again!

※ Aubade : 새벽노래. 연인끼리 헤어져야 할 날이 찾아오는 것을 슬퍼하는 주제가 많다. cf. serenade
(A morning love song : it laments the coming of day, when lover part.)

* **cockscomb**: 수탉의 볏 외에도, 영국에서는 흔히 길고 끝이 뾰족한 빨가거나 노란 꽃이며 어릿광대나 바보를 상징한다.

Country Dance

That hobnailed goblin, the bobtailed Hob,
Said, 'It is time I began to rob.'
For strawberries bob, hob-nob with the pearls
Of cream (like the curls of the dairy girls),
And flushed with the heat and fruitish-ripe
Are the gowns of the maids who dance to the pipe.
Chase a maid?
She's afraid!
'Go gather a bob-cherry kiss from a tree,
But don't, I prithee, come bothering me!'
She said,
As she fled.
*The snouted satyrs drink clouted cream
'Neath the chestnut-trees as thick as a dream;
So I went,
And leant,
Where none but the doltish coltish wind
Nuzzled my hand for what it could find.
As it neighed,
I said,
'Don't touch me, sir, don't touch me, I say,
You'll tumble my strawberries into the hay.'
Those snow-mounds of silver that bee, the spring,
Has sucked his sweetness from, I will bring
With fair-haired plants and with apples chill
For the great god Pan's high altar . . . I'll spill
Not one!
So, in fun,
We rolled on the grass and began to run,
Chasing that gaudy satyr the Sun;
Over the haycocks, away we ran,
*Crying, 'Here be berries as sunburnt as Pan!'
*But Silenus
Has seen us. . . .
He runs like the rough satyr Sun.
Come away!

---

* **satyrs**: 반은 염소이고 반은 사람인 옛 희랍의 숲의 여신.
clouted: 응고한; 응혈의(clotted).
* **Pan**: 희랍의 신.
* **Silenus**: Pan 신의 아버지.

Still Falls the Rain

The Raids, 1940. Night and Dawn

Still falls the Rain—
*Dark as the world of man, black as our loss—
*Blind as the nineteen hundred and forty nails
Upon the Cross.

Still falls the Rain
With a sound like the pulse of the heart that is changed to the hammer-
beat
*In the Potter's Field, and the sound of the impious feet

On the Tomb:
Still falls the Rain
*In the Field of Blood where the small hopes breed and the human
brain
*Nurtures its greed, that worm with the brow of Cain.

Still falls the Rain
*At the feet of the Starved Man hung upon the Cross.
Christ that each day, each night, nails there, have mercy on us—
*On Dives and on Lazarus.
Under the Rain the sore and the gold are as one.

*Still falls the Rain—
Still falls the Blood from the Starved Man's wounded Side:
*He bears in His Heart all wounds—those of the light that died,

---

※ 이 시는 제2차 세계대전 중 1940년 어느 밤부터 새벽에 걸쳐서 독일의 공군이 London을 공습한 것을 겪으면서 쓴 것이다.

* **our loss**: our death.
* **the nineteen . . . nail**: 1940년을 뜻한다.
* **the Potter's Field**: 예수를 배반한 유다가 뉘우쳐 그 보수로 받은 은 30냥을 대제사장에게 돌려주자, 그 돈으로 토기장이의 밭을 사서 나그네의 묘지로 삼았다. *(Matthew*,27:3-10). 결국 그러한 추악한 세계, 즉 전쟁으로 서로 물어뜯는 세계를 가리키고 있다.
* **the Field of Blood**: *Matthew*, 27:8 참조.
* Cain. 「창세기」 4장 참조. Sitwell은 이 시에서 brotherhood를 짓밟는 잔혹한 인간의 대표로서 Cain을 언급하고 있다.
* **the Starved Man**: Christ. 사람들 대신으로 고통을 받는, 수난의 뜻이 담겨 있다.
* **On . . . Lazarus**: 죽은 후에 부자 Dives는 지옥으로 보내지고, 문둥병에 걸린 거지 Lazarus는 천국에 갔다.(누가복음 16:19-31).
* **the Rain**: 인간의 고난과 재난의 상징이다.

The last faint spark
*In the self-murdered heart, the wounds of the sad uncomprehending dark,
*The wounds of the baited bear—
The blind and weeping bear whom the keepers beat
On his helpless flesh . . . the tears of the hunted hare.

Still falls the Rain—
*Then—O Ile leape up to my God: who pulles me doune—
See, see where Christ's blood streames in the firmament:
It flows from the Brow we nailed upon the tree
Deep to the dying, to the thirsting heart
*That holds the fires of the world—dark-smirched with pain
*As Caesar's laurel crown.

*Then sounds the voice of One who like the heart of man
Was once a child who among beasts has lain—
*'Still do I love, still shed my innocent light, my Blood, for thee.'

---

* **all wounds:** 인간의 가지 가지의 상처.
* 20행의 앞에 Those of 를 보충.
* **the sad uncomprehending dark:** 현대의 암흑.
* **the baited bear:** 막대기에다 사슬로 묶어 놓은 곰을 한 떼의 불독으로 하여금 물어뜯게 하며 즐거워했던 중세기의 오락. 구원되기 어렵다고 생각되는 인간의 모습을 뜻하고 있다.
* **O Ile . . . firmament:** 인간의 최후의 절망적인 몸부림과 외침의 모습으로 Christ 에게 구원을 구하고 있다.
* **the fires . . . world:** 고난 즉 이 세계의 인간의 괴로움. 동시에 폭격에 의한 화재의 연상도 있다.
* **Caesar's . . . crown:** Hitler 에 결부시켜서, 그러한 독재적인 인물을 냉소적으로 보고 있다. Caesar 가 살해되었을 대의 image 이다.
* **One:** Christ.
* **Still do I have, . . . for thee:** Christ 의 음성이, 인간의 최후의 파멸 때의 "구원하옵소서" 하는 기도에 응해서 들려 온 것이다. 신을 잊어버리고, 전쟁 등을 하고 있어도, 아니 오히려 그것 때문에 신은 "Still do I love . . . "라고 말하고 있다.

MARIANNE MOORE
(1887–1972)

Marianne Moore is one of the most original poets of her time, original in her mode of perception, in her kind of poetry, even in the way her stanzas appear on the page. She proceeds by acute observation, more often centered on animals than on men; she marvels at peculiarities and generalizes about them, often by ironic comparisons of lower with higher animals, though one cannot know in advance which group she will prefer. Her poems are made up of long sentences chopped jaggedly (as it first seems) into short lines, the latter not usually prefixed with a capital letter, as if she were eager to speak plainly and, with slight interruptions at line ends, prosily. Yet the lines do break up the statement and add emphasis, often humorous emphasis, to what is being said. They also usually rhyme, although finding the rhyme may take some effort, as if she had determined that this aspect is too purely poetic to be permitted obtrusiveness or easy detectability. She is quite likely to insert a quotation from some scientific or even statistical work in the midst of a poem, always punctiliously encircling it with quotation marks as if to guard against accusations of plagiarism, and often appending a note to divulge its out-of-the-way source. The fact that her verse is patently verse, yet embraces many characteristics of prose, is almost revolutionary; it reconstitutes the relationship of these two media, and has attracted to her many poets equally concerned to be matter-of-fact and antirhetorical. Yet she will not lead them like a schoolmistress, and is quite capable of suddenly, as in "What Are Years?", bursting into rhetoric for her own purposes.

Miss Moore was born on November 15, 1887, in St. Louis, ten months before T. S. Eliot was born in the same city. She too belonged to the generation of Pound and Williams. While these poets have admired her, perhaps a closer tie is with Wallace Stevens, because her verse concentrates like his on a highly varied physical scene and disports with that scene in unaccustomed ways. She shares Stevens' distate for what he calls "fops of fancy," though his own imagination is sometimes quite florid; Miss Moore is rigorous in adopting a seeming triviality of detail and in being almost invariably quiet and unpretentious in manner. Her interest in animals, birds, and plants is also more specialized than Stevens', as if the variety of the physical universe might be described in its own right, apart from esthetic and metaphysical problems. Her humility is vast, and she takes the stance neither of critic nor of connoisseur, both roles being too peacock-tailed and dominating for her taste.

It might seem that her poems about animals could have been related to D. H. Lawrence's animal poems, but she is not especially interested in what occupies him—the deep erotic urges of beasts as contrasted with the flightiness of humans. Miss Moore is devoted rather to animals' quirkiness, to their stubbornness or flexibility, their dignity or lack of it. Unlike Lawrence, she offers no depth psychology of the jerboa or the fish, and makes no attempt—she would consider it futile, in view of the distinctness of each creature—to share its fundamental drives. Her interest in animals invites comparison with that of Jean de La Fontaine, since she has translated all La Fontaine's fables. In comparison, Miss Moore, however, is more the naturalist, less the fabulist; such lessons as she allows herself to draw are put obliquely, as if to say more would be embarrassing for both author and reader.

Miss Moore spent a lot of time in the Bronx Zoo, as might be expected, but also at Ebbets Field, where for many years she applauded the Brooklyn Dodgers until their unhappy translation to Los Angeles. In the preface to *A Marianne Moore Reader*, she explains or half-explains her liking for both spectacles:

"Why an inordinate interest in animals and athletics? They are subjects of art and exemplars of it, are they not? minding their own business. Pangolins, hornbills, pitchers, catchers, do not pry or prey—or prolong the conversation; do not make us self-conscious; look their best when caring least; although in a Frank Buck documentary I saw a leopard insult a crocodile (basking on a river bank—head only visible on the bank)—bat the crocodile on the nose and continue on its way without so much as a look back. Perhaps I really don't know. I do not know that I don't know how to account for a person who could be indifferent to miracles of dexterity, a certain feat by Don Zimmer—a Dodger at the time—of making a backhand catch of a ball coming hard from behind on the left, fast enough to take his hand off."

Miss Moore was educated in the Metzger Institute, then at Bryn Mawr College. After taking a degree in 1909, she thought of becoming a painter, a profession for which her extraordinary visual sense might seem to have equipped her. But, perhaps as a stopgap, she went to the Carlisle Commercial College and then taught stenography at the government Indian school in Carlisle, Pennsylvania, from 1911 to 1915. In 1918 she moved to New York and worked as a private tutor, as a secretary, and then, from 1921 to 1925, as an assistant in a branch of the New York Public Library. Her first book of poems was published by the Egoist Press in England, at the instigation of friends and without her knowledge, in 1921. From 1926 to 1929, when it ceased publication, she was editor of the *Dial*, a leading review of the time. In later life she did a good deal of public reading of her poems, which she continued to write, impervious to changing modes. Miss Moore is also, in spite of her disavowals, a shrewd critic, and has published two volumes of brief but pointed essays. She died in New York on February 5, 1972.

Her verse is so unassuming that it is almost surprising to see how many poets—Robert Lowell, Ted Hughes, Elizabeth Bishop, and others—acknowledge her as the source for some of their own effects. Her "predilection"—a favorite word with her and more likely to appear than "passion"—is for grace and neatness. She dislikes steamrollers and over-decoration, and prefers the impromptu, the casual. Her wit plays delicately but incisively. In her first volume, *Poems*, she announced her standard of poetry with the famous words,

"I too dislike it [poetry]." More largely, as she said in "The Monkeys," art is neither difficult, nor arcane, nor symmetrically frigid, but "strict with tension, malignant / in its power over us and deeper / than the sea . . ." Read carefully, her poems participate in these qualities, although at first they seem as remote from them as they could be. Poetry is for her the result of a "heightened consciousness." Her own success must consist also in the quality that Eliot, in a preface to her *Selected Poems,* finds in her, that she is "one of those few who have done the language some service in my lifetime."

The Fish

wade
through black jade.
Of the crow-blue mussel shells, one keeps
adjusting the ash heaps;
opening and shutting itself like

an
injured fan.
The barnacles which encrust the side
of the wave, cannot hide
there for the submerged shafts of the

sun,
split like spun
glass, move themselves with spotlight swiftness
into the crevices—
in and out, illuminating

the
turquoise sea
of bodies. The water drives a wedge
of iron through the iron edge
* of the cliff; whereupon the stars,

pink
rice-grains, ink-
bespattered jellyfish, crabs like green
lilies, and submarine
toadstools, slide each on the other.

All
external
marks of abuse are present on this
defiant edifice—
all the physical features of

ac-
cident—lack
of cornice, dynamite grooves, burns, and
hatchet strokes, these things stand
out on it; the chasm side is

---

* **stars**: starfish (불가사리).

dead.
Repeated
evidence has proved that it can live
on what can not revive
its youth. The sea grows old in it.

Poetry

I, too, dislike it: there are things that are important beyond all this
*fiddle.
Reading it, however, with a perfect contempt for it, one discovers in
it after all, a place for the genuine.
Hands that can grasp, eyes
that can dilate, hair that can rise
*if it must, these things are important not because a

*high-sounding interpretation can be put upon them but because they
are
*useful. When they become so derivative as to become unintelligible,
the same thing may be said for all of us, that we
do not admire what
we cannot understand: the bat
holding on upside down or in quest of something to
eat, elephants pushing, a wild horse taking a roll, a tireless wolf under
a tree, the immovable critic twitching his skin like a horse that feels
a flea, the base-
ball fan, the statistician—
nor is it valid
*to discriminate against 'business documents and

school-books'; all these phenomena are important. One must make a
distinction
however: when dragged into prominence by half poets, the result is
not poetry,
nor till the poets among us can be
'literalists of

---

* **fiddle**: trifle; wasting time composing poetry. * **half poets**: imperfect poets.
* **these things**: Hands . . ., eyes . . ., hair . . . .
* **high-sounding**: having an impressive or pretentious sound.
* **derivative**: not original; not real.
* **"business . . . school-books"**: Tolstoy 는 시와 산문을 구별짓는 자리에서 시는 「사무 서류와 교과서」를 제외한 일체의 것이라고 말한다. (Miss Moore's note quotes *the Diaries of Tolstoy*, New York, 1917, p.94.)

*the imagination' —above
insolence and triviality and can present

*for inspection, 'imaginary gardens with real toads in them', shall we have
it. In the meantime, if you demand on the one hand,
the raw material of poetry in
all its rawness and
that which is on the other hand
genuine, you are interested in poetry.

The Monkeys

winked too much and were afraid of snakes. The zebras, supreme in
their abnormality; the elephants with their fog-colored skin
and strictly practical appendages
were there, the small cats; and the parakeet—
trivial and humdrum on examination, destroying
bark and portions of the food it could not eat.

I recall their magnificence, now not more magnificent
than it is dim. It is difficult to recall the ornament,
speech, and precise manner of what one might
call the minor acquaintances twenty
*years back; but I shall not forget him—that Gilgamesh among
the hairy carnivora—that cat with the

wedge-shaped, slate-gray marks on its forelegs and the resolute tail,
astringently remarking, "They have imposed on us with their pale
half-fledged protestations, trembling about
in inarticulate frenzy, saying
it is not for us to understand art; finding it
all so difficult, examining the thing

as if it were inconceivably arcanic, as symmet-
rically frigid as if it had been carved out of chrysoprase
or marble—strict with tension, malignant
in its power over us and deeper
than the sea when it proffers flattery in exchange for hemp,
rye, flax, horses, platinum, timber, and fur."

---

* above . . . triviality. 오만하지 말라 함은 객관에 충실하라는 말이고, 지엽에 흐르지 말라 함은 상상을 거치지 않은 현실 그대로여서는 안된다는 말이다.
* **"imaginary . . . them"**: 상상의 세계와 현실의 세계의 결합을 주장하는 Moore 의 시적견해의 단면이다.
* **Gilgamesh**: 고대 바빌론의 서사시의 주인공. 그는 반신 반인이며 모든 것을 다 아는 용사다.

T. S. ELIOT
(*1888–1965*)

Although Eliot deferred to Yeats as "the greatest poet" of his time, he was himself the most famous. A man of keen intellect, capable of developing a philosophical position as well as a new rhythm and intonation, trained in classics, fluent in French and German, Eliot was better equipped than any other poet to bring verse fully into the twentieth century. As James Joyce remarked of him in a notebook, he abolished the idea of poetry for ladies. In discrediting many of his predecessors, in choosing with the utmost fastidiousness what he needed and wanted from the literary tradition in several languages, Eliot gave modern literature one of its most distinctive idioms.

Thomas Stearns Eliot was born in St. Louis on September 26, 1888, and died in London on January 4, 1965. He was one of seven children, and the youngest son. His family had come from Massachusetts and "jealously guarded," as Eliot has written, its New England connections. His grandfather, William Greenleaf Eliot, after graduation from the Harvard Divinity School, went to St. Louis in 1834; he founded the first Unitarian church there. His ability rapidly made him a shaper of the city's intellectual life, and he founded Washington University in 1859. But for a sense of humility which he transmitted to his grandson, it would have been named Eliot University. His son, the poet's father (1843–1919), was a successful industrialist, an executive of the Hydraulic Press Brick Company. He married in 1860 a woman of literary interests, Charlotte Champe Stearns (1843–1929); she was to write a biography of William Greenleaf Eliot (published in 1904) and also religious verse, including a dramatic poem about Savonarola. A respect for family tradition and a predisposition towards intense religious feeling may have come to Eliot through her. Perhaps she was like the dominating mother in Eliot's play, *The Family Reunion*, who also has a strong feeling for tradition. It is tempting to think of the poet as following out a pattern of many lesser men by pursuing his mother's cultural interests and scorning his father's business ones, but Eliot forbade a biography and the analysis of his psychic complexities will have to wait.

Eliot's geographical movements may reflect his private turbulence. After living for his first seventeen years in St. Louis, except for annual summer holidays in New England, he went to Milton Academy in Massachusetts, and then entered Harvard in 1906. His famous class included the Communist John Reed, the semanticist Stuart Chase, the columnist Walter Lippmann. Eliot had the distinction of being the only member of the class to become a royalist, a label he gave himself, only partly in jest, in 1927—he said he was "classicist in literature, royalist in politics, and Anglo-Catholic in religion." In St. Louis, he said, he felt himself to be a New Englander, but in

New England he felt himself to be a Southwesterner. (He was later to pursue deracination further.) He completed his course at Harvard in three years instead of four. Among his teachers was Irving Babbitt, the neo-humanist, whose hatred of romanticism probably had an effect on him. After taking his first degree in 1909, Eliot entered the graduate school in the department of philosophy. Here he studied with George Santayana, among others, but was to dissociate himself later from Santayana's skepticism.

In 1910 Eliot took a master's degree, and then went to the Sorbonne for a year, after which he returned to Harvard to write a doctoral dissertation on the philosophy of F. H. Bradley, the author of *Appearance and Reality*—two concepts which he was to examine throughout his own poetry. Meanwhile he ranged about in what may have seemed a haphazard way: he read French poetry, he studied the Sanskirt and Pali languages, he took a great interest in Indic religion. It was in 1910 also that he wrote his earliest mature poem, "The Love Song of J. Alfred Prufrock." During the academic year 1913–14 Eliot was an assistant at Harvard. He was then awarded a traveling fellowship, and went to study for the summer at Marburg in Germany. The outbreak of war forced him to Oxford. The year 1914–15 proved to be pivotal, as he then came to three interrelated decisions: to give up the appearance of the philosopher for the reality of the poet, to marry, and to settle in England.

He obtained much encouragement in all three from Ezra Pound, whom he met in September 1914. Pound read the poems which no one had been willing to publish, and pronounced his verdict, that Eliot "has actually trained himself *and* modernized himself *on his own.*" Harriet Monroe, the editor of *Poetry,* must publish them, beginning with "Prufrock." It took Pound some time to bring her to the same view, and it was not until June 1915 that Eliot's first publication took place. This was also the month of his first marriage, on June 26. His wife was Vivien Haigh-Wood, and Eliot remained, like Merlin with another Vivian, under her spell, beset and possessed by her intricacies for fifteen years and more. (They separated in 1932; Mrs. Eliot died in 1947.)

He resisted his parents' urging that he return to the United States for a career in teaching philosophy. He would be a poet, and England offered a better atmosphere in which to write. His family did not cut him off, but they offered insufficient help to support the couple. Eliot took a teaching job at the High Wycombe Grammar School, then at Highgate Junior School. He deferred to his parents' wishes so far as to complete his dissertation, and was booked to sail on April 1, 1916, to take his oral examination at Harvard. The crossing was cancelled because of wartime complications, and his academic gestures came to an end. In March 1917 he took a job as clerk with Lloyd's Bank in London, and stayed at it for eight years, while he struggled with literary and marital problems too.

The personal life out of which in 1921 came Eliot's poem, *The Waste Land,* began now to be lived in earnest. Vivien Eliot suffered obscurely from nerves, her health was subject to frequent collapses, she complained of neuralgia, of insomnia. Ezra Pound regarded the passage in *The Waste Land* which begins, "My nerves are bad tonight," as a transcript of her talk. Eliot was put under great strain, and the collapse of his marital expectations is probably shadowed in the opening of his poem, "April is the cruellest month." The death of his father in January 1919 was another blow, especially since his father died thinking that Eliot had wasted his ability. Passing references to a father's death in *The Waste Land* perhaps express his son's guilt. Eliot must also have been conscious that he had passed his thirtieth year, and *The Waste Land* was a memorial to his youth as *MauLerley* was a memorial to Pound's.

Much of *The Waste Land* was written by early 1921. Then Eliot had a breakdown, and was advised by a prominent neurologist to take three months away from Lloyd's Bank. When the Bank had agreed, he went first to Margate and then to Lausanne, where he had psychiatric treatment. He consulted Pound in Paris, and with Pound's brilliant aid was able to piece *The Waste Land* out of various drafts. The manuscript, edited by Valerie Eliot, was published in facsimile in 1971.

When the poem itself was published in 1922, it gave Eliot his central position in modern poetry. No one has been able to encompass so much material with so much dexterity, or to express the ennui and the horror of so many aspects of the modern world. Though the poem was made up of fragments, they were like pieces of a jigsaw puzzle which might be joined if certain spiritual conditions were met. In this way, Eliot's attitude towards fragmentation was different from Pound's—Eliot saw a necessity for recomposing the world, while Pound thought it might remain in fragments and still have a paradisal aspect which the poet could elicit. In other words, Pound accepted discontinuity as the only way in which the world could be regarded, while Eliot rejected it and looked for a seamless world. He began to find it in Christianity: after *The Waste Land* he wrote "The Hollow Men," "Ash-Wednesday," and other poems which are stages on his way towards conversion and away from secularism. His last important poems, *The Four Quartets,* constitute the achievement of his spiritual quest.

In the year that *The Waste Land* appeared, Eliot founded a new review, *The Criterion,* which became a leading cultural magazine. It began as a quarterly. The sponsor withdrew in 1925, but it resumed publication in 1926, under the sponsorship of the publisher Faber and Gwyer (later Faber & Faber). In 1927 it became a monthly, then proceeded as a quarterly from June 1928, until New Year, 1939. Eliot joined the firm of Faber in 1925. As editor of the leading literary journal, as a director of a publishing firm, and as poet and critic, he became the principal figure in English letters. His work was translated into many languages, and for a span of years the latest verses in Arabic, Swahili, or Japanese were far more likely to be written like Eliot than like earlier poets in those languages or like other poets in English. Eliot's eminence became, in fact, a hazard to young poets like Hart Crane, who felt that their fundamental esthetic problem was not to write like him.

For his part, Eliot was determined to carry his art into other literary forms. After some preliminary attempts, such as "Fragment of an Agon," he began serious playwriting. His first play was *Murder in the Cathedral,* a play about Thomas à Becket with a title which might have suited one of those detective stories of which Eliot was always fond. In subsequent plays Eliot attempted to represent the difficulties of conscience in a conscienceless world, and some of his plays, notably *The Cocktail Party,* achieved a success ordinarily reserved in modern times for plays in prose rather than in verse. Eliot also wrote books on religion, literature, and culture, in which he tried to establish *The Idea of a Christian Society.* Although a few of these books, notably *After Strange Gods,* aroused great opposition by their missionary rigor, Eliot's reputation as a public figure grew. In 1948 he was awarded the Nobel Prize for Literature, and it might well seem that with his plays on Broadway, his best lines on every lip, his essays dominating contemporary taste, he was the man of letters *par excellence* of the English-speaking world.

Eliot has said that when he started to write poetry there was no one writing in England or America who could serve him as a model. In December 1908 he happened to come across the newly published second edition of Arthur Symons' *The Symbolist Movement in Literature,* and there for the first time read about Rimbaud, Laforgue, Mallarmé, and others. "I myself owe Mr. Symons a great debt:" he wrote in the *Criterion* (January, 1930), "but for having read his book, I should not, in the year 1908, have heard of Laforgue or Rimbaud, I should probably not have begun to read Verlaine; and but for reading Verlaine, I should not have heard of Corbière. So the Symons book is one of those which have affected the course of my life. . . ." Elsewhere he remarked that these were the poets from whom he first learned to speak. He drew from them the notion that poetry could carry considerable intellectual as well as emotional content, and that it might be, and, as he thought, in the modern world had to be, exceedingly complex in expression. In his early work Eliot heaped ironies upon each other, yoking—as Dr. Johnson said metaphysical poets in the seventeenth century did—heterogenous ideas together by violence. His principal models were Laforgue and Corbière. He dealt almost exclusively with decadent, enervated people, yet in all his technical devices revealed a violent, innovative energy. He combined a precise and often formal outward manner with an inner writhing, bound together by wit.

The theme which pervades all his work is, in its various forms, love. Prufrock never sings his love song to a woman; Gerontion (a later hero) finds himself similarly impotent before God; then follows Eliot's laborious and agonized progress, in his own person, towards a higher love. His poetry does not deal much, as Yeats's does, with the love of man and woman, though there are occasional glimpses of erotic exaltation to balance such sordid scenes as that of the typist and the carbuncular clerk in *The Waste Land.* But in one of his late poems, addressed to his second wife Valerie, Eliot gives unexpected recognition to the communion of man and woman instead of man and God. Though he upholds the way of the saint as supreme, he allows validity here and in *The Four Quartets* to "the life of significant soil" in which the claims of society, as well as of God, are enforced. With all its strangeness, his poetry conveys a sense of utter painful sincerity, as he sifts and reconstitutes stale into living emotions.

The Love Song of J. Alfred Prufrock

S'io credessi che mia risposta fosse
a persona che mai tornasse al mondo,
questa fiamma staria senza più scosse.
Ma per ciò che giammai di questo fondo
non tornò vivo alcun, s'i'odo il vero,
senza tema d'infamia ti rispondo.

*Let us go then, you and I,
When the evening is spread out against the sky
Like a patient etherised upon a table;
Let us go, through certain half-deserted streets,

※ "The Love Song of J. Alfred Prufrock" 는 Eliot 이 Harvard 대학교 대학원에 재학중인 1911년 즉 그가 23세 때 쓴 연가다. 그러나 이 시는 Ezra Pound 가 1915년 *Poetry* 지에 추천해서 발표될 때까지 출판되지 않았다.

이 시가 연가라고 하지만 노래는 없고 자기 혼자 비밀리에 그 자신의 심경을 구어체로 또는 풍자적으로 진술하는 일종의 극적 독백이며 하나의 고백이라고 할 수 있다.

이 시의 제사는 Dante 의 「지옥편」(*Inferno* x x v I I,61~6) 에서 인용한 것으로, 지옥에 떨어진 Guido de Montefeltro 가 불꽃 속에서 Dante 에게 하는 말이다.

Montefeltro 는 교황 보니파체 8세(1294~1303)때 사람으로, 팔레스티나의 콜론나가를 배신한 죄로 지옥에 떨어진 자다. Dante 가 왜 지옥에 들어 왔느냐고 묻자, 그는 Dante 가 지상으로 되돌아 가지 못하리라 믿고 그 생전의 악행을 고백한다.

If thought that I was speaking / To someone who would go back to the world, / This flame would shake no more. / But since nobody has ever / Gone back alive from this place, if what I hear is true, / I answer you without fear of infamy.

만일 내 대답이 세상으로 되돌아 갈 사람에게 하는 / 것이라고 생각한다면 / 이 불길은 이제 더 이상 흔들리지 않으리라. / 그러나 내가 들은 바가 참일진대 이 심연에서 / 살아 돌아갈 자는 일찌기 없었으니, 내 그대에게 / 대답한들 수치스러울리 없으리라.

이 시의 주인공 Prufrock 도 Motefeltro 처럼 그도 자기의 말을 들을 사람이 없다고 생각해서 그 자신의 기분을 독백한다.

* you : Prufrock 이 자기의 비밀을 고백하려는 상대방이다. 그는 Dante 의 Guido 처럼 지옥에 떨어져 있는 자이고, you 를 상대하여 이야기를 하고 싶어하는 이유는 you 역시 지옥에 떨어져 있는 동일한 운명의 희생자로 보고 있기 때문이다.

* 이 시가 가리키고 있는 때는 밤, 낮 그 어느쪽도 아닌 광명과 암흑의 교차점인 불투명하고 불확실한 evening 이다. 시인이 선택한 시간이 이 시의 분위기가 되고 있다. 이 귀절은 Prufrock 의 세계는 불분명하고 무기력하여 마치 의식불명의 상태에서 방황하는 병자와 같다는 것이다.

* 이 귀절은 현대 도시의 한 단면을 표현한 것이라기 보다는 인간의 영혼이 처해 있는 의식의 거리풍경이라 할 수 있다. 이 지저분하고 따분한 의식의 거리는 흡사 음흉한 의도 아래 질질 끄는 진저리나는 시비처럼 단조롭고 권태롭다.

The muttering retreats
Of restless nights in one-night cheap hotels
And sawdust restaurants with oyster-shells:
Streets that follow like a tedious argument
Of insidious intent
* To lead you to an overwhelming question . . .
*Oh, do not ask, 'What is it?'
*Let us go and make our visit.

In the room the women come and go
Talking of Michelangelo.

The yellow fog that rubs its back upon the window-panes,
The yellow smoke that rubs its muzzle on the window-panes,
Licked its tongue into the corners of the evening,
Lingered upon the pools that stand in drains,
Let fall upon its back the soot that falls from chimneys,
Slipped by the terrace, made a sudden leap,
And seeing that it was a soft October night,
Curled once about the house, and fell asleep.

And indeed there will be time
*For the yellow smoke that slides along the street
Rubbing its back upon the window-panes;

---

* Prufrock 의 독백은 지루하나 끈질기게 계속하여 "풀 수 없는 큰 의문"에 봉착한다. 그가 향하여 가는 목적은 "생존이란 무엇이냐"라는 "overwhelming question" 을 푸는데 있다.

* 그러나 "그것이 무엇이냐?"고 물었으나 Prufrock 은 'Oh, do not ask' 라고 대답을 거절한다.

* Prufrock 는 위의 질문에, 그것은 묻지 말고 "Let us go and make out visit." 하자고 대답하여 의문을 확인하려는 것을 포기한다.

* 여기서 주인공은 추상적인 image 의 세계로 들어간다. 거리의 풍경과는 전혀 달리, 객실에서 여인들이 Michelangelo 를 이야기하는 장면이 소개된다. 상류 부인들이 사교적 화제로 삼는 것은 주로 음악이나 미술이다. 이것은 거창한 이야기를 그럴 듯하게 하는 "속물근성"의 인간세계를 연상시킨다. Michelangelo 이라면 자연 근육이 튼튼한 남성미를 보여주는 그런 작품이 연상된다.

* 무대의 배경이 묘사된다. "The yellow fog", "The yellow smoke", — 황색은 세기말적인 퇴폐의 색상이다. 노란 안개와 연기를 시인은 미태동물인 고양이에 비유했다. 이 비유는 Prufrock 의 권태와 무기력한 상태를 나타내려고 했을 뿐 아니라 객실에서 Michelangelo 를 논하는 여성들의 미태를 나타내려한 심볼이라 할 수 있다.

여기서 rubs, licked 로 인하여 a sexual allusion 으로 볼 수 있다. 시인이 안개를 구체화한 데에는 목적이 있는 것 같다. 안개—고양이—slow motion . . . 으로서 "And there will be time" 의 image 를 조성하려는데 목적이 있다. 그렇게 해서 시간적인 미결상태를 얻어내서 의문과 막 부닥치는 순간을 피하고자 한다.

There will be time, there will be time
To prepare a face to meet the faces that you meet;
There will be time to murder and create,
*And time for all the works and days of hands
* That lift and drop a question on your plate;
Time for you and time for me,
And time yet for a hundred indecisions,
*And for a hundred visions and revisions,
Before the taking of a toast and tea.
In the room the women come and go
Talking of Michelangelo.

And indeed there will be time
*To wonder, 'Do I dare?' and, 'Do I dare?'
Time to turn back and descend the stair,
With a bald spot in the middle of my hair—
(They will say: 'How his hair is growing thin!')
My morning coat, my collar mounting firmly to the chin,
My necktie rich and modest, but asserted by a simple pin—
(They will say: "But how his arms and legs are thin!')
Do I dare
Disturb the universe?
In a minute there is time
For decisions and revisions which a minute will reverse.

For I have known them all already, known them all—
Have known the evenings, mornings, afternoons,
I have measured out my life with coffee spoons;

---

* "시간은 있다"는 반복은 그 엄청난 문제를 결행해야 할 시간이 임박한 듯한 긴장감을 준다.

* **work and days**: 일상적인 일을 표현한 것이며, B.C.8세기경의 희랍시인 Hesiod 의 "Works and Days"(노동의 수고를 찬양하는 농경시)는 Prufrock 의 세계와 ironic 한 대조를 이룬다.

* "... hands That life and drop a question on your plate"는 생존의 의문을 반복하는 일상생활의 무의미, 기계적인 노동을 하는 손의 표정이다.

* "vision and revision"의 vision 은 주저하고 망서리는 동안의 공상으로 tea 나 toast 를 생각하다가 다시 또 다른 생각으로 이것을 수정한다는 과정.

* Do I dare (to propose)? 는 Hamlet 의 "To be or not to be"와 같은 뜻이다. 용기를 내어 자문하면서도 감히 말을 끌어내지 못하고 그대로 돌아서는 중년기의 주인공의 성격.

* Prufrock 자신의 입을 통하여 자조적인 심리를 보여준다.

* 매일 매일 탈선없이 소심하게 살아온 평범한 일상생활을 암시해 주는 귀절이다. 즉 사소하고 관습적인 생활을 나날이 반복하였을 뿐이란 뜻이다.

*I know the voices dying with a dying fall
Beneath the music from a farther room.
  So how should I presume?

And I have known the eyes already, known them all—
The eyes that fix you in a formulated phrase,
And when I am formulated, sprawling on a pin,
When I am pinned and wriggling on the wall,
Then how should I begin
To spit out all the butt-ends of my days and ways?
 *And how should I presume?

And I have known the arms already, known them all—
Arms that are braceleted and white and bare
(But in the lamplight, downed with light brown hair!)

Is it perfume from a dress
That makes me so digress?
Arms that lie along a table, or wrap about a shawl.
  And should I then presume?
  And how should I begin?

. . . . .

---

* "I know the voice": 지금이야 인생의 소리를 알 수 있다는 뜻에서 현재시제로 되어 있다.
* **a dying fall**: Cf. "That strain again! It had a dying fall." Sakespeare 의 *Twelfth Night* I.i. 사랑에 고민하는 Duke Orisino 의 말.
* How should I presume (to disturb the accepted order)? 세상에서 그대로 통용되는 이 질서를 아무리 무가치한 것이라고 하더라도 감히 어떻게 내가 흐트러 뜨릴 수 있을 것인가? 그것이 아무리 무가치한 것이라 하더라도.
* 주인공은 이 세상의 눈들이 의미하는 것을 알았다. 세상의 사태가 Prufrock 의 의식속에 들어오는 순간 그의 의식이 눈을 뜬다. 이 자의식에 비친 eyes 는 공식화된 어구로 "용인된 질서"위에 Prufrock 이 설 위치를 제시한다. 마치 곤충들이 종류별로 구분되어 표본함 속에서 그의 위치를 갖듯이.
* 시인의 conceit(奇想)는 Prufrock 을 pin 에다 꽂아 표본함에 집어 넣는다. pin 에 꽂혀 사지를 뻗은 그는 on the wall 에서 몸부림을 친다.
  이것이 바로 우리들의 인생이라는 것이다. "... pinned wriggling on the wall" 의 wall 은 피할 수 없는 운명을 상징한다.
* 인간의 정신에 갈등을 조장하는 이러한 사회환경에 대하여 하나의 무례한 행동—"spit out all butt-ends"—을 하여 작은 반항을 하려고 생각한다. 그러나 그는 이것마저 단행하지 못하는 무기력한 인간이다. "butt-ends" 는 담배꽁초의 image 로써 아무 가치도 없는 것.
* 주인공은 다시 환상의 세계로 들어간다. 그는 여인에 대한 관능적인 감각에 사로잡힌다. 그러나 여인들이 고가의 팔찌를 하고 있고 그들의 팔이 아무리 "하얗게 드러난 팔"이라 할지라도 램프불에 비치는 발가숭이 팔에는 "엷은 갈색 솜털"이 눈에 뜨일 뿐이다. 이것은 냉혹한 현실이다. ironical 한 대조로서 여인에 대한 환멸을 부각시키고 있다.

Shall I say, I have gone at dusk through narrow streets
And watched the smoke that rises from the pipes
Of lonely men in shirt-sleeves, leaning out of windows? . . .

I should have been a pair of ragged claws
Scuttling across the floors of silent seas.

. . . . .

And the afternoon, the evening, sleeps so peacefully!
Smoothed by long fingers,
Asleep . . . tired . . . or it malingers,
Stretched on the floor, here beside you and me.
Should I, after tea and cakes and ices,
Have the strength to force the moment to its crisis?
But though I have wept and fasted, wept and prayed,
Though I have seen my head (grown slightly bald) brought in upon a
platter,
I am no prophet—and here's no great matter;
I have seen the moment of my greatness flicker,
And I have seen the eternal Footman hold my coat, and snicker,
And in short, I was afraid.

여기서 주인공이 원래의 노정을 벗어나서 여인의 관능적인 환상에 빠지는 것은 그의 육체적 본능에서 였을까? 그렇지 않다면 옷에서부터 풍기는 향수 때문이었을까? 의문에 대한 답은 의문 그 자체에 있다. 인생의 생존이란 "어떻게 해야 좋을지" 모르는 그러한 것이다. "How should I begin?"—이것이 바로 그 대답인 것이다.

* 이러한 의문에 꼭 대답을 해야 한다면 이렇게 말할 수 있을까? 주인공에게 밀어닥치는 고독과 우울한 심정은 샤츠 바람의 고독한 사나이들이 창가에 몸을 내민채 담배를 피우고 있는 장면에 비유되었다. 이러한 고독감을 여인들에게 호소하고도 싶지만, 주인공은 곧 자신의 열등감을 느끼고 차라리 비천한 동물인 "게"가 되어 고요한 해저에서 자유로이 행동하고 회의를 품지 않아도 되는 동물의 세계를 갈망한다. 그것은 원시의 세계에 대한 노스탤지어(nostalgia)와 같은 것이다.

* 주인공은 최면의 이미지의 세계로 돌아온다. 그는 가매상태에 빠진 황혼의 세계에서 방황한다.
* 주인공은 관능에 빠지는 공상에 잠긴다.
* tea 나 cake 만 가지고서는 주인공이 그 다음행동으로 옮아갈 수 있는 motive 가 되지 않는다. 그는 연정을 불태울 수 있는 힘이 자신에게 있을까하고 자문한다.
* 주인공은 Wilde 의 *Salome* 를 연상한다(마태복음:14:1-11). 그는 그 작품의 주인공처럼 상대방에게 살해를 당하여도 좋다는 환각에 빠진다. 그러나 이 환영이 소진됨에 따라 그는 심각한 환멸에 빠진다.
* **grown slightly bald**: 냉혹한 자조감을 표현.
* **no prophet**: no John the Baptist.
* "영원한 하인이 내 코오트를 잡고 킬킬대고 웃는다."는 표현은 자신이 결단력이 없는 자아에 붙들린 숙명적인 존재라는 것을 암시. the eternal Footman: 사신(死神) 혹은 운명

And would it have been worth it, after all,
After the cups, the marmalade, the tea,
Among the porcelain, among some talk of you and me,
Would it have been worth while,
To have bitten off the matter with a smile,
To have squeezed the universe into a ball
To roll it towards some overwhelming question,
To say: 'I am Lazarus, come from the dead,
*Come back to tell you all, I shall tell you all'—
*If one, settling a pillow by her head,
Should say: 'That is not what I meant at all.
That is not it, at all.'
And would it have been worth it, after all,
Would it have been worth while,
After the sunsets and the dooryards and the sprinkled streets,

After the novels, after the teacups, after the skirts that trail along the floor—
And this, and so much more?—
It is impossible to say just what I mean!
But as if a magic lantern threw the nerves in patterns on a screen:
Would it have been worth while
If one, settling a pillow or throwing off a shawl,
And turning toward the window, should say:
'That is not it at all,
That is not what I meant, at all.'

. . . . .

No! I am not Prince Hamlet, nor was meant to be;
Am an attendant lord, one that will do
To swell a progress, start a scene or two,

---

* 그 엄청난 일을 결행했던들 무슨 가치가 있었겠느냐는 자위의 변명.
* 결국 술잔을 기울이고 마멀레이드와 차를 마시고 나서 문제해결을 위해 전력을 다한들 소용이 있겠느냐는 것이다.
* 죽었다가 다시 살아난 Lazarus(John 11:1-44) 처럼 그의 심중을 다 털어놓았다한들, 여인이 벼개를 갖다 놓고 달콤한 목소리로 속삭인다 한들, 무슨 가치가 있겠느냐는 것이다.
* **you all**: 주인공이 만나러 갔던 여자들.
* **one**: 여인
* 주인공이 연정을 고백했을 때에 거절당하는 장면을 상상하고 그러한 짓이 무용하다고 생각하고, 그는 자신의 무능력함을 단정한다. 그는 자신을 다 털어놓고 싶지만 신경을 환등의 스크린에 비쳐보이는 때처럼 그것이 불가능하다는 것을 안다.
* 지금까지 Hamlet 인체 회의와 절망속에서 상대방이 이해하지 못하는 질문을 던지곤 한다. 그러나 그는 스스로 자기가 보잘것 없는 사람이라고 말하고 있다.

Advise the prince; no doubt, an easy tool,
Deferential, glad to be of use,
Politic, cautious, and meticulous;
*Full of high sentence, but a bit obtuse;
At times, indeed, almost ridiculous—
*Almost, at times, the Fool.

I grow old . . . I grow old . . .
I shall wear the bottoms of my trousers rolled.

Shall I part my hair behind? Do I dare to eat a peach?
I shall wear white flannel trousers, and walk upon the beach.
I have heard the mermaids singing, each to each.

I do not think that they will sing to me.

I have seen them riding seaward on the waves
Combing the white hair of the waves blown back
When the wind blows the water white and black.

We have lingered in the chambers of the sea
By sea-girls wreathed with seaweed red and brown
Till human voices wake us, and we drown.

---

* **full of high sentence**: ie. full of lofty sentiments and learned talk
* **Fool**: 자기는 Hamlet 이기는 커녕, 기껏해야 익살꾼의 역을 맡고 있다고 자조하고 있다.
* 당시에 유명했던 바지가랑이 한자락을 double 로 한 것과 또, 당시 파리에서 유행하고 있었던 "daringly bohemian" 의 머리형이라고 말하나, 오히려 늙어서 추해진 몰골을 나타내고 있으며 대머리를 어떻게 감추느냐는 것이다. 즉 중년기에 체면을 어떻게 지키느냐이다.
  "Do I dare to eat a peach?" 에는 sexual implication 이 있다. peoch 는 미국의 slang 으로 sexy young lady 의 뜻이다.
* Ulysses 의 인어들이, 그가 거절당한 그 상상의 여인들처럼, 그에 대하여 유혹의 노래를 불러줄 것 같지도 않으니 별로 걱정할 것이 없다.
* 바닷가를 생각할 때 인어들의 노랫소리가 들리는 것 같으나 인어들은 자기들끼리만 노래하는 것이다. 따라서 주인공은 더욱 고독하다. 그러면서도 인어들의 아름다운 환상에 도취한다. 그렇지만 인간의 목소리로 그는 그의 꿈을 깨고 현실로 되돌아온다. 즉 주인공이 환상의 바다에서 배회하다가 현실의 육지에 올라온다. 이 순간 그는 익사한다. 육지는 인간의 현실 사회이니 그의 내면세계는 죽고 마는 것이다.
* "I" 에서 "we" 로 이동한 것은 "I" 와 "You" 가 하나로 된 것 뿐만 아니라 독자 전부를 끌어 들인다.

Sweeney Among the Nightingales

ὤμοι, πέπληγμαι καιρίαν πληγὴν ἔσω.

*Apeneck Sweeney spreads his knees
Letting his arms hang down to laugh,
The zebra stripes along his jaw
*Swelling to maculate giraffe.

The circles of the stormy moon
*Slide westward toward the River Plate,
*Death and the Raven drift above
*And Sweeney guards the hornèd gate.

Gloomy Orion and the Dog
*Are veiled; and hushed the shrunken seas;
The person in the Spanish cape
Tries to sit on Sweeney's knees

Slips and pulls the table cloth
Overturns a coffee-cup,
Reorganised upon the floor
She yawns and draws a stocking up;

The silent man in mocha brown
Sprawls at the window-sill and gapes;

※ 스위니는 Eliot 가 애용하는 이름으로서 현대의 속한을 대표하는 이름이다. 성적으로 타락했을 뿐 아니라 정신적으로 선악의 관념조차 없는 인간이다.

※ The epigraph is from Aeschylus 의 *Agamemnon*: "Alas, I have bee struck a mortal blow."(아 나는 치명적인 일격을 당했구나) *Agamemnon* 1343행으로써, 아가멤논왕이 10년간의 트로이 전쟁을 끝내고 돌아온 후, 그의 부정한 아내 Clytemnestra 에게 목욕탕에서 살해 당할 때 지른 절규의 소리다.

* **Apeneck**: 원숭이의 모가지.

* **maculate**: spotted.

* **River Plate**: 플라타강. 남미 우루과이와 아르헨티나 사이를 흐르는 강.

* **Raven**: the constellation Corvus, with over-tones of the raven as a bird of ill omen.

* **the horned gate**: 버어질의 서사시 「이니이드」에 나오는 하계의 문으로, 거기를 통해 참꿈들이 위의 세상으로 나온다.

* **Are veiled**: "Orion" and the "Dog" are the constellations. For Sweeney and his friend, the great mythmaking constellations are "veiled".

*The waiter brings in oranges
Bananas figs and hothouse grapes;

The silent vertebrate in brown
Contracts and concentrates, withdraws;
*Rachel *née* Rabinovitch
Tears at the grapes with murderous paws;

She and the lady in the cape
Are suspect, thought to be in league;
Therefore the man with heavy eyes
Declines the gambit, shows fatigue,

Leaves the room and reappears
Outside the window, leaning in,
Branches of wistaria
Circumscribe a golden grin;

The host with someone indistinct
Converses at the door apart,
The nightingales are singing near
The Convent of the Sacred Heart,

And sang within the bloody wood
When Agamemnon cried aloud
And let their liquid siftings fall
To stain the stiff dishonoured shroud.

Gerontion

Thou hast nor youth nor age
But as it were an after dinner sleep
Dreaming of both.

Here I am, an old man in a dry month,
Being read to by a boy, waiting for rain.

---

* **The waiter . . . hothouse grapes**: 이들 과일과, 그 후의 남자의 행동(22행)에는 성적인 암시가 있다. 과일이 외국산, 온실산이라는 것은 자연적인 성장과 결실이 rhythm에 반하다는 것을 의미한다.

* **Rachel**: 슬라브 계통의 하류 인간의 이름.

※ Gerontion : Witten in 1919. The title means little old man in Greek.

※ Shakespeare의 *Measure for Measure* 「이척보척」 3막 1장에서 인용. Where the Duke consoles Claudio, who is about to be executed.

*I was neither at the hot gates
Nor fought in the warm rain
Nor knee deep in the salt marsh, heaving a cutlass,
Bitten by flies, fought.
My house is a decayed house,
And the Jew squats on the window sill, the owner,
*Spawned in some estaminet of Antwerp,
Blistered in Brussels, patched and peeled in London.
The goat coughs at night in the field overhead;
*Rocks, moss, stonecrop, iron, merds.
The woman keeps the kitchen, makes tea,
Sneezes at evening, poking the peevish gutter.
                                        I an old man,
A dull head among windy spaces.

*Signs are taken for wonders. 'We would see a sign!'
The word within a word, unable to speak a word,
Swaddled with darkness. In the juvescence of the year
*Came Christ the tiger

In depraved May, dogwood and chestnut, flowering judas,
*To be eaten, to be divided, to be drunk
Among whispers; by Mr. Silvero
*With caressing hands, at Limoges
Who walked all night in the next room;

By Hakagawa, bowing among the Titians;
By Madame de Tornquist, in the dark room
Shifting the candles; Fräulein von Kulp
Who turned in the hall, one hand on the door.
    Vacant shuttles
Weave the wind. I have no ghosts,
An old man in a draughty house
Under a windy knob.

---

* **hot gate**: 희랍군이, 침공해 오는 페르샤군을 무찔렀던 Thermopylae 의 지역.
* **estaminet**: Tavern.
* **merds**: Excrement.(Fr)
* **"We could see a sign!"**:「마태복음」12장 38절 인용.
* **the tiger**: 부활절 때의 크리스트의 부활이 Gerontion 에겐 관용과 사랑보다는 힘과 두려움을 상기시킨다.
* **To-drunk**: 성찬식 언급.
* **Limonges**: 도자기로 이름난 프랑스 타운.

*After such knowledge, what forgiveness? Think now
History has many cunning passages, contrived corridors
And issues, deceives with whispering ambitions,
Guides us by vanities. Think now
She gives when our attention is distracted
And what she gives, gives with such supple confusions
That the giving famishes the craving. Gives too late
What's not believed in, or is still believed,
In memory only, reconsidered passion. Gives too soon
Into weak hands, what's thought can be dispensed with
Till the refusal propagates a fear. Think
Neither fear nor courage saves us. Unnatural vices
Are fathered by our heroism. Virtues
Are forced upon us by our impudent crimes.
*These tears are shaken from the wrath-bearing tree.

*The tiger springs in the new year. Us he devours. Think at last
We have not reached conclusion, when I
Stiffen in a rented house. Think at last
I have not made this show purposelessly
*And it is not by any concitation
Of the backward devils.
I would meet you upon this honestly.
I that was near your heart was removed thereform
To lose beauty in terror, terror in inquisition.
I have lost my passion: why should I need to keep it
Since what is kept must be adulterated?
I have lost my sight, smell, hearing, taste and touch:
How should I use them for your closer contact?

These with a thousand small deliberations
Protract the profit of their chilled delirium,
Excite the membrane, when the sense has cooled,
With pungent sauces, multiply variety
In a wilderness of mirrors. What will the spider do
Suspend its operations, will the weevil
Delay? De Bailhache, Fresca, Mrs. Cammel, whirled
*Beyond the circuit of the shuddering Bear

* **such knowledge**: 크리스트를 알고 나서(아무리 불완전 할지라도).
* **the wrath-bearing tree**: 인간이 크리스트를 배반한 것을 상징한 꽃피는 유다 나무.
* **devours**: instead of the communion, in which the worshipers "devour" him. (신자들이 그를 "삼키는" 성찬과는 반대로.)
* **concitation**: stirring up.
* **Bear**: The Great Bear, a northern constelltion.

*In fractured atoms. Gull against the wind, in the windy straits
Of Belle Isle, or running on the Horn.
White feathers in the snow, the Gulf claims,
And an old man driven by the Trades
To a sleepy corner.

Tenants of the house,
Thoughts of a dry brain in a dry season.

The Waste Land

In an essay, "*Ulysses*, Order and Myth," Eliot declared that others would follow Joyce "in manipulating a continuous parallel between contemporaneity and antiquity. . . . It is simply a way of controlling, of ordering, of giving a shape and a significance to the immense panorama of futility and anarchy which is contemporary history. . . . It is, I seriously believe, a step toward making the modern world possible in art."

Eliot says of *The Waste Land* itself that "Not only the title, but the plan and a good deal of the incidental symbolism of the poem were suggested by Miss Jessie L. Weston's book on the Grail legend: *From Ritual to Romance* [1920]. Indeed, so deeply am I indebted, Miss Weston's book will elucidate the difficulties of the poem much better than my notes can do; and I recommend it (apart from the great interest of the book itself) to any who think such elucidation of the poem worth the trouble. To another work of anthropology I am indebted in general, one which has influenced our generation profoundly; I mean [Sir James Frazer's] *The Golden Bough* [1890–1915]; I have used especially the two volumes *Adonis, Attis, Osiris*. Anyone who is acquainted with these works will immediately recognize in the poem certain references to vegetation ceremonies." Miss Weston contends that the Arthurian romances of the quest for the Holy Grail are underlain by pre-Christian fertility myths and rituals such as those described by Frazer. In the Arthurian legend a Fisher King (the fish being an ancient symbol of life) has been maimed or killed, and his country has therefore become a dry Waste Land; he can only be regenerated and his land restored to fertility by a knight (Perceval or Parsifal) who perseveres through various ordeals to the Perilous Chapel and learns the answers to certain ritual questions about the Grail. The Fisher King is seen as analogous to vegetation gods such as Adonis of Greece, Attis of Phrygia, Osiris of Egypt, and perhaps also the Greek deity Hyacinthus, all of whose deaths and rebirths are represented in ancient ritual ceremonies intended to bring about the regeneration of plants after the sterile winter. Miss Weston also connects the symbols of the Arthurian stories with the suits of the Tarot deck, today used to tell fortunes but perhaps originally designed by the Egyptians to predict the flooding of

* **Gull**: The gull is compared with Gerontion who is probably a sailor.

the Nile, and the restoration of its valley to fertility.

Eliot wrote most of *The Waste Land* while at Lausanne in 1921, but it had been on his mind since 1919. Indeed, parts of the poem antedate the final version by several years: lines 26–9 were taken from "The Death of Saint Narcissus" (1915), lines 312–321 are adapted from Eliot's French poem "Dans le Restaurant" (1916–17), and Conrad Aiken remarks that lines 377–384 and other passages had "long been familiar" to him "as poems, or part-poems, in themselves" (*A Reviewer's ABC*, 1958).

From the first Eliot gave Ezra Pound much credit for his help in shaping *The Waste Land*, and the manuscript reveals how extensive and crucial this help was. Pound persuaded Eliot to delete 72 lines in rhymed couplets at the beginning of "The Fire Sermon" imitating the style of Pope's "The Rape of the Lock" and the defecation scene in Joyce's *Ulysses* (a book which Eliot had recently read in manuscript and thought "magnificent") and another 82 lines, preceding line 312, based on Dante's description of Ulysses' last voyage and describing the wreck of a New England fishing boat. Pound also disapproved of three short lyrics which Eliot planned as interludes, and dissuaded him from adding "Gerontion" as a preface. Smaller emendations were proposed in order to eliminate patches of conventionally poetic diction and to cut out nonessential verbiage; the effect was often to distort previously regular meter and rhyme. In gratitude for Pound's help Eliot dedicated the poem to him, quoting Dante's tribute to the Provençal poet Arnaut Daniel, "The better craftsman (il miglior fabbro) of the mother tongue." (*Purgatorio*, XXVI.)

Eliot's 52 footnotes to *The Waste Land*, reproduced here, were prepared for its publication as a book in 1922; they do not accompany the poem in *The Criterion* (London), Eliot's own magazine, or in *The Dial* (New York). He later remarked, "I have sometimes thought of getting rid of these notes; but now they can never be unstuck. They have had almost greater popularity than the poem itself." But Eliot was not unaware of the difficulties his work presented to its readers. In *The Use of Poetry and the Use of Criticism* he emphasized that such difficulties may come from various causes and be of different kinds. "The more seasoned reader . . . does not bother about understanding; not, at least, at first. I know that some of the poetry to which I am most devoted is poetry which I did not understand at first reading; some is poetry which I am not sure I understand yet: for instance, Shakespeare's." He mentions "the difficulty caused by the author's having left out something which the reader is used to finding; so that the reader, bewildered, gropes about for what is absent, and puzzles his head for a kind of 'meaning' which is not there, and is not meant to be there." These remarks, which are somewhat introductory to *The Waste Land*, may be supplemented by Eliot's remark in an interview, "In *The Waste Land* I wasn't even bothering whether I understood what I was saying." (*Writers at Work*, Second Series, 1963, p. 105). And, though critics immediately began to interpret the poem as Eliot's expression of a generation's spiritual alienation, Eliot himself soon felt the need to disavow any such intention, and is reported to have remarked, "To me it was only the relief of a personal and wholly insignificant grouse against life; it is just a piece of rhythmical grumbling." [T. S. Eliot, *The Waste Land* (Facsimile and Transcript of the Original Drafts . . .), ed. by Valerie Eliot, New York, 1971.]

The Waste Land 는 이질적인 경험을 동시에 표현하기 때문에 여러가지로 해석되고 있다. 어떤 비평가들은 *The Waste Land* 를 "한편의 시를 구성하기 위하여 기술적으로 ·정리된 인용문의 모자이크"(a mosaic of quotations skillfully arranged to form a minor epic) 로서 평가한다. Eliot 는 *The Waste Land* 에서 어조와 운율과 사상이 서로 다른 성경을 비롯해서 57권의 고전에서 인용구를 차용, 건축적인 구성으로 배열하여 종합적인 시적 효과를 나타내고 있다.

또 다른 학파의 비평가들은 그 시를 "한 세대의 정신적 소외감을 표현한 시 (the poem as Eliot's expression of generation's spiritual alienation)" 로 해석한다.

세번 째의 비평가들은 이 시를 "불모의 세계의 사회적 퇴폐의 상황" (a picture of the social decay of a barren world), 즉 Louis Macneice 가 말한 "잃어버린 세대의 선언" (the manifesto of a lost generation) 이라고 해석한다.

네번 째의 비평가들은 이 시를 부활의 신화(a regeneration myth) 로서 해석하면서 기독교 신앙의 표현 혹은 불교시라고 주장한다.

이러한 주장에는 타당성이 있지만 시인 자신은 그것에 동의하지 않고서 "내가 *The Waste Land* 를 썼을 때 많은 비평가들이 내가 한 세대의 환멸을 표현했다고 말하지만, 그것은 넌센스이다"라고 말하기도 하고 *The Waste Land* 가 발표된 후 한 문예단체의 모임에서 대학생 하나가 "Eliot 선생님, *The Waste Land* 는 모두 진정입니까?"(Mr. Eliot, did you mean *The Waste Land* all seriously?) 라고 묻자 Eliot 는 *The Waste Land* 는 바로 "자기 자신의 생활이 얽혀져 엮어진 작품" (the very fabric of his life) 이라고 답변하였다.

또 다른 자리에서 "내게 있어서는 이 시는 인생에 대한 개인적이고 아주 무의미한 불평의 해소에 지나지 않는다. 이 시는 단지 운율적인 불평을 시로 읊은 것 뿐이다."(To me it is only the relief of a personal and wholly insignificant grouse against life ; it is just a piece of rhythmical grumbling) 라고 말했다.

이러한 말들로 판단해 보면 이 시를 어떻게 해석해야 할 지 난감해진다. 그래서 이 시를 이해하는데 도움이 되게 하기 위하여 이 시의 배경과 특성을 살펴보겠다.

The Waste Land 는 "The Love Song of J.Alfred Prufrock" 이래의 풍자적 어조와 소외감, 생의 목적상실, 성관계의 타락, 비영속성 같은 주제들이 집약되어 있는 작품으로 서구 문명의 도덕적 타락을 다룬 서사시이다.

이런 견지에서 Eliot 가 그의 시에 대해서 이 시는 자기의 개인적 불평을 시로 표현한 것이라고한 말을 풀이하면, 그것은 이 시가 하나의 공적 발언이나 의도적인 서술이 아니라, 무엇인가 불평스럽고 마땅치 않은, 순전히 사사로운 충동이 심중에 쌓여서 그것이 언어로써 성육하였다는 것이다. 그러니까 그 불평스러운 충동은 그 무렵의 시인의 사생활에서 연유한 것도 있겠지만, 거기에 그친 것이 아니라 그것이 이상과 현실의 갈등에서 오는 시대적인 환멸감과 연결되어 발전하였을 것으로 추측할 수 있다. 그 양쪽을 딱 떨어지게 갈라서 설명할 수도 없고 어느 한쪽에 치우쳐서 설명할 수도 없는 것이 이 시의 특징이다.

이 시를 쓸 무렵 Eliot 의 생활은 이미 Eliot 의 소개에서 충분히 다루었다. 그 당시 그의 생활은 곤경의 연속이어서 견디기 어려울 정도의 불평스런 생활이었던 것은 틀림없다.

Eliot 는 이 시의 제목의 출처와 이 시에 부속되는 상징들과 시의 설계가 Jessie L.Weston 여사의 성배 전설에 관한 저서 *From Ritural to Romance*「풍요제의로부터 기사 이야기」(Cambridge 대학 출판부, 1920)에서 암시를 받은 것이라고 주에서 밝히고 있다.

이어서 그는 이 시의 이해를 위하여 다음과 같은 조언을 하고 있다. "그 책 *(From Ritual to Romance)* 에서 힘입은 바가 큰 것이니, 이 시의 난해한 부분은 나의 시보다는 Weston 여사의 책이 더 잘 이해시켜 줄 것이다. 그래서 나는 (그 책 자체의 흥미와는 별문제로) 이 시에 대하여 해설이 필요하다고 생각하는 사람에게는 누구에게나 그 책을 추천하는 바이다. 또 한가지, 민속학적 저서에 나는 대체로 힘입은 것인데, 그것은 고대 토속신앙, 제사제도의 연구로서 우리의 세대에 깊은 영향을 끼친 James Frazer 의 *The Golden Bough*(1890~1915)라는 책이다. 특히 나는 11권 중 Adonis, Attis, Osiris 의 신화에 관한 두권의 책을 사용하였다. 이들 저서를 잘 알고 있는 사람은 누구나 이 시에서 식물제에 언급되어 있는 몇 부분을 즉시 이해할 것이다." 이 인용에 언급되어 있는 두가지 저술에 대하여 대강 알아둘 필요가 있다.

Jassie L.Weston 여사의 *From Ritual to Romance* 는 성배 전설을 연구한 책이다.

고대 성배전설에 의하면 어부왕(물고기는 생명의 상징이었다.)이 벌을 받아 성불구자가 되어 그 결과 그 나라에는 불모의 저주가 내려 역병이 발생하고, 비는 오지 않고 강이 말러 물에는 고기가 없어지고 곡물이나 과실은 열매를 맺지 않고, 동물은 생산이 끊어져 마침내 불모의 황폐국이 된다. 그 당시의 원시적 미신으로 그 왕의 병만 고치면 그 나라는 회복된다고 믿어졌다. 거기에 한 청순한 기사가 나타나 최후의 만찬때 쓰였고 후에 십자가에서 예수가 창에 찔려 흘린 피를 담았다고 하는 성배를 탐색하여 그 피를 왕의 생식기에 발라줌으로써 왕에게 내린 저주가 풀려 불모국이 복구되었다는 것이다.

그 탐색에 성공한 기사는 Perceval 혹은 Percifal 이라고 하며 그 기사가 성배를 찾기까지에는 황무지의 한 복판에 있는 위험성당 혹은 성배성에서 용기와 순결, 성배와 창에 대한 의식적인 질문에 대답해야 하고 갖가지 유혹을 물리쳐야 한다.

어부왕은 Greece 의 Adonis, Phrygia(소아시아의 중앙 및 서북부에 걸쳐 있었던 나라)의 Attis, Egypt 의 Osiris 그리고 희랍의 신인 Hyacinth 와 같은 식물신과 유사하다. Weston 여사는 성배전설의 상징을 태로우(Tarot) 카드와 연결시키고 있다. 원래 이 카드는 78매로 되어 있으며 Nile 강의 홍수와 그 계곡의 풍요의 회복을 예언하기 위하여 이집트인들에 의하여 고안되었으나 오늘날에는 점을 치기 위하여 사용되고 있다.

Frazer 의 *The Golden Bough* 는 원시인들의 토속신앙과 제사의식을 연구한 원시 종교의 연구서이다. 1890년으로부터 25년간에 걸쳐 11권의 대저로 출판된 *The Golden Bough* 는 20세기 문학인들로 하여금 인간과 자연을 보는 관점을 바꾸어 놓은 데 있어 결정적인 역할을 한 중요한 저술이다.

Eliot 가 이 책에서 *The Waste Land* 의 구상과 상징을 빌어오고 생각의 방향을 틀잡는데 이용한 것은 Adonis, Attis, Osiris 의 신화들이다. 이 신화들은 주로 식물 신화와 풍요의식, 그리고 고대종교와 제사에 관한 것이다. 일례로 Osiris 의 신화를 보면, 그것은 Egypt 의 곡물신에 관한 신화인데 인격화한 이 곡물신이 죽어서 매년 부활함으로써 곡물이 생긴다는 신앙에 의하여 사람들은 봄에 씨를 뿌릴 때 그 신에 성대한 제사를 지낸다. 그 때 그들은 흙과 곡물로 신의 모상을 만들어 장례를 지내고 땅에 묻는다는 것이다.

Eliot 는 이런 저서를 통해서 전설속의 인물과 동일화되어 생각하기도 하고 또는 전설이 암시하는 의미에 따라 현대의 도시생활을 관찰해 보기도 하는 것이다. 즉 현대 인간은 어부왕이 다스리는 황폐국처럼 생명이 끊어진 채 그저 공존하고 있을 뿐이다. 결혼을 하고 성행위를 한다 해도 그것이 생산을 목적으로 하는 것이 아니고 다만 쾌락을 추구하는 무의미한 유희일 뿐이다. 그렇게 보면 사람들은 살아 있는 것이 아니라, 그저 형체만 들어내고 있는 허수아비처럼 보일 수도 있다.

시인은 이렇게 세속화되어 절대적 가치기준을 상실한 현대와 황무지를 동일화해서 보면서 동시에 전통적인 아름다운 것, 영원한 것, 그리스도의 구원 같은 것을 생각하는 것이다. 이러한 시인의 의식이 이 시의 방향이며 또한 주제이다.

1. 이 시의 제목 다음에 오는 제사(題辭 : epigragh) 이다.

이 제사는 영어로 다음과 같은 뜻이다.

"For I saw with my eyes the Sibyl hanging in a jar at Cumae, and when the acolytes said, 'Sibyl, what do you wish?' she repied, 'I wish to die.'"

위의 인용문은 1세기 Rome의 네로 황제의 궁정시인이었던 풍자가 Patronius(?~65)의 *Satyricon* 「풍자」 제2부 48장 「Trimalch의 향연」중에 있는 말로서 술취한 김에 주인 Trimalcho가 신기한 이야기를 해서 술친구들을 압도하려고 하는 장이다.

Greece 신화에 나오는 Cumae는 희랍의 식민도시로서 이탈리아의 나폴리 서쪽 12마일에 위치한 고대 항구도시이며 무녀로 유명하다.

Cumae의 무녀 Sibyle은 신탁을 받아 성스러운 동굴을 지키는 파숫꾼이요 서승의 문지기였고 앞날을 점치는 힘을 가진 여자다. 그녀는 Apollo 신으로부터 젊었을 때 사랑을 받았기에 손에 쥔 먼지알 만큼이나 많은 횟수의 장수를 받았으나 그 만큼의 젊음을 달라는 청을 잊고 안했기 때문에 늙고 매말라 들어 항아리(조롱)속에 갇혀서 아이들의 구경거리가 된다. 그녀는 늙고 마른채로 간신히 목숨만을 유치할뿐 완전히 생의 의미를 상실한 죽음보다도 못한 상태의 인간이다.

그녀의 삶은 생중사(death in life)의 처지라 할 것이다. 그러므로 생의 의미를 완전히 상실한 Sibyle의 소원은 오직 죽고 싶다는 것이다. 여기서 시인의 의식에서는 Sibyle의 처한 세계가 오늘의 세계와 동일개념으로 떠오르고 있다. Grover Smith는 항아리속에 갇혀서 언제까지나 늙어만 갈 뿐 결코 죽을 수 없는 그녀의 운명을 현대라고 하는 이 황무지에 살고 있는 인간들의 상태를 상징하고 또한 황무지의 모든 사람들의 불행의 원형으로 보았다.

Eliot는 그의 「Baudelaire론」에서 "우리가 인간인 이상 우리가 하는 일은 선악간 그 어떤 것이어야 한다. 그리고 우리가 선이나 악을 행하는 한, 우리는 인간이다. 역설적으로 말하면 우리는 아무것도 하지 않으니 보다 차라리 악을 행하는 것이 좋다. 적어도 우리는 존재하기 때문이다."라고 주장하면서 인간에게 선악의 의식이 없다는 것은 생존의 상태가 아니고, 산 것도 아니고 죽은 것도 아닌 말하자면 항아리 속에 매달려 생명만을 유지하는 무녀와 같은 생중사의 상태이다. 이러한 인간들은 산다는 것이 쓰라린 고뇌에 불과할 것이니 "동네 소녀들이 '무녀야, 넌 뭘 원하니?'하고 조롱했을 때, 그녀는 대답했다. '나는 죽고 싶어'"라는 생각이 실제적 의식이며, 이런 상태에서 오래 살기 보다는 오히려 죽어서 재생하고픈 것이 그들의 염원일 것이다.

2. "il miglior fabbro" (The better craftsman)는 Dante가 신곡 「지옥편」 xxxi. 117행에서 12세기 이탈리아 시인 Arnaut Daniel을 찬양한 문구로서 Eliot가 Erza Pound에게 감사하여 쓴 것이다.

3. 정교(성공회)의 매장성사의 귀절 "The order for the burial of the dead"에서 차용한 "The Burial of the Dead" 표제는 Frazer의 *The Golden Bough*에 소개된 바와 같이 식물신들의 모상을 매장함으로써 재생을 기원했던 고대인의 풍요의 제사를 암시하는 것이다.

* Eliot 는 당시에 별로 마음에 들지 않는 은행의 업무, 자기의 시에 대한 독자들의 몰이해, 아내의 신경쇠약 증세로 심각한 회의에 사로잡혔다. 부모의 반대를 무릅쓰고 단 두사람의 증인앞에서 1915년 6월 26일, 27세때 거행하였던 결혼생활은 기대에 미치지 못하였고 4년 후인 1919년 1월, 아들이 재능을 잘못 낭비하고 있다고 믿으며 타계한 아버지로 해서 그의 불행은 더하였고 아들로서 그의 윤리적 자책감은 컸으리라.

시인은 이러한 불행속에서 의욕이 넘치고 찬란한 세계가 펼쳐지는 봄이 도리어 견딜 수 없어 조용한 망각속에 파묻혀 변화와 활동을 잊고서 살고 싶었을 것이다. 이 역설적인 심정이 Geoffrey Chaucer 의 *The Canterbury Tales* 의 희열과 충격적인 대조를 이룬 "April is the cruellest" 일 것이고, 시인의 그러한 심정은 항아리 속에서 "나는 죽고 싶다."고 말하는 Cumae 의 무녀나 생중사의 경지에 있는 어부왕과 일치하리라. 희망과 재생의 봄에 죽지 못해 살아가는 사람에게는 푸른 봄의 연분홍 나팔소리는 잔인한 것이 아닐런지, 그러나 우리는 이 귀절에서 격절의 아름다움을 함께 나눈다.

The Waste Land

'Nam Sibyllam quidem Cumis ego ipse oculis meis vidi in ampulla pendere, et cum illi pueri dicerent: Σίβυλλα τί θέλεις; respondebat illa: ἀποθανεῖν θέλω.'

For Ezra Pound
il miglior fabbro.

I. The Burial of the Dead

April is the cruellest month, breeding
Lilacs out of the dead land, mixing
Memory and desire, stirring
Dull roots with spring rain.
Winter kept us warm, covering
Earth in forgetful snow, feeding
A little life with dried tubers.
*Summer surprised us, coming over the Starnbergersee
With a shower of rain; we stopped in the colonnade,
*And went on in sunlight, into the Hofgarten,
And drank coffee, and talked for an hour.
Bin gar keine Russin, stamm' aus Litauen, echt deutsch.
And when we were children, staying at the arch-duke's,
My cousin's, he took me out on a sled,
And I was frightened. He said, Marie,
Marie, hold on tight. And down we went.
In the mountains, there you feel free.
I read, much of the night, and go south in the winter.

---

* **The Starnbergersee:** 독일 뮌헨에서 몇마일 남쪽에 있는 휴양지 호수다.
* **Hofgarten:** 뮌헨에 있으며 많은 보도 카페가 있다.
* 의식의 흐름 형식으로 과거의 추억을 서술하고 있다. 4월이 되어 봄비에 잠든 뿌리가 일깨워 지듯이 시인의 의식속에는 좀 더 행복했고 열정적인 과거의 기억이 되살아난다. 이 기억은 시인이 1914년 7월에 박사학위 논문을 위하여 독일 Marburg 에 잠시 머물렀을 때에 Marie Larisch 백작부인과의 대담에 바탕을 두고 있는 것으로 생각된다. 한편 이 부분은 Marie Larisch 백작부인의 자서전적 회상과 유사하다. Austria 의 황후 Elizabeth 의 조카딸인 그녀는 황태자 Rudolph 대공(1858~1899)과 그의 정부 Marie Vetsera 의 중매노릇을 했다. 그들은 1889년 1월 총에 맞은 시체로 비엔나에서 가까운 Meyerling 에서 발견되었다. 그들은 이중 자살인 듯 하나 그들의 죽음은 수수께끼다.
Marie Larish 의 집은 Starnbergersee 에 있었다. 나의 대공은 Marie 의 여러 사촌 대공중 맏사촌인 Rudolph 이다. Marie 는 겨울에 남쪽 특히 망똥으로 갔고 더구나 산에서만 자유를 느낀다고 자주 말했다.
Meyerling 참변이후 비난이 그녀에게 쏠리자 그녀는 산으로 은퇴했다. Richard Wagner 가 그녀가 소녀였을때 유머러스한 랑데부를 한 적이 있다 한다.
* **"I'm not a Russian woman at all:** I come from Lithuania [liθjueinjə], a true German."

What are the roots that clutch, what branches grow
Out of this stony rubbish? Son of man,
You cannot say, or guess, for you know only
A heap of broken images, where the sun beats,
And the dead tree gives no shelter, the cricket no relief,
And the dry stone no sound of water. Only
There is shadow under this red rock,
(Come in under the shadow of this red rock),
And I will show you something different from either
Your shadow at morning striding behind you
Or your shadow at evening rising to meet you;
I will show you fear in a handful of dust.
Frisch weht der Wind
Der Heimat zu
Mein Irisch Kind,

---

* 시인은 이 절에 이르러 매우 급박하고 직설적인 어조로 황무지의 상황이 위급한 것을 호소하고 있다. 여기에 묘사되고 있는 황무지는 성배전설 속에서 나오는 황야의 이미지이다. 거기엔 식물도 자라지 않고, 귀뚜라미도 없고, 물론 물도 없다.

* 에스겔 2장에서 "Son of man"인 에스겔은 신으로부터 어떠한 고난에 부딪히더라도 두려워하지 말고 Israel 의 배신자들에게 신의 말을 전하라는 명령을 받는다. 주인공이 여기서 에스겔을 연상한 것은 제1차 대전 후 기독교에 대한 신앙심이 쇠퇴하고 기독교 윤리가 타락한 현대인과 신에 반발한 Israel 백성을 연결해서 생각했기 때문이다. 즉 "Son of man"이라고 부르짖는 주인공의 말에는 타락한 현대사회에 대한 경고가 숨어있다.

* 황무지에 사는 인간은 실은 인간의 형해에 불과한 것이기 때문에 말도 못하고 생각도 없다. 시인은 "그대가 아는건/오직 부서진 형상의 퇴적" 즉 "우상더미"라고 하여 인간은 단지 불모함을 안다고 말한다.

이스라엘 사람들의 우상숭배에 대한 신의 심판을 나타내는 "and your images shall be broken"(너의 우상들이 깨어져 있어 「에스겔」 6:6)에서 인유한 "부서진 형상"은 인간이 신을 멀리함을 암시한다.

* 「전도서」 12장 5절에서 인유한 "귀뚜라미"는 노령의 슬픔을 나타낸다. 특히 「전도서」 12장은 인간의 노쇠와 허무함, 그리고 죽음에 대해 말하고 있는데 주인공은 이를 통해 폐허가 되고 생중사에 처한 현대사회를 암시하고 있다.

* "다만 이 붉은 바위 아래 그늘이 있을 뿐"에서 이 바위 그늘은 예수 그리스도를 암시하는 것이며 그곳이 인간의 유일한 피난처라고 「이사야서」 32장 2절에 다음과 같이 묘사되어 있다. "그 사람은 광풍을 피하는 곳, 폭우를 가리우는 곳 같을 것이며, 마른 땅에 빗물 같을 것이며, 피곤한 땅에 큰 바위 그늘 같을 것이니 . . ." 이 말은 현실속의 종교가 너무나 타락하였기 때문에 종교자체도 별로 가치가 없는 것이지만 그래도 인간은 종교의 그늘에서만 정신적 안식처를 발견할 수 있다는 말로 여겨진다.

* 황무지의 고난을 피하여 그리스도를 찾는 길은 영원의 생명으로 돌아가는 길이어서, 그것은 곧 현세의 생명의 죽음을 의미한다. 그러니 그것은 현실적으로 공포의 대상이 아닐 수 없다. "한 줌의 흙속의 공포"란 죽음을 암시한다. 그러나 이 죽음은 영원한 생명으로 돌아가는 죽음이기 때문에 이 지상의 생명과는 다른 것이라고 말한다. 이 지상의 생명은 결국 실체없는 허망한 것이라는 뜻으로, 그것을 아침 저녁 우리에게 따라다니는 그림자의 이미지로 표현하고 있다.

Wo weilest du?
'You gave me hyacinths first a year ago;
'They called me the hyacinth girl.'
—Yet when we came back, late, from the hyacinth garden,
Your arms full, and your hair wet, I could not
Speak, and my eyes failed, I was neither
Living nor dead, and I knew nothing,
Looking into the heart of light, the silence.
Oed' und leer das Meer.

Madame Sosostris, famous clairvoyante,

---

* 시인의 명상은 이 삭막한 황무지에서도 사랑의 장면이 떠오른다. 이 4행의 인용은 Wagner 의 가극 *Tristan und Isolde* (1막 5절~8절)중 선원이 애란의 처녀 Isolde 를 그녀가 사랑하지 않는 영국 남쪽에 있는 Cornwall 의 Mark 왕에게 데리고 가는 선상에서 젊은 사공이 부르는 행복한 노래의 한 부분이다: "Fresh blows the wind / To the homeland: /My Irish darling, /Where do you linger?"

Tristan 의 이야기는 Athur 왕의 전설중의 한토막이다. Tristan 은 고아가 되어 백부 Cornwall 왕 Mark 에 의하여 양육받고 있던 중 왕비 Isolde 와 사랑에 빠진 죄로 추방되어 Brittany 에 가서 그 나라의 공주와 결혼한다. 그는 마치 무사 수행중 치명상을 입고 사경에 이르러, 이 상처를 고칠 수 있는 길은 오직 Isolde 를 만나는 것 뿐이란 말을 듣고 사자를 Isolde 에게 보낸다. 그리고 그에게 이르기를 돌아올 대에 Isolde 와 함께 오면 배에 흰 돛을 달고, 그렇지 못하면 검은 돛을 달라고 하였던 바, 아내가 질투심에서 흰 돛을 보고서도 검은 돛이라고 고하여 결국 그는 죽고 만다는 비련의 이야기다.

* 참사랑의 실패에 관한 이야기다. Greece 신화에 의하면 Apollo 신의 사랑을 받던 Amyclae 의 아름다운 왕자 Hyacinthus 는 서풍신 Zephrus 의 질투에 의한 간계로 Apollo 의 원반에 부딪쳐 죽었고 Apollo 는 슬픔에 잠겨 사랑을 회상시키는 꽃으로 그를 다시 피어나게 하였는데 그 꽃이 Hyacinth 가 되었다.

이 시에서 Eliot 는 남성인 Hyacinth 를 Hyacinth girl 로 변형시켰지만 전체적인 의미는 동일한 것으로 볼 수 있다. 따라서 Hyacinth girl 은 E.Drew 의 말대로 봄과 풍요, 그리고 희망을 상징하는 이미지임과 동시에 사랑과 성이 조화된 Romantic Love 를 나타내며 성을 통한 재생을 의미한다.

또 이 Hyacinth girl 을 성배전설에 관련시킨다면 그녀는 성배탐색 기사에게 성배탐색의 시기와 장소를 가리켜 주고 그가 성배탐색에 성공한 후에 그와 결혼하는 Grail Maiden 과 같은 역할을 할 인물이다.

* 참사랑의 실패로 death in life 에 처하여 있는 황무지의 절망적인 노래가 주인공에게 연상된다. 이 귀절은 Wagner 의 *Tristan und Isolde* 3막 24절로서 Tristan 이 Isolde 와의 간통으로 체포되어 심하게 부상당한 상태에서 Isolde 가 오기를 기다린다. 그러나 그녀의 배를 기다리는 망루자로서 심부름 갔던 목동은 "바다는 황량하고 쓸쓸도 하오"라고 슬프게 말한다.

"Desolate and empty the sea."

* 주인공은 새로운 길을 제시 받고자 유럽에서 가장 현명한 점장이라는 Madame Sosostris 를 찾아간다. 그녀는 Egypt 왕의 이름을 차용했고, Eliot 는 그 이름을 Aldous Huxley 의 소설 *Crome Yellow*(1921) 27장에서 우연히 발견했다고 말했다. Madam Sosostris 는 Tarot Card 로 점을 친다. 이 카드는 Weston 여사의 책에 의하면 78매의 카드인데, 본래는 Egypt 에서 토지의 성쇠가 달려있는 나일강물의 증감을 예언하고 그 유역을 비옥하게 복원하기 위하여 쓰였었다.

Had a bad cold, nevertheless
Is known to be the wisest woman in Europe,
With a wicked pack of cards. Here, said she,
Is your card, the drowned Phoenician Sailor,
(Those are pearls that were his eyes. Look!)
Here is Belladonna, the Lady of the Rocks,
The lady of situations.
Here is the man with three staves, and here the Wheel,
And here is the one-eyed merchant, and this card,
Which is blank, is something he carries on his back,
Which I am forbidden to see. I do not find
The Hanged Man. Fear death by water.
I see crowds of people, walking round in a ring.
Thank you. If you see dear Mrs. Equitone,
Tell her I bring the horoscope myself:
One must be so careful these days.

---

* "페니키아 수부"는 여름의 죽음을 상징하기 위하여 그 모상(effigy)이 매년 바다에 던져지는 풍요신의 한 전형이었고 페니키아인들은 지중해의 고대 수부 및 상인들이었다. 수부는 제4부에서 플레바스(Phlebas) 로 나타난다.

* Sosostris 의 점괘를 들으면서 주인공은 Shakespeare 의 「폭풍우」 1막 2절 396 행을 연상한다.

Naples 의 왕자 Ferdinand 가 파선으로 익사한 부왕 Alonso 를 생각하고 있을 때 이 Ariel 의 노래가 들려오는데 이 귀절의 이미지는 곧 부활의 이미지이다.

* "세개의 장대를 가진 사람"은 시인 자신이 "Note" 에서 밝히고 있듯이 어부왕 자신이다. "바퀴"는 Tarot Card 중의 한장으로서 목적없는 단조로운 순환적이고 반복적인 방향없는 생활의 회전의 상징이며 제4부에서 물매미를 말한다. 그리고 어쩌면 불교의 윤회(Wheel of Existence) 를 의미한다고 볼 수 있다. 일상에 갇히어 헤어날 줄을 모르는 현대인의 삶의 광경은 "I see crowd of people walking round in a ring." 으로 표현된다.

* "애꾸눈 상인"은 카드에 그려진 얼굴이 측안(profile)이기 때문에 일안이며 제3부의 Eugenides(상인 유제니디즈)와 연결되며 그의 등에 생명의 비법을 짊어지고 있다. E.Drew 에 따르면 이것은 "The secret of the mystery cults" (신비의 예배에 비법)로 옛날 Syria 의 상인들이 이것을 널리 유포시켰다.

* "The hanged man" 은 태로우 카드에 나오는 인물로, 카드에서는 거꾸로 매달려 있다. 또한 그는 땅의 비옥과 식물의 재생을 위해 살해당하는 Frazer 의 "The hanged god" 와 제5부에서는 사도들이 Emmaus 로 가는 길에 나타나는 두건을 쓴사람 (a hooded figure) 을 연상시킨다. 따라서 "the hanged man" 은 "두건을 쓴 사람"과 마찬가지로 고통을 겪고 부활한 Christ 를 상징한다. 여기서의 수사는 참다운 삶으로의 재생을 가져오는 수사지만 Madame Sosostris 의 눈은 세속화되어 있기 때문에 그런 깊은 뜻까지는 알지 못하고 단지 육체의 죽음으로만 인식하여 주인공에게 "물조심 하세요."라고 말한다.

* London 시가의 아침의 도시상이 제시된다. 시인의 의식은 출근길의 많은 인파가 런던교 위로 흘러가는 이 도시를 공허한 도시로 보고있다. 그렇게 보이는 까닭은 첫째로 외관상 런던이 그 특유의 갈색안개 때문에 실체없는 유령의 도시처럼 보이는 것이고 둘째로 지금 시인의 의식은 거리의 사람들을 Sibyl 이나 Fisher King 처럼 생중사의 죽음의 군상으로 보고 있기 때문이다. 여기에서 시인은 Baudelaire 와 Dante 의 싯구를 생각하며 그들의 인식과 같은 차원에 서 있다.

Unreal City,
Under the brown fog of a winter dawn,
A crowd flowed over London Bridge, so many,
I had not thought death had undone so many.
Sighs, short and infrequent, were exhaled,
And each man fixed his eyes before his feet.
Flowed up the hill and down King William Street,
To where Saint Mary Woolnoth kept the hours
With a dead sound on the final stroke of nine.
*There I saw one I knew, and stopped him, crying: 'Stetson!
*'You who were with me in the ships at Mylae!

---

* Baudelaire 의 「악의 꽃」중 "일곱 노인들"의 첫 귀절. Baudelaire 는 대낮의 파리 시가를 유령의 도시로 보고 "Swarming city, city full of dreams, /Where the spectre in full daylight accosts the passer-by." (우글 우글 하는 도시, 꿈에 가득찬 도시, /거기에는 대낮에도 유령이 통행인에게 달라붙는다.)라고 읊은다.

* Dante 는 *Inferno* 제3장에서 지옥의 군상을 보고 다음과 같이 말하였다. "So long a train of people /that I should never have believed /Death had undone so many." (죽음이 그렇게도 많은 사람들을 파멸시켰으리라 /내가 결코 믿을 수 없었던 기나긴 사람들의 행렬.)

위 귀절의 출처인 *Inferno* 제3장은 Dante 가 지옥의 변방인 Limbo 를 다룬 장면이다. Limbo 는 그리스도가 있기 전의 착한 사람 또는 세례를 받지 못한 어린애, 백치의 영혼이 사는 곳이다. 그들이 그곳에 있는 까닭은 칭찬도 비난도 받음이 없이 살았거나 신앙없이 살았기 때문이다. 그들은 말하자면 선악의 의식을 상실한 현대 황무지 주민들과 처지가 같다고 할 수 있다. 시인의 의식속에 London 은 죽음의 도시인 것이다.

* 「지옥편」 iv. 25-27의 인용이다. "여기서 아무런 울음소리도 없고 /들리는 건 오직 /영원한 공기를 떨리게 하는 한숨 뿐"(There was no lamentation except sighs /Which caused the eternal air to tremble.) 그 한숨은 그리스도 이전에 살았던 덕망높은 이교도들의 영혼의 한숨이다.

* 각자 자기 발앞을 주시한 것으로 보아서 이들은 이상도, 희망도 없음을 말한다.

* "up" "down" 은 자연법칙에 역행된다. King William 가는 London 중심부며 금융 및 상업지구다.

* Saint Mary Woolnoth 성당은 King William 가에 있으며 Wren 이 만든 성당 가운데 가장 아름다운 것으로 생각한다고 Eliot 는 원 주에서 이야기 하고 있다.

* Eliot 는 비록 이곳이 죽음의 도시이지만 거기에 교회를 제시하며, 인간의 운명과 종교에 의한 구원을 필연적인 관계로 설정하고 있다. 그리스도가 9시에 죽었다는 점을 생각하면 여기에서의 타종소리는 그리스도의 죽음 또는 그것에 내포된 인간의 구원이나 재생의 시간을 암시한다. 그러나 공허한 도시의 주민들은 9시가 자신의 구원을 가져오는 그리스도의 죽음의 시간이라고 생각을 하지 않고 단지 일을 시작할 시간이라는 생각만으로 바쁘게 움직일 뿐이다.

* "Stetson" 은 당시에 흔히 사업가를 상징하는 말이다. Stetson 은 유명한 미국 모자이름으로 괜찮은 실업가들이 자주 썼기 때문에 이러한 의미가 부여된 듯하다

* Mylae 는 이탈리아 시실리섬 동북방에 있는 Mylazzo 항의 옛이름이다. Mylae 해전은 옛날 로마와 카르타고 사이에 있었던 포에니 전쟁(The Punic War) 을 말하고 이 해전에서 로마군의 카르타고군을 격파하였다.

포에니 전쟁이나 제1차 세계대전이나 둘다 상업적, 경제적 전쟁이다. Eliot 는 어떤 경험이든 동시적 경험이라는 입장에서 모든 전쟁을 한 전쟁으로 본다.

'That corpse you planted last year in your garden,
'Has it begun to sprout? Will it bloom this year?
'Or has the sudden frost disturbed its bed?
'O keep the Dog far hence, that's friend to men,
'Or with his nails he'll dig it up again!

---

* George Williamson 은 시체를 정원에 심는다는 것은 신의 모상을 매장했던 고대의 부활의식을 상기시키는 이미지이며 제1부의 제목은 여기서 나왔다고 하였으며, Grover Smith 는 이 시체를 주인공과 Fisher King 에 연결시키고 그 시체가 싹튼다는 것을 Hyacinth Garden 에서 파괴된 사랑의 회복(restoration of love) 으로 해석하였다.

고대 이집트에선 농업이 유일한 생계수단이었다. 따라서 그들이 생사는 곡물의 성패에 달려있었다. 그래서 그들은 곡물신으로 믿었던 Osiris 에 대한 제사를 해마다 지내서 곡물의 풍작을 기원했었다. 그들은 매년 곡물의 씨를 뿌릴 때엔 곡물신(Corn God) 인 Osiris 의 모상을 만들어 이것을 땅속에 묻었다가 연말 혹은 얼마의 시일 후에 다시 파낸다. 그러면 그 모상에는 곡물의 새싹이 나와있다. 이것을 그들은 풍년의 상징 또는 곡물 생장의 원인으로 보고 환호성을 울렸다. 이것이 곡물신에 대한 제사의식이다. 즉 곡물신이 죽어서 부활한 것이다. 고대인들은 Osiris 의 죽음과 부활에서 현세의 생명의 연장을 얻을 뿐만 아니라 무덤의 피안에서 생멸의 희망도 얻으려 했다. 또 그들은 죽으면 그 Osiris 처럼 재생하여 새로운 생명을 얻을 수 있다고 믿었던 것이다. 또 지방에 따라서는 Osiris 의 모상을 묻는 것이 아니라 곡물신으로 왕이나 마술사를 제물로 하여 그들의 몸을 여러조각으로 잘라, 이것을 여기저기에 묻어 곡물의 풍요와 동물의 생식을 기원하기도 하였다. 이러한 초기의 식물신화는 후에 신비종교로 발전되고 또 이 신비종교는 죽음과 부활의 개념을 정신계에 연결하였다.

* "개가 발톱을 파헤칠테니 조심하라"는 귀절은 Eliot 의 원 주에 의하면 John Webster 의 「백귀」 5막 4장에서 코어닐리어 조가, 무덤없는 사람들의 비정한 시체를 위한 노래다.

"But keep the wolf far thence, that's foe to man/Or with his nails he'll dig them up again." (하지만 인간의 적인 늑대를 조심하시오/발톱으로 다시 파헤치리니.) "늑대"를 "개로" "인간의 적"을 "인간의 친구"로 패러디(parody) 한 것이다.

E. Drew 는 이 "Dog" 를 재생을 돕는 상징적 존재로 보았으며 "Dog" 를 대문자로 쓴 것은 나일강의 물의 증감을 미리 알린 Dog Star 인 Sirius (天狼星) 를 암시하며 "Dog" 는 진실한 의미에서 인간의 친구라고 해석하였다. 즉 "Dull Roots" 를 "stirring" 해 주는 "Spring rain" 과 같은 존재로 본 것이다. 여기서 우리는 그런 인간의 친구요, 재생의 원조자인 개를 멀리 하라는 데 주목해야 한다.

개가 발톱으로 시체를 파낼 것이 염려가 되었기 때문일 것이다. 즉 주인공은 아직 그런 재생을 위한 준비가 되어 있지 않는 것이다. 주인공은 새로운 생이 두렵고 겁이 났기 때문이다. 그에겐 아직 망각의 눈으로 덮어주는 겨울이 오히려 안락하고 따스하다. 자기는 재생하고 싶지 않은데 개는 그러한 주인의 심정도 모르고 충성심을 발휘하여 시체를 파내어 주인 앞에 갖다 놓는다. 그러기에 개는 비록 인간의 친구지만 주인의 입장에서 보면 가장 잔인한 4월과 같은 존재요, Webster 의 "Wolf" 와 같은 존재 즉, 주인의 적인 것이다. 그러니까 death in life 에 처한 황무지의 인간들은 재생의 봄보다는 죽음의 겨울이 오히려 편안하기 때문에 인간의 친구인 개가 시체를 파내어 싹이 트고 꽃이 피어 재생을 가져오는 것을 싫어한다는 뜻을 암시한다고 보면 될 것이다.

'You hypocrite lecteur!—mon semblable,—mon frère!'

II. A Game of Chess

The Chair she sat in, like a burnished throne,
Glowed on the marble, where the glass
Held up by standards wrought with fruited vines
From which a golden Cupidon peeped out
(Another hid his eyes behind his wing)
Doubled the flames of sevenbranched candelabra
Reflecting light upon the table as
The glitter of her jewels rose to meet it,
From satin cases poured in rich profusion.
In vials of ivory and coloured glass

---

* Baudelaire 의 *Flowers of Evil* 의 서시 (Preface) 의 "To the Reader" 의 마지막 행에서의 인용이다. 이 내용은 Stetson 과의 대화의 의미가 Stetson 한사람에 국한되는 것이 아니라 만인의 처지로 보편화해서 생각해야 한다는 것으로 해석할 수 있다. 독자들이 자기는 그러한 황무지적인 인간이 아닌 척 하고 위선적인 태도를 취할 필요가 없다고 충고한 투의 어조이다.

"You" 는 시인 자신을 포함한 독자 전부를 가리킨다. 말하자면 Baudelaire 의 Paris 시민이나, Eliot 자신을 포함한 London 시민이나, 이 시를 읽는 현대의 동포, 형제들은 모두 Stetson 과 다름없는 인간들이란 것이다.

그들은 모두 자기들이 이 황무지에서 death in life 의 삶을 영위하고 있다는 사실을 깨닫지 못하고 있다. 뿐만 아니라 그들은 자기들의 행렬이 Dante 의 지옥의 행렬과 마찬가지라는 사실마저 깨닫지 못하고 있는 것이다. 그러나 주인공은 한가지만은 그들과 다르다. 비록 주인공은 죽은거나 다름없는 삶을 영위하고 있는 황무지의 주민의 한 사람이지만, 자기의 삶이 death in life 라는 것, 따라서 Dante 의 지옥의 죄인들과 다를 바 없다는 것을 느끼고서 재생을 위해 성배 탐색 기사의 자세로서 탐색의 과정을 밟고 있다는 점이다.

※ 제1부 "The Burial of the Dead" 가 death in life 에 처한 현대 황무지의 상황에 대한 추상적 서술이었다면 제2부 "A Game of Chess" 는 그에 대한 구체적 예증처럼 되어 있다.

제2부의 제목은 Thomas Middleton(1570~1627) 의 희곡 「체스놀이」*(A Game at Chess)* 에서 나왔지만 내용은 그의 다른 희곡 「여자는 여자를 조심하라」*(Women Beaware Women)* 의 2막 2장에서 며느리(Bianca) 가 겁탈당하는 동안, 옆방의 체스놀이가 보호자인 시어머니의 주의를 다른 곳으로 돌리기 위한 수단으로 사용되었다.

제2부는 두장면으로 구성되어 사랑이 없는 화려함을 나타내는 상류사회의 여인들과 런던 술집에서 종사하는 하류층의 여인들이 대조적으로 묘사되어 있다. 그러나 근본적인 공통점이 하나 있으니 그것은 그들의 성관계가 모두 의미를 잃었다는 것이다.

* Shakespeare 의 *Antony and Cleopatra,* Ⅱ. ii, 190행. "The barge she sat in, like a burnished throne, burned on the water."

(그네가 앉아 있는 거룻배는 옥자처럼 물위에 빛났다.) Antony 와 Cleopatra 가 Nile 강 위에서 첫 해후를 하였을 때의 장면이다. Enobarbus 는 Cleopatra 가 관능적인 매력으로 그를 압도하는 장면을 길게 묘사하고 있다. Eliot 는 이 부분을 ironic 하게 개작한 것이다.

Unstoppered, lurked her strange synthetic perfumes,
Unguent, powdered, or liquid—troubled, confused
And drowned the sense in odours; stirred by the air
That freshened from the window, these ascended
In fattening the prolonged candle-flames,
Flung their smoke into the laquearia,
Stirring the pattern on the coffered ceiling.
Huge sea-wood fed with copper
Burned green and orange, framed by the coloured stone,
*In which sad light a carvèd dolphin swam.

---

* 시인은 이 대목의 묘사에서 사랑과 정욕의 화신이었던 Cleopatra를 생각하고 그녀와 현세의 상류층 유한부인과 동일화하여 장엄한 역사적 전통을 배경으로 한 불모의 현대의 인간상을 대조적으로 생각한 것이다.

Cleopatra는 사랑을 위해 제국을 던져버린 여성이다. 그녀는 사랑이 없는 삶보다는 죽음을 택한 여인이다. 그녀에게는 삶의 다양성도 있고 사랑도 있었다. 통속적인 윤리관으로 볼 때 그녀는 비록 정숙치 못한 생활을 했지만 그러나 그것은 자기의 강한 신념에서 했기 때문에 그녀는 적어도 실존하고 있었다. 그러나 현대의 Cleopatra라로 받혀져 있는 화려한 거울, 칠지촉대의 불꽃, 현란한 보석, 상아와 유리병에 들어있는 합성향료, 고풍의 벽난로 등은 Cleopatra의 생활과 다름없는 부인의 호화로운 생활 분위기를 단적으로 표시해준다.

그러나 현대의 Cleopatra라 할 수 있는 이 방의 유한 부인은 그렇지 못하다. 악이든 선이든 간에 이 여인에겐 강한 신념이 없다. 그녀는 생활의 대지에서 뿌리가 뽑힌, 말하자면 실존하지 않는 존재이다. 비록 그녀는 화려한 방, 즉 과거의 풍부한 체험의 기록인 문화의 전통속에 몸을 담고 있으나, 거기에 적극적으로 참여하지 못하고 고립해왔다. 즉 그녀에겐 삶도 역사도 아무런 의미가 없다. 삶의 의의를 잃어버린 결과 그녀는 단지 오락과 유희속에서 의미를 찾고자 한다.

그녀의 삶은 "withered stumps of time" (시간의 시든 그루터기)와 같다. 부인의 호화로운 방의 벽난로 위에는 무지한 왕 Tereus에 의해 능욕당한 후, 혀가 잘리어 Nightingale로 변한 Philomela의 변신그림이 걸려 있는데, 이 Nightingales의 슬픈 노래소리는 현대의 황무지에도 들려온다.

Tereus는 현대의 속한 Sweeny로 전환하여 만왕과 같은 행위를 계속하고 있다. Sweeny가 찾아갔던 창녀굴에서 들렸던 Nightingale의 노래는 온 황야를 채웠던 침범할 수 없는 소리가 아니라 그것은 다만 성교를 암시하는 "jug jug" 소리로 들릴 뿐이다.

* 우물반자(格天井) : 움푹 들어간 네모의 格子細工의 로마식 천정. Virgil의 아이네이드(Aeneid) 1.726. 카르다고 여왕 Dido가 애인 에네아스(Aeneas)에 잔치하는 장면. 부정한 사랑의 카르다고 이야기는 3부의 끝머리에 나온다.

"Burning lamps hang from the gold-panelled ceiling, /And torches dispel the night with their flames." (황금 우물반자에 불켜진 등불이 걸려있고, /횃불은 불길로 밤을 삼킨다.)

※ 반자 : 방이나 마루의 천정을 평평하게 만들어 놓은 시설. 거기에 사용하는 자료와 모양에 따라 목반자, 빗반자, 소란반자, 장반자, 우물반자, 지반자, 철반자, 토반자, 평반자, 등의 여러가지로 구별됨.

* 스코트랜드에서 귀한 손님을 모실 때 벽난로에 구리가루를 뿌렸다는 전설이 있음.

* **a carved dolphine**: 벽난로 안에 조각된 돌고래.

Above the antique mantel was displayed
As though a window gave upon the sylvan scene
The change of Philomel, by the barbarous king
So rudely forced; yet there the nightingale
Filled all the desert with inviolable voice
And still she cried, and still the world pursues,
'Jug Jug' to dirty ears.
And other withered stumps of time
Were told upon the walls; staring forms
Leaned out, leaning, hushing the room enclosed.
Footsteps shuffled on the stair.
Under the firelight, under the brush, her hair
Spread out in fiery points
Glowed into words, then would be savagely still.

'My nerves are bad to-night. Yes, bad. Stay with me.
'Speak to me. Why do you never speak. Speak.
'What are you thinking of? What thinking? What?
'I never know what you are thinking. Think.'

---

* 삼림경치 : Milton 의 *Paradise Lost,* iv, 140. 사탄의 눈으로 보는 에덴동산 묘사.
* Ovid, *Metamorphoses,* vi, Philomela. 희랍신화에 의하면 Athens [ǽθinz] 왕 Pandion 의 딸 Procne 은 야만왕 Tereus 에게 시집갔다. 그녀는 동생 Philomela 를 만나고 싶어서 Tereus 에게 데려오라 하였던 바, 그는 Philomela 를 데려오는 도중 그녀를 능욕하고서 그 범죄를 은폐하기 위하여 그녀의 혀를 잘라 숲속에 버리고 왔다.
  Philomela 가 그 억울한 사실을 천에 새겨 넣어서 언니에게 보내자, Procne 은 그 사정을 알고서 동생을 구출해내고 남편에 대하여 복수하기 위하여 왕의 자식 Itys 를 죽이고 그 고기를 남편에게 먹였다. Tereus 왕이 화가 나서 칼을 빼어 두 여자를 죽이려고 하는 순간 왕은 매로, Procne 은 제비로, Philomela 는 Nightingale 로 변신하였다 한다.
* 능욕의 상징인 나이팅게일이 추잡한 귓전에 "jug jug" 울고 있다고 하는 표현을 Edmund Wilson 은 Elizabeth 시대에는 나이팅게일의 울음소리를 그렇게 표기했다고 설명한다. 여기서는 성교를 암시하는 "jug jug" 소리로 들릴 뿐이다.
* 감각이 선동되고 흥분된다.
* 광란 직후의 허무감각을 전해준다.
* 현대인의 특유의 초조와 불안과 고독을 호소하는 말로 들린다. 또한 이부분을 Eliot 이 신경증 환자였던 그의 전처 Vivien Eliot 에게서 저녁마다 듣던 그 미친듯한 호소를 연상하여 쓴 것으로 생각된다. 그녀는 심한 신경쇠약으로 항시 공포에 시달리고, 요괴를 보고 있는 듯한 인상이었고, 얼굴은 창백했고, 눈은 공포에 가득 차 있었으며 헛것을 보고 헛소리에 놀라서 혼자 지껄여댔다고 한다. 이러한 시인 자신의 경험을 교묘하게 시의 문맥속에 놓음으로써 시에서 개인적 요소가 사라지고 그것이 보편성을 띠게 된다.

I think we are in rats' alley
Where the dead men lost their bones.

'What is that noise?'
                    The wind under the door.
'What is that noise now? What is the wind doing?'
                    Nothing again nothing.
                                                  'Do
'You know nothing? Do you see nothing? Do you remember
'Nothing?'

    I remember
Those are pearls that were his eyes.

'Are you alive, or not? Is there nothing in your head?'
                                                  But

---

* 이 부분에서 여인의 물음 가운데 「생각한다」는 단어가 5회, 「말한다」는 단어가 3회 「행한다」는 단어가 4회 반복되지만 상대편의 아무런 반응도 없다. 이것은 「언어」 「사고」 「행위」의 마비상태를 암시한 것이리라.
 이 여인의 물음에 대답하는 것은 그 방안에 함께 있는 어떤 여성의 소리가 아니라, 무대 밖에서 들려오는 남녀 불명의 제3자의 소리다. 다만 생각난 것은 이 여인의 의식밖에 있는 기억 뿐이다. 즉 "우리는 죽은 자들이 뼈를 잃은 쥐구멍에 있다."는 생각과 "그의 눈이 진주로 변했다."는 기억이 있을 뿐이다.
* 불모의 황무지이며 유령의 도시 이미지로서 불모성의 상징.
* John Webster 의 「악마의 소송사건」 3막 2장 162행 : 살인적 공격의 희생자가 아직도 숨을 쉬고 있음을 발견하고 의사가 이 질문을 한다. "Is the wind in that door still?" (아직도 바람이 저 도어에 있나?)
* Shakespeare 의 *The Tempest* 의 제1막 2장 인용. 이 부분은 나포리왕의 왕자(Prince of Naples) Ferdinand 를 유혹하기 위하여 요정 Ariel 이 부르는 노래이다. 이 노래에 얽힌 이야기를 살펴보면 왕자가 부왕과 함께 배를 타고 항해하다가 폭풍을 만나 파선해서 그는 혼자서 Milan 의 Duke 인 Propspero 의 섬에 표류한다.
 섬에 이르는 그는 부왕이 익사하였다고 생각하고서 바닷가에 홀로 앉아 죽은 아버지를 생각하고 울고 있을 때 어딘가에서 이 노래소리가 들려왔다 한다. 이 노래는 Propspero 가 요정 Ariel 을 시켜서 일부로 부르게 한 노래다. Ferdinand 는 이 노래소리에 매혹되어 따라가다가 Propspero 딸 Miranda 를 만나고 이것이 계기가 되어 죽은 줄만 알았던 부왕을 만나게 된다. 그래서 Ferdinand 와 Miranda 는 결혼하게 되었다. Brooks 는 사랑이 곧 재생을 가져온 것이라고 해석하고 있다.
 역시 이 노래는 죽음과 재생이라는 이 시의 기본적 주제에 밀접한 관계가 있음을 발견할 수 있으며 그것의 핵심 요인은 사랑임을 되고 그 결과 이 섬사람들에게 구원을 가져오게 되었던 것이다.
 시인은 이 인유로서 황무지에서 불모의 죽음과 대조되는 죽어서 아름답고 풍요한 것으로 변하는 재생의 죽음을 암시한다.
* But=Except

O O O O that Shakespeherian Rag—
It's so elegant
So intelligent
'What shall I do now? What shall I do?'
'I shall rush out as I am, and walk the street
'With my hair down, so. What shall we do tomorrow?
'What shall we ever do?'
                                        The hot water at ten.
And if it rains, a closed car at four.
And we shall play a game of chess,
Pressing lidless eyes and waiting for a knock upon the door.

When Lil's husband got demobbed. I said—
I didn't mince my words, I said to her myself,
HURRY UP PLEASE ITS TIME
Now Albert's coming back, make yourself a bit smart.
He'll want to know what you done with that money he gave you
To get yourself some teeth. He did, I was there.

---

* "오 오 오 오"는 Shakespeare의 오셀로나 리어왕의 부르짖음 표시로 "0"를 네번씩 반복하였음.

"세익스피어 재즈": 세익스피어의 시가 현대에 이르러 타락하여 재즈가 된 것을 풍자한 말. Bruce E.McElderry는 "Shakespearian Rag"이 1912년 Ziegfeld (1867~1932: 미국과 무대 연출가)의 시사 풍자극의 힛트곡이었던 실제의 미국 Jazz라고 확인했다. 또한 세익스피어의 스펠링이 변한 것은 세익스피어의 시가 현대에 이르러 타락하여 재즈가 된 것을 풍자한 말.

* 이 귀절에는 창부의 무질서하고 권태로운 일과가 암시되어 있다. 아침의 목욕은 물을 통한 정화와 재생의 의식이며, 장기놀이는 인간이 미래의 운명을 점치는데 사용했던 Tarot Pace을 포함한 모든 점술을 의미한다고 말할 수 있다.

* Thomas Middleton의 *Women Beaware Women*「여자는 여자를 조심하라」 II, ii.의 체스놀이. 며느리 Bianca가 주인공에 능욕당하는 동안 옆방에서 시어머니의 주의를 빼앗기 위하여 리비아는 Bianca의 어머니와 체스놀이를 한다.

* 이 창녀에게 찾아오는 고객을 암시하면서 한편 죽음의 내방이나 기다리라는 가혹한 야유조의 의미를 내포한다.

* 앞 부분의 유한 부인의 상류사회에서 떠나 반대로 하류사회의 아낙네들을 소재로 다루고 있다. London의 대중술집에서 일하는 여자들로 여겨지는 Lou, Bill, May가 모여 앉아 이야기하는 식으로 되어있다. 시각은 폐점 직전이다. 그 세명 가운데, 마지막에 나오는 인삿말의 순서로 보아 지껄이는 여인은 Lou인 것 같으며, Lou는 두 여인에게 자기의 친구 Lil과 그녀의 남편 Albert에 관한 이야기를 London의 하류층의 사투리로 지껄이고 있다.

George Willamson은 이 장면을 무의미한 성행위, 참사랑이 없는 sex에 연결시켜 해석하고 있는데 결국 이들은 Lil과 Albert의 부부생활을 중심으로 생산을 목적으로 하지않는 무의미한 성생활에 대한 이야기를 하고 있는 것이다.

* 대화를 나누고 있는 사이에 "서두르세요. 문닫을 시간입니다."라는 술집 주인의 재촉하는 말이 5회나 반복된다. 밤일을 마치고 돌아갈 시간에 윤락녀의 대화이지만, 실은 생식의 의미를 잃어버린 불모의 육욕적 세계가 묘사되있다. 이런 점에서 호사스러운 유한 부인과 윤락녀는 동일한 여성이다. Eliot가 주에서 밝힌 바와 같이 모든 여자는 한 여자다.

You have them all out, Lil, and get a nice set,
He said, I swear, I can't bear to look at you.
And no more can't I, I said, and think of poor Albert,
He's been in the army four years, he wants a good time,
And if you don't give it him, there's others will, I said.
Oh is there, she said. Something o' that, I said.
Then I'll know who to thank, she said, and give me a straight look.
HURRY UP PLEASE ITS TIME
If you don't like it you can get on with it, I said.
Others can pick and choose if you can't.
But if Albert makes off, it won't be for lack of telling.
You ought to be ashamed, I said, to look so antique.
(And her only thirty-one.)
I can't help it, she said, pulling a long face,
It's them pills I took, to bring it off, she said.
(She's had five already, and nearly died of young George.)
The chemist said it would be all right, but I've never been the same.
You *are* a proper fool, I said.
Well, if Albert won't leave you alone, there it is, I said,
*What you get married for if you don't want children?
HURRY UP PLEASE ITS TIME
Well, that Sunday Albert was home, they had a hot gammon,
And they asked me in to dinner, to get the beauty of it hot—
HURRY UP PLEASE ITS TIME
HURRY UP PLEASE ITS TIME
*Goonight Bill. Goonight Lou. Goonight May. Goonight.
Ta ta. Goonight. Goonight.
Good night, ladies, good night, sweet ladies, good night, good night.

---

* "What you get married for if you don't want children?" 라는 말은 현대인에게 있어 성행위는 생명과 무관한 일종의 도락행위임을 말하는 것이고, 현대를 황무지로 보는 이 시의 주제와 직결된다.

* *Hamlet* Ⅳ.Ⅴ.72행. 미친 Ophelia 가 물에 빠져 자살하기 직전에 한 작별 인사.

* "Goodnight" 은 처음에는 일상 쓰이는 대로 Goodnight 로 표기했다가, 다음에는 Good night 으로 분철하므로써 "have a good time" (남녀끼리 재미를 본다는 뜻)의 의미를 포함시키면서 생의 의의를 상실한 상류층 하류층 황무지인의 여인들에게 다시 한번 그 Shakesperherian rag 로써 조소의 인사를 한다. "Ta ta" 문은 닫힌다.

III. The Fire Sermon

The river's tent is broken; the last fingers of leaf
Clutch and sink into the wet bank. The wind
Crosses the brown land, unheard. The nymphs are departed.
Sweet Thames, run softly, till I end my song.
The river bears no empty bottles, sandwich papers,
Silk handkerchiefs, cardboard boxes, cigarette ends
Or other testimony of summer nights. The nymphs are departed.
And their friends, the loitering heirs of City directors;
Departed, have left no addresses.
By the waters of Leman I sat down and wept . . .
Sweet Thames, run softly till I end my song,
Sweet Thames, run softly, for I speak not loud or long.

※ 제목은 불타의 「불의 설교」(Fire Sermon) 에서 따 왔다. 부처님이 가야산에서 천명의 제자를 모아놓고 그들에게 욕정과 육체적 감각의 불타는 불길을 피함으로써, 성스러운 생활을 살고 속세로 부터의 자유를 달성하고, 마침내는 재생의 순환(cycle) 을 떠나 니르바나(Nirvana : 열반) 에 도달하도록 가르친다. St. Augustine 도 「고백론」에서 불을 정욕의 상징으로 말한 점은 이 3부의 이해에 필요한 상징적 의미를 띠고 있다.

* 시각적인 이미지는 템즈강변을 천막처럼 덮었던 잎이 가을에 졌다는 것이며, 구약에 의하면 유목민인 유태인들이 천막을 성소로 사용했으므로 성소가 무너졌다는 뜻으로, 템즈강 처녀들의 처녀성 상실을 암시함. "손가락 같은 마지막 잎"은 익사한 시체의 손가락이 연상된다.

* 바람이 불지만 들리는 것 하나 없다는 말로써 불길하고 음산한 죽음의 계절을 느끼게 하는 동시에 Thames 강가에 모여들었던 여름의 Nymph 들이 가버린 공허한 강변을 연상케 한다.

* "아름다운 템즈여, 고요히 흘러라, 내 노래 끝날 때 까지."

Eliot 는 이 Nymph 들을 선녀라 부르고 다음 행에 Spenser 의 시행을 놓음으로써 풍요와 사랑에 충만하던 과거와 황폐한 현대를 대조시키고 있다. 이 Spenser 의 시행은 「축혼가」*(Prothalamion)* 의 각절의 후렴이다. Spencer 는 이 시에서 Worcester 백작의 두 딸의 혼례를 축하하는 아름다운 사랑을 노래하였다. 즉, 이 시에서 Thames 강엔 은빛 물결이 굽이쳐 흐르고 그 근교의 개울과 목장에는 백화가 아름답게 피어있다. 그리고 이 꽃밭 속에선 아름다운 Nymph 들이 머지않아 있을 결혼식에 대비하여 광주리에 꽃을 꺾어 모으고 있다.

이런 아름다운 강가에 지금 죽음의 계절이 다가와 지난날의 화려하고 장엄하던 모습은 찾아볼 수 없고, 여름철 한 때 탕녀들이 그들의 정부와 환락하던 그 자리는 아무 흔적도 없이 쓸쓸하다.

Spencer 의 「축혼가」에서 결혼을 준비하기 위해 템즈강에 나오는 님프들과 현대 사회의 중역들의 노리개감인 미녀들이 충격적인 대조를 이룬다.

* 이제 시인은 이 Thames 강을 Leman 호와 관련시켜 현대의 황무지에서 이스라엘 사람들이 Babylonia 에서 그들의 유수를 회상하고 고국이 그리워서 하는 한탄인 시편 137편의 싯구를 생각한다.

The Psalms 에는 "By the rivers of Babylon, there we sat down, yea, we wept when we remembered Zion" 라고 된 것을 시인이 Babylon 을 Leman 으로 바꾼 것이다. 따라서 이 말은 주인공이 황무지에서 느끼는 슬픔을 이스라엘 사

But at my back in a cold blast I hear
The rattle of the bones, and chuckle spread from ear to ear.

A rat crept softly through the vegetation
Dragging its slimy belly on the bank
While I was fishing in the dull canal
On a winter evening round behind the gashouse
Musing upon the king my brother's wreck
And on the king my father's death before him.
White bodies naked on the low damp ground
And bones cast in a little low dry garret,
Rattled by the rat's foot only, year to year.
But at my back from time to time I hear
The sound of horns and motors, which shall bring
Sweeney to Mrs. Porter in the spring.
O the moon shone bright on Mrs. Porter
And on her daughter

람들이 유랑할 때 그들의 슬픔을 나타내던 말로 표현한 것이다. 곧 이 구절의 이미지는 고독감과 향수라 할 수 있다.

주인공은 착잡한 심정으로 Leman 호가에 앉아 흐느껴 울고 있는 것이다. 이것은 Babylon 에서 포로가 되어 강가에 앉아 조국의 수도인 Zion 을 생각하며 울고 있던 Jerusalem 사람들의 모습과 흡사하다. Babylon 은 장엄하고 화려했으며 문화가 찬란했으나 악덕이 만연되던 도시였다. 그것은 정신적으로 타락한 현대의 도시와 흡사하다. 주인공은 지금 이 황폐한 강가에 앉아 화려했던 Elizabeth 조 시대를 그리워하면서 울고 있는 것이다. 그런데 여기서 주목해야 될 점은 Eliot 가 그런 Babylon 을 Leman 으로 바꾸어 놓은 점이다. 그것은 시인이 이 시를 쓰던 당시 체류했던 Lausanne 의 Leman 호는 Geneva 호의 Swiss 명이나 Elizabeth 시대나 고대 영어에서는 Leman 은 "lover" 를 의미하는 보통명사였기 때문이라고 George Willamson 은 설명한다. 그렇다면 시인은 지금 "애욕의 강가에서 슬퍼한다."고 볼 수 있다.

* Andrew Marvell(1621~1678) 의 "To His Coy Mistress" 의 1절. "But at my back I always hear /Time's winged chariot hurrying near . . ." ("허나 등 뒤로 나는 항상 듣는다. /시간의 날개 달린 전차가 가까이 달려오는 소리를 . . . ")

* *The Tempest* (Act 1, scene 2, Lines 389~91) 의 Ferdinand 왕자의 말이 인용됨으로써 독자에게 죽음과 재생의 의미를 생각하게 한다. *The Tempest* 에서 Ferdinand 왕자는 "둑에 앉아 부왕의 난파를 슬퍼하고 있는" 동안에 Ariel 들이 "부왕은 다섯길 바다밑에 있고, 그 뼈는 변하여 산호가 되었다."고 노래하는 소리를 듣는다. 그러니까 George Williamson 의 말대로 이 순간에 시인의 의식은 죽음과 재생을 생각하는 Ferdinand 왕자의 의식과 일치하고, 다시 어부왕의 의식과 긴밀히 관련되어 있다.

Eliot 가 말하는 "The king my brother" 와 다음 행의 "The king my father" 는 모두 Fisher King 을 암시하면서 인류 전체로 그 의미를 확대한다.

* John Day(1574~1640) 의 극 *Parliament of Bess* (벌들의 회의) : "When of the sudden, /Listening, you shall hear, /A noise of horns and hunting, which shall bring, /Actaeon to Diana in the spring. /Where all shall see her naked skin . . . " (갑자기 귀를 기울이면 들리리 /각 적과 사냥감 좇는 소리 /그것은 악테온을 샘에 있는 다이아나에게 데려 오리라. /거기서 모두들 그녀의 벌거벗은 살결을 보리라 . . .)

They wash their feet in soda water
Et O ces voix d'enfants, chantant dans la coupole!

Twit twit twit
Jug jug jug jug jug jug
So rudely forc'd.
Tereu

John Day 의 *Parliament of Bees* 에서는 젊은 사냥꾼 Actaeon 은 우연히 숲과 사냥의 처녀 Diana 가 요정들과 함께 목욕하는 장면을 보게 되었다. 부끄러움 때문에 Diana 는 그를 사슴으로 변신시켰고 그를 따라오던 사냥개들이 주인인 줄 모르고 사슴을 물어뜯어 죽이게 한다.

그러나 저속한 성적 행각을 즐기는 현대판 악테온인 속한 Sweeney 와 그의 정부인 Porter 부인은 오늘날 알몸을 보이고도 부끄러운 줄 모른다. Sweeney 는 저속하고 생각없는 성적 행각을 즐기는 현대판 속한의 전형으로, Eliot 의 「Sweeney among the Nightingales」와 「Sweeney Agonistes」에서 나온다.

또 Andrew Marvell 의 "To His Coy Mistress" 에서 시인이 연인을 유혹하는 말로 "등 뒤에서 언제나 시간의 날개 돋힌 전차가 사뭇 다가오는 소리가 들린다."고 한 말을 바꾸어 위와 같이 표현하여, 우리는 전차가 자동차로 바뀌어 17 세기와 현대의 거리를 느낄 수 있을 뿐만 아니라 시간의 전차소리를 들으며 죽음을 느끼던 것이 이제 자동차의 모우터 소리를 들으며 정부를 찾아 달려가는 장면을 연상하게 된 아이러니칼한 대조를 느끼게 된다.

* 이 노래는 세계 1차대전때 Dardanelles 전투중 Australia 군인들이 불렀다. 그 내용은 다음과 같다: "O the moon shone bright on Mrs.Porter. /And on the daughter /Of Mrs.Porter. /They wash their feet in soda water /And so they oughter /To keep them." (오 달은 포터 부인과/그녀 딸에게 비쳤다. /그들은 소다수로 발을 씻는다. /그들은 몸을 깨끗이 해야 한다.)

Eliot 가 자신의 주석에서 시사하듯이 이것은 그리스도 승천축일(Holy Thursday) 의 예배의식의 일부인 세족의식을 Parody 한 것이다. 세족의 상징적 의미는 겸허와 사랑이며 그리스도가 제자들의 발을 씻어준 것을 반복하는 것이다.(요한복음 13:1-7)

시인은 이 민요를 통해서 현대 속한들의 정부를 풍자할 뿐 아니라 어부왕 Amfortas 이 부활하고 황폐한 국토가 저주에서 풀려 풍요가 다시 돌아오기를 바래서 기사 Parsifal 이 행하는 세족의식을 암시하기도 한다.

* 불란서 상징파 사인 Verlaine(1844~96) 의 소네트 *Parsifal* 의 마지막 행.

"And O those children's voices singing in the dome!" (아 둥근 지붕 아래 합창하는 어린이들의 노랫소리여!) 이 귀절은 성배 탐색(Grail Quest) 에 관한 Wagner 의 오페라를 생각나게 한다. Parsifal 은 그를 유혹하는 매혹적인 여자를 물리친다. 겸허하고 순화된 그녀는 Parsifal 의 발을 씻어 주어 성배 성(Grail Castle) 에 들어갈 수 있도록 한다. 그는 탐색을 성취하여 성배를 발견한다. 그리고 황금색 법의를 입고 그리스도의 피가 빛을 발하는 깨끗한 그릇에 예배한다. 거기서 그는 어부왕 Amfortas 를 낳게 하고 스스로 왕이 된다. 그때 성배 성당의 원천정에 합창하는 소년 성가대의 목소리를 듣는다.

* 어부왕에게 재생이 올 때 성배 성당에서 부르는 소년 성가대의 합창속에서 "투잇 투잇" "쩍 쩍"하는 새소리가 섞여 들려온다. "투잇 투잇"은 제비소리로 Philomela 언니가 제비로 변신된 것을 암시하고 "쩍 쩍"은 Nightingale 의 소리로 Tereus 에 능욕당한 Philomela 가 Nightingale 로 변신된 것을 암시한다. 그리고 Tereu 는 폭군 Tereus 를 암시한다. 이 귀절 역시 아이러니컬한 대조이다.

Unreal City
Under the brown fog of a winter noon
*Mr. Eugenides, the Smyrna merchant
Unshaven, with a pocket full of currants
C.i.f. London: documents at sight,
Asked me in demotic French
*To luncheon at the Cannon Street Hotel
*Followed by a weekend at the Metropole.

At the violet hour, when the eyes and back
Turn upward from the desk, when the human engine waits
Like a taxi throbbing waiting,
I Tiresias, though blind, throbbing between two lives,
Old man with wringled female breasts, can see
At the violet hour, the evening hour that strives

---

* Smyrna 는 터어키 Izmir 항의 옛이름이며 에게해에 면해 있고 현재 터어키에서 가장 중요한 항구의 하나다. 시리아 상인들은 웨스튼 여사의 성배 전설에 의하면 고대 종교의 신비적인 의식이나 생명의 비결을 지닌 옛 비의(mysteries)를 전파하는 역할을 했지만, 그들의 후손인 현대의 Eugenides 는 많이 타락했다. Smyrna 는 희랍어로 "고상한 사람"이란 뜻이지만 실은 그 반대다. 전설대로라면 Eugenides 는 기사를 인도해야 할텐데 이 시에서 그는 London 의 중심에 있는 Cannon Street Hotel 에서 점심을 먹고 주말은 Metropole Hotel 에서 보내자고 한다. 그런데 전자는 임항열차(boat-train) 를 타고 대륙을 왕래하는 사업가들이 즐겨 찾는 곳으로, 그 곳에서 그들은 동성연애를 즐긴다. 후자는 런던에서 60마일 떨어져 있는 영국의 동남 해변 휴양지 Brighton 시에 있는 고급 Hotel 이다.

* 한때 London 의 Lloyd 은행 외환과에 근무했던 Eliot 는 다음 주를 붙였다: "건포도는 런던까지 운임과 보험료 포함 도착가격으로 절가되었다. 그리고 선화증권 등은 일람불 수표를 지불해야 매주에게 교부되었다."
C.i.f.London=Carriage and insurrance free to London

* the Cannon Street Hotel : London 중심에 있는 케논 스트리트역에 부속된 호텔로서 2차 세계대전 이전에는 외국 실업가들과 영국 고객들의 단골 회합소 또는 동성연애 장소였다.

* Metropole 호텔 : 영국의 동남 해변 휴양지 Brighton 시에 있는 고급호텔. "주말을 메트로포올에서"라는 말은 당시 성적인 낌새가 많은 말이었다.

* 시인은 Triesias 가 이 시중에서 가장 중요한 인물이라고 다음과 같이 주에서 밝히고 있다. Tiresias 는 비록 단순한 방관자이자 사실상의 한 등장인물은 아니나, 이 시에서 가장 중요한 인물로 기타의 인물을 모두 통합하고 있는 것이다. 마치 건포도 상인 애꾸눈박이가 페니키아의 수부로 융합하고, 다시 그 수부는 나폴리의 왕자 Ferdinand 와 유사한 것처럼, 모든 여인은 한 여인이고 남녀 양성은 Tiresias 속에서 합치한다. Tiresias 가 "관찰"하는 것이 사실상 이 시의 내용이다.

희랍 신화에 의하면 Tiresias 는 희랍에서 가장 유명한 예언자로서 남녀 양성을 초월한 노인이다. Thebes 의 왕인 Oedipus 가 모르고 아버지인 Laius 를 살해하고 나서, 역시 모르고 어머니인 Jocaste 와 결혼한다. 그러자 Thebes 에는 신의 저주가 내린다. 이때 Tiresias 는 Oedipus 궁전으로 가서 아버지를 죽이고 어머니와 결혼한 자가 죽어야만 신의 저주가 풀릴 것이라고 예언한 후 곧이어 그 사람은 바로 여왕 Jocaste 의 남편인 Oedipus 라고 말한다. 또 이것은 여러가지

Homeward, and brings the sailor home from sea,
The typist home at teatime, clears her breakfast, lights
Her stove, and lays out food in tins.
Out of the window perilously spread
Her drying combinations touched by the sun's last rays,
On the divan are piled (at night her bed)
*Stockings, slippers, camisoles, and stays.
I Tiresias, old man with wrinkled dugs
Perceived the scene, and foretold the rest—
I too awaited the expected guest.
He, the young man carbuncular, arrives,
A small house agent's clerk, with one bold stare,
One of the low on whom assurance sits
As a silk hat on a Bradford millionaire.
The time is now propitious, as he guesses,
The meal is ended, she is bored and tired,
Endeavours to engage her in caresses

사실에 의하여 확증된다. 그러자 Jocaste 는 목을 매어 자살하고 Oedipus 는 그녀의 옷에서 뽑은 핀으로 자기의 눈을 찔러 장님이 되었다.

시인은 주에서 Ovid 의 *Metamorphoses* (111.316-38) 를 인용하고 있다. 주피터가 술에 취해 유쾌해서 근심을 잊고 한가로이 그의 처 주노와 농담할 때, 그는 사랑의 쾌감은 당신들(여신)이 우리(남신)보다 크다고 말했다. 여신은 그 반대의 견해를 가졌었다. 그래서 그들은 현명한 Tiresias 에게 묻기로 결정했다. 왜냐하면 그는 양성의 쾌감을 다 알기 때문이다. 한 때 그는 푸른 숲속에서 교미하고 있는 두마리의 큰 뱀을 보고 지팡이로 때려 줬더니, 그는 놀랍게도 여자로 변해 있었다. 그 모습으로 7년을 보냈다. 8년째 되던 해 그는 다시 같은 뱀들을 발견하고서 말했다. "너희들은 때리면, 때리는 사람의 성을 다른 성으로 바꾸는 이상한 마력을 가졌으니, 한번 더 너희들을 때려야겠어" 이렇게 말하며 때려줬더니 그는 이전 모양대로 회복되어 남자로 되어 있었다. 그래서 그가 신들의 이 재미나는 심판을 맡았을 때, 그는 주피터편을 들었다. 그러나 주노는 필요이상으로, 몹시 분개하여 심판관을 영원한 장님으로 만들어 버렸다.

전능한 부신(주피터)은 (신은 다른 신이 한 것을 취소할 수 없기 때문에) 그의 시력의 상실에 대신해서 미래를 알 수 있는 힘을 주어 이 형벌을 경감했다. 그는 아테네 동북방에 위치한 고대 희랍도시인 Thebe 시의 성벽가의 시장에서 매우 유명한 예언자가 되어 일곱세대나 살면서 두 Thebe 의 왕 오디푸스왕과 크레온(Creon) 왕의 몰락을 예언했다. 그리고 Thebe 시가 전쟁으로 몰락했을 때 그는 살해되었다. 그의 혼은 지옥으로 갔으나 거기서도 예언하는 힘을 가져 Odysseus 가 충고를 받으러 그를 방문한 적이 있다.

* 이행은 Sappho (희랍 여류 시인)의 시행과 꼭 같지는 않으나 나는 내 마음속에 "긴 해안" 또는 저녁때 돌아오는 "평저선" "어부를 생각한다"고 Sappho 는 썼다. "I had in mind the 'long shore' or 'dory' fisher man, who returns at night fall".

* camisoles : slips ; corset.

* 전쟁 모리배. 브래드퍼드는 요크쉬어에 있는 공업도시로서 제1차 세계대전 중 군수품 계약으로 많은 벼락부자를 만들어 내었다. "브래드퍼드 전쟁졸부 실크해트처럼".

Which still are unreproved, if undesired.
Flushed and decided, he assaults at once;
Exploring hands encounter no defence;
His vanity requires no response,
And makes a welcome of indifference.
(And I Tiresias have foresuffered all
Enacted on this same divan or bed;
I who have sat by Thebes below the wall
And walked among the lowest of the dead.)
Bestows one final patronising kiss,
And gropes his way, finding the stairs unlit . . .

She turns and looks a moment in the glass,
Hardly aware of her departed lover;
Her brain allows one half-formed thought to pass:
'Well now that's done: and I'm glad it's over.'
When lovely woman stoops to folly and
Paces about her room again, alone,
She smoothes her hair with automatic hand,
And puts a record on the gramophone.

'This music crept by me upon the waters'
And along the Strand, up Queen Victoria Street.
*O City city, I can sometimes hear
Beside a public bar in Lower Thames Street,

---

* the wall of Thebes.
* Goldsmith 의 소설 *The Vicar of Wakefield* 중의 노래.
주인공 Olivia 는 과거에 유혹받은 장소에 와서 노래부른다. "When lovely woman stoops to folly /And finds too late that men betray, /What charm can soothe her melancholy, /What art can wash her guilt away? /The only art her guilt to cover, /To hide her shame from every eye, /To give repentance to her lover /And wring his bosom-is to die". (사랑스런 여자가 어리석은 일을 저지르고 /남자가 배반한다는 사실을 너무 늦게 알았을 때, /어떤 마술이 그네의 슬픔을 덜어주랴, /어떤 기술이 그녀의 죄를 씻어 주랴 /그녀의 죄를 덮어주는 유일한 길은, /그녀의 수치심을 모든이의 눈에서 회피하는 유일한 길은, /그녀의 연인에게 후회를 안겨주고 /그의 가슴을 괴롭힐 수 있는 유일한 길은 죽는 것이다.)
이 작품에서 타락한 여주인공 Olivia 는 처녀성을 잃고서 수치심과 죄의식 때문에 죽는 것이 유일한 길로 되어있다. 그런데 이들의 불모의 성행위는 마치 축음기에서 레코드가 돌아가는 것이나 다름없는 기계적인 행위이다. 이것이야말로 황무지에서 가장 속화된 특징으로 정절을 상실하면서도 무관심한 현대인들의 기계적인 결합을 풍자한 것이다.
* Shakespeare 의 *The Tempest*, Ⅰ, ii, 387-389.
* City 는 런던의 구시, 금융, 상업의 중심지의 약 1마일 평방을 말하고 city 는 런던 전시(Great London) 를 가리킨다.
* 로우어 템즈가: 런던 브리지 바로 옆에 있다. 수세기에 걸쳐 런던의 유명한 생선시장 Billingsgate 가 여기 있으며 물고기는 매우 오래된 생명의 상징이다.

The pleasant whining of a mandoline
And a clatter and a chatter from within
Where fishmen lounge at noon: where the walls
Of Magnus Martyr hold
Inexplicable splendour of Ionian white and gold.

The river sweats
Oil and tar
The barges drift
With the turning tide
Red sails
Wide
To leeward, swing on the heavy spar.
The barges wash
Drifting logs
Down Greenwich reach
Past the Isle of Dogs.
*Weialala leia
Wallala leialala

Elizabeth and Leicester
Beating oars

---

* 매그너스 마아터 교회 : 성 매그너스 마아터 교회의 내부는 Wren이 건축한 내부중 가장 훌륭한 것으로 알려지고 있다. 1676년 건축된 이 교회는 Lower Thames 가와 Fish 사이, London Bridge와 London 생선시장 사이의 모퉁이에 아직도 서있다.

* 이 section에는 세명의 Thames 강 딸들(there Thames-daughters) 이 부르는 노래라고 주에 밝혀져 있다. 아가씨들은 Wagner 의 가극 *Gotterdammerung* (「신들의 심판」), 제3부 1장 "The Rhine-daughters" 와 연결된다.

신화에서 황무지에 저주가 내린 것은 어부왕의 궁전에서 몇 처녀들이 능욕당한 후이다. "The Rhine-daughters" 에서도, 라인 처녀들이 능욕을 당하고 그들의 황금반지를 빼앗긴 후, 라인강의 아름다움이 사라졌음을 탄식한다. 3명의 라인 처녀들은 반지를 빼앗아간 주인공 Siegfried를 유혹하고 놀라게 하여 반지를 되찾으려 하지만 실패한다. 처녀들은 소유자에게 힘과 사망을 가져다 준다는 반지를 다시 찾을 수 있다고 기대하며 이 노래를 부른다.

* Weialala leia, Wallala leialala는 Wagner 의 후렴에서 인용된 것이며 두번 반복된다. 첫번째 노래는 "기름과 타아르"로 오염된 현대의 Thames 강의 광경이다. Eliot 는 강의 능욕(오염)과 처녀성의 상실과 합치시키고 있다. 276행의 개섬 (the Isle of Dogs) 은 London 중심가로부터 약간 하류에 있는 반도이다. Greenwich 는 개섬 건너편의 강변에 있으며, Elizabeth 1세는 Greenwich House에서 태어났었고, Leicester 백작을 환대했던 곳도 여기였다.

두번째 노래는 Elizabeth 여왕과 Leicester 백작이 호화로운 배를 타고 Thames 강에서 뱃놀이를 하는 광경을 노래한 것이다. 주영 Spain 주교며 대사인 데 쿠아드라(De Quadra) 가 Spain 의 Philip 왕에게 보낸 편지의 내용이 Froud 의 *The Reign of Elizabeth* (1권 4장)에 다음과 같이 실려 있다: "오후에 우리는 호화선에 타고 강위의 놀이를 바라보고 있었습니다. 여왕은 Robert 경(Leicester 백작을 말함)과 같이 선미루갑판에 있었는데, 그들은 농담을 시작하여 나중에는 너무

The stern was formed
A gilded shell
Red and gold
The brisk swell
Rippled both shores
Southwest wind
Carried down stream
The peal of bells
White towers
　　　　Weialala leia
　　　　Wallala leialala

'Trams and dusty trees.
*Highbury bore me. Richmond and Kew
Undid me. By Richmond I raised my knees
Supine on the floor of a narrow canoe.'

'My feet are at Moorgate, and my heart
Under my feet. After the event
He wept. He promised "a new start."
I made no comment. What should I resent?'

'On Margate Sands.
I can connect

지나쳐 Robert 경이 내가 (Quadra 는 주교이었기 때문에 결혼식을 행할 자격이 있었다.) 현장에 있으니, 만일 여왕이 원하신다면 그들이 결혼 못할 이유가 없다고 말했습니다."

이것은 현대의 비속과 Elizabeth 조의 장려함을 대비한 것으로, Elizabeth 시대에는 사랑에 약간의 의미도 있고 약간의 장려함도 있었지만, 현대에는 불모의 사랑과 비속함이 있을 뿐이라는 것을 암시하고 있다.

Thames 강의 세번째 노래는 비속한 정사를 노래한 것으로 앞에 나온 두노래의 주제가 통합된다. 첫째 장면은 한때 왕의 저택이 있었지만 지금은 유락지인 Thames 강 상류의 Richmond 와 London 서쪽 교외에 있으며 식물원 New Gardens 로 유명한 Kew 에서 능욕 당한 것이고, 두번째 장면은 London 의 금융중심지며 관청 건물과 빈민 주택으로 차있는 동부 London 의 빈민가 Moorgate 에서 있었던 일이다. Eliot 는 로이드 은행에 근무할 때 Moorgate 지하철 역을 사용하였다. 세째 장면은 Thames 강 하구의 해변 휴양지인 Margate 사장에서 정사를 벌린 장면이다. 모두 사실적인 묘사에 절망과 후회의 말이 따른다. 이들에게 처녀성 상실은 "The broken fingernails of dirty hands" 정도이다. 이 사건들은 타이피스트의 전축에서 들려오는 레코드 소리의 연장으로 들린다.

* "Highbury-undid me." 는 Dante 의 연옥 (Purgatorio, V, 133)에서 Siena 출신의 귀부인 삐아(Pia) 의 정령을 만났을 때와 연결된다. "Siena made me, /Maremma undid me," (시엔나가 나를 낳고, /마램마가 나를 죽였어요.)에 대한 개작이다. Siena 나는 둘다 이탈리아의 지명이며, 그녀가 남편에게서 처참하게 죽은 것을 나타낸다. Dante 의 "연옥편"에 나오는 삐아(Pia) 에게는 그래도 희망이 있었지만 여기 묘사된, 여인에게는 전혀 희망이 없고 무에서 무를 연결할 따름이다.

Nothing with nothing.
The broken fingernails of dirty hands.
My people humble people who expect
Nothing.'
la la

To Carthage then I came

*Burning burning burning burning
O Lord Thou pluckest me out
O Lord Thou pluckest

burning

---

* 성 아우구스티누스(Augustine) 의 「참회록」(*St. Augustine's Confession* Ⅲ 첫 귀절의 인용이다. "To Carthage then I came, where a cauldron of unholy loves sang all about mine ears" (카르타고로 그때 내가 오니 거기선 한 가마의 사악한 사람들이 모두 내 귓전에서 노래했다.)
* Burning . . . burning 은 불타의 「불의 설교」(The Buddha's Fire Sermon) 에 근거한 것이다. 「불의 설교」는 그 중요성에 있어 마태복음 5장 7절에 나오는 예수의 산상수훈에 맞먹는다. 고 Henry Clarke Warren 의 「번역된 불교 : Harvard 동양총서」(*Buddhism in Translation : Harvard Oriental Series*) 의 불의 설교 부분은 "모든 것은 불탄다. 형태도 타고 눈으로 받은 인상도 탄다. 즐겁고 불쾌한 혹은 무관한 어떤 감각도 눈으로 받은 인상에 의해서 생기며 그것도 또한 탄다."
불타는 인간의 욕정을 불에 비유하여 설교하였다. 이런 불이 현대 황무지에서 무섭게 타고 있음을 "Burning" 을 반복하여 표현함으로써 암시하고 있는 것이다.
* 이런 파멸을 가져오는 불속에 Augustine 의 "O Lord Thou Pluckest me out" 귀절의 인용은 심기일전의 분기점을 이루고 있다. 불타와 St. Augustine 즉 동양과 서양의 대표적 금욕주의자들을 제3부의 극점으로 나란히 놓은 것은 의도적인 배려였음을 Eliot 는 주에서 밝히고 있다.
동서양의 두 성인은 금욕생활을 통하여 새로운 인생길을 걸었다. 이를 본받아 주인공은 재생의 길을 걷기 위해 욕정의 불에서 빠져 나오려고 애쓰고 있다. 그러나 주인공은 아직 "burning" 에서 빠져 나오지 못하고 있다. 그러나 또 마지막 행의 "burning" 의 "b" 자를 소문자로 한 것을 보면 아직 타고는 있으나 불길이 이젠 많이 약화 되었음을 알 수 있다.
※ 원래 제4부 "수사"는 92행이었는데 82행이 삭제되었다. 이 4부의 시는 1916~17년에 쓰인 Eliot 의 불시(佛詩) "식당에서" (Dans le Restaurant) 의 끝부분을 약간 수정한 번역이다.
제4부는 Phoenician Sailor 인 Phlebas 의 익사를 취급하고 있다. 이 Sailor 는 제1부에서 Madame Sosostris 의 card 로써 소개되었다. 또 여기에서는 제3부의 불의 장면과 대조적으로 정욕의 불을 끄는 물이 제시된 것으로 생각할 수 있다. 물과 불은 다같이 인간을 파멸시키면서 동시에 구원을 가져다 주는 역설적 기능을 갖는다.
Eliot 가 지적하였듯이 제1부의 Sailor, 제3부의 Smyrna merchant 인 Mr. Eugendies 와 이 Phoenician Sailor 는 융합되며, 이것이 또 Ferdinand 와 구별하기가 어렵다. 이것은 바꾸어 말하면 한 사람이 3인의 역을 담당하고 있음을 말한다. 결국 이부분은 이러한 인물인 Phlebas 의 익사를 취급하면서 욕정의 불에서 벗어날 수 있는 일반적인 방법을 제시하고 있다고 말할 수 있다.

IV. Death by Water

*Phlebas the Phoenician, a fortnight dead,
Forgot the cry of gulls, and the deep sea swell
And the profit and loss.
A current under sea
Picked his bones in whispers. As he rose and fell
He passed the stages of his age and youth
Entering the whirlpool.
Gentile or Jew
O you who turn the wheel and look to windward,
Consider Phlebas, who was once handsome and tall as you.

* Phlebas는 여기서 변장한 기사로서 재생을 위해 익사하였다. 즉 Phlebas는 죽은지 2주일이 된다. 죽어서 모든 감각적인 향락의 대상(the cry of gulls and the deep sea swell)을 잊어버린다. 그는 그토록 집착하였던 이득과 손실도 잊어버렸다. 그것은 현실의 집착에서 해방되어 영원한 질서에의 회귀이다. 그는 단순한 색정만으로 성유희를 즐겨왔다. 그러나 숨이 끊어지자 이러한 모든 것을 잊어버렸다.

즉 Phlebas는 Madame Sosostris의 예언대로 익사했다. 한편 여기의 Phlebas의 익사는 식물신의 풍요제식과 연관된 의미를 갖고 있음에 주목해야 한다. Jessie L. Weston의 풍요신의 매장 신화에 따르면 Alexandria에서는 해마다 신의 머리의 모상을 만들어, 자연력의 죽음의 상징으로서 그것을 바다에 던졌다 한다. 그 모상이 조류에 실려 Byblos까지 떠내려 가면, 거기서 일주일 후에 건져내어 부활한 신의 상징으로서 숭배되었다고 한다. 여기서 Phlebas는 죽음의 상징으로 바다에 내던졌다가 다시 구원 되곤했던 식물신 Adonis의 한 변형이라고 Eliot는 그의 Note에서 설명하였다.

* 고요한 서정적인 rhythm이 조류의 image와 잘 조화되어 있다. "해저의 조류가 소근대면서 그의 뼈를 추렸다."는 그의 정욕을 씻어 주었다는 것으로 볼 수 있다. 식물신은 수사했다가 다시 부활하지만은 여기서는 해저의 조류가 겨우 그 정열을 꺼준 것에 지나지 않는다. 그는 조류에 따라 부침하면서 노년과 청년의 인생무대를 지나 물의 소용돌이 속으로 들어갔다. 여기서 "whirlpool"은 수부들이 그들의 운명을 내맡기고 있는 운명의 수레바퀴를 나타내며 불교의 윤회를 암시한다. 시인은 이 영원한 질서를 바다의 소용돌이에 비유하여 영원에서 보았을 때에 우리의 생의 우여곡절은 겨우 물결이 솟구쳤다 가라앉은 것이나 다름이 없다고 말한다.

* 모든 인류. 인간이면 누구나.

* "바람 부는 방향을 바라보며 키를 잡은 자"에게 "Phlebas를 생각하라"고 한 말은 미래를 설교하며 인생의 수레바퀴의 회전에 따라 변화하는 인간들에게 현실에 너무 집착하지 말고 신을 생각하라고 하는 말이다. 시인은 이 말을 특정한 사람에게 하는 것이 아니라 "Gentile or Jew" 즉 "모든 인류"에게 한다.

* 시인은 독자들에게 Phlebas도 한 때 너희들처럼 잘 생기고 키가 컸었다는 것을 상기시키며 자신이 표면에 나타나며 독자도 그 황무지의 주민 중의 한 사람임을 뜻한다. 보편적이고 근원적인 슬픈 운명앞에선, 계급의 차이나 교양의 차이나 주의의 차이가 있을 수 없는 것이다. 이것은 "the essential pathos of the human condition"(G.S.Frazer. *Vision and Rhetoric,* pp.110-111)을 표현하고 있기 때문이다. 마지막 행의 "you"는 이 작품의 다른데서 나오는 "you"와 마찬가지로 시인 자신을 포함한 모든 독자를 가르키는 말이다.

V. What the Thunder Said

After the torchlight red on sweaty faces
After the frosty silence in the gardens
After the agony in stony places
The shouting and the crying
Prison and palace and reverberation
Of thunder of spring over distant mountains
He who was living is now dead
We who were living are now dying
With a little patience

Here is no water but only rock
Rock and no water and the sandy road

※ 제5부의 첫 부분에서는 세 테마가 취급되었다 : 엠마우스로 가는 여행(예수가 부활한 날 두 제자가 엠마우스로 간다. 도중에 한 사람이 끼어 들지만 저녁 식사때까지 그가 부활한 예수임을 모른다. 누가복음(24:13-16), Weston 의 저서에 나오는 위험 성당에의 접근, 현대 동부 유럽의 퇴폐상을 다루었다. 또한 5부의 제목은 고대 인도의 철학서인 *Upanishad* 에 나오는 뇌신과 관련되며 신의 심판을 암시한다. 5부는 주인공이 성배탐색의 여행 도중에서 겪은 그의 고난과 그가 목적지에 이르러서 본 현상의 기록이라고 할 수 있고 서두에서부터 Christ 가 묘사되어 있다.

* "땀 젖은 얼굴을 빨갛게 비친 횃불이 있는 이래"는 passover (유월절)의 축제가 벌어진 밤에 Christ 를 잡아 조롱하며 고함을 지른 배신자들과 졸도들의 얼굴을 암시한 것이다.

* "동산에서 서리처럼 흰 침묵이 있는 이래"는 Christ 가 Gethsemane 동산에서 원수들에게 붙잡혀서 하룻밤을 묵묵히 지내는 서릿발같은 괴로운 침묵을 암시한 것이다.

* Pilate (빌라도) 앞에서 재판을 받을 때의 예수의 괴뇌를 암시하며 제1부 19-25행의 황무지의 이미지와 연결된다. 결국 322-344행을 Christ 의 수난의 장면을 allusion 한 것으로 예수의 체포와 재판, 게세마네 동산과 골고루 언덕에 대한 암시를 갖고 있으며, 처형당한 금요일부터 부활한 일요일 즉 십자가의 부활사이의 절망적인 상황을 나타내 주고 있다.

* "고함소리와 울부짖음"은 Christ 의 수난 장면과 십자가에 못박혔을 때 원수들과 군중들의 아우성을 나타낸 것이다. 예수가 십자가에서 숨져 갈때 "My God, why hast thou forshaken me?" 라고 외쳤던 것도 암시한다.

* 이 땅에 풍요와 평화 대신에 지배자와 죄수가 있을 뿐이다.

* "the reverberation~mountains" 는 생명을 불어 넣어준 비로 황무지에서의 재생의 식물신을 암시한다.

* 과거에는 예수나 식물신을 정신의 지주로 삼아 실존해 있었던 인류가 현재는 그들을 상실함으로써 영혼이 죽은 육체만의 생활, 이른바 death-in-life 를 영위하고 있는 상황을 암시하는 것인데 (1부 62행-5행 참조) 여기에서 "He"도 Christ 와 아울러 식물신을 암시한다.

* 재생의 길이 열릴지도 모른다는 생각에서 Sibyl 처럼 인내로 목숨만 이어가고 있는 세계.

The road winding above among the mountains
Which are mountains of rock without water
If there were water we should stop and drink
Amongst the rock one cannot stop or think
Sweat is dry and feet are in the sand
If there were only water amongst the rock
Dead mountain mouth of carious teeth that cannot spit
Here one can neither stand nor lie nor sit
There is not even silence in the mountains
But dry sterile thunder without rain
There is not even solitude in the mountains
But red sullen faces sneer and snarl
From doors of mudcracked houses
                                        If there were water
  And no rock
  If there were rock
  And also water
  And water
  A spring
  A pool among the rock
  If there were the sound of water only
  Not the cicada
  And dry grass singing
  But sound of water over a rock
  Where the hermit-thrush sings in the pine trees
  Drip drop drip drop drop drop drop
  But there is no water

---

* 이 부분의 서술에는 구두점이 일체 사용되지 않았고, 뜻이 유사한 어구가 여러 차례 되풀이되면서 지루한 리듬이 반복되어 독자로 하여금 끝없이 이어지는 고난과 시련의 장면을 체험하게 한다. 시인은 성배 탐색에 나선 Perceval의 의식과 동일화 되어 있는 것이다. 위험 성당을 찾아가는 이 주인공은 황무지를 가는 고행이 극도에 달하여 정신적으로 육체적으로 피로한 나머지 메추리의 울음소리가 물소리로 들리는 것과 같이 누군가 동행하는 제3자를 의식하는 착각에 빠진다.

제1부에서 나타나는 황폐된 황무지보다 더욱 더 강한 황무지의 묘사이다. 주인공은 타는 목을 적시려고 물을 애타게 찾지마는 물은 나타날 가망도 없다. 물이 없는데 "water"란 말만 되풀이 되어 갈증은 고뇌로 변한다. 주인공은 걸음을 멈출 수도 생각을 할 수도 없고 땀마저 말라버린다. 여기서는 극도의 갈증을 느낄 수 있다.

그래도 혹시나 하는 마음으로 사방을 둘러보지만 "충치에 걸린 죽은 산의 입"만 보일 뿐이다. 산의 입에서는 침도 나오지 않는다. 주인공은 누울 수도 앉을 수도 없다고 한다. 이것은 죽음의 visual image인 것 같다. 더구나 산에는 정적 조차도 없고 "비없는 메마른 불모의 천둥소리"로 정적마저 깨지고 "갈라진 흙벽집 문에서 비웃고 으르렁대는" 망령의 얼굴들이 고독마저 빼앗가 갔다.

"산 속에 고독마저 없다."는 말은 에마우스로 내려가는 두 제자의 테마와 관련된다. 신은 돌아왔다. 부활했다. 그러나 여행자들은 그것이 정말로 "그"인지

Who is the third who walks always beside you?
When I count, there are only you and I together
But when I look ahead up the white road
There is always another one walking beside you
Gliding wrapt in a brown mantle, hooded
I do not know whether a man or a woman
—But who is that on the other side of you?

What is that sound high in the air
Murmur of maternal lamentation
Who are those hooded hordes swarming
Over endless plains, stumbling in cracked earth
Ringed by the flat horizon only
What is the city over the mountains
Cracks and reforms and bursts in the violet air
Falling towers
Jerusalem Athens Alexandria
Vienna London
Unreal

혹은 그들의 망상에 의한 단순한 환영인지 말할 수 없다. 이러한 죽음의 악몽같은 상황에서 주인공의 고뇌는 극도에 달한다. 그는 이제 생각할 기력조차 없다. 주인공은 이제 물이 아니라 물소리 만이라도 듣기를 염원하지만 매미소리와 풀잎을 스치는 바람소리만이 들릴 뿐이다. 바위 위를 흐르는 물소리가 들려오기를 바랬더니 솔나무 사이에선 티니새가 "drip drop drip drop drop drop drop"하고 울고 있을 뿐이다. 여기서 주인공의 고뇌는 이 작품의 어느 곳에서 보다도 가장 강열하다.

* 이것은 학명으로 *Turdus aonalaschkae pallasii* 이며 Quebec 주에서 내가 들은 적이 있는 티티새다.(물방울 듣는 소리를 잘내는 지빠귀의 일종으로 북미산.) Chapman 은 (동부 아메리카 조류 편람.)에서 다음과 같이 말한다. 이 새는 한적한 산림지대와 숲이 우거진 벽지에 가장 많이 서식한다. 그 노래는 다양성과 음량이 주목할만한 것이 못되지만, 소리의 깨끗함과 아름다움 그리고 절묘한 조음에 있어서 이 새들을 필적할 만한 새는 없다. 이 새의 "물방울 듣는 노래"는 칭찬 받고 있다.

* 제5부의 서두에서는 생시의 Christ 가 나왔지만 여기에서는 부활의 Christ 가 나온다. Eliot 는 남극 탐험대의 이야기에 자극을 받아 쓴 것이다.

"어느 탐험인지는 잊었으나 아마 Shackleton 탐험대원들이 극도로 피로했을 때 실제 그들의 수효보다 '한 사람이 더 있다'는 환상이 끊임없이 따라 다녔다 한다." 또한 이 부분은 Emmaus 로 가는 여행을 상기시켜 준다. 두 제자가 Jerusalem 에서 얼마 떨어진 Emmaus 촌락으로 가는 도중에 그들이 미처 깨닫지 못한 장면을 암시한다.(누가복음 24:13-16절)

"두건을 쓰고 갈색 외투를 두른" 제3자는 Sosostris 부인의 점괘에서 나온 "the hanged man" 과 Christ 를 암시한다. 그러나 주인공이 앞을 보며 갈 때는 옆에서 제3자가 함께 길을 가고 있는 것처럼 느껴지지만 확인할 수는 없다. 즉 주인공은 그가 정말로 부활한 Christ 인지, 아니면 정신착란 상태에서 보이는 환상인지를 구별하지 못하는 것이다. 360행의 "you" 는 "the third" 의 마지막 운명의 그림자인 Fisher King 이다.

* "이 머리를 싸맨 군중들"이 금이 간 대지위를 허둥지둥 가고 있는 동안에 현대문명은 허무러져 가고 있다. 이것을 슬퍼하는 어머니(성모 마리아를 암시)의

A woman drew her long black hair out tight
And fiddled whisper music on those strings
And bats with baby faces in the violet light
Whistled, and beat their wings
And crawled head downward down a blackened wall
And upside down in air were towers
Tolling reminiscent bells, that kept the hours
And voices singing out of empty cisterns and exhausted wells

In this decayed hole among the mountains
In the faint moonlight, the grass is singing
Over the tumbled graves, about the chapel
There is the empty chapel, only the wind's home.

애수의 울음소리가 공중에 높이 들린다.

Eliot 가 그의 Note 에서 *Blick ins Chaos*「혼란에의 전망」을 참조하라고 밝혀 놓았듯이 Eliot 는 특히 이 부분에서 Hermann Hesse 의 글에 지적된 동부 유럽의 혼란상을 염두에 둔 것으로 생각된다. Hesse 는 이 중에서 "이미 유럽의 반이, 적어도 동구의 반이 혼돈에의 도중에 있으며 성스러운 망상에 취하여 심연의 물가를 따라가면서 술에 취해 찬송을 부른다. 마치 Dmitri Karamazov 가 노래한 것처럼. 이 노래를 듣고 브르즈와들은 조소하지만, 성인과 예언자는 눈물 흘리며 듣는다." "어머니의 비탄"은 그리스도에 대한 울음이다.(마태(2:17-18), 누가(23:27-31). "저 두건쓴 무리들"은 제1부의 "crowds of people walking round in a ring"과 연결된다. 이 대중은 예수의 부활을 인식하지 못하는 (정신력을 상실한) 황무지의 주민들이다. 이들이 쓰고 있는 두건은 그들의 신앙을 가리우는 두꺼운 천이다. 그래서 여전히 두건을 쓰고 끝없는 평원 위를 떼지어 다니고 있다. 즉 불모한 땅위에서 뒹굴고 있는(두건을 써서 앞이 보이지 않기 때문에) 황무지인들을 의미한다. 갈라진 대지는 상징적으로 문화의 전통이 무너지고 신이 죽은 현대의 폐허를 암시한다.

"the violet air"는 문명의 황혼을 말하지만 그것은 한편으로 시인의 의식에 비친 황무지의 세계 곧 현대 도시에서 일어나는 혁명, 개혁, 폭동, 전쟁 등을 암시한다.

"falling tower" 에서 tower 는 교회와 문화를 의미하는데 그것이 무너지고 있으니 몹시 절박한 위기감을 느낄 수 있다. 이러한 절박한 현상은 London 에만 일어나고 있는 것이 아니라 Jerusalem, Athens, Alexandria, Vienna, 말하자면 구라파 전역에서 일어나고 있는 것이다. Eliot 는 그의 주에서 말하고 있듯이 이곳의 묘사를 동부 유럽의 퇴폐와 관련시켰다. 동구는 일찌기 그리스도교나 풍요의식과 밀접한 관련이 있는 곳이었지만, 이제는 전통적 가치가 땅에 떨어지고 서서히 몰락해 가고 있다고 한다.

"unreal" 이라는 표현도 허물어지는 문명을 말하면서 한편으로는 보라빛 대기에 싸여서 꿈속같이 비실재적이라는 뜻을 갖는다. 이 형용사는 다음에 구체적으로 묘사되는 황무지의 여러 구체적인 풍경에 대한 수식어가 된다.

* Eliot 는 이 구절의 이미저리가 부분적으로 Jerome (혹은 Hieronymus) Bosch (1460-1516) 파의 그림에서 영감을 얻은 것이다. 전 구절은 Eliot 가 23행과 관련시켜 주에 언급했던 「전도서」 12장을 배경으로 투사되어 있으며 문명의 말기, 황무지에 깃든 황혼의 묘사이다.

"검은 머리칼을 팽팽히 당겨 그 현위에 가냘픈 곡조를 타는" 여인은 제2부의 중도에 나오는 "머리칼을 푼 채 거리로 뛰어 나온다."는 여인의 처참한 말로이다. 광란의 비가를 듣는 느낌이다. "속삭이는 가락"은 황혼기에 놓인 현대 문명

It has no windows, and the door swings,
Dry bones can harm no one.
Only a cock stood on the rooftree
Co co rico co co rico
In a flash of lightning. Then a damp gust
Bringing rain

을 암시하는 것이다. 그것은 또한 「전도서」 12장의 낮아진 음악하는 처녀들을 암시한다. 여자의 머리칼은 Weston 여사나 Frazer 에 의하면 풍요의 상징인데, 이제는 최후의 죽음의 노래를 연주하는 하나의 현이 되고 말았고, 지금은 아기 얼굴을 한 박쥐 앞에서 문명의 절망을 암시하는 음악을 켜고 있다. 박쥐가 날개치며 어둠속을 나는 광경은 죽음을 예시하는 흉조다.

교회의 탑이 공중에 거꾸로 선 것은 종교의 전락을 말하는 것인, 거기에서 울려오는 종소리는 구원의 복음의 종소리가 아니라, 붕괴하는 문명을 추억하는 종소리이다. "Tolling reminiscent bells"는 기독교가 이제는 옛 추억의 대상 밖에 되지 않음을 암시한다. 그리고 이 종은 제1부에서 아홉시를 친 성 울로쓰 교회의 종 그리고 제3부에서 나오는 종소리이다. 보라빛은 회오를 상징하는 동시에 세례의식의 빛깔이었다. 즉 기독교에 입신하는 연상으로 쓰인 것이 보라빛이었는데, 여기서는 이런 황혼의 보라빛 속에 재생의 의미가 전혀 나타나 있지를 않다. "empty cisterns and exhausted well"에서 빈 물통과 물이 마른 우물은 신앙의 물이 말랐음을 의미한다.

이 모든 이미지는 문명의 붕괴를 암시한다. 이상의 모든 vision 은 재래의 모든 가치체계가 전도되고 질서가 무너져 대혼란을 일으키는 현대사회를 상징하는 visionary image 이다.

* 기사의 위치에 있는 주인공은 기나긴 고행끝에 "perilous chapel"에 도착한다. 이 chapel 은 성배전설에 나오는 위험의 성당을 암시한다. Weston 여사의 성배전설에 의하면 위험의 성당에서는 입당 희망자의 정신력을 시험하기 위한 여러가지의 초자연적인 공포가 제시되고 이런 시련을 하룻밤 겪어야 그 다음날 탐색을 성취한다는 것이다. 그런데 주인공이 찾아온 위험의 성당에는 공포의 대상도 악귀들도 찾아 볼 수 없다. 이 위험의 성당은 그 본래의 뜻을 상실하고서 폐허로 변해버린 것이다.

산중에 있는 무너진 동굴에 와 본즉, 어스레한 달빛이 그 곳을 비추고 있다. 교회의 주변에는 여러개의 헐어진 무덤들이 있었고 그 위에서는 잡초가 바람에 한들거리고 있다. 인적이 끊어진 교회에는 바람만 지나 다닐 뿐이다. 창문은 없어지고 door 만 이리저리 흔들리고 있을 뿐이다. 여기저기에 뼈다귀가 있었으나 사람에겐 아무런 해도 끼치지 않는다. "텅빈 성당"은 생명없는 현대교회와 관련되어 있다.

그러나 기사에게 절망만 기다리고 있는 것은 아니다. 주인공이 위험성당에 있을 때 지붕마루에서 어둠과 악령(밤)을 몰아내고 새벽이 오는 것을 알리는 수탉의 울음소리는 악마가 물러나는 신호이면서 동시에 희망의 새벽(생명의 비)을 고하는 소리이다. 닭의 울음소리는 우리에게 닭이 울기 전에 Peter 가 Christ 를 세번 부정할 것이라고 말한 것을 상기시킨다. 따라서 닭의 울음소리는 인류의 구원자인 Christ 의 죽음에 앞서 거행되는 의식의 일부로 여겨진다. 또한 이것은 구원의 희망이 「폭풍우」에서도 Ariel 이 퍼어디넌드를 향해 노래하는 중에 수탉이 울지만 여기서도 그런 의미가 포함 돼 있다. 뿐만 아니라 번개와 함께 "dried tubers"를 살릴 수 있는 비의 징조가 보인다. 성배탐색의 절정의 순간에서 시는 자연스럽게 우뢰소리로 연결된다. 즉 성배탐색의 기사가 이 위험성당의 시련을 무난히 이겨내면 어부왕의 황폐국에는 생명이 부활하는 것이다. 이 생명의 부활이 목전에 임박한 징조가 "a damp gust /Bringing rain"이고 우뢰소리이다.

Ganga was sunken, and the limp leaves
Waited for rain, while the black clouds
Gathered far distant, over Himavant.
The jungle crouched, humped in silence.
Then spoke the thunder
DA
Datta: what have we given?
My friend, blood shaking my heart
The awful daring of a moment's surrender
Which an age of prudence can never retract

---

* 시인은 시의 무대를 인도로 바꾸었다. Ganga 즉 Ganges 강을 찾아온 것이다. Ganges 강도 고대 식물 신화의 온상이다. 주인공은 여기서 동양최대의 예지 "supreme Lord of creation"의 가르침 속에서 구원의 길을 찾아보자는 것이다. 시인은 이번에는 기독교와 인도교를 연결한 것이다. 성스러운 강인 Ganges 강도 현대의 황무지에선 물이 줄어있었고, 시들은 나무잎들은 비를 기다리고 있었다. 검은 구름장들이 멀리 Himalayas 산맥 위에 모여든다. 이 귀절의 5부의 첫절의 "... reverberation /Of thunder of spring over distant mountains"와 연결되고 있다.

번갯불이 일고 뇌성이 울리기까지는 약간의 간격이 있다. 그 짧은 순간의 무거운, 그러면서도 불길한 침묵을 암시하는 image 이다. 이 절의 첫 4행은 번갯불과 뇌성사이의 짧은 순간에 지상과 하늘에서 일어나는 상태와 동요를 잘 포착하고 있다. 이윽고 뇌성이 울린다.

* 이번에는 "dry sterile thunder"가 아니다. 주인공의 영혼을 구혼해 주는 조물주의 소리다. 401행에서 422행까지 사이에 세번 되풀이 되는 "DA"는 뇌성의 의성음이며, 그 의성음을 이어받은 "Datta, Dayadhvam, Damyata"는 그것 또한 뇌성의 의성음이면서 각각 Sanscrit 어(범어)로 Give, Sympathize, Control 의 뜻을 가지는 말이다. 그리고 이것은 *Upanishad* 에 있는 것이라고 시인은 주에서 말하고 있다. *Upanishad* 는 Sanscrit 로 된 고대 인도교의 철학서이며 인도의 종교, 철학, 사상의 원천이다. 여거서 뇌성을 범어로 한 것은 의성의 효과를 내자는 의도도 있겠으나, 한편 Eliot 가 이 작품에서 줄곧 그렇게 해온 바와 같이 기독교의 교의를 널리 타종교와의 관계에서 보자는 의도도 있을 것이다. 그래서 그는 Aryan 문명의 여명기로 소급한 것이다.

그리고 풍년제에 관한 것이 Sanscrit 전설에도 기록되어 있다 한다. 고대인도의 전설인 *Upanishad* 5장 1절 "Brihadaranyaka"에 의하면 Prajapati 의 3종의 자식들, 즉 신들(Gods), 인간들(Men), 악마들(Demons)이 차례로 아버지에게 그들의 임무를 말해달라고 하자, Prajapati 는 "Da"란 한 단어로 대답했는데, 셋은 각자 그것을 달리 해석한다. 신들은 "알겠습니다. 욕망(desire)을 억제하라고 말씀하셨습니다." 인간은 "주"라고 말씀하셨습니다." 악마는 "동정하라고 말씀하셨습니다." 그리고 각각에게 Prajapati 는 대답했다. "Om(=Yes)! 너는 완전히 체득했다." 즉 신들은 "Da"를 "damyata"(control : 제어하라)의 뜻으로, 인간들은 "datta"(give alms : 주라)의 뜻으로, 악마들은 "dayadhvam"(sympathize, be compassionate : 동정하라)의 뜻으로 풀이했다. 이 부분은 신의 명령처럼 들리는 하나의 뇌성에 대하여 주인공이 자문자성하는 식으로 시가 전개된다. 첫째 "Give"의 명령에 대하여 우리가 반성해 보면 인간들은 "an age of prudence"의 사람도 삼갈 수 없는 순간적인 욕정에 굴복하면서 살아온 것이니, 그것은 사후에 비명이나 전기나 유언으로 남을 영원한 것이 못된다. 참생명을 얻자면 신에게 자기를 내주는 과감성이 있어야 한다.

By this, and this only, we have existed
Which is not to be found in our obituaries
Or in memories draped by the beneficent spider
Or under seals broken by the lean solicitor
In our empty rooms
DA
Dayadhvam: I have heard the key
Turn in the door once and turn once only
We think of the key, each in his prison
Thinking of the key, each confirms a prison
Only at nightfall, aethereal rumours
Revive for a moment a broken Coriolanus

---

* 자비로운 거미 : *Webster, The White Devil,* V, VI, *156~8:* "... they'll remarry/Ere the worm pierce your winding-sheet, ere the spider/Make a thin curtain for your epitaphs" (그들(마누라들)은 재혼하리라/벌레가 너희들의 수의를 뚫기도 전에, 거미가 너희들의 비명에/엷은 그물을 치기도 전에.)

* 두번째 뇌성은 "sympathize" 이다. 여기서 Eliot 는 Ugolino 와 Bradley 의 말을 예로 들어서 우리 모두는 (자아)개성이란 감옥속에 갇혀 타인에 대한 동정의 손을 뻗히는 일이 없는 일에 대하여 반성을 시키고 있다.

「지옥편」 XXXIII, 46 : "And I heard below me the door of the horrible tower being locked." (그리고 나는 들었다, 밑에서 무서운 탑의 도어가 닫혀지는 것을) 이 말은 자기 도시에 대한 반역죄로 지옥의 최하권에 떨어진 Ugolino 백작이 Dante 에게 한 말. 어느날 밤 예언적 꿈을 꾼 뒤, 새벽에 잠을 깨어 그는 그와 그의 아들을 가둔 기아의 탑도어가 못박히는 것을 듣는다.

Ugolino 백작을 탑속에 감금하고 그 탑의 열쇠를 그가 굶어 죽도록 아르노강 속에 집어 던졌던 고사와 관련시켜 "열쇠가 도는 소리를 듣는 일"이 한번 밖에 없다고 하였으니, 우리는 영원히 열릴 가망이 없는 자아속에 갇혀 있는 것이다.

Eliot 는 이것을 F.H.Bradley 가 표현한 인간고립의 실존과 관련시킨다. 그의 *Appearance and Reality,* p.346 : "나의 외적 감각은 나의 생각이나 또는 나의 감정에 못지않게 나 자신에게 사적이다. 어느 경우나 나의 경험은 나 자신의 원, 외계에 닫혀진 원속에서 체험된다. 그리고 모든 요소가 꼭같음에도 불구하고 모든 권은 그것을 둘러싼 다른 권들에게 투명하다. 요컨대, 정신에 나타나는 한 존재로 간주되므로, 전세계는 각자에게 있어 그 정신에게만 특이한 것이며 사적이다." Bradley 는 이런 인물을 "a circle closed on the outside" 속에 갇힌 인간으로 보았다.

우리가 끝내 자아의 권내에서 벗어나지 못하는 것은 유아독존식의 우리의 자만심 때문에 자신의 외부에 있는 권위적 존재를 부인하는데서 기인한다. 그렇기 때문에 로마의 장군 Coriolanus 도 용맹과 지략을 겸한 명장이었건만 파멸됐던 것이다.

Shakespeare 의 *Coriolanus* 는 의무보다 자만심에 의해 행동하여 자신의 감방에 갇힌 인간의 전형이다. 자부심을 상하게 했다고 해서 그는 자기가 태어난 도시를 향해 적을 지휘했던 것이다. 이기주의나 프라이드 때문에 Ugolino 처럼 자신을 망친 로마장군이다. 그러나 그도 밤에 고요히 귀를 기울이면 천국의 말소리가 들려와 자아에서 해방된 자유를 느낄 것이다. 따라서 여기에서는 이런 굳게 닫힌 감옥의 문을 열 넘치는 동정심과 연민이 필요한 것이다.

* 세번째 명령은 "Control" 하라는 것이다. "blood shaking my heart" 에 대한 복종이 아니라, 진정으로 자기를 버리고, 신의 의지에 마음으로 호응하는 길만이 죽음을 초월하고 황무지에 생명을 가져오는 것이다. 시인은 그것을 배를 모

DA
Damyata: The boat responded
Gaily, to the hand expert with sail and oar
The sea was calm, your heart would have responded
Gaily, when invited, beating obedient
To controlling hands

I sat upon the shore
Fishing, with the arid plain behind me
Shall I at least set my lands in order?
London Bridge is falling down falling down falling down
Poi s'ascose nel foco che gli affina
Quando fiam uti chelidon—O swallow swallow
Le Prince d'Aquitaine à la tour abolie

는 선원에 비유하여 우리의 운명을 지배하는 그 "controlling hands"에게 순종하는 것이 보다 높은 사랑으로 가는 길이라고 말한다. 즉 Eliot 는 남의 손에 조종되는 boat 의 이미지를 빌어 형상화해 놓은 것이다. 결국 boat 는 주인공의 영혼이나 운명을 상징하며, 손은 절대자를 상징하는 것이다. 이와 같이 절대자의 "control"에 자기를 맡기면 영혼은 평정해질 수 있다고 본 것이다.

* Weston 의 *From Ritual to Romance* 에서 어부왕에 관한 장 pp113-136. 주인공은 비록 황무지를 벗어나지 못했어도 적어도 황무지는 앞에 있는 것이 아니라 뒤에 있다. 여기서 주인공은 성배전설의 Fisher King 과 동일화 되어 있다.

* 이 말을 하는 주인공은 병석에 누워 *Isaiah* 38:1 "Thus saith the Lord, set thine house in order : for thou shallt die, and not live." (너는 네집에 유언하라 네가 죽고 살지 못하리라 하셨나이다.)의 설교를 듣는 Hezekiah 왕과도 같다.

* "London 교가 무너지고 있다." 이 귀절은 당시 London 에 있었던 동요의 첫 귀절의 인용이다. London 교가 무너지니 다시 세우자는 재건의 내용이다.

* Dante 의 *Purgatorio,* XXVI,28. 연옥에서 Dante 는 육욕에 탐닉했던 자들과 만난다. 그들 중에는 천국에 들어가기 위해 자진하여 고통을 받으려는 프로방스 시인 Arnaut Daniel 이 있었다. 재생을 찾는 사람들에게 희망적인 단편의 하나다. "Now I pray you, by the goodness that guides you to the top of this staircase, be mindful in time of my suffering." Dante continues, "Then he hid himself in the fire which refines them." (이 층계 꼭대기까지 그대를 데려다 준 저 권능을 믿고 나 이제 그대에게 청하노니 때때로 내 고통을 기억해다오. 그리고 정화하는 불길 속에 몸을 감추다.)

* 중세 초기의 작자미상의 라틴 시 *Pervigilium Veneris*「비너스의 철야제」로부터의 인용이다. 정열적 연애의 가장 완전한 표현인 사랑과 봄에의 찬가다. Venus 제의 축일에 시인만을 빼놓고 자연은 환희에 넘치고, 나이팅겔까지도 참혹한 과거를 잊고 노래부른다. 그러나 그도 사랑할 수 있을 것이라는 희망으로 끝난다. 그곳에서 시인은 자기의 노래를 듣는 사람이 없음을 슬퍼하며 "언제나 제비처럼 될 것인가"(When shall I be like the swallow?) 묻고 있다. 제비는 Philomela 의 언니 Procne 의 변신으로서 재생의 상징으로 볼 수 있다.

* 프랑스 시인 Gerard de Nerval (1808~55) 소넷 *El Desdichade*(폐적자)에서 인용. 시인은 자신을 남불의 중세 Aquitaine 왕국의 몰락한 자손으로 간주하고 있다: "나는 폐허의 탑속의 아뀌뗀느 왕자" (The prince of Aquitaine at the ruined tower) 그리고 위로를 기원한다. 주인공은 그의 전통을 회복하고, 재건하려고 결심하고 있다. "the ruined tower"를 폐허가 된 현대문명, 또는 현대의 황무지의 이미지로 받아들일 수도 있다.

These fragments I have shored against my ruins
Why then Ile fit you. Hieronymo's mad againe.
Datta. Dayadhvam. Damyata.
Shantih shantih shantih

---

* 서로 관련이 없지만, 이 시의 주제와 깊이 관계가 있는 고전의 시구들(427-30행)을 생각하고 있는 시인은 자기가 흡사 비극의 주인공같은 생각이 들기도 하고, 머리가 돈 어릿광대같은 생각이 들기도 한 것이다. 그러므로 그는 자기의 붕괴나마 막아보기 위해 단편들(fragments) 을 생각해 본다. 이 단편들의 힘을 빌어 자기의 절망적인 불모의 상황에서 자기의 파괴를 막아 보자고 생각한 것이다. 그것은 또한 그가 지금까지 이 상태로나마 남을 수 있게한 요인이기도 하다고 그는 생각하고 있다.

그러나 그것은 어디까지나 fragments 에 지나지 않고, "a heap of broken images" 나 "withered stumps of time" 에 지나지 않아서 황무지에 풍요를 가져오고 고갈한 그의 불구성을 회복시켜 줄 재생의 요인이 되지는 못한다. 영원한 불모성의 황무지에서 떠나 재생의 고된 과정을 넘었지만 결국 다시 원점으로 되돌아온 비극의 주인공같은 이미지이다.

* Thomas Kyd 의 *Spanish Tragedy*(스페인의 비극)는 부제가 "Hieronymo is Mad Againe" (히에로니모는 다시 미쳤다)이다. Hieronymo 는 아들이 암살되자 Hamlet 처럼, 살인의 진상을 알아내기 위해 미친 척한다. 궁정의 환락을 위해 극을 쓸 것을 부탁한다. 그리고 그 짧은 극 속에 아들을 암살한 자들이 죽도록 한다. 이 극은 이 시의 마지막처럼 여러 외국어, 즉 라틴어, 희랍어, 이탈리아어, 불어 등으로 씌여있다.

* 우리의 명령이 다시 들린다.

* "여기 반복된 바와 같이 *Upanishad* 에서도 형식적인 결어로 씌어있다. "이해를 초월한 평화"가 이 말에 대한 우리의 상당어이다."

평화를 기원하는 기도의 말로서 황무지에서 평화를 비는 시인의 겸허한 음성으로 들린다.

JOHN CROWE RANSOM
(*1888–*)

John Crowe Ransom has written the most memorable poems to come out of the southern group to which he belongs with his sometime pupils Allen Tate, Robert Penn Warren, and Donald Davidson. Ransom's wit in such a poem as "The Equilibrists" is metaphysical, but besides the elaborated central image he offers a self-deprecating frivolity in dealing with grave subjects. The implication is that the poem deals both in messages and counter-messages. Yet it is not so much the wit as the diction which leaps first from Ransom's page. Like Spenser in *The Faerie Queene,* he could be said to have "writ no language," since he cultivates archaisms, mock-pedanticisms, unaccustomed usages. It is as if, to express himself in the modern world, he had to don an antique mask. The pull of the past has been powerful, being the past of language, the past of literature, the past of southern society. Archaisms of diction, as he implies in *The World's Body,* go with archaisms of temper. He has not stood still, however, or merely gone backwards; both in his verse and his critical writings he has passed through phases, each of which has been more comprehensive, and more complicated, than its predecessor.

In accepting the Bollingen Prize for verse in 1964, Ransom said, "I know now that when I was writing [my early verse] I had no sound education in poetry, and was in torture trying to escape from the stilted and sentimental verbal habits which conditioned me." He must have decided then that he could be, as the title of one poem suggests, "Agitato ma non Troppo." Perhaps in recollection of his own struggles, he remarked in an essay on "Lycidas" that the poem had been written by Milton smooth and rewritten rough. Not that he seeks roughness exactly, rather it is a game played by the poet on several boards at once, so that logic is mustered on one, "texture" or "particularities" (two of his terms) on another, and formal characteristics on a third. "Suppose we say that the poem is an organism," he writes in "The Concrete Universal: Observations on the Understanding of Poetry." "Then it has a physiology. We will figure its organs, and to me it seems satisfactory if we say there are three: the head, the heart, the feet." The phrase "it seems satisfactory" is one of those elfin glimmers of wit which are never absent from a Ransom sentence. He goes on to explain, "The pecularity of the joint production is that it still consists of the several products of the organs working individually . . . the head in an intellectual language, the heart in an affective language, the feet in a rhythmical language." Ransom seems willing to allow even a certain disconnection among the three, so that their relationship may be as complex as possible. His poem "Captain Carpenter" allows the stanza to jingle-jangle against a union-disunion of savagery and old-world courtesy.

Ransom is avowedly a formalist, and he defends formalism because he sees in it a check on bluntness, on brutality. Without formalism, he insists, poets simply rape or murder their subjects as, without courtship, lovers lose the possibility of discovering what is distinctive in each other. Most modern poetry seems to him to err in its exclusive aim of being sincere and spontaneous. When Milton inserted ten unrhymed lines into "Lycidas," he was showing slightly what many contemporary poets show egregiously, an uneasiness "about the whole foundation of poetry as an art." Yet only as an art can it survive, and Ransom accordingly endorses technique which is "vain and affected . . . like the technique of fine manners, or of ritual."

The poem is therefore a microcosm of society, and in interchanging poetic and social characteristics Ransom has sometimes seemed too attracted to a conservative society. Statements such as, "The object of a proper society is to instruct its members how to transform instinctive experience into aesthetic experience," have aroused liberal concern. Ransom has not skirted his own implications, though he has outlived many of them: he was a leading member of the Fugitives, a group of southern writers mostly centered at Vanderbilt University who sought to recover and preserve the values of the old southern society as against the corruptions of industrialism, which would destroy, like an invading northern army, all delicate gradations. An agrarian culture was the one which appeared to be most likely to keep the best in the past together.

Ransom's social views were probably influenced by those of T. S. Eliot, although he disliked Eliot's verse. In the late 1920s Eliot announced that he was a royalist in politics, an Anglo-Catholic in religion, and a classicist in literature. Ransom offered as his own program "something like this: in manner, aristocratic; in religion, ritualistic; in art, traditional." As self-characterization this is not especially accurate, but it does show the words which he found favorable, at a time when they were all being assailed.

Ransom's traditionalism was prominent in his first prose book, *God Without Thunder*. There, adopting the guise of a southern fundamentalist, he urged that religion, or rather religious myth, was necessary because it employed the supernatural "to represent the fullness of the natural." (It was this fullness which his theory of organicism in poetry also sought.) Four prescriptions were offered to his readers:

> "With whatever religious institution a modern man may be connected, let him try to turn it back towards orthodoxy.
>
> "Let him insist on a virile and concrete God, and accept no Principle as a substitute.
>
> "Let him restore to God the Thunder.
>
> "Let him resist the usurpation of the Godhead by the soft modern version of the Christ, and try to keep the Christ for what he professed to be: the Demigod who came to do honour to the God."

This book, with what he later called "home-brew theology," sounded very much like that of a minister's son, which Ransom in fact is. His next book,

The World's Body (1938), was more urbane and less prescriptive. The fullness of the natural could be represented by poetry rather than by religion. Then in *The New Criticism* (1941), Ransom—after detailed examinations of the leading critics—called for an "ontological critic," one who would be able to demonstrate how in poetry logical structure and variegated detail join in presenting the world's concrete body. In this increasingly secular way, Ransom has come to make the role of the critic very similar to the function of many of his own poems, notably "Painted Head" and "To the Scholars of Harvard," as well as "The Equilibrists." With "a rare metaphysic," as he calls it in the second of these poems, he would, if he could, make one what long have been two, the headless body and the bodiless head.

Ransom was born on April 30, 1888, in Pulaski, Tennessee. He received an A.B. degree from Vanderbilt in 1909, and as a Rhodes scholar took a B.A. at Christ Church, Oxford in 1913. His poem "Philomela" describes how, "pernoctating" once with the Oxford students in Bagley Wood, he heard a nightingale's song and was unimpressed. He must already have begun to react against the romantic excess which later became his frequent target. Ransom was a lieutenant in the First World War. Afterwards he returned to Vanderbilt, where he had already done some teaching, and remained there until 1937. In that year, to the surprise of many, he moved north to Kenyon College and became founder and editor of the *Kenyon Review*, which was to be the best-known, and very likely the best, review in the United States from 1937 until his retirement in 1959.

Ransom's three books of poems were published between 1919 and 1927, after which his interest shifted to criticism. But in recent years he has brilliantly rewritten some of his earliest poems, a task which he has found easier than starting new ones. Most of his work is written as if he were a Dutch uncle in modern poetry, offering home therapy in an off-beat, humorous way, often doing what he says of Allen Tate—using obscurity to avoid sententiousness. Most of his poems recount fine failures, like "Captain Carpenter," and have about them a rich disheartenment, and, in spite of their antiromanticism, a shine of old romance. But they are more than nostalgic; their language gives them excitement, and makes even the portrayal of failure an expressive triumph, witty yet serious and even desperate.

Bells for John Whiteside's Daughter

There was such speed in her little body,
And such lightness in her footfall,
*It is no wonder her brown study
Astonishes us all.

Her wars were bruited in our high window.
We looked among orchard trees and beyond
Where she took arms against her shadow,
Or harried unto the pond

The lazy geese, like a snow cloud
Dripping their snow on the green grass,
Tricking and stopping, sleepy and proud,
Who cried in goose, Alas,

*For the tireless heart within the little
*Lady with rod that made them rise
*From their noon apple-dreams and scuttle
Goose-fashion under the skies!

But now go the bells, and we are ready,
*In one house we are sternly stopped
To say we are vexed at her brown study,
Lying so primly propped.

※ 이 시는 한 소녀의 죽음을 애도한 시다. 소녀의 생시의 모습을 중점적으로 묘사함으로써 죽음의 슬픔을 간접적으로 전달한다.

* **brown study**:「명상에 잠긴다」는 뜻으로 죽음을 함축적으로 전달한다.
* 거위가 쫓기는 모습도 겁에 질려서 도망치는 것이 아니라 장난(tricking) 이 섞인 꿈같이(sleepy) 달콤한 세계이다.
* **the tireless heart**: 죽어서 누워 있으니 영원히 피곤을 모르는 몸이 된 것을 말함.
* **the little Lady**: 장난치던 소녀가 이제 죽어서 얌전하게 누워 있는 모습은 흡사 작은 부인 같다는 뜻.
* **their noon apple-dreams**: 거위들이 한낮의 과수원의 분위기에 도취된 상태.
* **In one house**: 온 식구가 한 데 모인 상태.

  sternly stopped:「단연 말이 막힌다」는 조객들의 놀라움과 엄숙한 태도를 느끼게 한다.

Blue Girls

Twirling your blue skirts, travelling the sward
*Under the towers of your seminary,
Go listen to your teachers old and contrary
Without believing a word.

Tie the white fillets then about your hair
*And think no more of what will come to pass
Than bluebirds that go walking on the grass
And chattering on the air.

*Practise your beauty, blue girls, before it fail;
And I will cry with my loud lips and publish
Beauty which all our power shall never establish,
It is so frail.

For I could tell you a story which is true;
I know a woman with a terrible tongue,
*Blear eyes fallen from blue,
All her perfections tarnished—yet it is not long
Since she was lovelier than any of you.

※ Selected Poems에 실려 있는 시. 푸른 빛으로 상징되는 젊은 미의 찬양이다.

* **teachers old and contrary**: 푸른소녀들과 대조되는 백발의 완고덩이 노교수의 모습.
* **think ... pass**: 「결말 같은 것 전연 생각지 마라」라고 한 것은 장래 어떻게 되리라는 것 같은 것은 염두에 둘 필요가 없다는 것이다.
* **Practise**: 발휘한다.
* **Beauty ... estalish**: 인간의 힘으로 단명한 미를 영원한 것으로 고정시킬 수 없다.
* **terrible tongue**: 소녀들의 고운 목소리 (sweet voice) 와 대조.
* **blear eyes**: 안개낀 눈은 소년들의 blue twinkling eyes 와 대조.

ARCHIBALD MACLEISH
(1892–   )

Archibald MacLeish has been unusually responsive to the changes in style and the political concerns of his generation. He has never conceived of the poet as a privileged member of his community who can stand apart from the life of his fellow citizens, and he has never been completely satisfied with the notion, which Auden enthusiastically endorses, that poetry cannot make things happen and should not try. On the other hand, MacLeish is devoted to his art, and he recognizes that poetry should be far removed from propaganda. If MacLeish has never reconciled the claims of art and society to his own satisfaction, he has worked at this problem, with courage and energy, over a long career as writer, public servant, and teacher.

MacLeish was born in Glencoe, Illinois on May 7, 1892. He describes his father as a "devout, cold, rigorous man of very beautiful speech." His mother was his father's third wife; before her marriage she had taught at Vassar College, and she came, as her son has written, of a "very passionate people with many mad among them." MacLeish was educated at Hotchkiss School, at Yale (B.A., 1915), and at Harvard Law School, where he led his class. During the First World War, despite the fact that he had a wife and one child, he served as a volunteer ambulance driver and then at the front as a Captain of Field Artillery. His brother was killed in Belgium, and the poem "Memorial Rain" is a sad, ironic postwar witness to this death: a French politician's suave tribute is counterpointed by personal remembrance.

In the years just after the War MacLeish worked as a lawyer in Boston. His work distracted him from his poetry, and in 1923 he moved with his family to France, where he participated in the modernist revolution. Between 1924 and 1928 he published four books of poetry. These early poems reveal certain debts to both Pound and Eliot; like them, MacLeish often practices discontinuity, and he must have learned from Eliot his habit of varying lines that end abruptly with lines that conclude with a dying fall, but he is evoking the aid of the older poets in developing his own idiom. His subject is often our mysterious passage through time, and MacLeish confronts it with a quality of quiet dread which is peculiarly his own.

In 1928 MacLeish returned to America, and in the winter of the following year, as preparation for the writing of *Conquistador,* he retraced by foot and mule-back the route of Cortez's conquering army through Mexico. *Conquistador,* which won the Pulitzer Prize for 1932, is a poem on an epic subject, but presented in a way that reflects MacLeish's continuing preoccupation with time and the individual's attempts to salvage something from his vanished past. This version of the Conquest is told by Bernal Diaz del Castillo, one of the *conquistadores,* who, now in his old age, is dissatisfied with official versions of history and wants to tell his own story. The progress of the narrative often has to be inferred from a sequence of sensuous details, for MacLeish is concerned to give us the old man's past as he might remember it. The verse form of *Conquistador* is an adaptation of the Dantean *terza rima;* MacLeish makes up for the paucity of rhyming words in English with ample use of assonance, and he skillfully adapts this difficult form for the rendering of the stream of consciousness.

During the early Depression years MacLeish worked for *Fortune* magazine. In the later Thirties he produced a series of works designed to warn his fellow citizens of the imminent war with Fascism and to restore their love of country. The author of the famous dictum "A poem should not mean / But be" now devoted himself to public speech. His radio play *The Fall of the City* (1937) was a dramatic expression of the seductive emptiness of the Fascist dream; and *Air Raid* (1938), another radio play, sought to prepare Americans for a new form of warfare. In these works MacLeish was trying to widen his audience by adapting new means of communication. *The Land of the Free* (1938) is another such experiment; the poem, which MacLeish calls a "sound track," is a commentary on photographs of America in the late Thirties. In 1940 MacLeish, in his highly controversial pamphlet *The Irresponsibles,* charged the great writers of his generation with weakening the moral fiber of their readers and leaving them prey to Fascism. MacLeish had come to believe that the poetry of Eliot and Pound was inadequate to the needs of a country which would shortly be at war. He granted that their work had been in its own time a "needed and cleansing poetry of literary revolt," but he did not see it as a "poetry capable of the new labor of construction which now must be done." The inadequacy of modernism derives from its insistence on innovation. "It is this characteristic of contemporary poetry," MacLeish wrote, "which explains its failure to make recognizable to us our experience of our time. To write in faith and credit of such experience as ours, and to bring it to recognition, requires the responsible and dangerous language of acceptance and belief."

As the Second World War approached, MacLeish became a very public man; the career of no other American man of letters requires so much reference to government offices and agencies. In 1939 President Roosevelt appointed him Librarian of Congress. The appointment was criticized by professional librarians, who viewed MacLeish as an amateur, and by politicians, who charged him with writing obscure poetry, but he held the post for five years. In 1941 he was made Director of the Office of Facts and Figures, a wartime agency with special responsibilities in the area of propaganda, and in 1944–45 he was Assistant Secretary of State. After the War he worked for the formation of UNESCO, and in 1946 served as chairman of the first UNESCO conference in Paris.

In 1949 MacLeish retired to the academy to become Boylston Professor of English Rhetoric at Harvard, and he held that post until 1962. His lectures on poetry, published as *Poetry and Experience* (1961), for the most part avoid the question of the public obligation of the poet that had so bedeviled him in the past. As for his creative work, MacLeish in his later years, like T. S. Eliot, turned to the writing of poetic dramas on classical themes. The original of his verse play *J. B.* (1957) is the Book of Job. The scene is a circus tent (compare the early sonnet "The End of the World"), and the modern hero must learn to confound the blankness of life with his powers to invent a self. A more recent drama, *Herakles* (1967), is another attempt to deal with the strife between being and nothingness. Whereas in the much earlier *The Fall of the City* the temptation to surrender to nothingness was political, and might thus have been avoided, in *Herakles* the hero's triumph is won at the cost of his own children, and is genuinely tragic. Apart from his plays, MacLeish has continued to write lyric poems, and the quality of many of them is suggested by the last words of *Poetry and Experience:* "To face the truth of the passing away of the world and make song of it, make beauty of it, is not to solve the riddle of our mortal lives but perhaps to accomplish something more."

L'An Trentiesme de Mon Eage

And I have come upon this place
By lost ways, by a nod, by words,
By faces, by an old man's face
*At Morlaix lifted to the birds,

By hands upon the tablecloth
At Aldebori's, by the thin
Child's hands that opened to the moth
And let the flutter of the moonlight in,

By hands, by voices, by the voice
Of Mrs. Whitman on the stair,
By Margaret's "If we had the choice
To choose or not—" through her thick hair,

By voices, by the creak and fall
Of footsteps on the upper floor,
By silence waiting in the hall
Between the doorbell and the door,

By words, by voices, a lost way—
And here above the chimney stack
The unknown constellations sway—
And by what way shall I go back?

Memorial Rain

*FOR KENNETH MAC LEISH

Ambassador Puser the ambassador
Reminds himself in French, felicitous tongue,
What these (young men no longer) lie here for
In rows that once, and somewhere else, were young . . .

All night in Brussels the wind had tugged at my door:
I had heard the wind at my door and the trees strung
Taut, and to me who had never been before
In that country it was strange wind, blowing

※"In the thirtieth year of my age"(Old fr).
* **Morlaix**: Brittany 의 끝에 있는 프랑스 도시.
※ Macleish : Belgium 에서 비행 임무 수행중 제1차세계대전 중 전사한 시인의 형.

Steadily, stiffening the walls, the floor,
The roof of my room. I had not slept for knowing
He too, dead, was a stranger in that land
And felt beneath the earth in the wind's flowing
A tightening of roots and would not understand,
Remembering lake winds in Illinois,
That strange wind. I had felt his bones in the sand
Listening.

. . . Reflects that these enjoy
Their country's gratitude, that deep repose,
That peace no pain can break, no hurt destroy,
That rest, that sleep . . .

At Ghent the wind rose.
There was a smell of rain and a heavy drag
Of wind in the hedges but not as the wind blows
Over fresh water when the waves lag
Foaming and the willows huddle and it will rain:
I felt him waiting.

. . . Indicates the flag
Which (may he say) enisles in Flanders plain
This little field these happy, happy dead
Have made America . . .

In the ripe grain
The wind coiled glistening, darted, fled,
*Dragging its heavy body: at Waereghem
The wind coiled in the grass above his head:
Waiting—listening . . .

. . . Dedicates to them
This earth their bones have hallowed, this last gift
A grateful country . . .

Under the dry grass stem
The words are blurred, are thickened, the words sift
Confused by the rasp of the wind, by the thin grating
Of ants under the grass, the minute shift
And tumble of dusty sand separating
From dusty sand. The roots of the grass strain,
Tighten, the earth is rigid, waits—he is waiting—

And suddenly, and all at once, the rain!

* **Waereghem**: 제1차세계대전 중 전사한 연합군의 공동묘지가 있는 Brussels 의 한 도시.

You,*Andrew Marvell

And here face down beneath the sun
And here upon earth's noonward height
To feel the always coming on
The always rising of the night:

To feel creep up the curving east
The earthy chill of dusk and slow
Upon those under lands the vast
And ever climbing shadow grow

*And strange at Ecbatan the trees
Take leaf by leaf the evening strange
The flooding dark about their knees
The mountains over Persia change

*And now at Kermanshah the gate
Dark empty and the withered grass
And through the twilight now the late
Few travelers in the westward pass

And Baghdad darken and the bridge
Across the silent river gone
And through Arabia the edge
Of evening widen and steal on

*And deepen on Palmyra's street
The wheel rut in the ruined stone
And Lebanon fade out and Crete
High through the clouds and overblown

And over Sicily the air
Still flashing with the landward gulls
And loom and slowly disappear
The sails above the shadowy hulls

And Spain go under and the shore
Of Africa the gilded sand

※ Andrew Marvell은 17세기 영국의 소위 형이상학파 시인 중의 한사람이다. 그의 시 "To His Coy Mistress"가 본시와 관련이 있다.

* **Ecbatan**: 북부 이란의 Media의 옛수도로서 지금의 Hamadan이다.

* **Kermanshah**: 이란 동남부에 있는 주의 수도.

* **Plamyra**: 시리아의 옛 도읍지로서 정치 문화의 중심지였으나 지금은 가난한 Arab 마을이다.

And evening vanish and no more
The low pale light across that land

Nor now the long light on the sea:

And here face downward in the sun
To feel how swift how secretly
The shadow of the night comes on . . .

WILFRED OWEN
(*1893–1918*)

The subject of war has always been a favorite of poets, but the pity—as distinguished from the heroism—of war is a modern subject. "The poetry is in the pity," Wilfred Owen wrote in the preface to a book of verse he did not live to see published. Yeats, who regarded pity as an unsatisfactory theme, was not impressed by Owen's verse, which he dismissed as "all blood, dirt & sucked sugar stick." Yet blood, dirt, and sugar are not by nature impossible ingredients. If Owen preserves his youthful romanticism, or at least a shell of it, he uses it to countervail the horrifying scenes he describes, just as he poses his own youth against the age-old spectacle of men dying in pain and futility. In a letter of February 4, 1917, he speaks of "Hideous landscapes, vile noises, foul language . . . everything unnatural, broken, blasted; the distortion of the dead, whose unburiable bodies sit outside the dug-outs all day, all night, the most execrable sights on earth. In poetry we call them the most glorious." In verse, such contrasts are made tense by lines like, "Red lips are not so red / As the stained stones kissed by the English dead." The half-rhymes which Owen discovered for his verse seem to be a reflection, in terms of technique, of the displacement of the old relationships that held together grandeur and patriotic sacrifice.

Owen was born at Oswestry, England, on March 18, 1893. His father had a modest job with the railway, and the family's limited means had their effect on Owen's life. His mother was strict and Calvinistic, but remained closely bound to her son even when, in a letter he wrote her on January 4, 1913, he melodramatically announced, "I have murdered my false creed. If a true one exists, I shall find it. If not, adieu to the still falser creeds that hold the hearts of nearly all my fellow men." She sympathized with his poetic ambition, which began when, at the age of about ten, she took him for a holiday to Broxton by the Hill. It was there, he wrote later, "I felt my boyhood fill / With uncontainable movements; there was born / My poethood." Owen attended Birkenhead Institute from 1900 to 1907, then Shrewsbury Technical School. He did some work at University College, Reading, in botany, but then matriculated at the University of London. Unfortunately there was no money for fees, so he had to withdraw. He then went to Dunsden, Oxfordshire, as a pupil and lay assistant to the vicar.

At first the notion was that he should take orders, but Owen developed sympathy for the sufferings of the parishioners without a compatible confidence in Christianity's power to relieve them. He also felt profane impulses in the midst of ceremonials at the church, as he indicates in "Maundy Thursday":

> Between the brown hands of a server-lad
> The silver cross was offered to be kissed . . .

Then I, too, knelt before that acolyte.
Above the crucifix I bent my head:
The Christ was thin, and cold, and very dead:
And yet I bowed, yea, kissed—my lips did cling
(I kissed the warm live hand that held the thing.)

As a result of his disaffection, he left this post in August 1913 and went to teach at the Berlitz school in Bordeaux. He stayed in the city for two years, the second as tutor for two boys. The coming of war made him restive at "this deflowering of Europe," as he called it. So he returned to England in August or September 1915 in order to enlist. He was trained and then commissioned in the Manchester Regiment, which went to the western front in January 1917. The weather was extremely cold, the fighting was fierce. In June Owen became ill and had to be moved to a hospital and then sent back to England to recuperate. Moved again, to a hospital in Edinburgh, he had the pleasure of meeting Siegfried Sassoon, an army captain and already known as a war poet. "I was always a mad comet; but you have fixed me," he wrote to Sassoon in November. Sassoon encouraged him to write more poems, and introduced him to other writers. He also optimistically assured him, when the time came for Owen to return to the front, that his new experiences would help his poetry. Owen went back to France on August 31, 1918, and was killed a week before the Armistice, on November 4. His poems were published posthumously by Sassoon in 1920.

Most of his best poems were written during a period of thirteen months, from August 1917 to September 1918. He felt a burst of energy and confidence during this time. In a characteristic letter to his mother, of December 31, 1917, he wrote her, "And so I have come to the true measure of man. I am not dissatisfied [with] my years. Everything has been done in bouts: bouts of awful labour at Shrewsbury and Bordeaux; bouts of amazing pleasure in the Pyrenees, and play at Craiglockhart; bouts of religion at Dunsden; bouts of horrible danger on the Somme; bouts of poetry always; of your affection always; of sympathy for the oppressed always. I go out of this year a poet, my dear mother, as which I did not enter it. I am held peer by the Georgians; I am a poet's poet. I am started. The tugs have left me; I feel the great swelling of the open sea taking my galleon." Owen succeeded in writing some of the best war poems of the century. His best poems are astringent rather than sentimental; they are not patriotic, they are not self-deceptive, they express community with the intensity of a lover and the accuracy of an honest man.

Strange Meeting

It seemed that out of battle I escaped
*Down some profound dull tunnel, long since scooped
*Through granites which titanic wars had groined.
Yet also there encumbered sleepers groaned,
Too fast in thought or death to be bestirred.
Then, as I probed them, one sprang up, and stared
With piteous recognition in fixed eyes,
Lifting distressful hands as if to bless.
And by his smile, I knew that sullen hall,
By his dead smile I knew we stood in Hell.
With a thousand pains that vision's face was grained;
Yet no blood reached there from the upper ground,
And no guns thumped, or down the flues made moan.
"Strange friend," I said, "here is no cause to mourn."
*"None," said that other, "save the undone years,
The hopelessness. Whatever hope is yours,
Was my life also; I went hunting wild
After the wildest beauty in the world,
Which lies not calm in eyes, or braided hair,
*But mocks the steady running of the hour,
And if it grieves, grieves richlier than here.
For of my glee might many men have laughed,
And of my weeping something had been left,
Which must die now. I mean the truth untold,
The pity of war, the pity war distilled.
Now men will go content with what we spoiled,
*Or, discontent, boil bloody, and be spilled.
They will be swift with swiftness of the tigress.
*None will break ranks, though nations trek from progress.
Courage was mine, and I had mystery,
Wisdom was mine, and I had mastery:
To miss the march of this retreating world
Into vain citadels that are not walled.

---

* **long since**: long ago.
* **Titanic wars**: great battles.
* **undone years**: ruined years.
* **mock . . . hour**: makes one impatient.
* **boil bloody**: become indignant.
  spilled: killed.
* **break ranks**: 낙오하다.
  trek: 물러나다.

Then, when much blood had clogged their chariot-wheels,
*I would go up and wash them from sweet wells,
Even with truths that lie too deep for taint.
I would have poured my spirit without stint
*But not through wounds; not on the cess of war.
Foreheads of men have bled where no wounds were.
I am the enemy you killed, my friend.
I knew you in this dark: for so you frowned
Yesterday through me as you jabbed and killed.
*I parried; but my hands were loath and cold.
Let us sleep now. . . ."

Greater Love

Red lips are not so red
*As the stained stones kissed by the English dead.
*Kindness of wooed and wooer
Seems shame to their love pure.
O Love, your eyes lose lure
When I behold eyes blinded in my stead!

Your slender attitude
*Trembles not exquisite like limbs knife-skewed,
Rolling and rolling there
Where God seems not to care;
*Till the fierce love they bear
*Cramps them in death's extreme decrepitude.

Your voice sings not so soft,—
*Though even as wind murmuring through raftered loft,—
Your dear voice is not dear,

---

* **sweet wells**: 신선한 물.
sweet: fresh.
* **the cess**: as in cesspool.
* **loath**: reluctant.

※ From *Jhon* 15 : 13. "Greater love hath no man than this, that man lay down his life for his friend." title은 여기서 땃다.

* **stained**: blood-stained.
* **wooed and wooer**: 사랑을 받는 자와 사랑하는 자들.
* **exquisite**: exquisitely.
knife-skewed: 칼처럼 굽은.
* **they**: 병사들을 가리킨다.
* **cramps them**: holds them tightly.
* **Though evens as**: though it is jusk like.
raftered loft: 서까래가 드러나 보이는 다락.

*Gentle, and evening clear,
*As theirs whom none now hear,
Now earth has stopped their piteous mouths that coughed.

Heart, you were never hot
Nor large, nor full like hearts made great with shot;
And though your hand be pale,
*Paler are all which trail
*Your cross through flame and hail:
Weep, you may weep, for you may touch them not.

Anthem for Doomed Youth

*What passing-bells for these who die as cattle?
Only the monstrous anger of the guns.
Only the stuttering rifles' rapid rattle
*Can patter out their hasty orisons.
No mockeries now for them; no prayers nor bells,
Nor any voice of mourning save the choirs,—
The shrill, demented choirs of wailing shells;
*And bugles calling for them from sad shires.

*What candles may be held to speed them all?
*Not in the hands of boys, but in their eyes
Shall shine the holy glimmers of good-byes.
*The pallor of girls' brows shall be their pall;
*Their flowers the tenderness of patient minds,

---

* **evening clear**: clear as the evening sky.
* **Now**: Now that.
  theirs: their voices ; the dead English soldiers.
* **all**: all the hands (are paler).
* **trail Your cross**: 조국을 위해서 싸운다는 뜻.

※ Cattle 처럼 죽은 청년들의 비극을 나타낸 owen 의 반전시의 하나이다.

* **passing-bells**: funeral bells. (조정).
  cattle: 가축, 벌레.
* **orisons**: prayers.
* **shires**: English counties. home country.
* **to speed them**: 그들의 행운을 빌기 위해서.
  speed: wish Godspeed to.
* **boys**: 병사들. choir boys.
* The pallor . . . pall. 소녀들이 이마에 창백한 빛으로 그들의 관은 덮어 지리라.
* **The flowers . . . minds**: 그들의 참을성 있는 마음은 소녀들이 들고 있는 꽃처럼 상냥한 것이다.

*And each slow dusk a drawing-down of blinds.

Dulce et Decorum Est

*Bent double, like old beggars under sacks,
*Knock-kneed, coughing like hags, we cursed through sludge,
Till on the haunting flares we turned our backs
And towards our distant rest began to trudge.
Men marched asleep. Many had lost their boots
But limped on, blood-shod. All went lame; all blind;
Drunk with fatigue; deaf even to the hoots
Of tired, outstripped Five-Nines that dropped behind.

Gas! GAS! Quick, boys!—An ecstasy of fumbling,
Fitting the clumsy helmets just in time;
But someone still was yelling out and stumbling
And flound'ring like a man in fire or lime . . .
Dim, through the misty panes and thick green light,
As under a green sea, I saw him drowning.

In all my dreams, before my helpless sight,
He plunges at me, guttering, choking, drowning.

If in some smothering dreams you too could pace
Behind the wagon that we flung him in,
And watch the white eyes writhing in his face,
His hanging face, like a devil's sick of sin;
If you could hear, at every jolt, the blood
Come gargling from the froth-corrupted lungs,
Obscene as cancer, bitter as the cud
Of vile, incurable sores on innocent tongues,—
*My friend, you would not tell with such high zest
To children ardent for some desperate glory,
The old Lie: Dulce et decorum est
Pro patria mori.

---

* **each . . . blinds:** 장막 대신으로 어둠이 내려서 장례식은 끝나리라.
※ **The title and the last two lines are from Horace,** *Odes* Ⅲ : ii **"Sweet and fitting it is to die for the fatherland."**
* **Bent double:** 허리를 구부리고.
* **knock-kneed:** 양쪽 무릎을 서로 부딪히며.
* **My friend . . . mori:** irony 가 담겨 있다.

Futility

*Move him into the sun—
*Gently its touch awoke him once,
*At home, whispering of fields unsown.
Always it woke him, even in France,
Until this morning and this snow.
*If anything might rouse him now
The kind old sun will know.

Think how it wakes the seeds,—
*Woke, once, the clays of a cold star.
*Are limbs, so dear-achieved, are sides,
*Full-nerved—still warm—too hard to stir?
*Was it for this the clay grew tall?
*—O what made fatuous sunbeams toil
To break earth's sleep at all?

---

* **him**: 농촌 출신의 건장하고 젊은 전사한 영국병사다. (dead soldier).
* **its**: 7행의 "The kind old sun"을 가리킴.
* **Whispering . . . unsown**: 밭에 씨를뿌리지 않았다고 속삭이면서.
* **rouse**: 소생시키다.
* **the clay . . . star**: "woke"의 목적어. 태초에 빛을 받기 이전의 지구.
* **so dear-achieved**: 그렇게도 알뜰히 가꾸어진. 귀하게 성장한.
* **Full-nerved**: 팔팔한.
* **The clay**: the human body.
* **What**: 인간의 어리석음을 암시하고 있다.
fatuous: foolish. "toil"을 수식하는 부사로 해석할 것.

E. E. CUMMINGS
(1894–1963)

Cummings is one of the most innovative of contemporary poets, but it is innovation on a different level from that of Yeats or Stevens. In some ways he is oddly traditional. Though he drops most punctuation and capitalization, and deliberately distorts syntax, he is fond of the sonnet and other regular forms; he likes rhymes and off-rhymes in a way that the innovators of half a century later would find almost reprehensible. Though Cummings alters parts of speech and makes verbs into nouns and nouns into verbs, he does so chiefly to express feelings whose simplicity belies all this complication. He does not seek, or find, the authoritative utterance of Yeats or Eliot, or the philosophical subtlety of Stevens; but within the areas in which he chooses to disport he achieves a magnificent, subversive smallness. His acquiescence in that judgment of scope is signalized by his refusal to capitalize his initials or last name, as if to divorce himself from all that vanity and selfhood.

Edward Estlin Cummings was born in Cambridge, Massachusetts, on October 14, 1894. He was the son of a Congregational minister who preached in Boston at the Old South Church and also taught at the Harvard Divinity School. Cummings was later to compose for him his affectionate elegy "my father moved through dooms of love." Cummings took a B.A. degree at Harvard in 1915, and an M.A. in 1916. He then volunteered to go to France as a member of the Norton Harjes Ambulance Corps. A foolish mail censor, his suspicions roused by a letter written in Cummings' special style, caused him to be arrested and then interned for three months in a concentration camp. Cummings memorialized this experience in the semi-fictional work, *The Enormous Room* (1922), where he celebrates the courageous idiosyncrasies that persisted among the prisoners even in this spirit-destroying situation.

After the war Cummings lived in Paris and took up painting as well as writing. The title of his first book of poems, *Tulips and Chimneys* (1923), suggests the opposition that was to become lifelong in his work, between organic life and what he calls "manunkind" (in the poem, "pity this busy monster, manunkind / not"), or between what he praises in his father—"immeasurable is"—as contrasted with rulebound negation.

Part of Cummings' attack on the establishment was directed against the typographical establishment. He used punctuation only for special effects, and many of his poems exploited odd typographical arrangements, allowing letters of words to trail over from one line to the next in total indifference to syllables. Readers were at first antagonized but eventually gave their assent to this strange panoply. It anticipates the use of typewriter spacing and peculiarities by Charles Olson later. By persisting in his folly, as Blake urged, Cummings won acceptance for it as a kind of wisdom. It became clear that the arrangement of a poem on a page reflected the way it was to be read aloud, roused tensions and effected resolutions, offered an intriguing puzzle, and gave vent to Cummings' iconoclasm. It is in fact the badge which he wears as a self-styled misfit, one still capable of feeling love and lust in an unfeeling, mechanized world. He is in revolt against people in high places, in crowded cities, in ruts, to whom the only pronoun that he considers applicable is "it." One poem begins, "a salesman is an it that stinks Excuse me," and Cummings explains in it that whether the product sold by the "it" is lingerie or shrouds does not matter.

He is set firmly against any form of abstraction. "Knowledge is a polite word for dead but not buried imagination . . . think twice before you think." He is against expressions like "most people," which he runs into one word: "it's no use trying to pretend that mostpeople and ourselves are alike. Mostpeople have less in common with ourselves than the squarerootofminusone. You and I are human beings: mostpeople are snobs. . . . Life, for mostpeople, simply isn't. Take the socalled standardofliving. What do mostpeople mean by 'living'? They don't mean living. They mean the latest and closest plural approximation to singular prenatal passivity which science, in its finite but unbounded wisdom, has succeeded in selling their wives." He is against science as an impersonalizing force when the only reality is the person. Politically he is an anarchist, a Robin Hood type. A trip to Russia made in the early Thirties confirmed Cummings in his dislike of that country, which he found to be another enormous room and excoriated in a book called *Eimi* (Greek for "I am") (1933). He gives there purported conversations with Russians such as this one with a dramatist. Cumming instructs the interpreter,

> "tell him I drink . . . to the individual."
> A pause "he says that's nonsense."
> "Tell him I love nonsense and I drink to nonsense." Pause.
> "he's very angry. He says you are afraid"
> "Tell him I am afraid to be afraid"
> noismusic, a waiters glaring. "He believes you are mad."
> "Tell him: a madman named noone says, that someone is and anyone isn't; and all the believing universe cannot transform anyone who isn't into someone who is."

Cummings is not more indulgent to conservatives: he denounces also "the cambridge ladies who live in furnished souls" that don't belong to them; the philosophers, scientists, and religious zealots who try to ruin the natural instinctive world by putting unnatural shackles on it; the flagwavers, who keep saying they love America and mean only the "Land of the Cluett Shirt, Boston Garter and Spearmint Girl with the Wrigley eyes." Then there are the artists who write by formula. There are the supposedly wholesome young men ready to die for God, for country and for Yale, suffering from venereal disease of mind as well as body. There are the warmongers who find the best of reasons for preventing other people from living, and regard freedom as a commodity like a breakfast food. All these live, in short, in negative worlds, full of prohibitions, taboos, manunkindness. It is against these that Cummings shoots his bow and arrow.

Then there are the poor whom he befriends. These range from the man who had fallen among thieves to Olaf the conscientious objector to Buffalo Bill to Cummings' father to every lover. These people have certain things in common: they exist—"is" is their first big word; they love, and love is their second big word; they are spontaneous; they are childlike; and they are themselves. One such is his friend "little joe gould," who had been at Harvard with Cummings but became a Greenwich Village panhandler. Gould endeared himself to Cummings by never ceasing to be himself, by never doing anything socially useful, by taking a radio set to the corner of Forty-Second Street and Broadway and cracking it apart with an axe in protest against the mechanization of the world. The unpoetic police arrested Gould, but Cummings wrote a poem in his honor.

Cummings' verse did not mature—how could it when maturity was an evil? —but it was sustained at a steadily high level throughout his life as he built up endless variations out of a limited group of ideas. His poems were either lyrical or satirical, and were good in both modes. If his love poems are not the best of his time, they are the most winning, written with a childlike wonder and humor which Cummings has almost to himself in modern poetry, and which he retained into old age. His satirical poems are witty as well as savage. "Only so long as we can laugh at ourselves are we nobody else," he wrote. On the other hand, there is a faint pre-Raphaelite glow about Cummings' unexpected combinations of archaic attitudes in spite of the modern diction in which they are couched. He seems in his time to be a triumphant anachronism.

In his last years Cummings was asked to be Norton Professor at Harvard, and agreed on condition that his lectures should be non-lectures. They appeared under this title in 1954, and resume that blend of wayward Bohemianism and noble intransigence which marks all his work. He died in New York City in 1963. It is good to have a Robin Hood, brash, humorous, affectionate, and tough, but it is also well to sense that the strongest attacks on our complacencies are made by weapons more powerful than the bow and arrow.

*[i was sitting in mcsorley's]

i was sitting in mcsorley's.   outside it was New York and beautifully snowing.

Inside snug and evil.   the slobbering walls filthily push witless creases of screaming warmth chuck pillows are noise funnily swallows swallowing revolvingly pompous a the swallowed mottle with smooth or a but of rapidly goes gobs the and of flecks of and a chatter sobbings intersect with which distinct disks of graceful oath, upsoarings the break on   ceiling-flatness

the Bar.tinking luscious jigs dint of ripe silver with warmlyish wetflat splurging smells waltz the glush of squirting taps plus slush of foam knocked off and a faint piddle-of-drops she says I ploc spittle what the lands thaz me kid in no sir hopping sawdust you kiddo he's a palping wreaths of badly Yep cigars who jim him why gluey grins topple together eyes pout gestures stickily point made glints squinting who's a wink bum-nothing and money fuzzily mouths take big wobbly footsteps every goggle cent of it get out ears dribbles soft right old feller belch the chap hic summore eh chuckles skulch . . . .

and i was sitting in the din thinking drinking the ale, which never lets you grow old blinking at the low ceiling my being pleasantly was punctuated by the always retchings of a worthless lamp.

when With a minute terrif   iceffort one dirty squeal of soiling light yanKing from bushy obscurity a bald greenish foetal head established It suddenly upon the huge neck around whose unwashed sonorous muscle the filth of a collar hung gently.

(spattered) by this instant of semiluminous nausea A vast wordless nondescript genie of trunk trickled firmly in to one exactly-mutilated ghost of a chair,

a;domeshaped interval of complete plasticity, shoulders, sprouted the extraordinary arms through an angle of ridiculous velocity commenting upon an unclean table.and,whose distended immense Both paws slowly loved a dinted mug

gone Darkness   it was so near to me, i ask of shadow won't you have a drink?

---

* **Mcsorley's**: New York 시에 있는 McSorley's Saloon.

(the eternal perpetual question)

Inside snugandevil.   i was sitting in mcsorley's
It, did not answer.

outside.(it was New York and beautifully,snowing. . . .

[a man who had fallen among thieves]

a man who had fallen among thieves
lay by the roadside on his back
dressed in fifteenthrate ideas
wearing a round jeer for a hat

fate per a somewhat more than less
emancipated evening
had in return for consciousness
endowed him with a changeless grin

*whereon a dozen staunch and leal
citizens did graze at pause
then fired by hypercivic zeal
sought newer pastures or because

swaddled with a frozen brook
of pinkest vomit out of eyes
which noticed nobody he looked
as if he did not care to rise

one hand did nothing on the vest
its wideflung friend clenched weakly dirt
while the mute trouserfly confessed
a button solemnly inert.

Brushing from whom the stiffened puke
i put him all into my arms
and staggered banged with terror through
a million billion trillion stars

※「누가 복음」10:31에서 당시의 종교지도자였던 제사장과 레위인은 불행을 당한 이웃을 피하여 갔으나, 종교적 천시를·당하는 사마리아인은 훌륭한 이웃이 되었다는 예를 통해서 실천적인 신앙을 강조한 비유담의 현대판.

* **leal**: (고어 · 스코) 충실한(loyal).

[little joe gould has lost his teeth and doesn't know where]

*little joe gould has lost his teeth and doesn't know where
to find them(and found a secondhand set which click)little
gould used to amputate his appetite with bad brittle
candy but just(nude eel)now little joe lives on air

*Harvard Brevis Est for Handkerchief read Papernapkin no laundry
bills likes People preferring Negroes Indians Youse
n.b. ye twang of little joe(yankee)gould irketh sundry
who are trying to find their minds(but never had any to lose)

and a myth is as good as a smile but little joe gould's quote oral
history unquote might(publishers note)be entitled a wraith's
progress or mainly awash while chiefly submerged or an amoral
morality sort-of-aliveing by innumerable kind-of-deaths

(Amérique Je T'Aime and it may be fun to be fooled
but it's more fun to be more to be fun to be little joe gould)

[plato told]

plato told

him:he couldn't
believe it(jesus

told him;he
wouldn't believe
it)lao

*tsze
certainly told
him,and general
(yes

---

* **little joe gould**: Joseph Ferdinand Gould(1889~1957). Harvad 대학시절 Cummings의 동급생이다. 그는 스스로를 최후의 Bohemians라고 불렀다. 시를 낭독하며, Cummings를 강의하며 Greenwich Village에 생애를 보냈다.
* **Brevis Est**: Life is short (Lat).
* **taze**: Lao Tse, 중국의 철학자며 도교(노자의 가르침)의 창시자.

mam)
*sherman;
and even
(believe it
or

not)you
told him:i told
him;we told him
(he didn't believe it,no

sir)it took
a nipponized bit of
the old sixth

avenue
el;in the top of his head:to tell

him

---

* **sherman**: William Tecumseh Sherman (1820~1891). 남북전쟁 당시 남부군의 장군. 그는 사관학교 졸업식에서 "전쟁은 지옥이다."라고 말한 바 있다.

ROBERT GRAVES
(1895-   )

Though Robert Graves claims that he writes them only for himself and his Muse, his poems do not present the immediate difficulties of much modern poetry; they are not private nor eccentric. Graves and his Muse demand a poetry which is intelligible to those who overhear it—craftsmanlike, lucid, orderly in form, and often companionable in tone. He distinguishes between the poetry he writes for himself and the prose by which he earns his bread and butter; yet the poetry shares with the prose an encouraging civility. Graves has chided many of his contemporaries—Yeats, Pound, and Eliot among them—for their slovenliness, their failure to finish the poems they have started, and their literary bad manners. Yet his own frequent epigrammatic tidiness has not precluded an allegiance to the irrational and the mythic; like Blake and Yeats, he has pieced together his own mythology and proclaimed it the grand original of all true poetry.

Graves's great autobiography *Goodbye to All That* is an account of his life up to 1929. He was born on July 26, 1895 at Wimbledon near London. His father, Alfred Perceval Graves, was Irish and himself a poet; his mother was German and related to the historian von Ranke. Through two world wars Graves's German connections got him into trouble, and as a schoolboy and soldier he self-protectively insisted on his Irish paternity. He went to a succession of preparatory schools where he learned to "keep a straight bat at cricket, and to have a high moral sense." His public school was Charterhouse; Graves found it conventional, hypocritical, and anti-intellectual. He left school a week before the outbreak of the War in 1914 and joined the Royal Welch Fusiliers as an officer, went to France soon after, and saw a good deal of action. Of Graves's school generation one in three died in the war, and on his 21st birthday he was himself reported killed in action. Graves's autobiography does not offer a facile contrast between pastoral schooldays and wartime hell. He finds, of course, a contradiction between the world for which he had been prepared and the horrors of the war. Yet for Graves there are important continuities of experience; the bloody-minded staff officers, for example, were only an exaggeration of schoolmasterly indifference. Though Graves was disgusted with both the officer caste and the civilians, his father among them, who enjoyed the war from a safe distance, he maintained respect for bravery and soldierly values. He became friends with the poet Siegfried Sassoon, and when the latter made a public declaration of his disgust with the pointless fighting, Graves, unknown to Sassoon, connived at his being sent to a mental hospital as an alternative to a probable court-martial and prison sentence.

Towards the end of the War Graves married Nancy Nicholson, an artist and member of a family of artists. She was a feminist; after marriage she insisted on keeping her own name, and she soon began to include Graves "in her universal condemnation of men." After the Armistice, Graves studied at Oxford. He was a friend of the psychiatrist W. H. R. Rivers, who had treated Sassoon and Wilfred Owen. Rivers helped his patients through a study of their dream-life, and he led Graves to a psychiatrically based theory of poetry, according to which the poet gives therapeutic expression to unacknowledged internal conflicts. An anthology of poetry is thus a collection of homeopathic medicines; each poet expresses his own neurosis and helps a similarly afflicted reader. Graves's thesis, written for an Oxford B. Litt. and published as *Poetic Unreason* (1925), argues that there is in poetry a "supralogical element" and that the "latent associations" of the words used in a poem often contradict its prose sense.

By the late Twenties Graves had reached a dead end. He was rescued from his poetic irresolution by his collaboration with the American poet Laura Riding. Graves and Miss Riding left England for Majorca (where, apart from wartime absences, he has lived ever since). Clearly he found his meeting with Laura Riding a moment of renewal, for his views of poetry changed; poetry, as he now saw it, does not emerge from the poet's subconscious, but the poet discovers a reality beyond himself, a reality which can be opened only by poetry. Miss Riding and Graves wrote several prose tracts of great verve and imagination: in *A Pamphlet Against Anthologies* (1928) they attacked collections of poetry which perpetuate fake "masterpieces," and in *A Survey of Modernist Poetry* (1927) they defended "modern" poetry as practiced by John Crowe Ransom and E. E. Cummings. William Empson has acknowledged his indebtedness to a passage in this book in which they develop the notion of multiple significance that Empson was to study in his famous book, *Seven Types of Ambiguity* (1930).

Robert Graves has had an extraordinarily varied literary career: apart from his poetry, he is a scholar and mythographer, a literary theorist far more influential than has been realized, a writer of occasional essays and travel books, a translator, a dramatist. Between 1925 and 1957 he wrote 15 novels, most of them historical novels. Graves's recreations of the past follow a hint given in his little poem "The Persian Version": here he reminds us that the winners usually write the official version of a battle and that the losers will have different memories. As an historical novelist, he has sought to give the "Persian version" of a number of events and figures. For example, the Emperor Claudius has been written off by most historians as a clumsy incompetent, but in *I, Claudius* (1934) and *Claudius the God* (1934) Graves suggests that the historians have been duped by a clever man who pretended to be a fool.

It was while doing the research for one of his novels—*Hercules, My Shipmate*—that Graves happened on the trail of evidence which led eventually to a reconstruction of the matriarchal religions of the Neolithic and the Bronze Age. In 1948 he completed his "historical grammar of poetic myth," *The White Goddess*. (He published a revised and enlarged edition in 1952.)

In this book Graves gives us simultaneously a version of history (he maintains that the Hebrews and Greeks perverted an actual matriarchal society), a view of the personality (the life of an individual man recapitulates the events of the myth), and an account of poetic creation (all true poets worship the same Muse). Graves's White Goddess has three aspects: she is the mother who bears us, the beloved woman whom we adore, and the old crone who survives us. The White Goddess frequently recalls the fatal woman of the Romantic poets—the female figure in Blake's "Mental Traveller," the ghastly Death-in-Life of Coleridge's "Rime of the Ancient Mariner," Keats's "La Belle Dame Sans Merci"—but Graves goes far beyond these relatively familiar adumbrations of the Goddess and tracks her through a whole library of books. In advancing his thesis Graves is almost always urbane, and most readers—apart from specialists, who are quite properly outraged by Graves's speculative foolhardiness—value the book, both for the light it casts on some of Graves's most beautiful poems (especially "To Juan in the Winter Solstice"), and also as a thesaurus of poetic motifs.

In terms of Graves's poetic theory, *The White Goddess* proclaims his final allegiance to objectivity and externality. The early Graves thought of poetry as an expression of unanalyzed interior conflicts; the later Graves sees it as a celebration of a mythic pattern beyond the poet, existing independently of him. Yet as in all such journeys there is probably an ultimate identification between a journey beyond the self and a journey into the depths of the self.

*The Pier-Glass

Lost manor where I walk continually
A ghost, though yet in woman's flesh and blood.
Up your broad stairs mounting with outspread fingers
And gliding steadfast down your corridors
I come by nightly custom to this room,
And even on sultry afternoons I come
Drawn by a thread of time-sunk memory.

Empty, unless for a huge bed of state
Shrouded with rusty curtains drooped awry.
(A puppet theatre where malignant fancy
Peoples the wings with fear.) At my right hand
A ravelled bell-pull hangs in readiness
To summon me from attic glooms above
Service of elder ghosts; here, at my left,
A sullen pier-glass, cracked from side to side,
Scorns to present the face (as do new mirrors)
With a lying flush, but shows it melancholy
And pale, as faces grow that look in mirrors.

Is there no life, nothing but the thin shadow
And blank foreboding, never a wainscot rat
Rasping a crust? Or at the window-pane
No fly, no bluebottle, no starveling spider?
The windows frame a prospect of cold skies
Half-merged with sea, as at the first creation—
Abstract, confusing welter. Face about,
Peer rather in the glass once more, take note
Of self, the grey lips and long hair dishevelled,
Sleep-staring eyes. Ah, mirror, for Christ's love
Give me one token that there still abides
Remote—beyond this island mystery,
So be it only this side Hope, somewhere,
In streams, on sun-warm mountain pasturage—
True life, natural breath; not this phantasma.

* **The Pier-Glass**: A large high mirror.

*Ulysses

To the much-tossed Ulysses, never done
With woman whether gowned as wife or whore,
*Penelope and Circe seemed as one:
She like a whore made his lewd fancies run,
And wifely she a hero to him bore.

Their counter-changings terrified his way:
They were the clashing rocks, Symplegades,
Scylla and Charybdis too were they;
Now they were storms frosting the sea with spray
And now the lotus island's drunken ease.

They multiplied into the Sirens' throng,
Forewarned by fear of whom he stood bound fast
Hand and foot helpless to the vessel's mast,
Yet would not stop his ears: daring their song
He groaned and sweated till that shore was past.

One, two and many: flesh had made him blind,
Flesh had one pleasure only in the act,
Flesh set one purpose only in the mind—
Triumph of flesh and afterwards to find
Still those same terrors wherewith flesh was racked.
His wiles were witty and his fame far known,
*Every king's daughter sought him for her own,
Yet he was nothing to be won or lost.

All lands to him were Ithaca: love-tossed
He loathed the fraud, yet would not bed alone.

※ **Ulyssess : 트로이 전쟁 때 희랍의 영웅. Homer의 시 *Iliad*의 주제가 된 트로이 대 그리스의 전쟁. 고향 Ithace로 가는 Ulyssess의 긴 여행의 과정과 그의 정숙한 아내 Penelope가 Homer의 odyssey의 주제다.**

* Circe (키르케),Homer의 시 *Odyssey*에 나오는 마녀 : 마술로 odysseus의 부하를 돼지로 변하게 했다.

* **Every King's daughter** : 예를 들어 Phaeacians의 Alcinoos왕의 딸 Nausican. 그의 궁정에서 Ulysses는 모험담을 다시 이야기 한다.

HART CRANE
(1899–1933)

A fairly large group of American poets have sought to embrace America. What attracts them is perhaps the fact that the country is so large, sprawling, and hard to handle. This grandiose sensuality goes back to Whitman, who spoke of how "I embrace multitudes." In this century America's chief lovers have been Masters, Sandburg, and Hart Crane. For all of them America has seemed a center of intense, multifarious feelings. They are not to be confused with a regionalist like Robert Frost, whose relations even to his region are more ambiguous. Hart Crane had his own complexities, but he overrode them in his effort to distill an image of America beyond space and time.

This ambition perhaps grew out of the dissatisfactions of his personal life. Crane was born on July 21, 1899, in Garretsville, Ohio, a small town near the Pennsylvania border. He was the son of a candy manufacturer, a stormy, affectionate man who felt insufficiently loved by his wife and stirred up quarrel after quarrel. The two parents separated in 1908, and Mrs. Crane promptly broke down. Then some months later they were reconciled, and lived disharmoniously together until their divorce in 1917. Hart Crane took his mother's part, but his own relations with her were troubled and ended eventually in rupture. After his death, however, she played widow to his memory, seeking to solicit fame for him even while she herself scrubbed floors for a living.

In 1917, following the divorce of his parents, Crane went to live and work in New York instead of finishing high school or attending college. He had little success with jobs, and his personal life was unhappy. For some years he moved back to Ohio whenever his money ran out, but eventually, in 1923, he settled in New York for good. His love affairs with men were short lived, including that with a sailor which became the groundwork of a group of poems called "Voyages." But unsuccess or estrangement did not prevent his finding apocalyse everywhere. He saw all things—bridge, sea, river, ash can—as being on the verge of transformation. By fits and starts of imagination and arduous revision in which he careered his muse more and more violently, he composed the impassioned poetry for which he has become increasingly renowned. His Marlovian rhetoric and preoccupation with ecstasy were congenial to poets like Ginsberg, but these poets did not attempt what is equally distinctive in Crane, his metaphysical compression.

Crane owed in his earlier verse something to Swinburne and Wilde, with their notion of incantatory poetry; but he soon fell under more powerful influences, chiefly T. S. Eliot and the French symbolist poets. Through them he attempted a poetry close to speech yet many-layered in meaning. Perhaps his closest resemblance is to Arthur Rimbaud, whose visionary journeys like *Le Bateau ivre* (The Drunken Boat) and extraordinary metaphors Crane equally pursued. As for Eliot, Crane admired his attempt to encompass the present-day scene, but found him, in the early Twenties, to be too pessimistic. As he gathered himself to compose his own poetry, Crane wrote letters which imply that he regarded it as a counterstatement to *The Waste Land*. One to Allen Tate, of June 12, 1922, declares: "I have been facing him [Eliot] for four years,—and while I haven't discovered a weak spot yet in his armour, I flatter myself a little lately that I have discovered a safe tangent to strike which, if I can possibly explain the position—goes *through* him toward a *different goal*. You see it is such a fearful temptation to imitate him that at times I have been almost distracted. . . . In his own realm Eliot presents us with an absolute *impasse*, yet oddly enough, he can be utilized to lead us to, intelligently point to, other positions and 'pastures new.' Having absorbed him enough we can trust ourselves as never before, in the air or on the sea. I, for instance, would like to leave a few of his 'negations' behind me, risk the realm of the obvious more, in quest of new sensations, *humeurs*." And six months later, on January 5, 1923, he emphasizes his own "more positive, or (if [I] must put it so in a sceptical age) ecstatic goal. . . . I feel that Eliot ignores certain spiritual events and possibilities as real and powerful now as, say in the time of Blake. . . . After this perfection of death—nothing is possible in motion but a resurrection of some kind."

Most of Crane's poems, like his last poem, "The Broken Tower," in fact celebrate crucifixion and resurrection, horror or squalor out of which suddenly radiate hope and light. In "Chaplinesque" an ash can becomes a grail—a characteristic transformation. In a letter about Charlie Chaplin, he writes, "Chaplin may be a sentimentalist, after all, but he carries the theme with such power and universal portent that sentimentality is made to transcend itself. . . ." The same claim may be made for Crane. His expression of this vision is itself visionary: he takes unusual words, combines them in an unusual way, forms them into unexpected rhythms, as if his technique was intended to expand the boundaries of consciousness in keeping with his subject matter. When he was reproved for the difficulty of his work, Crane explained, in a letter to the editor of *Poetry* in April 1926, that his object was to find a *logic of metaphor* which would not be the *logic of rational thought*. This pursuit of unconscious interconnections of "emotional dynamics" working through abbreviated thoughts is different also from the explained images of the metaphysical poets; it works by sudden, forced conjunctions which find their justification below rather than above the surface. Crane has as much complexity as any modern poet, but he does not present himself as a difficult poet; rather his powerful speech and rhythms claim the instant response that his intricate images would seem to delay.

Crane's major poem is "The Bridge," published in 1930 and begun early in 1923. "Very roughly," he wrote a friend, "it concerns a mystical synthesis of 'America.' History and fact, location, etc., all have to be transfigured into abstract form that would almost function independently of its subject matter. The initial impulses of 'our people' will have to be gathered up toward the climax of the bridge, symbol of our constructive future, our unique identity, in which is also included our scientific hopes and achievements of the future. The mystic portent of all this is already flocking through my mind . . ." The bridge is a symbol of human and superhuman experience combined, it unites time and place and transcends them, it spans the river, the sea, and time and space. Crane said he intended it to be the myth of America. The bridge suggests something that encompasses and transcends what is below it, as in the "Poem to Brooklyn Bridge," which would subsume all twentieth-century America. Crane accepts the machine, though horrible, as part of this mode of intensity. The poem as a whole is brilliantly written, wonderful in imagery, even if its metaphysic is somewhat unclear and perhaps too dependent on hyperbole. Furious feelings of hope are embodied rather arbitrarily in the symbol, as if Crane were forcing his material. Instant apocalypse was a danger for him because too tempting.

His life was a series of attempts at renewal. In his last year he made some attempt to change his sexual direction; he had a love affair in Mexico with a woman, but on the ship back he suddenly went to her stateroom to bid her goodbye—she thought he was joking, but he went on deck and jumped into the sea. Accounts differ as to whether or not he tried to catch the life preserver that was thrown to him. He died on April 27, 1933, almost at the biblical age of 33.

His poetry is always close to disaster, a form of brinkmanship, but is saved from it by the power of gathering disaster into a new ecstatic focus. His poems have a constant doubleness—the sea is death and love, the ash can is the grail, the bridge from which the suicide falls is also the summit of wonder and hope. In our time Crane looks perhaps gaudy, insistent, obscure; we may feel that he strained after intensity. But there is no doubt that he did establish a polar opposite to Eliot's early poetry; he did get somewhere the other side of despair (as Eliot himself tried to do later) with his full-throated, daring, secular but visionary poetry. Ultimately Crane wins us not so much because of his grand sleights but because of the misery which can be felt pressing up from below them; "through all sounds of gaiety and quest" he has heard "a kitten crying in the wilderness."

Legend

As silent as a mirror is believed
Realities plunge in silence by . . .

I am not ready for repentance;
Nor to match regrets. For the moth
Bends no more than the still
*Imploring flame. And tremorous
In the white falling flakes
Kisses are,—
The only worth all granting.

*It is to be learned—
This cleaving and this burning,
But only by the one who
Spends out himself again.

Twice and twice
(Again the smoking souvenir,
*Bleeding eidolon!) and yet again.
*Until the bright logic is won
Unwhispering as a mirror
Is believed.

Then, drop by caustic drop, a perfect cry
Shall string some constant harmony,—
Relentless caper for all those who step
The legend of their youth into the noon.

Voyages

I

Above the fresh ruffles of the surf
Bright striped urchins flay each other with sand.
They have contrived a conquest for shell shucks,

---

* **Imploring flme**: The temptation is as strong as the will to yield to it.
* **It**: The value of even painfyul experience.
* **eidolon**: 공상적인 image 이나 여기서는 실질적인 image 이다. 여기서는 그것은 실질적인 경험의 기념물이기 때문이다.
* **the bright logic**: 복잡한 기술의.

※ 이 시는 선원인 Emil Opffer 와의 정열적인 사건의 결과인 6편의 시로 구성되어 있다.

And their fingers crumble fragments of baked weed
Gaily digging and scattering.

And in answer to their treble interjections
The sun beats lightning on the waves,
The waves fold thunder on the sand;
And could they hear me I would tell them:

O brilliant kids, frisk with your dog,
Fondle your shells and sticks, bleached
By time and the elements; but there is a line
You must not cross nor ever trust beyond it
Spry cordage of your bodies to caresses
Too lichen-faithful from too wide a breast.
The bottom of the sea is cruel.

II

*—And yet this great wink of eternity,
*Of rimless floods, unfettered leewardings,
Samite sheeted and processioned where
*Her undinal vast belly moonward bends,
*Laughing the wrapt inflections of our love;

Take this Sea, whose diapason knells
On scrolls of silver snowy sentences,
*The sceptred terror of whose sessions rends
*As her demeanors motion well or ill,
All but the pieties of lovers' hands.

*And onward, as bells off San Salvador
Salute the crocus lustres of the stars,
*In these poinsettia meadows of her tides,—

---

* **wink of eternity:** 바다를 영원의 상징으로 보고, 윙크처럼 바다는 매력이 있다는 것과 우리의 현실은 영원 세계의 눈짓 정도의 순간에 불과하다는 2중의 뜻이 들어 있다.
* **leewardings:** leeward (바람부는 쪽)을 명사화한 말.
* **undinal:** undine (a female water spirit : 물의 요정)을 형용사화한 말.
  Her: the sea's
* **wrapt:** rapt.
  inflection: instability.
* **The sceptred . . . session:** 바다의 절대적인 위력과 공포를 말한다.
* **motion:** 동사.
* **San Salvador:** 중앙 America 의 El Salvador 의 수도.
* **poinsettia meadow:** 포인세티아의 빛으로 불타는 해원.

*Adagios of islands, O my Prodigal,
Complete the dark confessions her veins spell.

Mark how her turning shoulders wind the hours,
And hasten while her penniless rich palms
Pass superscription of bent foam and wave,—
*Hasten, while they are true,—sleep, death, desire,
Close round one instant in one floating flower.

*Bind us in time, O Seasons clear, and awe.
*O minstrel galleons of Carib fire,
*Bequeath us to no earthly shore until
Is answered in the vortex of our grave
The seal's wide spindrift gaze toward paradise.

III

Infinite consanguinity it bears—
This tendered theme of you that light
Retrieves from sea plains where the sky
Resigns a breast that every wave enthrones;
While ribboned water lanes I wind
Are laved and scattered with no stroke
Wide from your side, whereto this hour
The sea lifts, also, reliquary hands.

And so, admitted through black swollen gates
That must arrest all distance otherwise,—
Past whirling pillars and lithe pediments,
Light wrestling there incessantly with light,
Star kissing star through wave on wave unto
Your body rocking!
and where death, if shed,
Presumes no carnage, but this single change,—
Upon the steep floor flung from dawn to dawn
The silken skilled transmemberment of song;

---

* **Adagios of island**: 바다의 점철하는 섬들은 악보와 같고, 그 섬들에서 느린 곡조가 들려오는 것 같다.
Prodigal = the extremely abundant.
* **they**: lovers.
* **Seasons clear, and awe**: 영원 절대적인 시간.
* **minstrel galleons**: 음유시인 같이 떠도는 갤레온 선(배).
Carib fire: 캐리브족의 불(불이 켜저 있는 갤레온 선).
* **Bequeath ... toward paradise**: 영원한 사랑의 황홀은 현세의 해안에서는 불가능하기 때문에, 이 애인들은 죽음, 즉 "우리의 무덤의 소용돌이"를 찾는다.

Permit me voyage, love, into your hands . . .

IV

Whose counted smile of hours and days, suppose
I know as spectrum of the sea and pledge
Vastly now parting gulf on gulf of wings
Whose circles bridge, I know, (from palms to the severe
Chilled albatross's white immutability)
No stream of greater love advancing now
Than, singing, this mortality alone
Through clay aflow immortally to you.

All fragrance irrefragibly, and claim
Madly meeting logically in this hour
And region that is ours to wreathe again,
Portending eyes and lips and making told
The chancel port and portion of our June—

Shall they not stem and close in our own steps
Bright staves of flowers and quills to-day as I
Must first be lost in fatal tides to tell?

In signature of the incarnate word
The harbor shoulders to resign in mingling
Mutual blood, transpiring as foreknown
And widening noon within your breast for gathering
All bright insinuations that my years have caught
For islands where must lead inviolably
Blue latitudes and levels of your eyes,—

In this expectant, still exclaim receive
The secret oar and petals of all love.

V

Meticulous, past midnight in clear rime,
Infrangible and lonely, smooth as though cast
Together in one merciless white blade—
The bay estuaries fleck the hard sky limits.

—As if too brittle or too clear to touch!
The cables of our sleep so swiftly filed,

Already hang, shred ends from remembered stars.
One frozen trackless smile . . . What words
Can strangle this deaf moonlight? For we

Are overtaken. Now no cry, no sword
Can fasten or deflect this tidal wedge,
Slow tyranny of moonlight, moonlight loved
And changed . . . "There's

Nothing like this in the world," you say,
nowing I cannot touch your hand and look
Too, into that godless cleft of sky
Where nothing turns but dead sands flashing.

"—And never to quite understand!" No,
In all the argosy of your bright hair I dreamed
Nothing so flagless as this piracy.

But now
Draw in your head, alone and too tall here.
Your eyes already in the slant of drifting foam;
Your breath sealed by the ghosts I do not know:
Draw in your head and sleep the long way home.

VI

Where icy and bright dungeons lift
Of swimmers their lost morning eyes,
And ocean rivers, churning, shift
Green borders under stranger skies,

Steadily as a shell secretes
Its beating leagues of monotone,
Or as many waters trough the sun's
Red kelson past the cape's wet stone;

O rivers mingling toward the sky
And harbor of the phœnix' breast—
My eyes pressed black against the prow,
—Thy derelict and blinded guest

Waiting, afire, what name, unspoke,
I cannot claim: let thy waves rear
More savage than the death of kings,
Some splintered garland for the seer.

Beyond siroccos harvesting
The solstice thunders, crept away,

Like a cliff swinging or a sail
Flung into April's inmost day—

Creation's blithe and petalled word
To the lounged goddess when she rose
Conceding dialogue with eyes
That smile unsearchable repose—

Still fervid covenant, Belle Isle,
—Unfolded floating dais before
Which rainbows twine continual hair—
Belle Isle, white echo of the oar!

The imaged Word, it is, that holds
Hushed willows anchored in its glow.
It is the unbetrayable reply
Whose accent no farewell can know.

From *THE BRIDGE*

Proem: To Brooklyn Bridge

How many dawns, chill from his rippling rest
The seagull's wings shall dip and pivot him,
*Shedding white rings of tumult, building high
Over the chained bay waters Liberty—

Then, with inviolate curve, forsake our eyes
*As apparitional as sails that cross
Some page of figures to be filed away;
—Till elevators drop us from our day . . .

I think of cinemas, panoramic sleights
With multitudes bent toward some flashing scene
Never disclosed, but hastened to again,
Foretold to other eyes on the same screen;

*And Thee, across the harbor, silver-paced
As though the sun took step of thee, yet left
Some motion ever unspent in thy stride,—
Implicitly thy freedom staying thee!

---

* **Shedding**: 하얀 갈매기가 부사하게 빙빙돌고 있는 모양의 표시.
* **As . . . cross**: In the imagination of some office worker.
* **silver-paced**: 은빛 걸음으로 이어 놓은.

Out of some subway scuttle, cell or loft
*A bedlamite speeds to thy parapets,
Tilting there momently, shrill shirt ballooning,
*A jest falls from the speechless caravan.

*Down Wall, from girder into street noon leaks,
A rip-tooth of the sky's acetylene;
All afternoon the cloud-flown derricks turn . . .
Thy cables breathe the North Atlantic still.

*And obscure as that heaven of the Jews,
*Thy guerdon . . . Accolade thou dost bestow
Of anonymity time cannot raise:
Vibrant reprieve and pardon thou dost show.

*O harp and altar, of the fury fused,
(How could mere toil align thy choiring strings!)
*Terrific threshold of the prophet's pledge,
Prayer of pariah, and the lover's cry,—

*Again the traffic lights that skim thy swift
Unfractioned idiom, immaculate sigh of stars,
Beading thy path—condense eternity:
And we have seen night lifted in thine arms.

Under thy shadow by the piers I waited;
Only in darkness is thy shadow clear.
*The City's fiery parcels all undone,
Already snow submerges an iron year . . .

O Sleepless as the river under thee,
Vaulting the sea, the prairies' dreaming sod,
Unto us lowliest sometime sweep, descend
*And of the curveship lend a myth to God.

---

* **A bedlamite**: madman.
* **jest**: the bedlamite, who commits suicide.
* **Down Wall**: Wall street in Manhattan.
* **Heaven of the Jews**: Heaven in the Jewish tradition is much vaguer than in the Christian
* **guerdon**: The reward offered by the bridge.
* **the fury**: the imagination.
* **of . . . pledge**: of heaven on earth.
* **skim**: glide or pass swiftly and lightly over.
* **parcels**: skyscrapers(마천루).
* **the curveship**: 왕의 신분, 왕의 위엄 (kingship).
  a myth to God: 신의 새로운 신화적 화신.

YVOR WINTERS
(*1900–1968*)

The poetry of Yvor Winters often celebrates a hard won victory. In "Sir Gawaine and the Green Knight," for example, the hero is tempted by a lady, who represents natural disorder:

> By practice and conviction formed
> With ancient stubbornness ingrained,
> Although her body clung and swarmed,
> My own identity remained.

In "The Grave" he speaks of the need

> To temper motion till a mean is hit,
> Though the wild meaning would unbalance it.

Winters' formal control, his disregard for twentieth century poetic fashion, his presence in his poetry and criticism as the lonely, stoic survivor in an alien world—all these are achievements of mind and character over natural and social disorder. Winters often seems to be holding on to the discipline of his verse, and the lucidity it encourages, for dear life. He is not writing to entertain outlandish beliefs for the sake of their poetic effectiveness, a vice for which he censured Yeats. Winters' poems are concerned with discovering and expressing the truth of a particular situation and thus they are often occasional and epigrammatic. For his models he turned back to the spare, careful poetry of Sir Fulke Greville and Sir Walter Raleigh, Elizabethan courtiers whose work communicates an often bitter wisdom. Though Winters is didactic, he is never bullying, for he knows that the truth is most adequately expressed with delicacy and in a carefully modulated tone.

Yvor Winters was born in Chicago on October 17, 1900. He spent his childhood in California and Oregon, then returned to Chicago where he went to high school and began studies at the University of Chicago. In his freshman year he was discovered to have tuberculosis, and he was sent to Santa Fe, New Mexico, where he convalesced, taught primary school, and worked as a manual laborer. In 1925 he took an M.A. in romance languages at the University of Colorado, and in 1928 he became an instructor at Stanford University where he taught until his retirement in 1966. He died in Palo Alto on January 26, 1968. His first book of poems, *The Immobile Wind* (1921), contained experiments in free verse, and early reviewers described Winters as an Imagist. He soon moved to stricter forms, and for the next 25 years he wrote the meditative lyrics for which he is best known. Robert Lowell described him as the "kind of conservative who was so original and so radical that his poems were never reprinted in the anthologies for almost twenty years."

In 1937 he published *Primitivism and Decadence: A Study of American Experimental Poetry,* the first of a series of books in which he defended his doctrine of the moral value of poetry and judged the work of his contemporaries by his own unpopular standards. Winters believed that there has been a general decline in English poetry since the early eighteenth century. For him a great poem is the occasion for a moral judgment on experience; it must be a union of rational statement with emotions, roused by poetic uses of language, which the poet claims to be appropriate to it. The function of the critic is to force the reader to re-examine his prejudices and to lead him to make judgments and discriminations. Winters' technique is to go through the works of a poet, poem by poem, judging as he goes. His essays on Stevens, Eliot, and Frost, among others, are decisively expressed judgments. His verdict on Eliot is representative: "Eliot . . . has surrendered to the acedia which Baudelaire was able to judge; Eliot suffers from the delusion that he is judging it when he is merely exhibiting it. He has loosely thrown together a collection of disparate and fragmentary principles which fall roughly into two contradictory groups, the romantic on the one hand and on the other the classical and Christian; and being unaware of his own contradictions, he is able to make a virtue of what appears to be private spiritual laziness; he is able to enjoy at one and the same time the pleasures of indulgence and the dignity of disapproval." Strong words indeed, not to be easily dismissed. Many other critics have tried simply to avoid Yvor Winters, but anyone who believes that the quality of individual literary works can be rationally discussed and justified must meet Winters' objections to much of modern poetry on his own terms.

John Sutter

I was the patriarch of the shining land,
Of the blond summer and metallic grain;
Men vanished at the motion of my hand,
And when I beckoned they would come again.

The earth grew dense with grain at my desire;
The shade was deepened at the springs and streams;
Moving in dust that clung like pillared fire,
The gathering herds grew heavy in my dreams.

Across the mountains, naked from the heights,
Down to the valley broken settlers came,
And in my houses feasted through the nights,
Rebuilt their sinews and assumed a name.

In my clear rivers my own men discerned
The motive for the ruin and the crime—
Gold heavier than earth, a wealth unearned,
Loot, for two decades, from the heart of Time.

Metal, intrinsic value, deep and dense,
Preanimate, inimitable, still,
Real, but an evil with no human sense,
Dispersed the mind to concentrate the will.

Grained by alchemic change, the human kind
Turned from themselves to rivers and to rocks;
With dynamite broke metal unrefined;
Measured their moods by geologic shocks.

With knives they dug the metal out of stone;
Turned rivers back, for gold through ages piled,
Drove knives to hearts, and faced the gold alone;

※ John Sutter(1803~1880)는 Switzerland에서 태어난 미국의 개척자이다. 1838년 맥시코의 지사로 부터 개발한다는 조건으로 Sacramento 강 주변의 거대한 땅의 상용권을 허락받았다.
California가 미국에 합병된 후 Sutter는 새로운 공장을 준비했다. 땅을 파내는 중 황금을 발견하였다. 그 소식이 그의 뜻에 반하여 퍼져 나갔다. 골드 러시가 시작되었다. 그의 재산은 넘쳐 흘렀다.
미합중국의 대법원이 그의 재부분의 땅에 재한 재산 소유권은 무효라는 것을 알았을 때 그는 파산되었다.
1871년 부터 그가 죽은 해인 1880년 까지 매년 배상을 청원했다.

Valley and river ruined and reviled;

Reviled and ruined me, my servant slew,
Strangled him from the figtree by my door.
When they had done what fury bade them do,
I was a cursing beggar, stripped and sore.

What end impersonal, what breathless age,
Incontinent of quiet and of years,
What calm catastrophe will yet assuage
This final drouth of penitential tears?

Sir Gawaine and the Green Knight

Reptilian green the wrinkled throat,
Green as a bough of yew the beard;
He bent his head, and so I smote;
Then for a thought my vision cleared.

The head dropped clean; he rose and walked;
He fixed his fingers in the hair;
The head was unabashed and talked;
I understood what I must dare.

His flesh, cut down, arose and grew.
He bade me wait the season's round,
And then, when he had strength anew,
To meet him on his native ground.

The year declined; and in his keep
I passed in joy a thriving yule;
And whether waking or in sleep,
I lived in riot like a fool.

He beat the woods to bring me meat.
His lady, like a forest vine,
Grew in my arms; the growth was sweet;
And yet what thoughtless force was mine!

※ Winters의 시는 똑 같은 명칭의 중세 영시에 근거한다. Sir Gawain은 the Green Kinght의 머리카락을 자른다. 그리고 그는 기사에게 비슷한 타격을 받기 위하여 기사의 성으로 1년내에 가겠다고 말한다. Gawaine은 도착했다. 그런데 주인이 사냥을 나간 동안 그 성의 여주인이 그에게 사랑을 구하였다. 그는 지조를 지켰다. 그리고 Green Knight도 그가 상처를 입지 않고 떠나게 했다.

By practice and conviction formed,
With ancient stubbornness ingrained,
Although her body clung and swarmed,
My own identity remained.

Her beauty, lithe, unholy, pure,
Took shapes that I had never known;
And had I once been insecure,
Had grafted laurel in my bone.

And then, since I had kept the trust,
Had loved the lady, yet was true,
The knight withheld his giant thrust
And let me go with what I knew.

I left the green bark and the shade,
Where growth was rapid, thick, and still;
I found a road that men had made
And rested on a drying hill.

Time and the Garden

The spring has darkened with activity.
The future gathers in vine, bush, and tree:
Persimmon, walnut, loquat, fig, and grape,
Degrees and kinds of color, taste, and shape.
These will advance in their due series, space
The season like a tranquil dwelling-place.
And yet excitement swells me, vein by vein:
I long to crowd the little garden, gain
Its sweetness in my hand and crush it small
And taste it in a moment, time and all!
These trees, whose slow growth measures off my years,
I would expand to greatness. No one hears,
And I am still retarded in duress!
And this is like that other restlessness
To seize the greatness not yet fairly earned,
One which the tougher poets have discerned—
Gascoigne, Ben Jonson, Greville, Raleigh, Donne,
Poets who wrote great poems, one by one,
And spaced by many years, each line an act
Through which few labor, which no men retract.
This passion is the scholar's heritage,
The imposition of a busy age,
The passion to condense from book to book

Unbroken wisdom in a single look,
Though we know well that when this fix the head,
The mind's immortal, but the man is dead.

C. DAY LEWIS
(1904–1972)

In his last year as a student at Oxford, Cecil Day Lewis became acquainted with W. H. Auden, his junior by two years. The friendship which then began led to these two, along with Stephen Spender and Louis MacNeice, being joined by critics, for purposes of literary history, into a school. As Auden wrote in an introduction to a bibliography of Day Lewis' work, "there stalked through the pages of literary journalism a curious chimaera named Daylewisaudenmacneicespender. To be sure, four poets of more or less the same age, from more or less the same social background, confronted by the same historical events, will exhibit certain responses in common, but it should have been obvious that what we happened to have in common was the least interesting thing about us, that whatever there may be of value in what we have written is peculiar to each of us." Nonetheless, Day Lewis felt during this period a keen rivalry towards Auden and an unavoidable tendency to imitate him. As he confides in his autobiography, *The Buried Day,* "the vigour of . . . language, the exciting novelty (to me) of the images and ideas embodied in these early poems [of Auden], and the delighted sense they gave me of a poetry which, so to say, knew its own mind—all this proved so infectious that my own verse became for a time pastiche-Auden."

Auden indicates that the influence worked somewhat in the other direction as well. He credits his friend, who had a good voice, with having introduced him to the Elizabethan lute songs of John Dowland, and also to the later poetry of Yeats. Then Auden urged Day Lewis to read Hardy and Frost, and was pleased to note that Hardy had affected him, presumably in the searching admission of painful feelings of love and estrangement.

Day Lewis, however, preferred to regard the true antecedents of the group as Hopkins, Wilfred Owen, and Eliot. Hopkins' vibrancy and technical innovations, the passionate pity of Owen, the excoriation of contemporary society by Eliot, were certainly elements in the new verse. On the other hand, Owen's verse was sharply circumscribed in content and form, Hopkins' mannerisms were too easily recognizable to be often repeated, and Eliot's influence was something to shake off. As Day Lewis wrote in *A Hope for Poetry*—a book which he intended to swell interest in what he and his friends were doing—"although they retained their respect for him [Eliot] and certain of his characteristics and mannerisms, they began to make up a private language of their own in self-defence, to become hearty, to play practical jokes, to hob-nob with social revolutionaries, and in general to assert their individuality." Like Hart Crane in America, they felt the necessity to outdo Eliot with new goals, and their poetry rang not with his despair but with revolutionary hope: "Collect your forces for a counter-attack," wrote Day Lewis in *The Magnetic Mountain,* no. 27 (1933), and went on, "New Life is on the way, the relief train."

Although Day Lewis has written very well, he has not succeeded in identifying himself with a totally individual style. Part of the difficulty has been an uncertainty, often confessed in print, about what makes him distinctive. In *The Buried Day,* as in some of his poems, he says, "I find it almost as hard as ever I did to decide between contrary opinions, or to form any coherent idea of my own identity from the mass of contradictions my nature presents me with . . ." In the preface to his *Collected Poems 1954,* Lewis also insists that the "unbroken thread" in his work is "the search for personal identity," and that its other recurring themes include, with "hero-worship, fear, compassion, a prevailing sense of the transience of things," that other quality of "the divided mind."

In his search for his own voice Day Lewis not only wrote revolutionary (or revolutionary-sounding) poetry, but also joined the Communist Party for three years in the Thirties. He was following Blake's precept, he said: "Drive your cart and your plough over the bones of the dead." But later, as he says in the Preface to his *Collected Poems,* he decided that this was "no way of reclaiming one's past." He dropped out of the Party without ado, never having felt fervent enough. During the Second World War he was relieved of the necessity of being intransigent, because left and right converged in anti-Nazism. Since the war his poetry has exhibited, if not much satisfaction with the present, less eagerness for change. The choice of Day Lewis for Poet Laureate no doubt recognized an alteration in his beliefs; but he is no conformist, and if he was comfortable in this post it was only because the laureateship no longer implied conformity.

Day Lewis was born in Ballintubber, Queen's County, in Northern Ireland, on April 27, 1904. On his mother's side he could claim, like Yeats, to be descended from a noble family, the Butlers. But if he mentions it, it is only because he would be pleased to think of himself as related to Yeats. His father was a priest of the Church of Ireland, for a time an army chaplain. The family name had been hyphenated several generations back, but the poet, with what he called "inverted snobbery," dropped the hyphen, and thereby threw librarians into a confusion from which they have not recovered.

When he was four, his mother died, and Day Lewis attributed to her loss some of his later tension with his father. Sent to "public" school, Day Lewis had the usual nightmares associated with British schools of this type. But at Wadham College, Oxford, he was much happier. His tutor Maurice Bowra was kind to him; he formed close friendships with Rex Warner, Auden, and Humbert Wolfe; he came to know Robert Graves. With Auden he compiled and edited an anthology, *Oxford Poetry 1927;* they wrote alternate paragraphs of the pretentious introduction while sitting in a Wharfedale pub, as Auden recalled. Day Lewis studied classics—he was later to translate Virgil—and ancient history and philosophy. The philosophy interested him, but he found himself accepting totally each philosopher in turn. "I found it more difficult than ever to make up my mind about anything at all," he admitted in his autobiography.

After Oxford, Day Lewis became a schoolteacher at Larchfield Academy, Helensburgh, a post in which Auden succeeded him. He married, and in part to make up the added expenses, he wrote a detective story under the pseudonym of Nicholas Blake. It proved so successful that he continued to write detective stories at the rate of one a year. Their lucidity and organization compensated for the confusion which he felt in other portions of his life. He also wrote several serious novels. But poetry was his constant interest; he published *Beechen Vigil* in 1925, *Country Comets* in 1928, and then the first book he could think of as mature, *Transitional Poem,* in 1929. This book began with a declaration that he would eliminate disorder and "stamp on all / Life the tetragonal / Pure symmetry of brain." He died, after a year's illness, on May 22, 1972.

In spite of his avowed confusion, Day Lewis exhibits in his verse a mastery of stanza, line, and vocabulary, and an ability to compress complicated thought into integral lyrics. He has written, "Love's essence, like a poem's, shall spring / From the not saying everything," and the ability not to overfill his poems, or let them overflow, is characteristic of him. But what comes through, as well, is candor, deftness, precision, feeling.

Do Not Expect Again

*Do not expect again a phœnix hour,
The triple-towered sky, the dove complaining,
*Sudden the rain of gold and heart's first ease
Tranced under trees by the eldritch light of sundown.

By a blazed trail our joy will be returning:
One burning hour throws light a thousand ways,
And hot blood stays into familiar gestures.
*The best years wait, the body's plenitude.

Consider then, my lover, this is the end
*Of the lark's ascending, the hawk's unearthly hover:
Spring season is over soon and first heatwave;
*Grave-browed with cloud ponders the huge horizon.

*Draw up the dew. Swell with pacific violence.
Take shape in silence. Grow as the clouds grew.
*Beautiful brood the cornlands, and you are heavy;
*Leafy the boughs—they also hide big fruit.

Two Songs

I've heard them lilting at loom and belting,
Lasses lilting before dawn of day:
But now they are silent, not gamesome and gallant—
The flowers of the town are rotting away.

There was laughter and loving in the lanes at evening;
Handsome were the boys then, and girls were gay.
But lost in Flanders by medalled commanders
The lads of the village are vanished away.

---

* 이 5명의 시인들은 Shakespeare 와 동시대 사람들이다.
* **a phoenix**: 재생을 상징하는 전설의 새.
* **Sudden the rain of gold**: the sudden rain of gold.
* **the body's plenitude**: the body is plenitude.
* **the hawk's unearthly hover**: and of the hawk's unearthly hover.
* **Grave-browed**: 엄숙한 얼굴을 하고.
* **Swell**: 물결치다.
* **you**: the cornlands.
* **Leafy**: 'are' 를 보충.

Cursed be the promise that takes our men from us—
All will be champion if you choose to obey:
They fight against hunger but still it is stronger—
The prime of our land grows cold as the clay.

The women are weary, once lilted so merry,
Waiting to marry for a year and a day:
From wooing and winning, from owning or earning
The flowers of the town are all turned away.

Come, live with me and be my love,
*And we will all the pleasures prove
Of peace and plenty, bed and board,
*That chance employment may afford.

I'll handle dainties on the docks
*And thou shalt read of summer frocks:
*At evening by the sour canals
*We'll hope to hear some madrigals.

Care on the maiden brow shall put
A wreath of wrinkles, and thy foot
Be shod with pain: not silken dress
*But toil shall tire thy loveliness.

*Hunger shall make thy modest zone
*And cheat fond death of all but bone—
If these delights thy mind may move,
Then live with me and be my love.

※ 이 시는 잘 알려져 있는 시들에 Parody (모작)이다. 첫번째는 Jane Eliot(1727-1805)의 스코들랜드의 민요다. 다음는 Christopher Marlowe(1564~93)의 "The Passionate Shepherd to His Love"를 parody 한 것이다.

* **prove**: try.
* **chance**: casual ; accidental.
* **read of**: learn true meaning of.
  frocks: smock. (작업복).
* **sour canals**: 메마른 운하.
* **madrigals**: 짤막한 연가(short love lyric).
* **tire**: attire (차려입다).
* **make . . . zone**: 그대의 정조대가 된다.
* **modest zone**: maiden zone. ; virgin zone. (처녀성을 상징한다).
* **cheat**: escape ; elude.
  fond: foolish ; silly.

LOUIS MACNEICE
(1907–1964)

In 1938 Louis MacNeice published a book called *Modern Poetry: A Personal Essay.* He was then thirty and at the beginning of his career: he had published a collection of poems and a translation of the *Agamemnon.* With his friend W. H. Auden he had visited Iceland, and the two young poets had concocted a lively book out of their experiences there. And he was at work on a long poem, *Autumn Journal.* MacNeice describes *Modern Poetry* as a plea for "impure" poetry—that is, for a poetry expressive of the poet's immediate interests and his sense of the natural and the social world. MacNeice is particularly eager to advance the claims of three of his contemporaries, whose work had appeared in the collection *New Signatures:* they were Auden, Spender, and Day Lewis, and theirs, together with MacNeice's own work, is the impure poetry which he defends. These poets are conscious that they have succeeded a race of giants—Yeats and Eliot are particularly threatening figures—and, MacNeice argues, their particular virtue lies in their emotional partisanship: "Yeats proposed to turn his back on desire and hatred; Eliot sat back and watched other people's emotions with ennui and ironical self-pity. . . . The whole poetry, on the other hand, of Auden, Spender, and Day Lewis implies that they have desires and hatreds of their own and further, that they think some things *ought* to be desired and others hated." In his conclusion, MacNeice calls for a poetry that is not monastic and consecrated, and which is but one form of human enjoyment among others. "My own prejudice," he writes, ". . . is in favour of poets whose world is not too esoteric. I would have a poet able-bodied, fond of talking, a reader of the newspapers, capable of pity and laughter, informed in economics, appreciative of women, involved in personal relationships, actively interested in politics, susceptible to physical impressions. The relationship between life and literature is almost impossible to analyse, but it should not be degraded into something like the translation of one language into another. For life is not literary, while literature is not, in spite of Plato, second hand."

Louis MacNeice was born in Belfast on September 12, 1907. His father was a clergyman in the Church of Ireland, eventually a bishop. Although he spent most of his adult life in London, where he felt an exile but found life exciting, MacNeice frequently returned in his poems to the landscapes of his childhood, and he took great pride in his Irishness. His mother, troubled by mental illness, died when he was a boy, and he spent the kind of half-neglected childhood which so often seems to be invaluable for a poet. His father was a kindly, literate man, capable of allegiances to unpopular causes, and MacNeice's references to him are affectionate. MacNeice was educated at Marlborough, a public school, and at Oxford, where his stylish appearance and seemingly idle ways misled his teachers as to his seriousness: he in fact took a degree with distinction. As an undergraduate MacNeice read philosophy, and his poetry reveals a continuing interest in the classical philosophical problems.

After taking his B.A., MacNeice lectured on Classics at Birmingham and then at Bedford College, part of the University of London. Just before the outbreak of the Second World War, he visited the United States and lectured at Cornell University. In 1940 he returned to England and married the singer Hedli Anderson. He gave up teaching to become a writer and producer for the BBC. Like many English poets since the eighteenth century MacNeice aspired to write poetic drama, and he found an audience through British radio. Some of his plays for radio, but by no means all, have been published. The best known are probably *Christopher Columbus* (1944) and *The Dark Tower* (1947), both versions of the Quest, one historical, the other personal and allegorical. MacNeice also made translations for radio of the *Agamemnon* and Goethe's *Faust*. In August 1965 MacNeice, on location with a BBC team, insisted on going down into a mine to check personally on sound effects and caught a chill which was not diagnosed as pneumonia until the poet was fatally ill. He died on September 3, just before the publication of his sixteenth book of poems, *The Burning Perch*.

The early MacNeice has been carelessly identified with the group of politically committed poets whose work appeared in Michael Roberts' anthology *New Signatures*, and it is true that Auden was MacNeice's friend and sometime collaborator, and that many of the texts in *Modern Poetry* are taken from the *New Signatures* poets. But MacNeice was as temperamentally mistrustful of political programs as he was of philosophical systems. He was never a party-member, of the Communist Party or of any other, and he could be alarmingly candid about the ambiguities of his political attitudes. "My sympathies are Left," he wrote. "But not my heart or my guts. . . . With my heart and my guts I lament the passing of class. Of class, property, and snobbery. A man to me is still largely characterised by what he buys—by his suits, his books, the meals he gives you, his chair covers."

Once one begins to look for it, the philosophical dilemma of the One and the Many can be found adumbrated in many of MacNeice's poems. "Eclogue for Christmas" concludes, "Let all these so ephemeral things, / Be somehow permanent like the swallow's tangent wings" (a curious permanence!) and in "Wolves" the poet says of the moving tide, "I do not want / To be always stressing either its flux or its permanence." For MacNeice experience, to borrow a phrase from "Snow," is "incorrigibly plural." In "Mahabalipuram," a later poem, he visits a Hindu temple where he finds a "monochrome world that has all the indulgence of colour"—that is, a world where the Many is not sacrificed to the One. Here the poet is only a visitor, the relief is momentary, and he passes on with a casual bad pun.

MacNeice exercises what he takes to be the modern poet's privilege of irresolution; he dramatizes the mind's tentative advances and questionings, and ultimately he seems to have found the only solution to the problem of belief in the very writing of his poems. In a series of lectures on allegory, MacNeice quotes approvingly Samuel Beckett's statement that he is interested in the "shape of ideas" even if he does not believe in them. MacNeice finds this notion liberating, for "a playwright, like a poet, being a maker . . . is thereby *ipso facto* a shaper (this is true however much he may dispose of plot, metre, etc.) and the very act of shaping may bring him back full circle into something very like belief—rather as if God in the first chapter of Genesis, when he looked back at his work and saw that it was good, had found himself forced to believe in himself." MacNeice makes his poetry out of the experience of a fallen world with no wistful glances back at any Eden of undifferentiated sensation or ideological certitude.

Snow

*The room was suddenly rich and the great bay-window was
Spawning snow and pink roses against it
Soundlessly collateral and incompatible:
World is suddener than we fancy it.

World is crazier and more of it than we think,
Incorrigibly plural. I peel and portion
A tangerine and spit the pips and feel
The drunkenness of things being various.

And the fire flames with a bubbling sound for world
Is more spiteful and gay than one supposes—
On the tongue on the eyes on the ears in the palms of one's hands—
There is more than glass between the snow and the huge roses.

The Sunlight on the Garden

The sunlight on the garden
Hardens and grows cold,
We cannot cage the minute
Within its nets of gold,
When all is told
We cannot beg for pardon.

Our freedom as free lances
Advances towards its end;
The earth compels, upon it
Sonnets and birds descend;
And soon, my friend,
We shall have no time for dances.

The sky was good for flying
Defying the church bells

※시인은 이 시에서 순간적인 사물의 다양성에 되취되어 있다. 겨울날 유리창으로 쏟아져 내리는 눈과, 그 유리창 안에 놓인 분홍색 장미의 대조를 보면서, 그 방안에서 오렌지를 쪼개먹고, 훨훨 타는 난로불과, 그 난로 위에서 끓는 주전의 물소리를 느끼고 있다.

* **bay-window**: 퇴창, 밖으로 내민 창.

※이 시는 Spain 내란(1936~1939)이 아직 끝나지 않고, 유럽이 그 운명의 길을 가기 시작할 때의 mood 를 교묘하게 표현하고 있다.

And every evil iron
Siren and what it tells:
The earth compels,
*We are dying, Egypt, dying

And not expecting pardon,
Hardened in heart anew,
But glad to have sat under
Thunder and rain with you,
And grateful too
For sunlight on the garden.

Brother Fire

When our brother Fire was having his dog's day
Jumping the London streets with millions of tin cans
Clanking at his tail, we heard some shadow say
'Give the dog a bone'—and so we gave him ours;
*Night after night we watched him slaver and crunch away
The beams of human life, the tops of topless towers.

*Which gluttony of his for us was Lenten fare
*Who mother-naked, suckled with sparks, were chill
*Though cotted in a grille of sizzling air
Striped like a convict—black, yellow and red;
Thus were we weaned to knowledge of the Will
*That wills the natural world but wills us dead.

O delicate walker, babbler, dialectician Fire,
*O enemy and image of ourselves,

---

* **We are dying, Egypt, dying**: Shakespeare 의 *Antony and Clepatra* Ⅳ : ⅩⅤ, 41. Antony 의 말이다. 여기서 Egypt 는 클레오파트라.
* **slaver**: 침흘리다.
  Crunch away: 오도독 오도독 씹어먹다.
* **gluttony**: 대식. which 의 선행사.
  Lenten fare : 4순절 음식, 고기 안든 요리.
* **Who**: 선행사는 제 7행의 "us" 다.
  mother-nake: 태내에서 처럼 벌거벗은.
* **Though . . . air**: 지글지글 끓는 바람의 쇠창살에 쌓어 있지만.
* **wills**: wants
* **image**: 모습.

*Did we not on those mornings after the All Clear,
When you were looting shops in elemental joy
And singing as you swarmed up city block and spire,
*Echo your thought in ours? 'Destroy! Destroy!'

---

* **Did we not .....** : 본동사는 마지막 행의 "Echo" 다.
the All Clear: 경보해제.
* **Echo**: 그대로 되풀이 하다.
* **Destroy**: 섬멸하라!

W. H. AUDEN
(1907–   )

W. H. (Wystan Hugh) Auden stands craggily between the poetry of the first two decades of the century and that of the decade since World War II. He has written abundantly in poetry, prose, drama, and opera libretti. He is less challenged in his position as major poet than any other living writer in English. Not that he can depend upon steady acclaim: in recent years his detractors have objected to two tendencies of his later work, towards high-church Christianity and towards low-keyed meditation. But while his later work lacks some of the unexpectedness which made him famous, it remains witty and intelligent to a superlative degree.

For his part, Auden takes a stand against writers like Yeats who, as he thinks, preen themselves too much upon being poets, and who tout poetry as revelation (Yeats), unacknowledged legislation for mankind (Shelley), and the like. Auden presents himself less ambitiously. He said once, in the prefatory poem to *Nones*, that he would have preferred to write "in the old grand manner, / Out of a resonant heart," but that the age has forced him to write in wry, ironic monochrome, *sotto voce*. There is no evidence of this preference. From the beginning Auden prided himself on countering the rhetoric and theatricality of others with his own exact understatements. A lover, he has insisted on love's transience in the midst of his most passionate lyrics; a poet, he has questioned the efficacy of his art even while delighting in it. Though much of his early work is prophetic of social and political change, he repeatedly insists that poetry can have no value in other spheres. Though many of his poems are couched in the form of prayers or innvoations, he denies any bond between poet and priest. None the less, he often betrays a penchant in verse for the lay sermon, and has given such a sermon in prose in Westminster Abbey.

Auden was born in 1907 in York, England, the third son of a physician. In 1908 his father became Medical Officer and Professor of Public Health at the University of Birmingham. This medical background has been absorbed: as a child Auden pored over his father's medical books, and imparted the naughty information there obtained to his schoolmates. In later life he maintained in his verse something of the clinical tradition, its coolness, its diagnostic air, its hatred of the unexplained. Many of his poems deal with disease, physical or mental, of the individual or of the age, and offer nostrums—revolution (moral rather than physical), love, friendship, "a change of heart."

Auden attended private schools and then Oxford. During his three years at the university, he wrote many poems and collected the best of them in a volume, *Poems* (1928), which his friend Stephen Spender published on a handpress. (These poems, like most of Auden's work, have been subjected to severe revision in later collections.) After taking his degree in 1928, Auden travelled to Germany. It was the first of many important journeys which helped him to gather the ingredients of his verse. Most of his poems are related in one way or another to a quest. In Germany he came upon the teachings of Homer Lane, a latter-day American prophet. Lane held, like Rousseau, that civilization distorted instead of ennobled man's natural impulses. Conventional religion turned things round so that God was made to look like the devil and the devil like God. God has been imprisoned and must try to escape; his efforts to do so result in disease, and illness must therefore be seen as the organism's attempt to throw off devilish influence. It manifests the person's inner religious struggle. In adopting these views, at least for the moment, Auden provokingly analyzed his friends' ailments as expressions of their psyches. A sore throat meant that one had been lying, he told the sore-throated Christopher Isherwood. Vestiges of Homer Lane's theories appear in Auden's verse, notably in such a poem as "Petition" (now expunged from the canon), where he speaks of "the liar's quinsy." But a more important source than Lane was Freud, whose help in penetrating psychological arcana Auden has movingly acnkowledged in his elegy on Freud.

During the Thirties Auden became by common consent the principal poet of his generation, and other writers such as Louis MacNeice, Cecil Day Lewis, and Stephen Spender, in spite of their considerable differences from him, were assumed to be writing under his banner. He supported himself at first by teaching, and was to do this sporadically for much of his life. But his urge to travel became conspicuous. In 1937 he and MacNeice published their *Letters from Iceland,* after making a trip to that country at their publisher's expense. The same year Auden went to Spain and wrote a political poem, *Spain,* in support of the Loyalists. A year later he and Christopher Isherwood went to China, and Auden wrote *Journey to a War.* At that time he was not so prone, as he would later become, to deny the mutual relevance of politics and poetry. In January 1939 Auden and Isherwood left England with the intention of residing permanently in the United States. He became a American citizen in 1946. Most of his time in recent years has been shared equally between two residences, one in Greenwich Village (New York City) and the other in Kirchstetten, Lower Austria. But in 1972 he was invited to take up lodgings at his old college, Christ Church, Oxford, and consented to do so.

Auden's early poetry showed a close reading of Hardy and Hopkins, whose effects, gnarled in the one and gnomic as well in the other, he emulated. He also admired Eliot for his conversational tone and for his acute inspection of cultural decay, and he liked Yeats's power to treat philosophical matters in lyrics. The early poems of Auden speak, somewhat cryptically, of impending doom, of our general complicity in seemingly individual evil conduct, and of the necessity of reconstituting the affections. Revolution is darkly hinted at, though its exact nature is not specified; the poet seems disposed to urge a conspiracy of men of goodwill. While he concentrates on small, individual gestures, Auden is also fond of invoking large forces—mountains, floods, glaciers, deserts—as symbols of human needs or defects. In this way his witty deflations of grandiloquence join with large assertions made with great eloquence. The vocabulary is an odd mixture of the homely and the abstract.

Two somewhat divergent tendencies have appeared as his work has proceeded. On the one hand, Auden regards poetry as "a game of knowledge," an exploration of possibilities. In this mood his preference is for art as an enlightened diversion, not far from Eliot's ironic definition of poetry as "a superior form of entertainment." On the other hand, Auden insists upon rigorous honesty, upon a preference for a bit of sense over a good sound. (In recent years he has often accused Yeats of preferring good lines to good notions.) His art is a stripper of deception, a disenchanter, standing against not only Yeats (whose elegy, notwithstanding, he excellently wrote), but also against the romantic tradition. Auden is not, however, quite so down-to-earth as he presents himself. His work has become increasingly meditative, but it remains what Marianne Moore once called it, "circumspectly audacious." Moreover, its pursuit of the seemingly random but actually significant detail, the extraordinary in the ordinary, gives it reverberations beyond his modest professions for it. Whether he is incorporating bits of Old English poetry, as he did earlier, or bits of popular songs, as later, Auden cannot avoid serving as a spokesman for modern sensibility.

Auden was closely associated with T. S. Eliot, who, as director of a publishing firm, accepted Auden's first regularly published books and warmly encouraged him. They had many points in common, including a strong involvement in the Church of England, though Auden's piety is in comparison much more earthy and unmystical. In pursuit of order and tradition, Eliot left America for England, and Auden, in pursuit of variegation and diffuseness, crossed in the opposite direction. There is, then, no one formula for the composition of excellent poetry in this age.

The Letter

From the very first coming down
Into a new valley with a frown
Because of the sun and a lost way,
You certainly remain: to-day
I, crouching behind a sheep-pen, heard
Travel across a sudden bird,
Cry out against the storm, and found
The year's arc a completed round
And love's worn circuit re-begun,
Endless with no dissenting turn.
Shall see, shall pass, as we have seen
The swallow on the tile, spring's green
Preliminary shiver, passed
A solitary truck, the last
Of shunting in the Autumn. But now,
To interrupt the homely brow,
Thought warmed to evening through and through
Your letter comes, speaking as you,
Speaking of much but not to come.

Nor speech is close nor fingers numb,
If love not seldom has received
An unjust answer, was deceived.
I, decent with the seasons, move
Different or with a different love,
Nor question overmuch the nod,
*The stone smile of this country god
That never was more reticent,
Always afraid to say more than it meant.

Prologue

By landscape reminded once of his mother's figure
The mountain heights he remembers get bigger and bigger:
With the finest of mapping pens he fondly traces
All the family names on the familiar places.

※ 이 시는 "The Love Letter" 란 제목으로 최초로 출판 되었다.
* **god**: 판신(pan, 산과 동굴, 그리고 한적한 곳에 사는 가축 떼의 보호신).
※ Auden 은 이 시를 *The Orators: An English Study* 의 서문으로서 썼다.
그는 후에 이 시를 "Adolescence" (청년기)란 제목으로 다시 썼다.

*Among green pastures straying he walks by still waters;
Surely a swan he seems to earth's unwise daughters,
Bending a beautiful head, worshipping not lying,
*'Dear' the dear beak in the dear concha crying.

Under the trees the summer bands were playing;
'Dear boy, be brave as these roots', he heard them saying:
Carries the good news gladly to a world in danger,
Is ready to argue, he smiles, with any stranger.

And yet this prophet, homing the day is ended,
Receives odd welcome from the country he so defended:
The band roars 'Coward, Coward', in his human fever.
The giantess shuffles nearer, cries 'Deceiver'.

The Wanderer

Doom is dark and deeper than any sea-dingle.
*Upon what man it fall
*In spring, day-wishing flowers appearing,
Avalanche sliding, white snow from rock-face,
That he should leave his house,
*No cloud-soft hand can hold him, restraint by women;
*But ever that man goes
*Through place-keepers, through forest trees,
*A stranger to strangers over undried sea,

---

* **still waters**: *Psalm* 23:2 - "He maketh me to lie down in green pastures; He leadeth me beside the still waters." (『시편』 23:2 - 그가 나를 푸른 초장에 누이시며 쉽만한 물가로 인도하시는 도다.)

* **concha**: 외이(外耳)의 움푹 들어간 곳.

※ 이 시는 *New Signatures* (1932)에서는 "Chorus from a Play", 그 다음에는 "Something Is Bound to Happen"이란 제목으로 발표되었다. 이 시는 8세기 경에 Old English로 씌어진 Angle-Saxon의 고시 *The Wander*의 영향이 있다고 한다. 이 시기는 인간의 영원하며 본질적인 주제인 방랑을 다루고 있고 인간의 행복의 덧없음을 노래한다.

* 1행은 중세 영시 "Sawless Warde"에서 취한 것임.
Doom: 방랑하는 운명을 말한다.
Sea-dingle: 해구(海溝). abyss. deep hollow.

* **it**: 5행의 "that"이하를 받는다.

* **day-wishing**: wishing for the sunlight.

* **cloud-soft hand**: 어린 아이의 손.

* **ever**: always.

* **place-keepers**: 보초, 시골 저택지기.

* **undried sea**: cf. 「출애굽기」, 14.22. 이 시에서 유랑자는 그러한 신의 은총을 입지 못한다.

*Houses for fishes, suffocating water,
*Or lonely on fell as chat,
*By pot-holed becks
*A bird stone-haunting, an unquiet bird.

There head falls forward, fatigued at evening,
*And dreams of home,
*Waving from window, spread of welcome,
Kissing of wife under single sheet;
But waking sees
Bird-flocks nameless to him, through doorway voices
Of new men making another love.

*Save him from hostile capture,
*From sudden tiger's spring at corner;
Protect his house,
*His anxious house where days are counted
From thunderbolt protect,
From gradual ruin spreading like a stain;
*Converting number from vague to certain,
Bring joy, bring day of his returning,
*Lucky with day approaching, with leaning dawn.

Our Hunting Fathers

Our hunting fathers told the story
Of the sadness of the creatures,
*Pitied the limits and the lack

---

* **Houses for fishes:** 바다를 말한다.
* **chat:** warbler ; a kind of song sparrow
  fell: (영국 북부의)바위산 ; 황무지.
* **pot-hoked becks:** stony brooks.
* **stone-haunting:** 이 돌에서 저 돌로 날아다니는.
* **dream of home . . . under single sheet:** 귀향해서 처자의 환대를 받는 꿈.
* **spread:** banquet (잔치).
* **Save . . . capture:** 그를 적의 포로가 되지 않게 하라.
* **sudden . . . corner:** 불의의 재난.
* **His . . . days:** 몹시 기다리는 근심.
* **number:** 그가 돌아오기까지의 날 수.
* **Lucky:** Let his house be lucky.
  leaning: eager to approach.

※ *Look, Stranger!* **(1935) 중에서 가장 뛰어난 시다. 처음에는 "In Father's Footsteps" 라는 제목으로 발표되었다.**

* **the lack:** the lack of reason.

*Set in their finished features;
Saw in the lion's intolerant look,
*Behind the quarry's dying glare,
*Love raging for the personal glory
That reason's gift would add,
The liberal appetite and power,
The rightness of a god.

*Who, nurtured in that fine tradition,
*Predicted the result,
*Guessed Love by nature suited to
The intricate ways of guilt,
*That human ligaments could so
*His southern gestures modify
And make it his mature ambition
*To think no thought but ours,
*To hunger, work illegally,
*And be anonymous?

Who's Who

A shilling life will give you all the facts:
*How Father beat him, how he ran away,
What were the struggles of his youth, what acts
*Made him the greatest figure of his day:
Of how he fought, fished, hunted, worked all night,

---

* **finished features**: 목숨이 끊긴 얼굴.
* **quarry**: an animal that is being hunted down.
* **Love ... glory**: 다음에 열거하는 「이성」, 「능력」, 「너그러운 욕구」, 「신다운 옳음」과 같은 인간의 특성을 「인간의 영광」이라 하였고, 죽어가는 동물이 그런 것들을 열망하는 것을 "love raging for ... "라고 하였다.
* **Who, nurtured ...** : Who, being nurtured ...
* **the result**: 수렵기를 지나 문명인의 자리에 오른 인간의 타락상. 즉 17행-20행의 내용.
* **love by nature**: 천부의 사랑
* **human ligament**: human nature ; human love.
* **southern gestures**: 남국적인 따스한 인정 ; 자유롭고 너그러운 마음씨등.
* **think ... ours**: 자기 생각만을 하다.
* **to hunger**: to have a strong desire.
* **be anonymous**: 인간이 죄를 짓고도 그것을 은폐하는 철면피적인 행동을 말함.

※ 이 시는 Basil Liddell Hart 의 T.E.Lawrence 의 전기를 Auden 이 서평했던 데서 비롯하였다.

* **Father beat him**: 시 후반부의 T.E.Lawrence 의 위대한 업적과 대조를 이루는 구절.
* **his**: T.E. Lawrence.

Though giddy, climbed new mountains; named a sea:
Some of the last researchers even write
Love made him weep his pints like you and me.

With all his honours on, he sighed for one
Who, say astonished critics, lived at home;
Did little jobs about the house with skill
And nothing else; could whistle; would sit still
Or potter round the garden; answered some
Of his long marvellous letters but kept none.

Lullaby

Lay your sleeping head, my love,
*Human on my faithless arm;
Time and fevers burn away
Individual beauty from
Thoughtful children, and the grave
Proves the child ephemeral:
But in my arms till break of day
Let the living creature lie,
Mortal, guilty, but to me
The entirely beautiful.

Soul and body have no bounds:
To lovers as they lie upon
Her tolerant enchanted slope
In their ordinary swoon,
*Grave the vision Venus sends
Of supernatural sympathy,
Universal love and hope;
While an abstract insight wakes
Among the glaciers and the rocks
The hermit's carnal ecstasy.

Certainty, fidelity
*On the stroke of midnight pass
Like vibrations of a bell
*And fashionable madmen raise

※ 1937년 1월 작. Auden 의 대표적인 연애 서정시의 하나이다.
* **Human**: 9행의 "Mortal, guilty".
faithless arm: 불실의 팔.
* **Venus**: Rome 의 사랑의 여신.
* **the stroke of midnight**: 한밤중의 시계치는 소리.
* **fashionable madness**: 시 속의 광인 들. 즉 loveless moralist.

Their pedantic boring cry:
*Every farthing of the cost,
All the dreaded cards foretell,
Shall be paid, but from this night
Not a whisper, not a thought,
Not a kiss nor look be lost.

*Beauty, midnight, vision dies:
Let the winds of dawn that blow
Softly round your dreaming head
Such a day of welcome show
Eye and knocking heart may bless,
*Find our mortal world enough;
*Noons of dryness find you fed
By the involuntary powers,
*Nights of insult let you pass
Watched by every human love.

Musée des Beaux Arts

About suffering they were never wrong,
*The Old Masters: how well they understood
*Its human position; how it takes place
While someone else is eating or opening a window or just walking dully along;
How, when the aged are reverently, passionately waiting
For the miraculous birth, there always must be
Children who did not specially want it to happen, skating
On a pond at the edge of the wood:
They never forgot
*That even the dreadful martyrdom must run its course
Anyhow in a corner, some untidy spot

---

* **farthing**: 1 penny 의 4분의 1 가치가 있는 동전. 지금은 사용되지 않는다.
* **Beauty . . . vision**: 3연의 keyword 의 열거다.
* **mortal world**: immortal 한 것, 즉 Venus 와 vision 의 대비.
* **Noons of dryness**: "Let"를 앞에 보충.
* **you**: 직접적으로는 제 1연의 "my love" 이나, 여기서는 단지 "my love" 뿐이라기 보다, 그 위에 더 널리 인간으로 생각될 수 있다.

※ **Museum of Fine Arts.(Fr). Brussels 에 있는 미술 박물관을 언급한 것이다. 이곳에는 화란의 화가 Brueghel(1525?~69)의 그림 "The Fall of Icarus" 가 소장되어 있다.**

* **The Old Masters**: 13-18세기 사이의 대 화가들.
* **its**: 3행의 it 와 함께 suffering 을 가리킨다.
* **the dreadful martyrdom**: The Massacre of the Innocents 의 유아 학살을 말한다.

Where the dogs go on with their doggy life and the torturer's horse
Scratches its innocent behind on a tree.

*In Brueghel's *Icarus,* for instance: how everything turns away
*Quite leisurely from the disaster; the ploughman may
Have heard the splash, the forsaken cry,
But for him it was not an important failure; the sun shone
As it had to on the white legs disappearing into the green
Water; and the expensive delicate ship that must have seen
Something amazing, a boy falling out of the sky,
Had somewhere to get to and sailed calmly on.

In Memory of W. B. Yeats

(*d. Jan.* 1939)

I

*He disappeared in the dead of winter:
The brooks were frozen, the airports almost deserted,
*And snow disfigured the public statues;
*The mercury sank in the mouth of the dying day.
What instruments we have agree
The day of his death was a dark cold day.

Far from his illness
*The wolves ran on through the evergreen forests,
*The peasant river was untempted by the fashionable quays;
By mourning tongues
The death of the poet was kept from his poems.

But for him it was his last afternoon as himself,
An afternoon of nurses and rumours;
*The provinces of his body revolted,

---

* **Icaarus**: Peter Brueghel 의 그림.
* **the disaster**: 이 그림에 있는 Icarus 가 바다에 떨어진 것을 가리킨다.

※ **Yeats 는 1939년 1월 28일 남불의 Roqueburne 에서 사망했다.** *Another Time* **(1940)에 수록되었다.**

* **Winter**: 제2차 세계대전이 발생하기 전의 겨울.
* **snow disfigured**: 자연이 인간에게 대해서 무관심한 하나의 예.
* **mercury**: 수은과, 로마신화의 웅변의 신 Mercury 가 겹쳐진 의미.
* **The wolves**: ① 작품의 세계 ② 외부의 세계.
  the evergreen forests: 지금도 여전히 보전되어 있는 구주의 문화적 전통.
* **The peasant river**: 작품의 세계.
  the fashionable quays: 외적 세계.
* **The provinces ... his feeling failed**: 혁명의 비유를 사용해서 임종시의 몸(내장, 뇌, 수족)의 상태가 묘사되어 있다.

The squares of his mind were empty,
Silence invaded the suburbs,
The current of his feeling failed; he became his admirers.

Now he is scattered among a hundred cities
And wholly given over to unfamiliar affections,
To find his happiness in another kind of wood
And be punished under a foreign code of conscience.
*The words of a dead man
Are modified in the guts of the living.

But in the importance and noise of to-morrow
When the brokers are roaring like beasts on the floor of the Bourse,
And the poor have the sufferings to which they are fairly accustomed,
And each in the cell of himself is almost convinced of his freedom,
*A few thousand will think of this day
As one thinks of a day when one did something slightly unusual.
What instruments we have agree
The day of his death was a dark cold day.

II

*You were silly like us; your gift survived it all:
*The parish of rich women, physical decay,
*Yourself. Mad Ireland hurt you into poetry.
Now Ireland has her madness and her weather still,
*For poetry makes nothing happen: it survives
In the valley of its making where executives
Would never want to tamper, flows on south
From ranches of isolation and the busy griefs,
Raw towns that we believe and die in; it survives,
A way of happening, a mouth.

---

* 단테의 「지옥편」. 단테는 일생의 한 복판에서 "어두운 숲속에 있는" 자신을 발견한다.
* 즉 살아있는 자들의 심판을 받아야만 한다.
* **The words of a dead man**: Yeats 의 시
* **this day**: Yeats 의 사망일
* **it**: 다음행의 "The parish of rich woman," "physical decay", 그리고 그 다음행의 "yourself".
* **rich woman**: Yeats 는 젊었을 때 그레고리 부인한테서 재정원조를 받았다. 그는 후에도 다른 부유한 여인들과 친했다.
* Mad Ireland : Abbey Theatre 를 중심으로 한 연극 운동의 실패라든가, 1916년 East Rising 등에 관련해서 말한 것이다.
* **it survives**: it 는 poetry 이며 시 전반에 대한 언급.

III

Earth, receive an honoured guest:
William Yeats is laid to rest.
*Let the Irish vessel lie
*Emptied of its poetry.

In the nightmare of the dark
*All the dogs of Europe bark,
And the living nations wait,
Each sequestered in its hate;

Intellectual disgrace
Stares from every human face,
And the seas of pity lie
Locked and frozen in each eye.

Follow, poet, follow right
To the bottom of the night,
*With your unconstraining voice
Still persuade us to rejoice;

*With the farming of a verse
Make a vineyard of the curse,
*Sing of human unsuccess
In a rapture of distress;

*In the deserts of the heart
Let the healing fountain start,
In the prison of his days
Teach the free man how to praise.

---

* **Irish vessel**: Yeats 의 시체를 언급한다.
* **Emptied of its poetry**: 시를 현세에 남기고 묘에 들어간다는 뜻.
* **Poul Claudel**: 키플링의 견해는 제국주의적, 주전주의적이었고, 프랑스의 시인 겸 외교가 Paul Claudel (1868~1955)은 정치에 있어서 극우파였다.
* him : Yeats.
* **All . . . bark**: 제2차 세계대전은 1939년 9월에 시작되었다.
* **your**: 66행의 "poet"를 받는다.
* **farming**: 39행의 "ranches of isolation".
* **human unsuccess**: 제55행의 "the bottom of the night".
* **In . . . praise**: 마지막 2행은 Auden 의 묘비명이 되었다.

THEODORE ROETHKE
(1907–1963)

Theodore Roethke was a poet for whom nature took on the aspect of a vast psychic landscape. Some parts of it were projections of his feelings, some were his transcendences of personality. Roethke's authority for this parabolizing of nature came from his love and intensive study of it. He liked to trace this interest to the fact that his grandfather, once Bismarck's chief forester, had emigrated from Prussia in 1870 and then, with his sons, had started some greenhouses in Saginaw, Michigan. The greenhouse, Roethke wrote, "is . . . my symbol for the whole of life, a womb, a heaven-on-earth." He always felt close to elemental processes and inanimate as well as animate objects: "I could say hello to things." He studies the lives on a leaf in "The Minimal," or in "A Field of Light" declares that he could see, suddenly, "the separateness of all things!"

The sense of participation in nature makes for some of his most extreme, and yet most convincing effects. "I lose and find myself in the long waters," he writes, or, changing elements, "I live in air; the long light is my home," a line from "Her Becoming" which suggests his affinity to Dylan Thomas. Participation is only a short step to transcendence: "I'm wet with another life," or, as he writes in "Snake," "I longed to be that thing, / The pure, sensuous form, / And I may be, some time." Metempsychosis does not seem a remote possibility in the context of these poems.

Roethke knew this quality in himself, and said in prose, "I have a genuine love of nature. . . . I can sense the moods of nature almost instinctively. . . . I am influenced too much, perhaps, by natural objects." He is not blinded by sentimental feelings about nature, however, and in some poems takes up less favorable aspects. "Beware Mother Mildew," he warns in "The Pit," and in "The Pure Fury," a poem which expresses that "ferocity" which Stanley Kunitz found in Roethke's poems, he confides, "I live near the abyss." He is less eulogistic about nature than D. H. Lawrence, as if its malign conformations were just as familiar to him as its benign ones.

Roethke was six feet two and weighed well over 200 pounds, but he moves in his verse with great delicacy. Though he was a tormented man, frantic for fame, a prey to breakdowns and a victim of alcoholism, he presented himself in his verse as a naïf. He had, as he insisted, "a driving sincerity,—that prime virtue of any creative worker. I write only what I believe to be the absolute truth,—even if I must ruin the theme in so doing." The sense of a fragile self in a swollen body is pervasive. It reflects a "struggle for personal identity," complicated by a considerable amount of self-loathing. If only he could "dance with William Blake," he could possess that purity for which he longs and which nature, in certain aspects, appears to model. Nature can *represent* or, like poetry, *expand* consciousness.

Roethke was born on May 23, 1907, in Saginaw. He went to the University of Michigan and afterwards took some graduate courses at Harvard. Subsequently he taught at several colleges and universities, lending himself generously to his students and even, at one time, coaching football. His longest and last post was at the University of Washington, where his sporadic breakdowns were tolerated. When his first book, *Open House,* was published in 1941, Roethke won considerable attention, but he was desperate for more recognition and humbly eager to make his verse better. He wrote little, but with great care. His collected poems, still a slender output, appeared under the title *Words for the Wind* in 1959. By 1963 he was dead.

Sometimes Roethke is boisterous and funny—he was able to write good children's poems—but he is fundamentally serious and intent. He traced his lineage to Emerson, Thoreau, Whitman, Blake, Wordsworth, and Vaughan. In fact, he does belong with them in his visionary intertwining of his spiritual self with leaves, water, light, and lower creatures.

"Long Live the Weeds"

Hopkins

Long live the weeds that overwhelm
My narrow vegetable realm!
The bitter rock, the barren soil
That force the son of man to toil;
All things unholy, marred by curse,
The ugly of the universe.
The rough, the wicked, and the wild
That keep the spirit undefiled.
With these I match my little wit
And earn the right to stand or sit,
Hope, love, create, or drink and die:
These shape the creature that is I.

Dolor

I have known the inexorable sadness of pencils,
Neat in their boxes, dolor of pad and paper-weight,
All the misery of manila folders and mucilage,
Desolation in immaculate public places,
Lonely reception room, lavatory, switchboard,
The unalterable pathos of basin and pitcher,
Ritual of multigraph, paper-clip, comma,
Endless duplication of lives and objects.
And I have seen dust from the walls of institutions,
Finer than flour, alive, more dangerous than silica,
Sift, almost invisible, through long afternoons of tedium,
Dropping a fine film on nails and delicate eyebrows,
Glazing the pale hair, the duplicate grey standard faces.

Frau Bauman, Frau Schmidt, and Frau Schwartze

Gone the three ancient ladies
Who creaked on the greenhouse ladders,

※ 제목을 Gerard Manley Hopkins 의 "Inversnaid" 의 마지막 행에서 인용한 것이다.

※ Sadness

※ Roethke 의 아버지는 Michigan 주 Saginaw 에서 유명한 화초 재배자였다. 소년 시절에 시인은 온실 주변에서 놀았다. 인부들 중에 이 제목에서 언급한 3명의 부인이 있었다.

Reaching up white strings
To wind, to wind
The sweet-pea tendrils, the smilax,
Nasturtiums, the climbing
Roses, to straighten
Carnations, red
Chrysanthemums; the stiff
Stems, jointed like corn,
They tied and tucked,—
These nurses of nobody else.
Quicker than birds, they dipped
Up and sifted the dirt;
They sprinkled and shook;
They stood astride pipes,
Their skirts billowing out wide into tents,
Their hands twinkling with wet;
Like witches they flew along rows
Keeping creation at ease;
With a tendril for needle
They sewed up the air with a stem;
They teased out the seed that the cold kept asleep,—
All the coils, loops, and whorls.
They trellised the sun; they plotted for more than themselves.

I remember how they picked me up, a spindly kid,
Pinching and poking my thin ribs
Till I lay in their laps, laughing,
Weak as a whiffet;
Now, when I'm alone and cold in my bed,
They still hover over me,
These ancient leathery crones,
With their bandannas stiffened with sweat,
And their thorn-bitten wrists,
And their snuff-laden breath blowing lightly over me in my first sleep.

Heard in a Violent Ward

In heaven, too,
You'd be institutionalized.
But that's all right,—
If they let you eat and swear
*With the likes of Blake,
*And Christopher Smart,
*And that sweet man, John Clare.

---

* **Blake**: William Blake(1757~1827) 은 정신이상자로 간주되었다.
* **Christoper Smart**: (1722~1771), 영국의 시인이었으며 정신이상자였다.
* **John Clare**: (1793~1864), 영국의 시인이며 1837년 정신이상자가 되었다.

STEPHEN SPENDER

(*1909–*)

Some poets present themselves effortlessly as assured masters of their medium and of their world. A poet of this kind is W. H. Auden, with whom Stephen Spender, by virtue of their long association, is inevitably compared. Spender, on the contrary, has nothing of the autocrat about him, and when Auden offers conclusiveness, as if by nature, Spender tends towards incertitude or even bewilderment. He is less the hierophant than the suppliant, "without that one clear aim," as he says in one of his poems; his "every movement had been missionary, a pleading tongue unheard," he writes in a love poem which is characteristic of his less personal poems as well.

In the introduction to his *Collected Poems*, Spender remarked that "with poetry one is less sure than with anything else." He was speaking primarily of craftsmanship, but unsureness is the ground on which he builds his "faceted crystal" constructions. The poems which Spender writes are incursions into the tenuous and unresolved, repeated efforts—rather heroic in their kind—to make firm the infirm, to grip, without idealization, the possible. "Never being, but always at the edge of being," he writes. The center of his verse is his aroused, suffering consciousness, but he is not self-flattering, and with relentless severity exposes what may be "corrupt, insubstantial" in himself.

Spender is much harder on himself than on others; his own motives, even his own reality, may be in question, but the reality of others is not in doubt. *They* are admirable: "I think continually of those who were truly great," he writes in a famous poem. In his criticism he salutes those writers who boldly encountered *The Destructive Element,* that is, "an all-pervading Present, which is a world without belief." In a more recent book, *The Struggle of the Modern,* he finds modernism to be an attempt not only to encompass the present age, but to encompass also its confrontation with the past. He finds his examples in sculptors like Henry Moore as well as in literary artists. He has written a good deal about friends such as Christopher Isherwood, Auden, Herbert Read. His obvious delight is in men of force and conviction.

Yet he offers us a more delicate heroism, in which one strives to be "naked . . . of all except the heart" ("Elegy for Margaret") or is "an exposed nerve" ("Empty House"). To be aware, painfully aware, and sensitive rather than insulated by self-confidence, is something too. His poems are perched on the strength of their emotions and the tentativeness of all that surrounds them. Of course he admires the express train, subject of one of his best-known poems, which has a clean and driving efficiency about it, an efficiency which he, with his feeling of each venture as "one more botched beginning," cannot emulate. Yet against its cool competence, and the cool competence of certain other writers, he asserts an image—not less wrought than theirs—of passionate ineptitude.

Spender's work has also a political context, which he shares with Auden and other poets of the Thirties. Auden's political poetry has seemed less immediate in its concerns in recent years, as the revolution he endorses becomes increasingly a "change of heart," rather than of economic circumstances. Some such development is also apparent in Spender. When his early poems about the Spanish Civil War are read again, they seem not so much pleas for direct action as for indirect, statements of a personal dilemma writ large, especially the difficulty and urgency of social bonding. But most of Spender's work, whether in verse or in prose, expresses a great social sympathy, for the radical students, for the Israeli kibbutzim, or for other liberal or leftist concerns.

Many of his activities are described in his excellent autobiography, *World Within World,* a title which suggests both his self-consciousness and his social consciousness. He presents himself and his generation there with candor and humor. Spender was born in London on February 28, 1909. He began to write poems early, and when he came up to Oxford took his courage in his hands and showed the work to Auden, who was a little his senior. Auden encouraged him while finding him Romantic. Spender published both Auden's first book and his own on a small handpress. After leaving Oxford he travelled in Germany for a time, and was later to translate various German poets, notably Rainer Maria Rilke. During the Thirties Spender and his friends worked for the Loyalists in Spain, though he became somewhat disillusioned about his efforts there. He wrote plays, novels, poems, and criticism. From 1939 to 1941 he was co-editor with Cyril Connolly of the important review *Horizon,* and from 1953 to 1967 he was co-editor with Melvin J. Lasky of *Encounter.* He resigned from the latter magazine on discovering belatedly that it had been financed by the Central Intelligence Agency. Spender has been for forty years a leading spokesman for intellectual opinion. He has lectured a good deal, and for some years taught at American universities before accepting a chair in English Literature at University College in the University of London.

The Funeral

Death is another milestone on their way.
*With laughter on their lips and with winds blowing round them
They record simply
*How this one excelled all others in making driving belts.

This is festivity, it is the time of statistics,
When they record what one unit contributed:
*They are glad as they lay him back in the earth
And thank him for what he gave them.

They walk home remembering the straining red flags,
And with pennons of song still fluttering through their blood
They speak of the World State
With its towns like brain centres and its pulsing arteries.

They think how one life hums, revolves and toils,
*One cog in a golden singing hive:
Like spark from fire, its task happily achieved,
It falls away quietly.

No more are they haunted by the individual grief
*Nor the crocodile tears of European genius,
*The decline of a culture
*Mourned by scholars who dream of the ghosts of Greek boys.

What I Expected

What I expected, was
Thunder, fighting,
Long struggles with men
And climbing.
After continual straining

※ *Poems* 의 제25가.
* **With ... lips**: 개인적인 슬픔(제17행)을 초월해서 보람찬 생을 보낸 데 대한 경의의 미소를 짓고.
* **in ... belts**: 전통을 계승해서 진리 추구의 중추적 역할을 하는 점에서.
* **as**:...하면서.
* **One cog**: (톱니바퀴의) 톱니하나.
* **the crocodile tears**: 거짓 눈물(the false tears). 앞에 by를 보충.
* **The decline of a culture**: 앞에 by를 보충.
* **Mourned by scholars ...**: 앞 행을 수식한다.
※ *Poems* 의 제13가.

I should grow strong;
Then the rocks would shake,
And I rest long.

What I had not foreseen
Was the gradual day
Weakening the will
Leaking the brightness away,
The lack of good to touch,
The fading of body and soul
—Smoke before wind,
Corrupt, unsubstantial.

*The wearing of Time,
And the watching of cripples pass
With limbs shaped like questions
In their odd twist,
*The pulverous grief
Melting the bones with pity,
The sick falling from earth—
These, I could not foresee.

Expecting always
Some brightness to hold in trust,
Some final innocence
Exempt from dust,
That, hanging solid,
Would dangle through all,
Like the created poem,
Or faceted crystal.

The Landscape near an Aerodrome

*More beautiful and soft than any moth
With burring furred antennae feeling its huge path
Through dusk, the air liner with shut-off engines
*Glides over suburbs and the sleeves set trailing tall

---

* **The wearing of Time**: 시간의 마멸(경과).
* **The pulverous grief**: powdery grif.
* **To save from dust**: free from.

※ *Poems* 의 27가.

* **moth**: 나방.(비행기를 나방으로 비유).
* **the sleeves**: 비행장에 설치된 소매 모양의 풍향기.

*To point the wind. Gently, broadly, she falls,
*Scarcely disturbing charted currents of air.

Lulled by descent, the travellers across sea
*And across feminine land indulging its easy limbs
In miles of softness, now let their eyes trained by watching
Penetrate through dusk the outskirts of this town
Here where industry shows a fraying edge.
Here they may see what is being done.

*Beyond the winking masthead light
And the landing ground, they observe the outposts
*Of work: chimneys like lank black fingers
*Or figures, frightening and mad: and squat buildings

With their strange air behind trees, like women's faces
Shattered by grief. Here where few houses
Moan with faint light behind their blinds,
They remark the unhomely sense of complaint, like a dog
Shut out, and shivering at the foreign moon.

In the last sweep of love, they pass over fields
Behind the aerodrome, where boys play all day
Hacking dead grass: whose cries, like wild birds,
Settle upon the nearest roofs
But soon are hid under the loud city.

Then, as they land, they hear the tolling bell
Reaching across the landscape of hysteria,
To where, louder than all those batteries
And charcoaled towers against that dying sky,
*Religion stands, the Church blocking the sun.

---

* **broadly**: 유유히
* **charted currents of air**: 기상도에 그려진 기류.
* **feminine land**: 비행기에서 본 여체처럼 부드럽게 보이는 육지.
* **the winking ... light**: 명멸하는 항공등.
* **chimneys ... mad**: 공포에 떨고, 미친 것 같은 호리호리한 검은 손가락이나 형체같은 연통들.
* **squat ... by grief**: 슬픔에 지친 여인들의 얼굴처럼 삼림 뒤에 이상한 모습으로 쪼그린 건물들이 자리잡고 있다.
* **the sun**: new age 를 뜻한다.

The Pylons

*The secret of these hills was stone, and cottages
Of that stone made,
*And crumbling roads
*That turned on sudden hidden villages.

*Now over these small hills, they have built the concrete
That trails black wire;
Pylons, those pillars
Bare like nude giant girls that have no secret.

The valley with its gilt and evening look
And the green chestnut
*Of customary root,
*Are mocked dry like the parched bed of a brook.

But far above and far as sight endures
Like whips of anger
With lightning's danger
There runs the quick perspective of the future.

*This dwarfs our emerald country by its trek
*So tall with prophecy:
Dreaming of cities
Where often clouds shall lean their swan-white neck.

※ *Poems* 제28가
The Pylons : A pylon is a steel or concrete tower used to support telegraph or electric power lines over a long span.

* **cottages . . . made**: cottage made of that stone.
* **crumbling roads**: 부스러지는(붕괴되는) 길들.
* **sudden**: found unexpectedly.
* **they**: 현대문명을 쌓는 사람들.
* **of customary root**: 불변의 뿌리를 뻗는. 자연의 힘으로 뿌리를 뻗는다는 뜻이다.
* **the parched . . . brook**: 메마른 실개천(시내) 바닥.
* **This**: the quick perspective 를 가리킨다.
* **tall**: lofty, grand.

ELIZABETH BISHOP
(1911–   )

Elizabeth Bishop's fastidious eye inspects, with a precision like Marianne Moore's, the physical world. "Watch it closely," she says, in "The Monument." What she observes takes form and gathers itself, as if nature were being brought to a boil. (Theodore Roethke obviously learned from Miss Bishop's example.) She approaches pain or ecstasy more immediately than Marianne Moore. Under her eye, "The Fish" and all around it turn to "rainbow, rainbow, rainbow," while in "The Armadillo" the "dreamlike mimicry is shattered by the thought of panic, and a weak mailed fist / clenched ignorant against the sky!" Sometimes the culmination is quieter. She is not so quick as Miss Moore to draw lessons from beast fables or landscapes, although in her "Invitation to Miss Marianne Moore," she indicates her amused approval of the older poet's penchant: "Manhattan / is all awash with morals this fine morning . . ."

Miss Bishop was born February 8, 1911, in Worcester, Massachusetts. She grew up in New England and Nova Scotia, the latter memorialized in her poem, "First Death in Nova Scotia." She was educated at Vassar, and since then has lived for long periods in Key West and, more recently, Brazil. Travel is a steady theme in her work; in "The Prodigal" she says that even a pigsty, away from home, might attract; and in "Questions of Travel," she asks, "Should we have stayed at home / wherever that may be?"

Elizabeth Bishop has not written voluminously. Almost all of the poems begin with an *objet trouvé*, often nondescript ("The Monument" or "Filling Station") yet capable of being contemplated with passion and so rendered aglitter. Her poems offer few elements of her personal life; this may be hinted at in "The Gentleman of Shalott," who is so conscious of inner division. It is hard to be sure. Emotion is usually attributed to rather distant others, as in "Songs for a Colored Singer," which contain the wry promise, "I'm going to go and take the bus / and find someone monogamous." Often she seems determinedly reticent, as if to suggest that her life inheres in the way she sees external phenomena, not in any events. But while it is fastidious and usually unimpassioned, her verse has frequent spurts of muted feeling, and finds, as in "The Man-Moth," an unfazed sympathy for animal-human plights.

The Man-Moth

Here, above,
cracks in the buildings are filled with battered moonlight.
The whole shadow of Man is only as big as his hat.
It lies at his feet like a circle for a doll to stand on,
and he makes an inverted pin, the point magnetized to the moon.
He does not see the moon; he observes only her vast properties,
feeling the queer light on his hands, neither warm nor cold,
of a temperature impossible to record in thermometers.

But when the Man-Moth
pays his rare, although occasional, visits to the surface,
the moon looks rather different to him. He emerges
from an opening under the edge of one of the sidewalks
and nervously begins to scale the faces of the buildings.
He thinks the moon is a small hole at the top of the sky,
proving the sky quite useless for protection.
He trembles, but must investigate as high as he can climb.

Up the façades,
his shadow dragging like a photographer's cloth behind him,
he climbs fearfully, thinking that this time he will manage
to push his small head through that round clean opening
and be forced through, as from a tube, in black scrolls on the light.
(Man, standing below him, has no such illusions.)
But what the Man-Moth fears most he must do, although
he fails, of course, and falls back scared but quite unhurt.

Then he returns
to the pale subways of cement he calls his home. He flits,
he flutters, and cannot get aboard the silent trains
fast enough to suit him. The doors close swiftly.
The Man-Moth always seats himself facing the wrong way
and the train starts at once at its full, terrible speed,
without a shift in gears or a gradation of any sort.
He cannot tell the rate at which he travels backwards.

Each night he must
be carried through artificial tunnels and dream recurrent dreams.
Just as the ties recur beneath his train, these underlie
his rushing brain. He does not dare look out the window,
for the third rail, the unbroken draught of poison,

※ "Newspaper misprint for 'mammoth'" (Bishop's note).

runs there beside him. He regards it as a disease
he has inherited the susceptibility to. He has to keep
his hands in his pockets, as others must wear mufflers.

If you catch him,
hold up a flashlight to his eye. It's all dark pupil,
an entire night itself, whose haired horizon tightens
as he stares back, and closes up the eye. Then from the lids
one tear, his only possession, like the bee's sting, slips.
Slyly he palms it, and if you're not paying attention
he'll swallow it. However, if you watch, he'll hand it over,
cool as from underground springs and pure enough to drink.

Over 2000 Illustrations and a Complete Concordance

Thus should have been our travels:
serious, engravable.
The Seven Wonders of the World are tired
and a touch familiar, but the other scenes,
innumerable, though equally sad and still,
are foreign. Often the squatting Arab,
or group of Arabs, plotting, probably,
against our Christian Empire,
while one apart, with outstretched arm and hand
points to the Tomb, the Pit, the Sepulcher.
The branches of the date-palms look like files.
The cobbled courtyard, where the Well is dry,
is like a diagram, the brickwork conduits
are vast and obvious, the human figure
far gone in history or theology,
gone with its camel or its faithful horse.
Always the silence, the gesture, the specks of birds
suspended on invisible threads above the Site,
or the smoke rising solemnly, pulled by threads.
Granted a page alone or a page made up
of several scenes arranged in cattycorned rectangles
or circles set on stippled gray,
granted a grim lunette,
caught in the toils of an initial letter,
when dwelt upon, they all resolve themselves.
The eye drops, weighted, through the lines
the burin made, the lines that move apart
like ripples above sand,
dispersing storms, God's spreading fingerprint,
and painfully, finally, that ignite
in watery prismatic white-and-blue.

*Entering the Narrows at St. Johns
the touching bleat of goats reached to the ship.
We glimpsed them, reddish, leaping up the cliffs
among the fog-soaked weeds and butter-and-eggs.
*And at St. Peter's the wind blew and the sun shone madly.
*Rapidly, purposefully, the Collegians marched in lines,
crisscrossing the great square with black, like ants.
In Mexico the dead man lay
in a blue arcade; the dead volcanoes
glistened like Easter lilies.
The jukebox went on playing "Ay, Jalisco!"
*And at Volubilis there were beautiful poppies
splitting the mosaics; the fat old guide made eyes.
*In Dingle harbor a golden length of evening
the rotting hulks held up their dripping plush.
The Englishwoman poured tea, informing us
that the Duchess was going to have a baby.
*And in the brothels of Marrakesh
the little pockmarked prostitutes
balanced their tea-trays on their heads
and did their belly-dances; flung themselves
naked and giggling against our knees,
asking for cigarettes. It was somewhere near there
I saw what frightened me most of all:
A holy grave, not looking particularly holy,
one of a group under a keyhole-arched stone baldaquin
open to every wind from the pink desert.
An open, gritty, marble trough, carved solid
with exhortation, yellowed
as scattered cattle-teeth;
half-filled with dust, not even the dust
of the poor prophet paynim who once lay there.
In a smart burnoose Khadour looked on amused.

Everything only connected by "and" and "and."
Open the book. (The gilt rubs off the edges
of the pages and pollinates the fingertips.)
Open the heavy book. Why couldn't we have seen
this old Nativity while we were at it?

---

* **St. Johns**: 서인도 제도의 Antigua 에 있는 도시.
* **St. Peter's**: Rome 에 있는 대성당.
* **the Collegians**: Rome 의 Vatican 에 있는 추기경회의 회원들.
* **Volubilis**: 폐허가 된 Rome 의 도시.
* **Dingle**: 남서부 아일랜드에 있는 작은 도시.
* **Marrakesh**: French Morocco 에 있는 도시.

—the dark ajar, the rocks breaking with light,
an undisturbed, unbreathing flame,
colorless, sparkless, freely fed on straw,
and, lulled within, a family with pets,
—and looked and looked our infant sight away.

KARL SHAPIRO
(1913–   )

Karl Shapiro has been a stubbornly independent presence in twentieth-century poetry; he pursues his own way with a conspicuous disregard of some compelling poetic models. He began to write in the mid-Thirties and thus unavoidably grew up "in the shadow of T. S. Eliot"; Shapiro resented Eliot's great influence and seems never to have been able to forgive him. For Shapiro's taste, Eliot was too formalist and contrived; together with Pound and Yeats, he had attempted "to arrest the forms of poetry via the amazing stratagem of arresting the forms of society," a rather odd charge to bring against men who had been so eager for formal innovation. Shapiro sees merit in Eliot's diagnosis of the division in the modern consciousness, the split between the rational and the creative functions of the mind, but condemns him for having deliberately chosen the "nostalgic pre-scientific path of religion" rather than using his poetry to encourage the reunification of the sensibility, a task Shapiro tries to fulfill in his own more recent poems. Another way of crystallizing Shapiro's dislike of Eliot, and many other modern poets, is to observe that he thinks of them as primarily critics—and he has little use for criticism, which he considers dangerous because it assumes that poetry can be rationally discussed. For Shapiro, the "rational person is least able to understand poetry."

Shapiro's first two important books were published while he was in the United States Army. Many of the poems are concerned with Army life, and they were an immediate popular success; *V-Letter* won the Pulitzer Prize in 1945. Shapiro names Williams and Crane as his first heroes among modern poets, but their influence on his early poems is not obvious. These are sharply observed, carefully organized, and open in their expression of emotion. While still on duty in the South Pacific, Shapiro wrote a long poem, the *Essay on Rime* (1945), in which he gave his views on the state of modern poetry. The book was controversial, and, in his view, for "saying what I thought and naming names I was henceforth on the intellectual blacklist."

Since the war Shapiro seems to have used his poetry as the arena for a protracted search for personal identity. He seeks the possibility of a "Jewish consciousness"; he is amused and pleased by the anomaly of being a "bourgeois poet," a visionary who is at the same time a comfortable householder. Shapiro's most recent work has been in the prose poem. He rejects any distinction between poetry and prose; there is only, he explains, "greater or less heat." The prose poem gives him an opportunity for the expression of what he calls, borrowing the term from Whitman, "cosmic consciousness," a sense of the unity of all life. Shapiro believes that western man is on the verge of a "tremendous synthesis . . . between modern science, the ancient psychologies of the past, and what we call poetry or art." He has assembled his own pantheon of writers (Whitman, D. H. Lawrence, Henry Miller) and philosophers (Jung, William Reich, Ouspensky) all of whom have met the responsibility from which Eliot shrank, the development of a unified consciousness. Shapiro insists that the poet will find his inspiration where he can, so long as he avoids the fragmenting reason. "Whether the poet becomes a student of flying saucers or of the mystical doctrine of correspondences is all one; so long as he steps across the line from Reason to Intuition."

Karl Shapiro was born in Baltimore, Maryland on November 10, 1913. After graduating from high school there, he enrolled at the University of Virginia, but found that he was more interested in writing than studying and soon withdrew. While working at various jobs in Baltimore and studying on his own, Shapiro wrote "many long poems and plays in verse, nearly all of which I later destroyed"; the collection of shorter poems that he published in 1935 went largely unnoticed. He resumed his formal education at Johns Hopkins University, but was inducted into the Army before receiving his degree and served in the South Pacific until the Second World War was over. While overseas, Shapiro continued to write poetry, while his fiancée Evelyn Katz (whom he married in 1945) sought successfully to get it published. When he returned to civilian life, he was well known in American letters, and served for a year as poetry consultant to the Library of Congress; he then taught at Johns Hopkins. In 1950 he succeeded Hayden Carruth as editor of *Poetry* magazine, a post he held until 1956, when he joined the faculty of the University of Nebraska and became editor of *Prairie Schooner*. He presently teaches at the University of California at Davis.

Poet

Il arrive que l'esprit demande la poesie

Left leg flung out, head cocked to the right,
Tweed coat or army uniform, with book,
Beautiful eyes, who is this walking down?
Who, glancing at the pane of glass looks sharp
And thinks it is not he—as when a poet
Comes swiftly on some half-forgotten poem
And loosely holds the page, steady of mind,
Thinking it is not his?

And when will *you* exist?—Oh, it is I,
Incredibly skinny, stooped, and neat as pie,
Ignorant as dirt, erotic as an ape,
Dreamy as puberty—with dirty hair!
Into the room like kangaroo he bounds,
Ears flopping like the most expensive hound's;
His chin receives all questions as he bows
Mouthing a green bon-bon.

Has no more memory than rubber. Stands
Waist-deep in heavy mud of thought and broods
At his own wetness. When he would get out,
To his surprise he lifts in air a phrase
As whole and clean and silvery as a fish
Which jumps and dangles on his damned hooked grin,
But like a name-card on a man's lapel
Calls him a conscious fool.

And child-like he remembers all his life
And cannily constructs it, fact by fact,
As boys paste postage stamps in careful books,
Denoting pence and legends and profiles,
Nothing more valuable.—And like a thief,
His eyes glassed over and congealed with guilt,
Fondles his secrets like a case of tools,
And waits in empty doors.

By men despised for knowing what he is,
And by himself. But he exists for women.
As dolls to girls, as perfect wives to men,

※ epigraph : "It happens that the mind demands poetry" (Fr)

So he to women. And to himself a thing,
All ages, epicene, without a trade.
To girls and wives always alive and fated;
To men and scholars always dead like Greek
And always mistranslated.

Towards exile and towards shame he lures himself,
Tongue winding on his arm, and thinks like Eve
By biting apple will become most wise.
*Sentio ergo sum: he feels his way
And words themselves stand up for him like Braille
And punch and perforate his parchment ear.
All language falls like Chinese on his soul,
Image of song unsounded.

This is the coward's coward that in his dreams
See shapes of pain grow tall. Awake at night
He peers at sounds and stumbles at a breeze.
And none holds life less dear. For as a youth
Who by some accident observes his love
Naked and in some natural ugly act,
He turns with loathing and with flaming hands,
Seared and betrayed by sight.

He is the business man, on beauty trades,
Dealer in arts and thoughts who, like the Jew,
Shall rise from slums and hated dialects
A tower of bitterness. Shall be always strange,
Hunted and then sought after. Shall be sat
Like an ambassador from another race
At tables rich with music. He shall eat flowers,
Chew honey and spit out gall. They shall all smile
And love and pity him.

His death shall be by drowning. In that hour
When the last bubble of pure heaven's air
Hovers within his throat, safe on his bed,
A small eternal figurehead in terror,
He shall cry out and clutch his days of straw
Before the blackest wave. Lastly, his tomb
Shall list and founder in the troughs of grass
And none shall speak his name.

---

* **Sentino . . . sum**: "I feel, therefore," a parody of the cruicial point in Descartes' proof of existence of himself, and therefore of the universe.

V-Letter

I love you first because your face is fair,
        Because your eyes Jewish and blue,
Set sweetly with the touch of foreignness
Above the cheekbones, stare rather than dream.
Often your countenance recalls a boy
        Blue-eyed and small, whose silent mischief
Tortured his parents and compelled my hate
                To wish his ugly death.
Because of this reminder, my soul's trouble,
And for your face, so often beautiful,
                I love you, wish you life.

I love you first because you wait, because
        For your own sake, I cannot write
Beyond these words. I love you for these words
That sting and creep like insects and leave filth.
I love you for the poverty you cry
        And I bend down with tears of steel
That melt your hand like wax, not for this war
                The droplets shattering
Those candle-glowing fingers of my joy,
But for your name of agony, my love,
                That cakes my mouth with salt.

And all your imperfections and perfections
        And all your magnitude of grace
And all this love explained and unexplained
Is just a breath. I see you woman-size
And this looms larger and more goddess-like
        Than silver goddesses on screens.
I see you in the ugliness of light,
                Yet you are beautiful,
And in the dark of absence your full length
Is such as meets my body to the full
                Though I am starved and huge.

You turn me from these days as from a scene
        Out of an open window far
Where lies the foreign city and the war.

※ 제 2차 세계대전 중에 미군이 사용한 항공우편물. V는 승리를 의미한다. Shapiro는 남태평양에서 복무했다.

You are my home and in your spacious love
I dream to march as under flaring flags
Until the door is gently shut.
Give me the tearless lesson of your pride,
Teach me to live and die
As one deserving anonymity,
The mere devotion of a house to keep
A woman and a man.

Give me the free and poor inheritance
Of our own kind, not furniture
Of education, nor the prophet's pose,
The general cause of words, the hero's stance,
The ambitions incommensurable with flesh,
But the drab makings of a room
Where sometimes in the afternoon of thought
The brief and blinding flash
May light the enormous chambers of your will
And show the gracious Parthenon that time
Is ever measured by.

As groceries in a pantry gleam and smile
Because they are important weights
Bought with the metal minutes of your pay,
So do these hours stand in solid rows,
The dowry for a use in common life.
I love you first because your years
Lead to my matter-of-fact and simple death
Or to our open marriage,
And I pray nothing for my safety back,
Not even luck, because our love is whole
Whether I live or fail.

DYLAN THOMAS
(*1914–1953*)

Dylan Thomas used to say in his American readings that his poems had to be read either very soft or very loud, and it is true that he has none of the middle style of Hardy or Auden. He is comparable in some ways to Hart Crane, though he is less interested than Crane in the ineffable ecstasies beyond verbal expression. He liked to speak of his poems as narratives, as in his reply to a questionnaire in 1934: "Poetry is the rhythmic, inevitably narrative, movement from an overclothed blindness to a naked vision that depends in its intensity on the strength of the labour put into the creation of the poetry. My poetry is, or should be, useful to me for one reason: It is the record of my individual struggle from darkness towards some measure of light. . . ." Each poem, he said, was to be "a formally watertight compartment of words, preferably with a main moving column (i.e. narrative) to hold a little of the real causes and forces of the creative brain and body."

At the root of his poetry is a sense of doubleness, of womb and tomb, of the worm as penis and as death, which he embodied in one of his earliest published poems, "The Force That Through the Green Fuse Drives the Flower." Out of such paradoxes he builds by crosshatching: as he wrote in a letter, "I make one image—though 'make' is not the word; I let, perhaps, an image be 'made' emotionally in me and then apply to it what intellectual and critical forces I possess—let it breed another, let that image contradict the first, make, of the third image bred out of the other two together, a fourth contradictory image, and let them all, within my imposed formal limits, conflict. Each image holds within it the seed of its own destruction, and my dialectical method, as I understand it, is a constant building up and breaking down of the images that come out of the central seed, which is itself destructive and constructive at the same time . . . Out of the inevitable conflict of images— . . . the womb of war—I try to make that momentary peace which is a poem."

His view of life coincides with the Christian, but perhaps only because Christianity offers the necessary symbols for this imagery of death-in-life and life-in-death. Certainly it is a different form of Christianity from that of Eliot, in that it is so radiantly aware of the sweetness of living, especially before the child learns an adult sense of time and death. He resembles, in fact, a seventeenth-century writer, Thomas Traherne, in his delight in childhood. His poems about adults are more sombre. Yet he insisted, in a Note to his *Collected Poems* (1952), that "These poems, with all their crudities, doubts, and confusions, are written for the love of Man and in praise of God, and I'd be a damn fool if they weren't." One of his last planned poems, which he never actually wrote down, expressed a lifetime aspiration: the poem was to tell how, after the Earth has killed itself, its residents would speak in the long night to one another of what they remembered. "And the poem becomes, at last, an affirmation of the beautiful and terrible worth of the Earth. It grows into a praise of what is and what could be on this lump in the skies. It is a poem about happiness."

Thomas was born October 27, 1914, in Swansea, Wales, which he described bitterly as "the smug darkness of a provincial town."[4] Thomas was educated at the Swansea Grammar School, which he left in 1931. His father, a schoolteacher, urged him to go to a university, but Thomas adduced the example of Bernard Shaw to justify his attempting to become a writer at once. His style, in fact, was formed by the time he was seventeen. In 1934 he published, at twenty, his first book, *18 Poems,* and won ecstatic praise from Edith Sitwell and others. He went to live in London in that year. In 1936 he met Caitlin Macnamara, a young Irishwoman whose temperament was as turbulent as his own; they married the following year, and subsequently had three children. Thomas wrote, besides poems, short stories, plays, and film scripts. The most successful was *Under Milk Wood,* a television script depicting the residents of a small Welsh town by the sea from the middle of one night to middle of the next. He supported himself in his last years in part by long lecture tours in the United States, during which—drunk or sober—he gave magnificent readings of poems (mostly by other writers) on dozens of college campuses. His extravagant drinking gradually usurped most of his time, and chronic alcoholism helped bring about his early death on November 5, 1953, in New York City.

Dylan Thomas appears in modern poetry with the air of a "marvelous boy" (as Wordsworth described Chatterton). He knew no Welsh but he accepted the traditional role of the Welsh bard and was painted by Augustus John as wild and inspired. In fact, his verse played its bravura of language against tight verse forms and was always subjected to stern intellectual ordering. Nonetheless, his full-throated rhetoric, so different from the usual understatement of Auden and other poets of the Thirties, was attacked by some critics as hypertension of vocabulary and rhythm masking impoverishment of theme. (The Movement of Robert Conquest, Philip Larkin, and others, was a reaction against him.) Thomas, a modest man, could berate himself in this way, as a "freak user of words, not a poet," but he usually felt that his verbal mannerisms were justified: "I am a painstaking, conscientious, involved and devious craftsman in words, however unsuccesful the result so often appears, and to whatever wrong uses I may apply my technical paraphernalia. I use everything and anything to make my poems work and move in the directions I want them to: old tricks, new tricks, puns, portmanteau-words, paradox, allusion, paranomasia, paragram, catachresis, slang, assonantal rhymes, vowel rhymes, sprung rhythm. Every device there is in language is there to be used if you will. Poets have got to enjoy themselves sometimes, and the twistings and convolutions of words, the inventions and contrivances, are all part of the joy that is part of the painful, voluntary work."

The Force That Through the Green Fuse Drives the Flower

*The force that through the green fuse drives the flower
*Drives my green age; that blasts the roots of trees
Is my destroyer.
*And I am dumb to tell the crooked rose
*My youth is bent by the same wintry fever.

The force that drives the water through the rocks
Drives my red blood; that dries the mouthing streams
Turns mine to wax.
And I am dumb to mouth unto my veins
How at the mountain spring the same mouth sucks.

*The hand that whirls the water in the pool
Stirs the quicksand; that ropes the blowing wind
*Hauls my shroud sail.
And I am dumb to tell the hanging man
How of my clay is made the hangman's lime.

*The lips of time leech to the fountain head;

※ *18 Poems* 에 수록되어 있으며 1933년 작이다. London 의 한 신문사에서 상을 받아 19세의 소년 Thomas 를 유명시인이 되게 한 출세작이다.

* **The force**: 생명을 가르는 한편, 생명을 파괴도 한 자연의 힘.
  fuse : 초목의 줄기. the green fuse : 젊은이의 성기를 암시.
* **green age**: 녹색의 나이(시대, 시기). 미숙한 시기, 사춘기.
  (cf) green youth : 풋나기.
* **I am dumb to tell**: 아연해서 말을 못한다.
  dumb : 표현력이 부족한.
  the crooked rose: 꽃피기 전에 이미 손상되어서, 추한 모양으로 핀 장미 즉 청춘.
* **the same wintry fever**: 청춘을 노년과 마찬가지로 병에 시달린다. 일종의 oxymoron 이다.
* **The hand**: 만물을 움직이는 근원자. 자연의 섭리.
* **Shroud sail**: "Shroud" 는 '돛대의 밧줄'의 뜻과 "수의"의 뜻이 있다. 후자로 해석하면 '죽음에 감싸인 생명력'이란 oxymoron 이다.
* **the hanging man**: ① 십자가의 Christ ② 탯줄에 매달려 있는 태아.
* **The lips ... head**: 시간은 곧 생명의 세계이니 그 생명의 입술이 생명샘에 붙어서 그 자신을 빨아먹고 있다.
  The lips of time: ① 자연계를 잠식하는 시간. ② sexual organ. ③ 유아의 입술. ④ 교회.
  the fountain head: ① 생명의 원천. ② 영원한 생명. ③ sexual organ. ④ 어머니의 유두. ⑤ 신. ⑥ heart.

*Love drips and gathers, but the fallen blood
*Shall calm her sores.
*And I am dumb to tell a weather's wind
*How time has ticked a heaven round the stars.
And I am dumb to tell the lover's tomb
How at my sheet goes the same crooked worm.

Twenty-Four Years

Twenty-four years remind the tears of my eyes.
(Bury the dead for fear that they walk to the grave in labour.)
*In the groin of the natural doorway I crouched like a tailor
*Sewing a shroud for a journey
*By the light of the meat-eating sun.

*Dressed to die, the sensual strut begun,
With my red veins full of money,
In the final direction of the elementary town
I advance for as long as forever is.

A Refusal to Mourn the Death, by Fire, of a Child in London

Never until the mankind making
Bird beast and flower
Fathering and all humbling darkness
*Tells with silence the last light breaking
*And the still hour
Is come of the sea tumbling in harness

And I must enter again the round

---

* **Fallen blood**: death.
* **her**: Lover's.
* **weather's wind**: changing, transient world.
* **time . . . stars**: 이 세상에서 잠시 천국을 이루었음을 말한다.

※ 제 3시집 *The Map of Love* (1939)의 최후의 시.

* **the groin**: 사타구니.
* **a journey**: a "walk to grave".
* **the meat-eating**: time.
* **Dressed to die**: 죽음의 옷을 입고; 죽음의 몸치장이 끝나면.

※ 제2차 세계대전 중 London의 공습에서 한 어린 소녀의 죽음에 대한 시다.

* **Tells . . . breaking**: 천지창조를 뒤집은 말이다.
* **the still hour**: death.

*Zion of the water bead
And the synagogue of the ear of corn
*Shall I let pray the shadow of a sound
*Or sow my salt seed
In the least valley of sackcloth to mourn

The majesty and burning of the child's death.
I shall not murder
*The mankind of her going with a grave truth
Nor blaspheme down the stations of the breath
With any further
Elegy of innocence and youth.

*Deep with the first dead lies London's daughter,
*Robed in the long friends,
*The grains beyond age, the dark veins of her mother,
Secret by the unmourning water
Of the riding Thames.
*After the first death, there is no other.

In My Craft or Sullen Art

*In my craft or sullen art
Exercised in the still night
*When only the moon rages
And the lovers lie abed
With all their griefs in their arms,
I labour by singing light
Not for ambition or bread
*Or the strut and trade of charms
*On the ivory stages

---

* **the water bead**: drop of water : individual piece of life.
* **the shadow of a sound**: 그림자처럼 덧없는 말.
* **sow my salt seed**: 불모의 눈물을 흘린다는 뜻. 소금을 간직한 종자는 싹트지 않는다.
* **The mankind of her**: 그녀가 속하는 인류.
* **the first dead**: Adam and Eve.
* **the long friends**: 영겁의 벗들.
* **her mother**: London 의 시 및 대지.
* **After ... other**: 죽음은 영원의 생의 세계로 들어가는 것이기 때문에, 제차 죽는 일은 없다.
* **In ... art**: 시를 쓰는 일이 힘들고 멋없는 일이라는 뜻.
* **rages**: 달빛이 불타는 뜻과 애인들의 격정을 함께 암시한다.
* **trade ... charms**: charming trade.
* **the vory stages**: 화려한 무대.

But for the common wages
*Of their most secret heart.

Not for the proud man apart
*From the raging moon I write
*On these spindrift pages
Nor for the towering dead
*With their nightingales and psalms
But for the lovers, their arms
Round the griefs of the ages,
Who pay no praise or wages
*Nor heed my craft or art.

Fern Hill

*Now as I was young and easy under the apple boughs
*About the lilting house and happy as the grass was green,
The night above the dingle starry,
Time let me hail and climb
*Golden in the heydays of his eyes,
And honoured among wagons I was prince of the apple towns
*And once below a time I lordly had the trees and leaves
Trail with daisies and barley
Down the rivers of the windfall light.

And as I was green and carefree, famous among the barns
About the happy yard and singing as the farm was home,
In the sun that is young once only,
Time let me play and be

---

* **their**: the lovers'
* **the raging moon**: the furious passion.
* **spindrift pages**: 시작의 단명함을 말함.
* **nightingales and psalms**: 지상의 미를 노래하는 시인과 천상의 미를 찬미하는 성직자들.
* **my craft or art**: 앞에 for를 넣고 해석할 것.

※ Thomas의 숙모가 살았고 그도 어릴 때 많은 여름을 보냈던 Wales 서남부의 Laugharne [la:n] 마을 도처에 있는 농가 이름이다. Thomas는 이 시를 자신의 최고작이라고 말하고 있다. 1945년 *Horizon* 10월호에 발표되었다.

* **apple**: ① Garden of Eden. ② 원죄적 암시. ③ 죽음을 암시.
* **the lilting house**: 쾌할하게 노래하는 집.
  happy . . . green: happy as well as vigorous.
* **his**: time's
* **once below a time**: once upon a time.
  the trees and leaves: 사인 자신의 뼈와 살.

Golden in the mercy of his means,
And green and golden I was huntsman and herdsman, the calves
Sang to my horn, the foxes on the hills barked clear and cold,
*And the sabbath rang slowly
In the pebbles of the holy streams.

*All the sun long it was running, it was lovely, the hay
Fields high as the house, the tunes from the chimneys, it was air
And playing, lovely and watery
And fire green as grass.
And nightly under the simple stars
*As I rode to sleep the owls were bearing the farm away,
*All the moon long I heard, blessed among stables,*the night-jars
*Flying with the ricks, and the horses
Flashing into the dark.

And then to awake, and the farm, like a wanderer white
With the dew, come back, the cock on his shoulder: it was all
*Shining, it was Adam and maiden,
*The sky gathered again
And the sun grew round that very day.
So it must have been after the birth of the simple light
*In the first, spinning place, the spellbound horses walking warm
Out of the whinnying green stable
*On to the fields of praise.

And honoured among foxes and pheasants by the gay house
*Under the new made clouds and happy as the heart was long,

---

* **daisies and barley**: 무덤, 죽음을 암시.
* **the sabbath**: the sabbath bell. 여기서는 교회의 종이 아니고 시내의 조약돌 이 내는 소리.
* **All the sun long**: all day long.
  it : 소년 시절. it 를 the sun 으로 보는 사람도 있다.
* **bearing**: carrying. 현실의 농장을 사춘기의 소년의 꿈의 세계로 나른다.
* **All the moon long**: all night long.
  blessed among stables: (Christ 탄생의 image). ① 마굿간에서 유쾌하고 기분 좋은 꿈을 꾸고 있다. ② Christ 를 암시
* **the night-jars . . . ricks**: 성과 탄생에 관한 꿈.
* **horses . . . dark**: 죽음에 관한 꿈.
* **maiden**: Eve.
* **gathered**: become light. gathered light.
* **the first, spinning place**: 현실 묘사의 배후에 천지창조에 관한 의미가 내재됨.(spinning place : the earth).
* **the fields of praise**: 에덴 동산의 image 와 현실 묘사의 양자가 겹쳐 있다.
* **happy as the heart long**: 살아서 심장이 고동치는 한 인간은 행복하리라고 소년은 생각한다.

In the sun born over and over,
I ran my heedless ways,
My wishes raced through the house high hay
*And nothing I cared, at my sky blue trades, that time allows
*In all his tuneful turning so few and such morning songs
Before the children green and golden
*Follow him out of grace,

*Nothing I cared, in the lamb white days, that time would take me
*Up to the swallow thronged loft by the shadow of my hand,
In the moon that is always rising,
*Nor that riding to sleep
I should hear him fly with the high fields
*And wake to the farm forever fled from the childless land.
Oh as I was young and easy in the mercy of his means,
Time held me green and dying
*Though I sang in my chains like the sea.

Do Not Go Gentle into That Good Night

*Do not go gentle into that good night,
Old age should burn and rave at close of day;
*Rage, rage against the dying of the light.

*Though wise men at their end know dark is right,

---

* **my sky blue trades**: 푸른 하늘처럼 희망에 차서 하는 일.
* **tuneful turning**: 절묘한 곡조를 만들어 낸다는 것.
* **him**: time 을 받는다.
* **lamb white**: innocent and pure.
* **the shadow of my hand**: 죽음의 그림자를 암시하며 방을 암시한다.
  the swallow ... hand: 어린 시절 Thomas 가 거처하던 제비가 모여드는 추녀 밑 방을 말하는 듯하다.
* **Nor**: nor did I care(that ...)
  to sleep: 잠과 죽음의 두가지 뜻으로 해석해야 한다.
* **him**: time
* **wake ... land**: 어른으로 성장하여 영원히 아이들의 세계에서 벗어나게 됨을 말하면서, 한편 죽어서 영원의 나라로 가는 것을 암시한다.
* **my chains**: 시간과 성장이라는 사슬.

※ 이 시는 the Swasea Grammar School 의 교사였던 Thomas 의 아버지 D.J.Thomas 의 임종시에 쓰여 졌다.

* **gentle**: Thomas 의 아버지가, 신의 존재에 대해서 회의를 품은 몹시 차가운 성격이었다는 점을 참작.
* **light**: night 와 음 및 의미의 양면에서 연관성이 있으며, 각과 생과 사를 상징한다.
* **right**: natural.

Because their words had forked no lightning they
Do not go gentle into that good night.

Good men, the last wave by, crying how bright
Their frail deeds might have danced in a green bay,
Rage, rage against the dying of the light.

Wild men who caught and sang the sun in flight,
And learn, too late, they grieved it on its way,
Do not go gentle into that good night.

Grave men, near death, who see with blinding sight
Blind eyes could blaze like meteors and be gay,
Rage, rage against the dying of the light.

And you, my father, there on the sad height,
Curse, bless, me now with your fierce tears, I pray.
Do not go gentle into that good night.
Rage, rage against the dying of the light.

---

* **Grave man**: 시인 또는 예언자의 뜻.

RANDALL JARRELL
(1914–1965)

After Randall Jarrell's death his friend Robert Lowell described him as the most "heartbreaking" poet of his generation, and his friend and teacher John Crowe Ransom spoke of Jarrell's "great flair for the poetry of desperation." Many of Jarrell's early poems were written out of his experience of the Second World War; they are about the losses of war, about young men made childlike by the nearness of death and their obligations as killers. Many of Jarrell's later poems are dramatic monologues which express the painful transformations of life and our desire to be changed into something that we once were or that we ache to become.

Randall Jarrell was born in Nashville, Tennessee, on May 16, 1914. His family soon moved to California, his parents were divorced, and he spent a year or so in Hollywood with grandparents and a great-grandmother. His long poem "The Lost World" is a recollection, with echoes of *The Prelude,* in which glimpses of papier-mâché dinosaurs and pterodactyls and an afternoon spent playing with the Metro-Goldwyn-Mayer lion are the counterparts to Wordsworth's pastoral. Jarrell returned to Nashville, where he spent a somewhat drab Depression childhood. His refuge was books and the local public library. He later wrote two poems about the child as reader, and other poems refer frequently to books which most people read when they are very young: *Kim, The Wind in the Willows,* Grimm's *Fairy Tales.* The creatures of fairy tales throng Jarrell's poetry—exiled children, witches, dragons, helpful animals; they live in a world which is sometimes hostile yet capable of being magically transformed.

Jarrell studied at Vanderbilt University, moving from psychology to English. In 1937–39 he taught at Kenyon College, and his friends there—John Crowe Ransom, Allen Tate, Robert Lowell, and the novelist Peter Taylor—have all written of his gaiety, learning, and bright assurance. In 1942 he published his first book of poems, *Blood from a Stranger,* and enlisted in the Army Air Corps. He washed out as a pilot, then served as a control tower operator working with B-29 crews.

The poet Robert Fitzgerald described Jarrell as "practically the only American poet able to cope with the Second World War." The war poems are to be found in two books, *Little Friend, Little Friend* (1945) and *Losses* (1948). The epigraph for the first is taken from an exchange between a bomber and its fighter escort: ". . . Then I heard the bomber call me in: 'Little Friend, Little Friend, I got two engines on fire. Can you see me, Little Friend?' I said, 'I'm crossing right over you. Let's go home.' " *Losses* is the stock term for military casualties—as in "Our losses were light today"—and both titles sugest Jarrell's concentration on the murderous mechanisms of

"Eighth Air Force" the soldiers "wash their hands in blood, as best they war and the diminished, helpless men who operate them. In the poem can." Moved to cleanse themselves, they can find nothing untainted by their humanity. In another poem an aerial gunner is killed in his womb-shaped ball turret, and thus born into his own death.

After the war in 1946 Jarrell taught at Sarah Lawrence and served as acting literary editor of the *Nation.* He had, according to Lowell, a "deadly hand for killing what he despised." His reviews—many of which are as yet uncollected—were hortatory, sometimes cruel, spattered with allusions, full of memorable epigrams and wisecracks. His contempt for bad poetry—and his pity for those who were satisfied with it—is explained by a complete devotion to imaginative literature. He believes that, "Human life without some form of poetry is not human life but some form of animal existence." Poetry is perhaps our chief defense against that "want of imagination, that inaccessibility to experience, of which each of us who dies a natural death will die." His most influential critical essays, those on Whitman and Frost, are richly documented, passionately argued appeals to readers to pay attention to poets who have been neglected or improperly appreciated because fashionable criticism doesn't know what to do with them.

From 1947 until his death Randall Jarrell taught at the Women's College of the University of North Carolina at Greensboro; he was occasionally absent on teaching assignments at other colleges and universities. In addition to his poetry and criticism, he published a novel, *Pictures from an Institution* (1954), and several books for children. In 1965 he was struck by a car and died. His last book of poems, *The Lost World,* was published in 1966.

In a brief catalogue of some of the perplexities which face us when we trace the development of modern poetry Jarrell includes the "dramatic monologue, which once had depended for its effect upon being a departure from the norm," and has now become "in one form or another the norm." Certainly it becomes the norm for Jarrell's later poetry. Much of his later criticism is concerned with prose—the short stories of Chekhov and Kipling, Christina Stead's novel *The Man Who Loved Children*—and he seems to have tried to bring into his poems some of the qualities of the prose he admired: a strong sense of character and particular circumstance, the expressive fluctuations of language, the aura of implication which surrounds dramatic speech. Jarrell usually touches his characters at a moment of private anguish. He writes:

> But I identify myself, as always,
> With something that there's something wrong with,
> With something human.

Repeatedly in Jarrell's later poems we encounter the figure of an aging woman who mourns for a world she has lost or never more than dreamed of. The last poem of Jarrell's last book, "Thinking of the Lost World," is a meditation of what mortal man can regain from the past by an act of loving memory. Jarrell begins the poem in imitation of Proust, whom he called the "greatest of the writers of this century." A spoonful of chocolate tapioca replaces the madeleine which induced Proust's remembrance of the past. The poem concludes:

> I hold in my own hands, in happiness,
> Nothing: the nothing for which there's no reward.

The recollected past is, of course, nothing: "Back in Los Angeles we missed / Los Angeles." But the nothing recollected, by a final transformation, survives in the happiness of the poet and the eloquence of his poem.

90 North

At home, in my flannel gown, like a bear to its floe,
I clambered to bed; up the globe's impossible sides
I sailed all night—till at last, with my black beard,
My furs and my dogs, I stood at the northern pole.

There in the childish night my companions lay frozen,
The stiff furs knocked at my starveling throat,
And I gave my great sigh: the flakes came huddling,
Were they really my end? In the darkness I turned to my rest.

—Here, the flag snaps in the glare and silence
Of the unbroken ice. I stand here,
The dogs bark, my beard is black, and I stare
At the North Pole . . .
And now what? Why, go back.

Turn as I please, my step is to the south.
The world—my world spins on this final point
Of cold and wretchedness: all lines, all winds
End in this whirlpool I at last discover.

And it is meaningless. In the child's bed
After the night's voyage, in that warm world
Where people work and suffer for the end
*That crowns the pain—in that Cloud-Cuckoo-Land

I reached my North and it had meaning.
Here at the actual pole of my existence,
Where all that I have done is meaningless,
Where I die or live by accident alone—

※90 North Latitude, 즉 북극.

*** Cloud-Cuckoo-Land:** Aristophanes(448?~380? BC. : 그리스시인) 의 The Birds 에서 새들이 구름속에 지은 상상적인 도시. 그러므로 어떤 환상적이며 가공의 세계.

Where, living or dying, I am still alone;
Here where North, the night, the berg of death
Crowd me out of the ignorant darkness,
I see at last that all the knowledge

I wrung from the darkness—that the darkness flung me—
Is worthless as ignorance: nothing comes from nothing,
The darkness from the darkness. Pain comes from the darkness
And we call it wisdom. It is pain.

Next Day

Moving from Cheer to Joy, from Joy to All,
I take a box
And add it to my wild rice, my Cornish game hens.
The slacked or shorted, basketed, identical
Food-gathering flocks
*Are selves I overlook. Wisdom, said William James,

Is learning what to overlook. And I am wise
If that is wisdom.
Yet somehow, as I buy All from these shelves
And the boy takes it to my station wagon,
What I've become
Troubles me even if I shut my eyes.

When I was young and miserable and pretty
And poor, I'd wish
What all girls wish: to have a husband,
A house and children. Now that I'm old, my wish
Is womanish:
That the boy putting groceries in my car

See me. It bewilders me he doesn't see me.
For so many years
I was good enough to eat: the world looked at me
And its mouth watered. How often they have undressed me,
The eyes of strangers!
And, holding their flesh within my flesh, their vile

Imaginings within my imagining,
I too have taken

---

* **William James(1842~1910)**: 미국의 철학자이며 심리학자.
* 약간 바꾸어 쓴 인용구는 *The Principle of Psychology* (1890)에서 나온 것이다.

The chance of life. Now the boy pats my dog
And we start home. Now I am good.
The last mistaken,
Ecstatic, accidental bliss, the blind

Happiness that, bursting, leaves upon the palm
Some soap and water—
It was so long ago, back in some Gay
Twenties, Nineties, I don't know . . . Today I miss
My lovely daughter
Away at school, my sons away at school,

My husband away at work—I wish for them.
The dog, the maid,
And I go through the sure unvarying days
At home in them. As I look at my life,
I am afraid
Only that it will change, as I am changing:

I am afraid, this morning, of my face.
It looks at me
From the rear-view mirror, with the eyes I hate,
The smile I hate. Its plain, lined look
Of gray discovery
Repeats to me: "You're old." That's all, I'm old.

And yet I'm afraid, as I was at the funeral
I went to yesterday.
My friend's cold made-up face, granite among its flowers,
Her undressed, operated-on, dressed body
Were my face and body.
As I think of her I hear her telling me

How young I seem; I *am* exceptional;
I think of all I have.
But really no one is exceptional,
No one has anything, I'm anybody,
I stand beside my grave
Confused with my life, that is commonplace and solitary.

JOHN BERRYMAN
(1914–1972)

John Berryman's poetry has an air of authority although it is often extremely eccentric and uneven. He succeeded in making the tergiversations of his moody self seem momentous and fascinating, and won a considerable following. Like Robert Lowell, he wrote an intensely personal kind of verse. If it was theatrical, theatricality was an aspect of his personality, and it was only through that aspect that he could express himself.

Berryman was born John Smith on October 25, 1914, in McAlester, Oklahoma. He lived till the age of ten in Anadarko, a nearby town where his father, also named John Smith, was a banker and his mother a schoolteacher. Then the family moved to Tampa, Florida. It was here that his parents' quarrels, furious for years, ended when his father shot himself outside his son's window. "That mad drive wiped out my childhood." In the penultimate poem of *His Toy, His Dream, His Rest,* Berryman described a visit to his father's grave and commented, with unmitigated bitterness, "I spit upon this dreadful banker's grave / who shot his heart out in a Florida dawn." The widow brought John and a younger son to Gloucester, Massachusetts, and then to New York City. Here she married another banker, John Berryman, whose name the children took. The stepfather was soon to divorce his wife, but he remained kind to the children. He sent John to a private school in Connecticut (South Kent School), and then to Columbia College. John Berryman received a B.A. in 1936, and then attended Clare College, Cambridge, on a fellowship. When he returned to the United States he taught for a year at Wayne State, then from 1940 to 1943 at Harvard, and following that, for almost ten years off and on, at Princeton. From 1955 till his death he taught at the University of Minnesota. A nervous, tense man prone to overdrinking, Berryman lived turbulently. He was married three times. In later life, he was converted back to Roman Catholicism, the faith of his childhood, and his last book, *Delusions, Etc.* (1972) debates faith with God in a way to indicate that the question still agitated him. On January 7, 1972, he threw himself from a bridge in Minneapolis to end his life at the age of fifty-seven.

Berryman's early work formed part of a volume entitled *Five Young American Poets,* published by New Directions in 1940. The influence of Yeats, Auden, Hopkins, Crane, and Pound on him was strong, and Berryman's own voice—by turns nerve-racked and sportive—took some time to be heard. His voice has always been an amalgam, first of other poets but later of Berryman's various selves, formal and informal in unexpected jumps. He shifts from educated language to wild dialect, and almost before he makes a statement begins to question and sometimes to mock it. These characteristics, expressed in contorted syntax, give the poetry an impressive air of painful self-involvement.

In explaining the title poem of his third volume, *The Dispossessed* (1948), Berryman remarked, "it may be worth observing that I began with, or at any rate worked with, both the opposite directions the notion of dispossession points to: the miserable, *put out of one's own*, and the relived, saved, un-devilled, de-spelled. The first is the more important, and the second need not be agreeable—the devil cast out may be life . . . The concept reaches deep into modern agony."

This sense of agony pervades Berryman's work, even when, as often happens, it is funny. He noted as a defect in Wallace Stevens, even though he admired that poet, Stevens' failure to wound ("So Long? Stevens"). His own poetry wounds and is itself wounded; so in his most important book, *His Toy, His Dream, His Rest* (1969), the second volume of Dream Songs, he described personal calamities and the deaths of friends such as the poets Frost, Winters, MacNeice, Jarrell, Roethke, Sylvia Plath, Williams, and especially Schwartz.

Berryman gradually saw the autobiographical element in his poems as all-important. Interviewed for the *Harvard Advocate* (Spring, 1969), he insisted that Eliot's theory of the impersonality of poetry was wrong, and called his own verse personal. Some of it ostentatiously is, such as the *Sonnets*, addressed to a married woman whom he loved in the Forties. She refused to leave her husband and Berryman was driven, as the poems make clear, to the point of considering suicide. His "Homage to Mistress Bradstreet" seems a more objective subject in its concern with the early American poet Anne Bradstreet, But Berryman, though he did not like her work, "fell in love with her; and wrote about her, putting myself in it." The poem becomes a dialogue between the old poet and the new, both expressing themselves in the contorted, shifting moods and syntax which are far more Berryman than Bradstreet.

His major work has been a series of Dream Songs which appeared in two separate volumes and number 385. They form, like his friend Robert Lowell's *Notebook*, a poetic journal, and represent, half phantasmagorically, the changes in Berryman's mood and attitude. Or as he puts it more grandly in No. 366, they are meant "to terrify and comfort." The tone is often wildly humorous, but turns quickly towards melancholy again. When the first volume, *77 Dream Songs*, was misinterpreted as simply autobiography, Berryman wrote in a prefatory note to the sequel, "The poem then, whatever its cast of characters, is essentially about an imaginary character (not the poet, not me) named Henry, a white American in early middle age sometimes in blackface, who has suffered an irreversible loss and talks about himself sometimes in the first person, sometimes in the third, sometimes even in the second; he has a friend, never named, who addresses him as Mr. Bones and variants thereof." (Mr. Bones is a name from the minstrel show circuit.) When Berryman was asked about the poem's seeming lack of unity, he insisted that it "has a plot. Its plot is the personality of Henry as he moves on in the world," from the age of forty-one to fifty-one. Domestic difficulties, the deaths of friends, personal anxieties, all are fused into verse that thrives on interruptions in syntax, brief asides, and knowing winks. These sustained irregularities are balanced against a surprisingly strict six-line stanza (borrowed, as Berryman said, from Yeats), in which lines 1, 2, 4, and 5 are in pentameter, lines 3 and 6 in trimeter. Each dream song is 18 lines long.

Berryman insists that he and his character Henry are not the same; certainly some stylization has occurred, though Berryman's traits are still easily recognizable. The poetry is confessional and neurotic, but it is also learned, both in mobilizing traditional literary resources and in savoring all the resources of contemporary diction. Berryman was well versed in English and American literature; he wrote a biography of Stephen Crane (1950) in which he attempted to analyze Crane's psychology as he analyzed his own. What seems likely to survive of his poetry is its pungent and many-leveled portrait of a complex personality which, for all its eccentricity, stayed close to the center of the intellectual and emotional life of the mid-century.

The Ball Poem

What is the boy now, who has lost his ball,
What, what is he to do? I saw it go
Merrily bouncing, down the street, and then
Merrily over—there it is in the water!
No use to say 'O there are other balls':
An ultimate shaking grief fixes the boy
As he stands rigid, trembling, staring down
All his young days into the harbour where
His ball went. I would not intrude on him,
A dime, another ball, is worthless. Now
He senses first responsibility
In a world of possessions. People will take balls,
Balls will be lost always, little boy,
And no one buys a ball back. Money is external.
He is learning, well behind his desperate eyes,
The epistemology of loss, how to stand up
Knowing what every man must one day know
And most know many days, how to stand up.
And gradually light returns to the street,
A whistle blows, the ball is out of sight,
Soon part of me will explore the deep and dark
Floor of the harbour . . I am everywhere,
I suffer and move, my mind and my heart move
With all that move me, under the water
Or whistling, I am not a little boy.

※이 시는 25행으로 된 긴 무운시지만 독자들은 이 시에서 훨씬 많은 유동성을 발견할 것이라고 시인은 말하고 있다. 이 시에서 시인 자신은 무시되기도 하며 동시에 참여하기도 한다. 따라서 그 소년이 그가 되기도 하고 그가 되지 않기도 하며, 그리고 우리는 삶의 과정이면서 동시에 예술의 과정인 하나의 과정에 직면하게 된다.
(Berryman, quoted in *Poets in Progress,* ed. by Howard Nemerov, New York, 1966, p.98.)

Homage to Mistress Bradstreet

1

The Governor your husband lived so long
* moved you not, restless, waiting for him? Still,
you were a patient woman—
I seem to see you pause here still:
Sylvester, Quarles, in moments odd you pored
before a fire at, bright eyes on the Lord,
all the children still.
'Simon . .' Simon will listen while you read a Song.

2

Outside the New World winters in grand dark
white air lashing high thro' the virgin stands
foxes down foxholes sigh,
surely the English heart quails, stunned.
I doubt if Simon than this blast, that sea,
spares from his rigour for your poetry
more. We are on each other's hands
who care. Both of our worlds unhanded us. Lie stark,

※ 이 시편은 1953년에 발표되었으며 (책으로 나온 것은 미국에서는 1956년이며 London 에서는 1959년이다. 시인이 시의 첫번째 연과 두번째 연의 3행을 짓는데 그 시간이 거의 5년이 걸렸다. 시의 형식은 Yeats의 "In Memory of Major Robert Gregory"라는 시를 연구한 끝에 시인은 8행으로 된 연을 고안해 냈다.
시인은 그 후로 약 4년 반 동안 소재들을 모으고, 윤곽을 그려 나갔다. 이 시의 구상은 20세기 시인들이 사용하는「나」라는 1인칭 화자에 의해 말해지는 이 화자가 시의 대부분을 말하는 그녀의 목소리를 조절하게 한 것이다. (*Poets in Progress* pp.99~100)

* **him**: He was not Governor until after her death.

* **I**: 이 시는 고귀한 품격의 청교도 여성(최초의 미국시인이었을지도 모르지만, 결코 좋은 시인이라고는 할 수 없다.)에 관한 시다.

* 이 부분을 짓는 데 5년이 걸리었다.
"지배자인 당신의 남편은 너무나 오래 살았고/휴식도 없이, 당신을 묶어 놓았다, 그를 기다린다고? 하지만, /당신은 인내심이 있는 여성이었다-/나는 당신이 여기서 가만히 멈추는 것을 보는 것 같다./실베스터, 콸레스, 불앞에서 당신이 응시하는/기이한 매 순간마다 신을 향해 빛나는 눈빛들/모든 아이들은 침묵하고/'시몬...' 당신이 노래를 읊는 동안 시몬은 들을 것이다./아무도 밟지 않은 처녀림을 통과해 드높게 채찍질하는 새하얀 대기는/신세계의 바깥에서 겨울을 나고/여우들은 참호 아래에서 신음한다..."

3

thy eyes look to me mild. Out of maize & air
your body's made, and moves. I summon, see,
from the centuries it.
I think you won't stay. How do we
linger, diminished, in our lovers' air,
implausibly visible, to whom, a year,
years, over interims; or not;
to a long stranger; or not; shimmer and disappear.

4

Jaw-ript, rot with its wisdom, rending then;
then not. When the mouth dies, who misses you?
Your master never died,
Simon ah thirty years past you—
Pockmarkt & westward staring on a haggard deck
it seems I find you, young. I come to check,
I come to stay with you,
and the Governor, & Father, & Simon, & the huddled men.

• • •

17

The winters close, Springs open, no child stirs
under my withering heart, O seasoned heart
God grudged his aid.
All things else soil like a shirt.
Simon is much away. My executive stales.
The town came through for the cartway by the pales,
but my patience is short,
I revolt from, I am like, these savage foresters

18

whose passionless dicker in the shade, whose glance
impassive & scant, belie their murderous cries
when quarry seems to show.
Again I must have been wrong, twice.
Unwell in a new way. Can that begin?
God brandishes. O love, O I love. Kin,
gather. My world is strange
and merciful, ingrown months, blessing a swelling trance.

19

So squeezed, wince you I scream? I love you & hate
off with you. Ages! *Useless.* Below my waist
he has me in Hell's vise.

Stalling. He let go. Come back: brace
me somewhere. No. No. Yes! everything down
hardens I press with horrible joy down
my back cracks like a wrist
shame I am voiding oh behind it is too late

20

hide me forever I work thrust I must free
now I all muscles & bones concentrate
what is living from dying?
Simon I must leave you so untidy
Monster you are killing me Be sure
I'll have you later Women do endure
I can *can* no longer
and it passes the wretched trap whelming and I am me

21

drencht & powerful, I did it with my body!
One proud tug greens Heaven. Marvellous,
unforbidding Majesty.
Swell, imperious bells. I fly.
Mountainous, woman not breaks and will bend:
sways God nearby: anguish comes to an end.
Blossomed Sarah, and I
blossom.[7] Is that thing alive? I hear a famisht howl.

• • •

ROBERT LOWELL
(1917–   )

Robert Lowell presents himself in his poetry as a gnarled, knotty, unwieldy figure—a gargoyle or a personification of a disfavored metaphysical poem. This portrait is not what might be anticipated from a member of a patrician New England family, with James Russell Lowell for great-great-uncle and Amy Lowell for distant cousin. Lowell insists upon his own version of the family history. In the prose autobiography which forms a large part of his book, *Life Studies,* he begins that history by insisting that one of his great-great-grandfathers was Mordecai Myers, a Jew. He shows little indulgence towards later members, such as his parents, and relentlessly recalls his parents' lifelong dialogue as that of a shrew and a wobbler: " 'Weelawaugh, we-ee-eeelawaugh, weelawaugh,' shrilled Mother's high voice. 'But-and, but-and, but-and!' Father's low mumble would drone in answer." With other ancestors whom he presents more attractively, with dead writers like Jonathan Edwards, Hawthorne, T. S. Eliot, Berryman, and Pound, and live ones like Mary McCarthy, Lowell constructs a new family for himself, patricians not of blood but of tortured talent. These he memorializes in poems and dedications.

Whether he is discussing the intricacies of the Puritan conscience, or writing as Catholic or agnostic, Lowell is, like his *Phaedra,* "Always, always agonized." (That he should translate this play of Racine, with its incestuous heroine, accords with Lowell's Jacobean taste for violent passion.) He beats against what he calls awkwardly—and a deliberate awkwardness jackets many of his poems—"blind alleys of our rooms." In his preface to a book of translated poems, *Imitations,* Lowell expressly declares that "the dark and against the grain" primarily interest him. He sees American life in the same terms: "I always think there are two great symbolic figures that stand behind American ambition and culture. One is Milton's Lucifer and the other is Captain Ahab: these two sublime ambitions that are doomed and ready, for their idealism, to face any amount of violence." Lowell habitually finds struggle, and usually guilt, surrounding him.

He was born March 1, 1917, in "this planned / Babel of Boston where our money talks." He spent his early years there except for several periods in Washington and Philadelphia, where his father, a naval officer, was stationed. In "Commander Lowell" and other poems in *Life Studies,* Lowell offers a chilly, relentless picture of his father, who died in 1950. He attended St. Mark's School, and came to know the poet Richard Eberhart who was teaching there. He also grew interested in art, and began to glimpse in the work of Cézanne and other painters possible parallels with literary work. Now, or soon after, Lowell began to prepare himself with uncanny deliberateness for the life of a poet. He enrolled at Harvard, and immersed himself in courses in English literature; but after two years he abruptly transferred to Kenyon College so he could study with John Crowe Ransom. Under Ransom's guidance he studied the classics, logic, and philosophy. After graduation in 1940, Lowell attended Louisiana State University, where he studied with Robert Penn Warren and Cleanth Brooks. At the same time he formed a close friendship with Allen Tate, so that he was immersed in the school of New Criticism and in their predilection for "formal, difficult poems."

While at Kenyon, Lowell experimented in the most divergent styles. One poem, which Ransom, as editor of the *Kenyon Review,* accepted for publication, was inspired by Yvor Winters and Robert Bridges, and constituted "a rather distant, quiet classical poem without any symbolism."[5] He found more congenial models in Hart Crane, Dylan Thomas, and Tate, as well as in the examples cited and elaborately explained by William Empson in *Seven Types of Ambiguity.* Lowell's own poems became increasingly ambiguous, to the point that Ransom found them forbidding and clotted. Lowell was himself dissatisfied with them, though he did not renounce his density of detail or jaggedness of syntax.

In 1940, the year he was graduated from Kenyon College, Lowell married the novelist Jean Stafford. (They were divorced in 1948, and he married his second wife, Elizabeth Hardwick, in 1949.) He also was converted to Catholicism, and found a new intensity, a new vantagepoint, in the change from his family's Episcopalianism. He drew the title of his first book, *Land of Unlikeness* (1944), from Etienne Gilson's *The Mystical Theology of Saint Bernard,* where Gilson explains that "when the soul has lost its likeness to God it is no longer like itself" and dwells in the "land of unlikeness." Under this title Lowell wrote scathingly now, and later, of the modern world as a Babylon or a wasteland, "where the landless blood of Cain / Is burning, burning the unburied grain" ("Children of Light"), and prophesied the death of "our mighty merchants" ("Rebellion"). Like the historian R. H. Tawney, he connected the Puritan tradition with the rise of predatory capitalism.

Lowell was greatly disturbed by the advent of the Second World War. At first he tried, unsuccessfully, to enlist. Then in 1943, as his apocalyptic view sharpened, he grew horrified, particularly by the bombing of civilians, and declared himself a conscientious objector. As he wrote in *Life Studies,* with some humor, "I was a fire-breathing Catholic C.O., / and made my manic statement . . . / Given a year, / I walked on the roof of the West Street Jail . . ." He was released after six months, and afterwards lived for a time in Black Rock, near Bridgeport, Connecticut, where he found imagery for some of his best poems, reflecting the acute distress he then felt, for the world and for himself.

Lowell has said that he thought Hart Crane the most successful poet of the Twenties, in part because Crane sought to be "at the center of things" in his time, and "got out more than anybody else." In his own way Lowell has also sought to be at the center. One way he has attempted this is stylistic:

like many poets of the century, he attempted in middle age to break through his own formality and obscurity, to write at once more intimately of his own experience and more publicly. The change was marked by a looser meter and form, beginning with *Life Studies*. Another alteration has been in symbolism: Lowell has given up the Christian symbols of his early work, and says of his later work, "you couldn't possibly say what creed I believed in." On the other hand, he feels that his later poems are even more religious, and depict "the same sort of struggle, light and darkness, the flux of experience. The morality seems much the same." His manner has, however, become less forbidding, and the details are presented less viscously, with more individual sharpness. He has also found dramatic vehicles for his moods by adapting for the stage stories by Melville and Hawthorne.

Lowell has confronted recent events with courage and conviction. He has been at the center of things especially during the Vietnam War, both through poems and by public action. In June 1965 he formally refused an invitation to the White House Festival of the Arts from President Lyndon B. Johnson, and used the occasion to protest against the war. During the Democratic primary campaign for the presidency in 1968, Lowell accompanied Senator Eugene McCarthy whose anti-war platform he shared. But in temporary withdrawal from the political scene, he has lived in England since 1970.

Lowell's most recent work is entitled *Notebook 1967–68*, and traces in broken sequence the history both of his private feelings and of the political scene during that time. As if caught between formality and informality, he has made the book a sonnet-sequence, but the sonnets are unrhymed. Not so savage as his earlier work, and with much more awareness of other people —wife, daughter, friends—these poems show more variety of response but keep, by what Lowell calls his "surrealism," the grotesquerie which has always been his brand and distinction.

The confessional aspect of Lowell's poetry, and his powerful expression of it, have brought him as close to being central in recent verse as the disorganization of the literary scene will allow. More than any other poet, he arouses admiration and jealousy. His work is imperfect, as his own revisions of it admit, but it touches the nerve of the time.

Skunk Hour

(FOR ELIZABETH BISHOP)

Nautilus Island's hermit
heiress still lives through winter in her Spartan cottage;
her sheep still graze above the sea.
Her son's a bishop. Her farmer
is first selectman in our village;
she's in her dotage.

Thirsting for
the hierarchic privacy
of Queen Victoria's century,
she buys up all
the eyesores facing her shore,
and lets them fall.

The season's ill—
we've lost our summer millionaire,
*who seemed to leap from an L. L. Bean
catalogue. His nine-knot yawl
was auctioned off to lobstermen.
*A red fox stain covers Blue Hill.

And now our fairy
decorator brightens his shop for fall;
his fishnet's filled with orange cork,
orange, his cobbler's bench and awl;
there is no money in his work,
he'd rather marry.

One dark night,
my Tudor Ford climbed the hill's skull;
I watched for love-cars. Lights turned down,
they lay together, hull to hull,
where the graveyard shelves on the town. . . .
My mind's not right.

※ 장면은 Lowell 의 여름별장이 있는 Maine 주 Castine 이다.
이 제사는 Elizabeth Bishop 에게 드리는 글이다. "Skunk Hour" 는 Bishop 의 "The Armadillo" 를 모델로 한 것이다.

* **L.L.Bean**: 야외복을 포함해서 운동기구를 거래하는 Maine 주에 있는 우편주문집.

* **Blue Hill**: 시인이 살던 Maine 주 가까이에 있는 산이름.

A car radio bleats,
*"Love, O careless Love. . . ." I hear
my ill-spirit sob in each blood cell,
as if my hand were at its throat. . . .
*I myself am hell;
nobody's here—

only skunks, that search
in the moonlight for a bite to eat.
They march on their soles up Main Street:
white stripes, moonstruck eyes' red fire
under the chalk-dry and spar spire
of the Trinitarian Church.

I stand on top
of our back steps and breathe the rich air—
a mother skunk with her column of kittens swills the garbage pail.
She jabs her wedge-head in a cup
of sour cream, drops her ostrich tail,
and will not scare.

For the Union Dead

"Relinquunt Omnia Servare Rem Publicam."

The old South Boston Aquarium stands
in a Sahara of snow now. Its broken windows are boarded.
The bronze weathervane cod has lost half its scales.
The airy tanks are dry.

Once my nose crawled like a snail on the glass;
my hand tingled
to burst the bubbles
drifting from the noses of the cowed, compliant fish.

My hand draws back. I often sigh still
for the dark downward and vegetating kingdom
of the fish and reptile. One morning last March,
I pressed against the new barbed and galvanized

---

* **Love, . . . Love:** 그 당시 유행하던 "Careless Love"라는 제목의 유행가. 이 유행가는 다음의 두 줄을 포함하고 있다.
"Now you see what careless love will do . . . /Make you kill yourself and your sweetheart too."
* **I . . . hell:** Lucifer 의 시행을 개작한 것이다. "Which way I fly is Hell : myself am Hell," *(Paradise Lost,* Ⅳ : 75.)

fence on the Boston Common. Behind their cage,
yellow dinosaur steamshovels were grunting
as they cropped up tons of mush and grass
to gouge their underworld garage.

Parking spaces luxuriate like civic
sandpiles in the heart of Boston.
A girdle of orange, Puritan-pumpkin colored girders
braces the tingling Statehouse,

shaking over the excavations, as it faces Colonel Shaw
and his bell-cheeked Negro infantry
on St. Gaudens' shaking Civil War relief,
propped by a plank splint against the garage's earthquake.

Two months after marching through Boston,
half the regiment was dead;
at the dedication,
*William James could almost hear the bronze Negroes breathe.

Their monument sticks like a fishbone
in the city's throat.
Its Colonel is as lean
as a compass-needle.

He has an angry wrenlike vigilance,
a greyhound's gentle tautness;
he seems to wince at pleasure,
and suffocate for privacy.

He is out of bounds now. He rejoices in man's lovely,
peculiar power to choose life and die—
when he leads his black soldiers to death,
he cannot bend his back.

On a thousand small town New England greens,
the old white churches hold their air
of sparse, sincere rebellion; frayed flags
quilt the graveyards of the Grand Army of the Republic.

※ 이 시는 처음에는 "Colonel Shaw and the Massachusetts 54th" 라는 제목으로 출판되었다. 제목 다음의 제사의 뜻은 이렇다. "They give up everything to the Republic" (Lat).

* **William James**: (1842~1910), Harvard 에서 교편을 잡았던 철학자이며 심리학자.

* 남북전쟁 당시의 Union Forces.

The stone statues of the abstract Union Soldier
grow slimmer and younger each year—
wasp-wasted, they doze over muskets
and muse through their sideburns . . .

Shaw's father wanted no monument
except the ditch,
*where his son's body was thrown
and lost with his "niggers."

The ditch is nearer.
*There are no statues for the last war here;
*on Boyleston Street, a commercial photograph
shows Hiroshima boiling

over a Mosler Safe, the "Rock of Ages"
that survived the blast. Space is nearer.
When I crouch to my television set,
the drained faces of Negro school-children rise like balloons.

Colonel Shaw
is riding on his bubble,
he waits
for the blessèd break.

The Aquarium *is* gone. Everywhere,
giant finned cars nose forward like fish;
a savage servility
slides by on grease.

Ezra Pound

Horizontal in a deckchair on the bleak ward,
some feeble-minded felon in pajamas, clawing
*a Social Credit broadside from your table, you saying,
". . . here with a black suit and black briefcase; in the briefcase,
*an abomination, Possum's *hommage* to Milton."

---

* **body was thrown**: Fort Wagner 에서 남부군에 의해서.
* **the last war**: the second World War.
* **Boyleston Street**: a street in downtown Boston.
* Pound 가 Washington 에 있는 St. Elizabeth's Hospital 에 정신병으로 입원하고 있을 때 Lowell 은 Pound 를 방문했다.
* **a social Credit**: Pound 가 환상적으로 지지하였던 모호한 경제계획.
* **Possum's**: Eliot 는 Pound 처럼 처음에는 Milton 을 비난하였으나 후에 그것을 취소하였다.

*Then sprung; Rapallo, and then the decade gone;
then three years, then Eliot dead, you saying,
"And who is left to understand my jokes?
My old Brother in the arts . . . and besides, he was a smash of a poet."
He showed us his blotched, bent hands, saying, "Worms.
When I talked that nonsense about Jews on the Rome
*wireless, she knew it was shit, and still loved me."
And I, "Who else has been in Purgatory?"
And he, "To begin with a swelled head and end with swelled feet."

Robert Frost

Robert Frost at midnight, the audience gone
to vapor, the great act laid on the shelf in mothballs,
his voice musical, raw and raw—he writes in the flyleaf:
"Robert Lowell from Robert Frost, his friend in the art."
"Sometimes I feel too full of myself," I say.
And he, misunderstanding, "When I am low,
*I stray away. My son wasn't your kind. The night
*we told him Merrill Moore would come to treat him,
he said, 'I'll kill him first.' One of my daughters thought things,
knew every male she met was out to make her;
the way she dresses, she couldn't make a whorehouse."
And I, "Sometimes I'm so happy I can't stand myself."
And he, "When I am too full of joy, I think
how little good my health did anyone near me."

---

* **Rapallo**: Pound 는 퇴원후 Italy 의 Rapallo 로 돌아가서 살았다.
* **wireless**: 세계 제 2차대전 중 여러 차례 이태리 방송국에서 연설하였다. "She" 는 Pound 의 친구인 Olga Rudge 이다.
* **My son**: Frost 의 아들은 자살했다.
* **Moore**: 시인이며 정신분석 학자.

PHILIP LARKIN
(1922–)

Philip Larkin's first book, *The North Ship* (1945), was strongly influenced by Yeats. His later books have caught his own tone, which is that of a man who has lost opportunities, failed to get the girl he wanted and got another instead (that not lasting either), and always found life less than it might have been. As an undergraduate at Oxford, Larkin belonged to a group that came to be known as "The Movement," its revolt being against poetry of excess, whether rhetorical excess, which they attributed to Dylan Thomas, or cosmic portentousness, which they thought they saw in Eliot or Pound. The search was instead for a more even-tempered, conversational idiom, more accurate than magniloquent. Among these poets, included in an anthology called *New Lines,* Larkin and Thom Gunn have proved the most important.

Larkin was born on August 9, 1922 in Coventry, Warwickshire. His miseries as a student at Oxford are depicted in *Jill,* the first of his two novels. Since taking his Oxford degree in 1943, he has been a librarian, most recently at the University of Hull. Against this rather undramatic career Larkin's poetry sparkles and asserts itself. He has published only three small books of verse. Because their manner is so quiet, and because their matter is so often melancholy contemplation, Larkin has somewhat repelled critics looking for radical novelty in technique and for urgent encroachments upon the present in theme. He seems, however, to have survived this criticism. And in fact he is not without defenses. As the misquotation from Hamlet which is the title of one of his books implies, he is "the less deceived," instead of "the more deceived." Others may proceed from rapture to disenchantment, but his enchantment was never as thoroughgoing as theirs. If he has paraded no great truths, he has offered things that were "almost true," like the statement of love and fidelity in "An Arundel Tomb." His acceptance of defeat, in a poem like "Toads Revisited,"

> Give me your arm, old toad;
> Help me down Cemetery Road,

cannot be read without recognizing the witty exaggeration of the poet's plight. In a poem called "As Bad as a Mile," Larkin makes his failure to hit a wastebasket with an apple core into a failure which spreads back up his arm until he seems Adam before the apple was eaten, and his own mishap is overwhelmed in the general disaster of the Fall.

Larkin is not the poet to celebrate poetry, but in finding affection even when love fails, creative possibilities in loneliness, humility blossoming from unsuccess, he is more resurgent than recumbent. His favorite poet, as he says in the introduction to *The North Sea,* is Hardy, and he inherits some of

Hardy's toughness as well as dourness. He is gentler and funnier than Hardy, however, more amused by ineptitude, more affectionate towards his readers. Two of the sustaining elements in his poems, and in his consciousness, are a sense of what "unfenced existence" might be ("Here"), and a recognition of what brilliance images have before they dissipate or diminish, as when he talks of the "bright incipience" of love in "Love Songs in Age," or notes, with complex feelings, the unrealizable aspirations of "The Whitsun Weddings." The reverse of grandiose or straining, Larkin's poetry is so evidently integral with its author, and so witty and deft, that it speaks with singular authority and aplomb.

Church Going

Once I am sure there's nothing going on
I step inside, letting the door thud shut.
Another church: matting, seats, and stone,
And little books; sprawlings of flowers, cut
For Sunday, brownish now; some brass and stuff
Up at the holy end; the small neat organ;
And a tense, musty, unignorable silence,
*Brewed God knows how long. Hatless, I take off
My cycle-clips in awkward reverence,

Move forward, run my hand around the font.
From where I stand, the roof looks almost new—
Cleaned, or restored? Someone would know: I don't.
Mounting the lectern, I peruse a few
Hectoring large-scale verses, and pronounce
'Here endeth' much more loudly than I'd meant.
The echoes snigger briefly. Back at the door
*I sign the book, donate an Irish sixpence,
Reflect the place was not worth stopping for.

Yet stop I did: in fact I often do,
And always end much at a loss like this,
Wondering what to look for; wondering, too,
When churches fall completely out of use
What we shall turn them into, if we shall keep
A few cathedrals chronically on show,
Their parchment, plate and pyx in locked cases,
And let the rest rent-free to rain and sheep.
Shall we avoid them as unlucky places?

Or, after dark, will dubious women come
To make their children touch a particular stone;
*Pick simples for a cancer; or on some
Advised night see walking a dead one?
Power of some sort or other will go on
In games, in riddles, seemingly at random;

※ *The Less Deceived* 에 수록. 이 시는 The Movement 의 시의 특징을 형식에서 뿐만 아니라 전후의 영국의 지식인의 정신적 풍토의 일면을 잘 나타내고 있다.

* **Hatless**: being hatless.
* **donate ... sixpence**: 영국 화폐는 아일랜드에서 그냥 통용되지만, 아일랜드 화폐는 영국에서 쓸 수 없다.
* **simples**: 약초 : 약초로 만든 약.

But superstition, like belief, must die,
And what remains when disbelief has gone?
Grass, weedy pavement, brambles, buttress, sky,

A shape less recognisable each week,
A purpose more obscure. I wonder who
Will be the last, the very last, to seek
This place for what it was; one of the crew
That tap and jot and know what rood-lofts were?
Some ruin-bibber, randy for antique,
Or Christmas-addict, counting on a whiff
Of gown-and-bands and organ-pipes and myrrh?
Or will he be my representative,

Bored, uninformed, knowing the ghostly silt
Dispersed, yet tending to this cross of ground
Through suburb scrub because it held unspilt
So long and equably what since is found
Only in separation—marriage, and birth,
And death, and thoughts of these—for whom was built
This special shell? For, though I've no idea
What this accoutred frowsty barn is worth,
It pleases me to stand in silence here;

*A serious house on serious earth it is,
In whose blent air all our compulsions meet,
Are recognised, and robed as destinies.
And that much never can be obsolete,
Since someone will forever be surprising
A hunger in himself to be more serious,
And gravitating with it to this ground,
Which, he once heard, was proper to grow wise in,
If only that so many dead lie round.

The Whitsun Weddings

That Whitsun, I was late getting away:
Not till about
One-twenty on the sunlit Saturday
Did my three-quarters-empty train pull out,
All windows down, all cushions hot, all sense
Of being in a hurry gone. We ran
Behind the backs of houses, crossed a street

*** house**: 교회(전통적으로 숭고한 것으로서 존경 받아 왔다.)
*** Whitsun**: 부활절 후 일곱째 일요일. 영국의 여섯 공휴일 중의 하나.

Of blinding windscreens, smelt the fish-dock; thence
The river's level drifting breadth began,
Where sky and Lincolnshire and water meet.

All afternoon, through the tall heat that slept
  For miles inland,
A slow and stopping curve southwards we kept.
Wide farms went by, short-shadowed cattle, and
Canals with floatings of industrial froth;
A hothouse flashed uniquely: hedges dipped
And rose: and now and then a smell of grass
Displaced the reek of buttoned carriage-cloth
Until the next town, new and nondescript,
Approached with acres of dismantled cars.

At first, I didn't notice what a noise
  The weddings made
Each station that we stopped at: sun destroys
The interest of what's happening in the shade,
And down the long cool platforms whoops and skirls
I took for porters larking with the mails,
And went on reading. Once we started, though,
We passed them, grinning and pomaded, girls
In parodies of fashion, heels and veils,
All posed irresolutely, watching us go,

As if out on the end of an event
  Waving goodbye
To something that survived it. Struck, I leant
More promptly out next time, more curiously,
And saw it all again in different terms:
The fathers with broad belts under their suits
And seamy foreheads; mothers loud and fat;
An uncle shouting smut; and then the perms,
The nylon gloves and jewellery-substitutes,
The lemons, mauves, and olive-ochres that

Marked off the girls unreally from the rest.
  Yes, from cafés
And banquet-halls up yards, and bunting-dressed
Coach-party annexes, the wedding-days
Were coming to an end. All down the line
Fresh couples climbed aboard: the rest stood round;
The last confetti and advice were thrown,
And, as we moved, each face seemed to define
Just what it saw departing: children frowned
At something dull; fathers had never known

Success so huge and wholly farcical;
   The women shared
The secret like a happy funeral;
While girls, gripping their handbags tighter, stared
At a religious wounding. Free at last,
And loaded with the sum of all they saw,
We hurried towards London, shuffling gouts of steam.
Now fields were building-plots, and poplars cast
Long shadows over major roads, and for
Some fifty minutes, that in time would seem

Just long enough to settle hats and say
   I nearly died,
A dozen marriages got under way.
They watched the landscape, sitting side by side
*—An Odeon went past, a cooling tower,
*And someone running up to bowl —and none
Thought of the others they would never meet
Or how their lives would all contain this hour.
I thought of London spread out in the sun,
Its postal districts packed like squares of wheat:

There we were aimed. And as we raced across
   Bright knots of rail
Past standing Pullmans, walls of blackened moss
Came close, and it was nearly done, this frail
Travelling coincidence; and what it held
Stood ready to be loosed with all the power
That being changed can give. We slowed again,
And as the tightened brakes took hold, there swelled
A sense of falling, like an arrow-shower
Sent out of sight, somewhere becoming rain.

---

* **Odeon:** 영국의 연쇄 영화관의 하나.
* **bowl:** 영국에서 제일 인기있는 cricket 경기.

THOM GUNN
(1929–   )

Thom Gunn is one of the English poets who began to publish during the Fifties and who constituted themselves as a third force in the development of contemporary English poetry. They rejected what seemed to them the Romantic excesses of the New Apocalypse (whose most prominent exponent was Dylan Thomas), and they were equally dissatisfied with the modernist revolution led by Pound and Eliot, who, Gunn contends, abandoned important traditional resources of poetry by deciding "to strengthen the image while either banishing concepts or, where they couldn't avoid them, treating them to the same free association as image." The Movement, of which Gunn was one of the youngest members, sought greater concreteness and a less high-flown diction for poetry; he argues that poetry is "impoverished unless one can include the whole of one's attempt to understand the world"—the quotidian as well as the extraordinary.

Unlike much Movement poetry, Gunn's is never cautious, nor does it seem especially English. By the time of his inclusion in *New Lines* (1956), the anthology which announced the Movement to the world, he had been living in California for two years, had studied at Stanford University, where he met Yvor Winters and J. V. Cunningham, two American poets whose aesthetic he found congenial, and had won a prize from *Poetry* magazine in Chicago. He writes of Cunningham's work that it uses a higher proportion of abstract words than has been common in Anglo-American poetry since the Imagist movement: "It is true that abstractions can be one of the ways in which one can avoid saying anything; but very often they constitute the only possible full confrontation of one's subject matter." But Gunn also praises his contemporaries Gary Snyder and Ted Hughes, poets as different from each other as they are from Cunningham but whose work shares with Gunn's own latest poems an informed and sometimes ecstatic identification with the natural world.

Gunn's poems are often concerned with action, or at times merely "the sense of movement" (as he has entitled one of his books), as an existential proof that one has not yet submitted to the conclusive inertness of death. In "Elegy on the Dust," he observes that all "who sought distinction hard" are inevitably brought to the ultimate democracy of dust; the dust remains, imitating the motion of life, but is as purposeless as the "purposeless matter" which "hovers in the dark" after a nuclear catastrophe in another poem, "The Annihilation of Nothing." The faceless soldiers in "Innocence" and "The Byrnies," hardened into instruments of death, are at least capable of action, however limited their choices. In "On the Move" Gunn presents a group of leather-jacketed motorcyclists ("The self-defined, astride the created will") roaring through an unpopulated California landscape. Though their movement is an end in itself rather than a means—they "have come to go"—Gunn concludes that they have found "a part solution," for "At worst, one is in motion; and at best, / Reaching no absolute, in which to rest, / One is always nearer by not keeping still." Though he can acknowledge death as a quietus which, after all, cannot be avoided, imprisonment, in such poems as "In the Tank" and especially "Moly," can be a nightmare of consciousness. In "Moly," he impersonates with almost hallucinatory vividness one of Odysseus' shipmates at the moment of realization that he has been metamorphosed by the enchantress Circe and is now "buried in swine." The book of which this is the title poem, Gunn's latest, presents a number of experiences of mind-expansion which have much more to do with the counterculture of his adopted home, San Francisco, than with the middle-class intellectual milieu in which the Movement poets, with whom he was first associated, have continued to live.

Thomson William Gunn was born in Gravesend on August 29, 1929. During his first ten years his family moved often, as his father, a journalist, worked for several different newspapers. After serving for two years in the British Army, he went to Paris, where for several months he worked in the offices of the Métro (the Paris subway) while trying to write a novel. He then matriculated at Trinity College, Cambridge University, where he wrote his first published poems. In 1953 he received his B. A., published his first book of verse, and went to Rome for six months before entering Stanford University as a graduate student. Except for a year teaching in San Antonio, Texas, and occasional travels to England, Gunn has lived in San Francisco ever since, and from 1958 until 1966 taught at the University of California at Berkeley. Since then he has taught or taken other jobs only as needed, so as to have most of his time free for writing. Besides collections of his own poems, he has collaborated with his brother Ander Gunn on a book of photographs and verse called *Positives* (1966), and has edited a selection of poems by the seventeenth-century English writer Fulke Greville.

The Byrnies

The heroes paused upon the plain.
When one of them but swayed, ring mashed on ring:
Sound of the byrnie's knitted chain,
Vague evocations of the constant Thing.

They viewed beyond a salty hill
Barbaric forest, mesh of branch and root
—A huge obstruction growing still,
Darkening the land, in quietness absolute.

That dark was fearful—lack of presence—
Unless some man could chance upon or win
Magical signs to stay the essence
Of the broad light that they adventured in.

Elusive light of light that went
Flashing on water, edging round a mass,
Inching across fat stems, or spent
Lay thin and shrunk among the bristling grass.

Creeping from sense to craftier sense,
Acquisitive, and loss their only fear,
These men had fashioned a defence
Against the nicker's snap, and hostile spear.

Byrnie on byrnie! as they turned
They saw light trapped between the man-made joints,
Central in every link it burned,
Reduced and steadied to a thousand points.

Thus for each blunt-faced ignorant one
The great grey rigid uniform combined
Safety with virtue of the sun.
Thus concepts linked like chainmail in the mind.

Reminded, by the grinding sound,
Of what they sought, and partly understood,
They paused upon that open ground,
A little group above the foreign wood.

Byrnies : Coats of mail(Middle Eng).

Moly

Nightmare of beasthood, snorting, how to wake.
I woke. What beasthood skin she made me take?

Leathery toad that ruts for days on end,
Or cringing dribbling dog, man's servile friend,

Or cat that prettily pounces on its meat,
Tortures it hours, then does not care to eat:

Parrot, moth, shark, wolf, crocodile, ass, flea.
What germs, what jostling mobs there were in me.

These seem like bristles, and the hide is tough.
No claw or web here: each foot ends in hoof.

Into what bulk has method disappeared?
Like ham, streaked. I am gross—grey, gross, flap-eared.

The pale-lashed eyes my only human feature.
My teeth tear, tear. I am the snouted creature

That bites through anything, root, wire, or can.
If I was not afraid I'd eat a man.

Oh a man's flesh already is in mine.
Hand and foot poised for risk. Buried in swine.

I root and root, you think that it is greed,
It is, but I seek out a plant I need.

Direct me gods, whose changes are all holy,
To where it flickers deep in grass, the moly:

Cool flesh of magic in each leaf and shoot,
From milk flower to the black forked root.

From this fat dungeon I could rise to skin
And human title, putting pig within.

I push my big grey wet snout through the green,
Dreaming the flower I have never seen.

Moly: A magic herb of Greek mythology. The enchantress Circe transformed Odysseus' shipmates into swine: Odysseus, protected by the herb moly, which he had been given by the god's messenger Hermes, compelled her to restore them to human shape.

TED HUGHES
(1930–)

Ted Hughes works within a subject-matter of violence, and his acknowledged talent in this area has evoked uneasy admiration. He can be compared with Robinson Jeffers, also prone to depiction of brutal acts. Like Jeffers, he has turned to classical as well as to modern violence, his adaptation of Seneca's bloody version of *Oedipus* parallelling Jeffers' portrayal of Agamemnon in *The Tower Beyond Tragedy.* He has the same conception of the horse as a symbol of strength or ferocity. But Hughes's favorite symbolism is birds of prey, *The Hawk in the Sun* being his first book and *Crow* his latest. If he looks at nature, he finds there predators and victims; if he shows nature looking at man, as in the crow's-eye view, the same assortment is seen. The poet's imagination whirls with increasing wildness, until some readers long for modulations of this baleful glare, this raucous recognition. These qualities, however, are so rare in English poetry—they are less so in American—and Hughes is so effective as their exponent, that he has attracted, or rather gripped, a considerable audience. He could not have done so by subject alone: his compression, his daring vocabulary, his jarring rhythms all have contributed.

It might seem that such a poet was as far from being childlike as he could be, but children are fond of monstrosity, and Hughes has written a new kind of children's poem in which his saturnine consciousness is caught in buoyant accents. In a book innocuously entitled *Meet My Folks,* he describes "My Sister Jane" as a crow—a real one, "My Aunt" as a gardener who grows a weed which eventually devours her, "My Father" as Chief Inspector of Holes. Another book ends with "A Moon Man-Hunt," which, as the poet summarizes, was "terrible, terrible, terrible."

His poems about adults are equally mordant. Perhaps because, as he says, he used to collect animals, birds, and fish as a boy, he "thinks of poems as a sort of animal." He particularly likes, he adds, things that "have a vivid life of their own, outside mine." That life as he writes about it is always anarchic and savage. The dying hawk does not fall to earth, in "The Hawk in the Sun"; instead, "the ponderous shires crash on him" as if they too participated in the violence. So also with human enterprises; for example, "Love struck into his life / Like a Hawk into the dovecote." All his lovers are demon lovers. His "Billet Doux" offers in lieu of a declaration of love an insistence that the lover's coming is *enforced* "from bottomlessly breaking night." No wonder that hate sometimes takes over: "When two men at first meeting hate each other," begins a poem called "Law in the Country of the Cats." Hughes appears to agree with Yeats's Hermit Ribh, for whom hatred is "A besom that can clear the soul / Of everything that is not mind or sense." The image of the poet which Hughes offers is in keeping with this temper of his work; in "Famous Poet" "the demeanour is of mouse, / Yet is he monster," and in "Phaetons" he speaks of "the world-shouldering, monstrous 'I.' "

It may be that Hughes longs, as in "Lupercal," for "that frozen ice" to be *touched,* but his poems find a sanctuary in negation: "As the incinerator, as the sun, / As the spider, I had a whole world in my hands. / Flowerlike, I loved nothing." But an index to his own aspiration is evident in his introduction to *A Choice of Emily Dickinson's Verse,* where he speaks with great approval of "her frightening vision" or the sense of an "icy chill," and also of "the conflagration within her." Some blend of fire and ice is the ideal admixture sought in his poems.

Hughes was born in Mytholmroyd, Yorkshire, in 1930, on a day he does not care to disclose. During the war he was a ground radio mechanic in the Royal Air Force. Afterwards he took a B.A. at Cambridge, where he met the American poet Sylvia Plath, who was on a Fulbright fellowship. They were married in 1956. At first they lived in the United States, but then settled in England. They had two chlidren. But their marriage was troubled and they were separated at the time of Sylvia Plath's suicide in 1963. As poets they both dealt in raw sensation and lacerated nerves, though Miss Plath's work centered on the plight of the victim as that of her husband centered on the consciousness of the predator. Both caught a note in experience of relentless cruelty, which they tried to position in their verse.

The Thought-Fox

I imagine this midnight moment's forest:
Something else is alive
Beside the clock's loneliness
And this blank page where my fingers move.

Through the window I see no star:
Something more near
Though deeper within darkness
Is entering the loneliness:

Cold, delicately as the dark snow,
A fox's nose touches twig, leaf;
Two eyes serve a movement, that now
And again now, and now, and now

Sets neat prints into the snow
Between trees, and warily a lame
Shadow lags by stump and in hollow
Of a body that is bold to come

Across clearings, an eye,
A widening deepening greenness,
Brilliantly, concentratedly,
Coming about its own business

Till, with a sudden sharp hot stink of fox
It enters the dark hole of the head.
The window is starless still; the clock ticks,
The page is printed.

Ludwig's Death Mask

Words for his ugly mug his
Naked exhibitions at windows shaking a
Fist at the gapers, his whalish appetite
For cold douches and changing lodgings.

※ 시상(詩想)—여우 : 작시 과정에 관한 시

※ A death mask is a cast taken of the face of a dead man. The composer Ludwigvan Beethoven (1770~1827) was deaf in his last years.

Words for his black-mouth derisvie
Engulfing in laughter the sweet-eyed attendance
Of aesthetes spreading their marzipan amazement
Over his music and nibbling it amazedly off.

But no words for the loyal
Formations of angels which attended
All this in misunderstanding and
Despair and finally grimly as Shakespeare

Caused himself flee seventeen feet down
Through the church-floor into dumb earth touched
His ear dead to continue complete
In union with the communion of angels.

Stations*

I

Suddenly his poor body
Had its drowsy mind no longer
For insultation.

Before the funeral service foundered
The lifeboat coffin had shaken to pieces
And the great stars were swimming through where he had been,

For a while

The stalk of the tulip at the door that had outlived him,
And his jacket, and his wife, and his last pillow
Clung to each other.

II

I can understand the haggard eyes
Of the old

Dry wrecks
Broken by seas of which they could drink nothing.

III

You are a wild—out of an egg
Laid by your absence.

---

* The Stations of the Cross are a series of devotions performed in memory of the passion of Christ.

In the great Emptiness you sit complacent,
Blackbird in wet snow.

If you could make only one comparison—
Your conditions is miserable, you would give up.

But you, for the start, surrender to total Empitness,
Then leave everything to it.

Absence. It is your own.
Absence

Weeps its respite through your accomplished music.
Wraps its cloak dark about your feeding.

IV

Whether you say it, think it, know it
Or not, it happens, it happens, as
Over rails over
The neck the wheels leave
The head with its vocabulary useless,
Among the flogged plantains.

ESSAYS IN CRITICISM

Aristotle and Poetics[1]

S. H. Butcher

I propose to treat of Poetry in itself and of its various kinds, noting the essential quality of each; to inquire into the structure of the plot as requisite to a good poem; into the number and nature of the parts of which a poem is composed; and similarly into whatever else falls within the same inquiry. Following, then, the order of nature, let us begin with the principles which come first.

Epic poetry and Tragedy, Comedy also and Dithyrambic poetry, and the music of the flute and of the lyre in most of their forms, are all in their general conception modes of imitation. They differ, however, from one another in three respects,—the medium, the objects, the manner or mode of imitation, being in each case distinct.

For as there are persons who, by conscious art or mere habit, imitate and represent various objects through the medium of colour and form, or again by the voice; so in the arts above mentioned, taken as a whole, the imitation is produced by rhythm, language, or "harmony," either singly or combined.

Thus in the music of the flute and of the lyre, "harmony" and rhythm alone are employed; also in other arts, such as that of the shepherd's pipe, which are essentially similar to these. Indancing, rhythm alone is used without "harmony"; for even dancing imitates character, emotion, and action, by rhythmical movement.

There is another art which imitates by means of language alone, and that either in prose or verse—which verse, again, may either combine different meters or consist of but one kind—but this has hitherto been without a name. For there is no common term we could apply to the mimes of Sophron and Xenarchus and the Socratic dialogues on the one hand; and, on the other, to poetic imitations in iambic, elegiac, or any similar metre. People do, indeed, add the word "maker" or "poet"

---

1) Poetics.: Translated by S. H. Butcher (1895; rev.1911). In his translation Butcher puts into brackets phrases and entire passages—the whole of Chapter,XX and the last paragraph of Chapter XXXI which have been sometimes regarded as insertions by scribes, or copyists, or which have been otherwise disputed.

to the name of the metre, and speak of elegiac poets, or epic (that is hexameter) poets, as if it were not the imitation that makes the poet, but the verse that entitles them all indiscriminately to the name. Even when a treatise on medicine or natural science is brought out in verse, the name of poet is by custom given to the author; and yet Homer and Empedocles have nothing in common but the metre, so that it would be right to call the one poet, the other physicist rather than poet.[2) On the same principle, even if a writer in his poetic imitation were to combine all metres, as Chaeremon did in his Centaur, which is a medley composed of metres of all kinds, we should bring him too under the general term poet. So much then for these distinctions.

There are, again, some arts which employ all the means above mentioned,—namely, rhythm, tune and metre. Such are Dithyrambic and Nomic poetry,[3) and also Tragedy and Comedy; but between them the difference is, that in the first two cases these means are all employed in combination, in the latter, now one means is employed, now another.

Such, then, are the differences of the arts with respect to the medium of imitation.

II

Since the objects of imitation are men in action, and these men must be either of a higher or a lower type (for moral character mainly answers to these divisions, goodness and badness being the distinguishing marks of moral differences), it follows that we must represent men either as better than in real life, or as worse, or as they are.[4) It is the same in painting. Polygnotus depicted men as nobler than they are, Pauson as less noble, Dionysius drew them true to life.

Now it is evident that each of the modes of imitation above mentioned will exhibit these, differences, and become a distinct kind in imitating objects that are thus distinct. Such diversities may be found even in dancing, flute playing, and lyre—playing. So again in language, whether prose or verse unaccompanied by music. Homer, for example, makes men

2) Compare Sidney, *An apology for Poetry*, p. 87.

3) Dithyrambic poetry consisted of lyrics written in an impassioned manner (formerly choric hymns in honor of Dionysus, and sung to the accompani- ment of a flute). Nomes were poems written for music, solemn and staid in character, and sung to the movements of the Chorus.

4) Implied here is the classical conviction that value (moral worth) is inseparable from any event or action: that to show anything really essential in life is-if it is portrayed truly and inclusively-to show its potential value for one thing or another, or, in other words, its worth or moral significance (using the word "moral" in its broadest sense). Compare Arnold's statements that poetry really dealing with "life" necessarily deals with "moral" ideas-with evaluation ("Wordsworth," p. 477).

better than they are; Cleophon as they are; Hegemon the Thasian, the inventor of parodies, and Nicochares, the author of the Deiliad, worse than they are.

The same thing holds good of Dithyrambs and Nomes; here too one may portray different types, as Timotheus and Philoxenus differed in representing their Cyclopes. The same distinction marks off Tragedy from Comedy; for Comedy aims at representing men as worse, Tragedy as better than in actual life.

III

There is still a third difference—the manner in which each of these objects may be imitated. For the medium being the same, and the objects the same, the poet may imitate by narration—in which case he can either take another personality as Homer does, or speak in his own person, unchanged—or he may present all his charactersas living and moving before us.

These, then, as we said at the beginning, are the three differences which distinguish artistic imitation—the medium, the objects and the manner. So that from one point of view, Sophocles is an imitator of the same kind as Homer—for both imitate higher types of character; from another point of view, of the same kind as Aristophanes—for both imitate persons acting and doing. Hence, some say, the name of "drama" is given to such poems, as representing action.[5] For the same reason the Dorians claim the invention both of Tragedy and Comedy. The claim to Comedy is put forward by the Megarians,—not only by those of Greece proper, who allege that it originated under their democracy, but also by the Megarians of Sicily, for the poet Epicharmus, who is much earlier than Chionides and Magnes, belonged to that country. Tragedy too is claimed by certain Dorians of the Peloponnese. In each case they appeal to the evidence of language. Villages, they say, are by them called χώμαι, by the Athenians δ ήμοι: and they assume that Comedians were so named not from χωμάζειυ, "to revel," but because they wandered from village to village (χατά χώμας), being excluded contemptuously from the city. They add also that the Dorian word for "doing" is δοάυ, and the Athenian, ποάττειυ.

This may suffice as to the number and nature of the various modes of imitation.

IV

Poetry in general seems to have sprung from two causes, each of them

5) The Greek word for "drama" comes from the verb (dran) meaning to act or do.

lying deep in our nature.[6] First, the instinct of imitation is implanted in man from childhood, one difference between him and other animals being that he is the most imitative of living creatures; and through imitation he learns his earliest lessons; and no less universal is the pleasure felt in things imitated. We have evidence of this in the facts of experience. Objects which in themselves we view with pain, we delight to contemplate when reproduced with minute fidelity: such as the forms of the most ignoble animals and of dead bodies. The cause of this again is, that to learn gives the liveliest pleasure, not only to philosophers but to men in general; whose capacity, however, of learning is more limited. Thus the reason why men enjoy seeing a likeness is, that in contemplating it they find themselves learning or inferring, and saying perhaps, "Ah, that is he." For if you happen not to have seen the original, the pleasure will be due not to the imitation as such, but to the execution, the colouring, or some such other cause.

Imitation, then, is one instinct of our nature. Next, there is the instinct for "harmony" and rhythm, metres being manifestly sections of rhythm. Persons, therefore, starting with this natural gift developed by degrees their special aptitudes, till their rude improvisations gave birth to Poetry.

Poetry now diverged in two directions, according to the individual character of the writers. The graver spirits imitated noble actions, and the actions of good men. The more trivial sort imitated the actions of meaner persons, at first composing satires, as the former did hymns to the gods and the praises of famous men. A poem of the satirical kind cannot indeed be put down to any author earlier than Homer; though many such writers probably there were. But from Homer onward, instances can be cited,—his own Margites, for example, and other similar compositions. The appropriate metre was also here introduced; hence the measure is still called the iambic or lampooning measure, being that in which people lampooned one another. Thus the older poets were distinguished as writers of heroic or of lampooning verse.

As, in the serious style, Homer is pre-eminent among poets, for he alone combined dramatic form with excellence of imitation, so he too first laid down the main lines of Comedy, by dramatising the ludicrous instead of writing personal satire. His *Margites*[7] bears the same relation to Comedy that the Iliad and Odyssey do to Tragedy. But when Tragedy and Comedy

---

6) This is one of the key passages in the Poetics. For it is widely assumed that Aristotle—because he treats poetry as imitation so extensively—rests poetry upon the instinct for imitation alone. But the emphasis here is clearly upon poetry as a completed and harmonized imitation of nature.

7) A comic poem no longer regarded as Elomer's.

came to light, the two classes of poets still followed their natural bent: the lampooners became writers of Comedy, and the Epic poets were succeeded by Tragedians, since the drama was a larger and higher form of art.

Whether Tragedy has as yet perfected its proper types or not; and whether it is to be judged in itself, or in relation also to the audience,— this raises another question. Be that as it may, Tragedy— as also Comedy —was at first mere improvisation. The one originated with the leaders of the Dithyramb, the other with those of the phallic songs, which are still in use in many of our cities. Tragedy advanced by slow degrees; each new element that showed itself was in turn developed. Having passed through many changes, it found its natural form, and there it stopped.

Aeschylus first introduced a second actor; he diminished the importance of the Chorus, and assigned the leading part to the dialogue. Sophocles raised the number of actors to three, and added scene—painting. Moreover, it was not till late that the short plot was discarded for one of greater compass, and the grotesque diction of the earlier satyric form for the stately manner of Tragedy. The iambic measure then replaced the trochaic tetrameter, which was originally employed when the poetry was of the satyric order, and had greater affinities with dancing. Once dialogue had come in, Nature herself discovered the appropriate measure. For the iambic is, of all measures, the most colloquial: we see it in the fact that conversational speech runs into iambic form more frequently than into any other kind of verse; rarely into hexameters, and only when we drop the colloquial intonation. The additions to the number of "episodes" or acts, and the other improvements of which tradition tells, must be taken as already described; for to discuss them in detail would, doubtless, be a large undertaking.

Comedy is, as we have said, an imitation of characters of a lower type —not, however, in the full sense of the word bad, the Ludicrous being merely a subdivision of the ugly.[8)] It consists in some defect or ugliness which is not painful or destructive. To take an obvious example, the comic mask is ugly and distorted, but does not imply pain.

The successive changes through which Tragedy passed, and the authors of these changes, are well known, whereas Comedy has had no history, because it was not at first treated seriously. It was late before the Archon granted a comic chorus to a poet; the performers were till then voluntary. Comedy had already taken definite shape when

---

8) Greek thought conceived of beauty as consisting of the *harmonious integration* of parts into a whole—the proper or appropriate adaptation of all aspects or means to an end (an appropriate form or *value*). The laugh- able, resting on incongruity, or lack of integration, is thus a species of the ugly.

comic poets, distinctively so called, are heard of. Who introduced masks, or prologues, or increased the number of actors—these and other similar details remain unknown. As for the plot, it came originally from Sicily; but of Athenian writers Crates was the first who, abandoning the "iambic" or lampooning form, generalised his themes and plots.

Epic poetry agrees with Tragedy in so far as it is an imitation in verse of characters of a higher type. They differ, in that Epic poetry admits but one kind of metre, and is narrative in form. They differ, again, in their length: for Tragedy endeavours, as far as possible, to confine itself to a single revolution of the sun, or but slightly to exceed this limit; whereas the Epic action has no limits of time.[9] This, then, is a second point of difference; though at first the same freedom was admitted in Tragedy as in Epic poetry.

Of their constituent parts some are common to both, some peculiar to Tragedy. Whoever, therefore, knows what is good or bad Tragedy, knows also about Epic poetry: for all the elements of an Epic poem are found in Tragedy, but the elements of a Tragedy are not all found in the Epic poe m.[10]

VI

Of the poetry which imitates in hexameter verse, and of Comedy, we will speak hereafter. Let us now discuss Tragedy, resuming its formal definition, as resulting from what has been already said.

Tragedy then, is an imitation of an action that is serious, complete, and of a certain magnitude; in language embellished with each kind of artistic ornament, the several kinds being found in separate parts of the play; in the form of action, not of narrative; through pity and fear effecting the proper purgation of these emotions.[11] By "language embellished," I mean language into which rhythm, "harmony," and song enter. By "the several kinds in separate parts," I mean, that some parts are rendered through the medium of verse alone, others again with the aid of song.

Now as tragic imitation implies persons acting, it necessarily follows, in the first place, that Spectacular equipment will be a part of Tragedy.

---

9) Here is the only mention in Aristotle of what Renaissance neoclassicism later made into a rule, the "unity of time." Aristotle, of course, is not advancing it as a "rule" but as a description of common Greek practice.

10) Tragedy is thus a more complex, concentrated, and challenging form than the epic. See Ch. XXVI.

Next, Song and Diction, for these are the medium of imitation. By "Diction" I mean the mere metrical arrangement of the words: as for "Song," it is a term whose sense every one understands.

Again, Tragedy is the imitation of an action; and an action implies personal agents, who necessarily possess certain distinctive qualities both of character and thought; for it is by these that we qualify actions themselves, and these—thought and character—are the two natural causes from which actions spring, and on actions again all success or failure depends. Hence, the Plot is the imitation of the action:—for by plot I here mean the arrangement of the incidents. By Character I mean that in virtue of which we ascribe certain qualities to the agents. Thought is required wherever a statement is proved, or, it may be, a general truth enunciated. Every Tragedy, therefore, must have six parts, which parts determine its quality—namely, Plot, Character, Diction, Thought, Spectacle, Song.[12] Two of the parts constitute the medium of imitation, one the manner, and three the objects of imitation. And these complete the list. These elements have been employed, we may say, by the poets to a man; in fact, every play contains Spectacular elements as well as Character, Plot, Diction, Song, and Thought.

But most important of all is the structure of the incidents. For Tragedy is an imitation, not of men, but of an action and of life, and life consists in action, and its end is a mode of action, not a quality. Now character determines men's qualities, but it is by their actions that they are happy or the reverse. Dramatic action, therefore, is not with a view to the representation of character: character comes in as subsidiary to the actions. Hence the incidents and the plot are the end of a tragedy; and the end is the chief thing of all. Again, without action there cannot be a tragedy;[13] there may be without character. The tragedies of most of our modern poets fail in the rendering of character; and of poets in general this is often true. It is the same in painting; and here lies the difference between Zeuxis and Polygnotus. Polygnotus delineates character well: the style of Zeuxis is devoid of ethical quality. Again, if you string together a set of speeches expressive of character, and well finished in point of diction and thought, you will not produce the essential tragic effect nearly so well as with a play which, however

12) The order is significant. Nothing more strikingly illustrates its importance than to contrast the order in which Aristotle ranks these aspects of the drama with the exactly opposite order found in the average motion picture.

13) One may note here the characteristic Greek tendency to define some-thing in terms, first of all, of its most nearly basic single attribute; in the case of the drama, for example, there is above all else an *activity* going on. See note 4, p. 20.

deficient in these respects, yet has a plot and artistically constructed incidents. Besides which, the most powerful elements of emotional interest in Tragedy—Peripeteia or Reversal of Intention, and Recognition scenes—are parts of the plot. A further proof is, that novices in the art attain to finish of diction and precision of portraiture before they can construct the plot. It is the same with almost all the early poets.

The Plot, then, is the first principle, and, as it were, the soul of a tragedy: Character holds the second place. A similar fact is seen in painting. The most beautiful colours, laid on confusedly, will not give as much pleasure as the chalk outline of a portrait. Thus Tragedy is the imitation of an action, and of the agents, mainly with a view to the action.

Third in order is Thought,—that is, the faculty of saying what is possible and pertinent in given circumstances. In the case of oratory, this is the function of the political art and of the art of rhetoric: and so indeed the older poets make their characters speak the language of civic life; the poets of our time, the language of the rhetoricians.

Character is that which reveals moral purpose, showing what kind of things a man chooses or avoids. Speeches, therefore, which do not make this manifest, or in which the speaker does not choose or avoid anything whatever, are not expressive of character. Thought, on the other hand, is found where something is proved to be or not to be, or a general maxim is enunciated.

Fourth among the elements enumerated comes Diction; by which I mean, as has been already said, the expression of the meaning in words; and its essence is the same both in verse and prose.

Of the remaining elements Song holds the chief place among the embellishments.

The Spectacle has, indeed, an emotional attraction of its own, but, of all the parts, it is the least artistic, and connected least with the art of poetry. For the power of Tragedy, we may be sure, is felt even apart from representation and actors. Besides, the production of spectacular effects depends more on the art of the stage machinist than on that of the poet.

VII

These principles being established, let us now discuss the proper structure of the Plot, since this is the first and most important part of Tragedy.

Now, according to our definition, Tragedy is an imitation of an action that is complete, and whole, and of a certain magnitude; for there may be a whole that is wanting in magnitude. A whole is that which has a beginning, a middle, and an end. A beginning is that which does not itself follow anything by causal necessity, but after which something naturally is or comes to be. An end, on the contrary, is that which itself naturally follows some other thing, either by necessity, or as a rule, but has nothing following it. A middle is that which follows something as some other thing follows it. A well constructed plot, therefore, must neither begin nor end at haphazard, but conform to these principles.

Again, a beautiful object, whether it be a picture of a living organism or any whole composed of parts, must not only have an orderly arrangement of parts, but must also be of a certain magnitude; for beauty depends on magnitude and order.[14] Hence an exceedingly small picture cannot be beautiful; for the view of it is confused, the object being seen in an almost imperceptible moment of time. Nor, again, can one of vast size be beautiful; for as the eye cannot take it all in at once, the unity and sense of the whole is lost for the spectator; as for instance if there were a picture a thousand miles long.

As, therefore, in the case of animate bodies and pictures a certain magnitude is necessary, and a magnitude which may be easily embraced in one view; so in the plot, a certain length is necessary, and a length which can be easily embraced by the memory. The limit of length in relation to dramatic competition and sensuous presentment, is no part of artistic theory. For had it been the rule for a hundred tragedies to compete together, the performance would have been regulated by the water-clock—as indeed we are told was formerly done. But the limit as fixed by the nature of the drama itself is this:— the greater the length, the more beautiful will the piece be by reason of its size, provided that the whole be perspicuous. And to define the matter roughly, we may say that the proper magnitude is comprised within such limits, that the sequence of events, according to the law of probability or necessity, will admit of a change from bad fortune to good, or from good fortune to bad.

VIII

Unity of plot does not, as some persons think, consist in the unity of the hero.[15] For infinitely various are the incidents in one man's life, which cannot be reduced to unity; and so, too, there are many actions of one

---

14) The attitude here should be contrasted with extreme formalism (such as modern abstractionism). Though there must be a harmonizing of parts(order), there must be something of significance being harmonized. Aristotle, who has been emphasizing *harmonia* in the preceding paragraph, is now stressing the other of the two "instincts" upon which poetry rest—that of *mimesis* or "imitation."

15) The unity cannot, in other words, be biographical: it must be found not in character but in a given action.

man out of which we cannot make one action. Hence the error, as it appears, of all poets who have composed a Heracleid, a Theseid, or other poems of the kind. They imagine that as Heracles was one man, the story of Heracles must also be a unity. But Homer, as in all else he is of surpassing merit, here too—whether from art or natural genius—seems to have happily discerned the truth. In composing the Odyssey he did not include all the adventures of Odysseus—such as his wound on Parnassus, or his feigned madness at the mustering of the host—incidents between which there was no necessary or probable connexion: but he made the Odyssey, and likewise the Iliad, to centre round an action that in our sense of the word is one. As therefore, in the other imitative arts, the imitation is one when the object imitated is one, so the plot, being an imitation of an action, must imitate one action and that a whole, the structural union of the parts being such that, if any one of them is displaced or removed, the whole will be disjointed and disturbed. For a thing whose presence or absence makes no visible difference, is not an organic part of the whole.

IX

It is, moreover, evident from what has been said, that it is not the function of the poet to relate what has happened, but what may happen—what is possible according to the law of probability or necessity. The poet and the historian differ not by writing in verse or in prose. The work of Herodotus might be put into verse, and it would still be a species of history, with metre no less than without it. The true difference is that one relates what has happened, the other what may happen. Poetry, therefore, is a more philosophical and a higher thing than history: for poetry tends to express the universal, history the particular. By the universal I mean how a person of a certain type will on occasion speak or act, according to the law of probability or necessity; and it is this universality at which poetry aims in the names she attaches to the personages. The particular is—for example—what Alcibiades did or suffered. In Comedy this is already apparent: for here the poet first constructs the plot on the lines of probability and then inserts characteristic names;—unlike the lampooners who write about particular individuals. But tragedians still keep to real names, the reason being that what is possible is credible: what has not happened we do not at once feel sure to be possible: but what has happened is manifestly possible: otherwise it would not have happened. Still there are some tragedies in which there are only one or two well known names, the rest being fictitious. In others, none are well known,—as in Agathon's Antheus, where incidents and names alike are fictitious, and yet they give none the less pleasure. We must not, therefore, at all costs keep to the received legends, which are the usual subjects of Tragedy. Indeed, it would be absurd to attempt it; for even subjects that are known are known only to a few, and yet give pleasure to all. It clearly follows that the poet or "maker" should be the maker of plots rather than of verses; since he is a poet because he imitates, and what he imitates are actions[16] And even if he chances to take an historical subject, he is none the less a poet; for there is no reason why some events that have actually happened should not conform to the law of the probable and possible, and in virtue of that quality in them he is their poet or maker.

Of all plots and actions the epeisodic are the worst. I call a plot "epeisodic" in which the episodes or acts succeed one another without probable or necessary sequence. Bad poets compose such pieces by their own fault, good poets, to please the players; for, as they write show pieces for competition, they stretch the plot beyond its capacity, and are often forced to break the natural continuity.

But again, Tragedy is an imitation not only of a complete action, but of events terrible and pitiful. Such an effect is best produced when the events come on us by surprise; and the effect is heightened when, at the same time, they follow as cause and effect. The tragic wonder will then be greater than if they happened of themselves or by accident; for even coincidences are most striking when they have an air of design. We may instance the statue of Mitys at Argos, which fell upon his murderer while he was a spectator at a festival, and killed him. Such events seem not to be due to mere chance. Plots, therefore, constructed on these principles are necessarily the best.

X

Plots are either Simple or Complex, for the actions in real life, of which the plots are an imitation, obviously show a similar distinction. An action which is one and continuous in the sense above defined, I call Simple, when the change of fortune takes place without Reversal of Intention and without Recognition.

A Complex action is one in which the change is accompanied by such Reversal, or by Recognition, or by both. These last should arise from the internal structure of the plot, so that what follows should be the necessary or probable result of the preceding action. It makes all the difference

16) Compare Arnold's adverse criticism of his own play, *Empedocles on Etna,* on these grounds, p. 446.

to the name of the metre, and speak of elegiac poets, or epic (that is hexameter) poets, as if it were not the imitation that makes the poet, but the verse that entitles them all indiscriminately to the name. Even when a treatise on medicine or natural science is brought out in verse, the name of poet is by custom given to the author; and yet Homer and Empedocles have nothing in common but the metre, so that it would be right to call the one poet, the other physicist rather than poet.[2] On the same principle, even if a writer in his poetic imitation were to combine all metres, as Chaeremon did in his Centaur, which is a medley composed of metres of all kinds, we should bring him too under the general term poet. So much then for these distinctions.

There are, again, some arts which employ all the means above mentioned,—namely, rhythm, tune and metre. Such are Dithyrambic and Nomic poetry,[3] and also Tragedy and Comedy; but between them the difference is, that in the first two cases these means are all employed in combination, in the latter, now one means is employed, now another.

Such, then, are the differences of the arts with respect to the medium of imitation.

II

Since the objects of imitation are men in action, and these men must be either of a higher or a lower type (for moral character mainly answers to these divisions, goodness and badness being the distinguishing marks of moral differences), it follows that we must represent men either as better than in real life, or as worse, or as they are.[4] It is the same in painting. Polygnotus depicted men as nobler than they are, Pauson as less noble, Dionysius drew them true to life.

Now it is evident that each of the modes of imitation above mentioned will exhibit these, differences, and become a distinct kind in imitating objects that are thus distinct. Such diversities may be found even in dancing, flute playing, and lyre—playing. So again in language, whether prose or verse unaccompanied by music. Homer, for example, makes men

---

2) Compare Sidney, *An apology for Poetry*, p. 87.

3) Dithyrambic poetry consisted of lyrics written in an impassioned manner (formerly choric hymns in honor of Dionysus, and sung to the accompani- ment of a flute). Nomes were poems written for music, solemn and staid in character, and sung to the movements of the Chorus.

4) Implied here is the classical conviction that value (moral worth) is inseparable from any event or action: that to show anything really essential in life is-if it is portrayed truly and inclusively-to show its potential value for one thing or another, or, in other words, its worth or moral significance (using the word "moral" in its broadest sense). Compare Arnold's statements that poetry really dealing with "life" necessarily deals with "moral" ideas-with evaluation ("Wordsworth," p. 477).

between complete choric songs. The Exodos is that entire part of a tragedy which has no choric song after it. Of the Choric part the Parodos is the first undivided utterance of the Chorus: the Stasimon is a Choric ode without anapaests or trochaic tetrameters: the Commos is a joint lamentation of Chorus and actors. The parts of Tragedy which must be treated as elements of the whole have been already mentioned. The quantitative parts—the separate parts into which it is divided—are here enumerated.]

XIII

As the sequel to what has already been said, we must proceed to consider what the poet should aim at, and what he should avoid, in constructing his plots; and by what means the specific effect of Tragedy will be produced.

A perfect tragedy should, as we have seen, be arranged not on the simple but on the complex plan. It should, moreover, imitate actions which excite pity and fear, this being the distinctive mark of tragic imitation. It follows plainly, in the first place, that the change of fortune presented must not be the spectacle of a virtuous man brought from prosperity to adversity: for this moves neither pity nor fear; it merely shocks us. Nor, again, that of a bad man passing from adversity to prosperity: for nothing can be more alien to the spirit of Tragedy; it possesses no single tragic quality; it neither satisfies the moral sense, nor calls forth pity or fear. Nor, again, should the downfall of the utter villain be exhibited. A plot of this kind would, doubtless, satisfy the moral sense, but it would inspire neither pity nor fear; for pity is aroused by unmerited misfortune, fear by the misfortune of a man like ourselves. Such an event, therefore, will be neither pitiful nor terrible. There remains, then, the character between these two extremes,—that of a man who is not eminently good and just, yet whose misfortune is brought about not by vice or depravity, but by some error or frailty. He must be one who is highly renowned and prosperous,—a personage like Oedipus, Thyestes, or other illustrious men of such families.

A well constructed plot should, therefore, be single in its issue, rather than double as some maintain. The change of fortune should be not from bad to good, but, reversely, from good to bad. It should come about as the result not of vice, but of some great error or frailty, in a character either such as we have described, or better rather than worse. The practice of the stage bears out our view. At first the poets recounted any legend that came in their way. Now, the best tragedies are founded on the story of a few houses,—on the fortunes of Alcmaeon, Oedipus, Orestes, Meleager,

Thyestes, Telephus, and those others who have done or suffered something terrible. A tragedy, then, to be perfect according to the rules of art should be of this construction. Hence they are in error who censure Euripides just because he follows this principle in his plays, many of which end unhappily. It is, as we have said, the right ending. The best proof is that on the stage and in dramatic competition, such plays, if well worked out, are the most tragic in effect; and Euripides, faulty though he may be in the general management of his subject, yet is felt to be the most tragic of the poets.

In the second rank comes the kind of tragedy which some place first. Like the Odyssey, it has a double thread of plot, and also an opposite catastrophe for the good and for the bad. It is accounted the best because of the weakness of the spectators; for the poet is guided in what he writes by the wishes of his audience. The pleasure, however, thence derived is not the true tragic pleasure. It is proper rather to Comedy, where those who, in the piece, are the deadliest enemies—like Orestes and Aegisthus—quit the stage as friends at the close, and no one slays or is slain.

XIV

Fear and pity may be aroused by spectacular means; but they may also result from the inner structure of the piece, which is the better way, and indicates a superior poet. For the plot ought to be so constructed that, even without the aid of the eye, he who hears the tale told will thrill with horror and melt to pity at what takes place. This is the impression we should receive from hearing the story of the Oedipus. But to produce this effect by the mere spectacle is a less artistic method, and dependent on extraneous aids. Those who employ spectacular means to create a sense not of the terrible but only of the monstrous, are strangers to the purpose of Tragedy; for we must not demand of Tragedy any and every kind of pleasure, but only that which is proper to it. And since the pleasure which the poet should afford is that which comes from pity and fear through imitation, it is evident that this quality must be impressed upon the incidents.

Let us then determine what are the circumstances which strike us as terrible or pitiful.

Actions capable of this effect must happen between persons who are either friends or enemies or indifferent to one another. If an enemy kills an enemy, there is nothing to excite pity either in the act or the intention,—except so far as the suffering in itself is pitiful. So again with indifferent persons. But when the tragic incident occurs between those who are near or dear to one another—if, for example, a brother kills, or intends to kill, a brother, a son his father, a mother her son, a son his mother, or any other deed of the kind is done—these are the situations to be looked for by the poet. He may not indeed destroy the framework of the received legends—the fact, for instance, that Clytemnestra was slain by Orestes and Eriphyle by Alcmaeon—but he ought to show invention of his own, and skilfully handle the traditional material. Let us explain more clearly what is meant by skilful handling.

The action may be done consciously and with knowledge of the persons, in the manner of the older poets. It is thus too that Euripides makes Medea slay her children. Or, again, the deed of horror may be done, but done in ignorance, and the tie of kinship or friendship be discovered afterwards. The Oedipus of Sophocles is an example. Here, indeed. the incident is outside the drama proper; but cases occur where it falls within the action of the play: one may cite the Alcmaeon of Astydamas, or Telegonus in the Wounded Odysseus. Again, there is a third case,—<to be about to act with knowledge of the persons and then not to act. The fourth case is> when some one is about to do an irreparable deed through ignorance, and makes the discovery before it is done. These are the only possible ways. For the deed must either be done or not done,—and that wittingly or unwittingly. But of all these ways, to be about to act knowing the persons, and then not to act, is the worst. It is shocking without being tragic, for no disaster follows. It is, therefore, never, or very rarely, found in poetry. One instance, however, is in the Antigone, where Haemon threatens to kill Creon. The next and better way is that the deed should be perpetrated. Still better, that it should be perpetrated in ignorance, and the discovery made afterwards. There is then nothing to shock us, while the discovery produces a startling effect. The last case is the best, as when in the Cresphontes Merope is about to slay her son, but, recognising who he is, spares his life. So in the Iphigenia, the sister recognises the brother just in time. Again in the Helle, the son recognises the mother when on the point of giving her up. This, then, is why a few families only, as has been already observed, furnish the subjects of tragedy. It was not art, but happy chance, that led poets to look for such situations and so impress the tragic quality upon their plots. They are compelled, therefore, to have recourse to those houses whose history contains moving incidents like these.

Enough has now been said concerning the structure of the incidents, and the proper constitution of the plot.

XV

In respect of Character there are four things to be aimed at. First, and most important, it must be good. Now any speech or action that manifests moral purpose of any kind will be expressive of character: the character will be good if the purpose is good. This rule is relative to each class. Even a woman may be good, and also a slave; though the woman may be said to be an inferior being, and the slave quite worthless. The second thing to aim at is propriety There is a type of manly valour; but valour in a woman, or unscrupulous cleverness, is inappropriate. Thirdly, character must be true to life: for this is a distinct thing from goodness and propriety, as here described. The fourth point is consistency: for though the subject of thc imitation, who suggested the type, be inconsistent, still he must be consistently inconsistent.

As an example of motiveless degradation of character, we have Menelaus in the Orestes: of character indecorous and inappropriate, the lament of Odysseus in the Scylla, and the speech of Melanippe: of inconsistency, the Iphigenia at Aulis,—for Iphigenia the suppliant in no way resembles her later self.

As in the structure of the plot, so too in the portraiture of character, the poet should always aim either at the necessary or the probable. Thus a person of a given character should speak or act in a given way, by the rule either of necessity or of probability; just as this event should follow that by necessary or probable sequence.

It is therefore evident that the unravelling of the plot, no less than the complication, must arise out of the plot itself,[17] it must not be brought about by the *Deus ex Machina*—as in the Medea, or in the Return of the Greeks in the Iliad. The Deus ex Machina should be employed only for events external to the drama,—for antecedent or subsequent events, which lie beyond the range of human knowledge, and which require to be reported or foretold; for to the gods we ascribe the power of seeing all things. Within the action there must be nothing irrational. If the irrational cannot be excluded, it should be outside the scope of the tragedy. Such is the irrational element in the Oedipus of Sophocles.

Again, since Tragedy is an imitation of persons who are above the common level, the example of good portrait-painters should be followed. They, while reproducing the distinctive form of the original, make a likeness which is true to life and yet more beautiful. So too the poet, in representing men who are irascible or indolent, or have other defects of

---

17) As a *completed* action, or imitation of an action, showing what "ought to be" (that is, what *would* happen, given certain circumstances and developments), the plot must necessarily work out as an interlocked and self-contained activity or process, with its own form or culmination emerging organically from its own details or materials.

character, should preserve the type and yet ennoble it.[18] In this way Achilles is portrayed by Agathon and Homer.

These then are rules the poet should observe. Nor should he neglect those appeals to the senses, which, though not among the essentials, are the concomitants of poetry; for here too there is much room for error. But of this enough has been said in the published treatises.

XVI

What Recognition is has been already explained. We will now enumerate its kinds.

First, the least artistic form, which, from poverty of wit, is most commonly employed—recognition by signs. Of these some are congenital,—such as "the spear which the earth-born race bear on their bodies," or the stars introduced by Carcinus in his Thyestes. Others are acquired after birth; and of these some are bodily marks, as scars; some external tokens, as necklaces, or the little ark in the Tyro by which the discovery is effected. Even these admit of more or less skilful treatment. Thus in the recognition of Odysseus by his scar, the discovery is made in one way by the nurse, in another by the herdsmen. The use of tokens for the express purpose of proof—and, indeed, any formal proof with or without tokens—is a less artistic mode of recognition. A better kind is that which comes about by a turn of incident, as in the Bath Scene in the Odyssey.

Next come the recognitions invented at will by the poet, and on that account wanting in art. For example, Orestes in the Iphigenia reveals the fact that he is Orestes. She, indeed, makes herself known by the letter; but he, by speaking himself, and saying what the poet, not what the plot requires. This, therefore, is nearly allied to the fault above mentioned:—for Orestes might as well have brought tokens with him. Another similar instance is the "voice of the shuttle"[19] in the Tereus of Sophocles.

The third kind depends on memory when the sight of some object awakens a feeling: as in the Cyprians of Dicaeogenes, where the hero breaks into tears on seeing the picture; or again in the "Lay of Alcinous," where Odysseus, hearing the minstrel play the lyre, recalls the past and weeps; and hence the recognition.

The fourth kind is by process of reasoning. Thus in the Choëphori: —"Some one resembling me has come: no one resembles me but

---

18) To "preserve the type" is necessary for the sake of truthful portrayal. To "ennoble" the type—to present it in the form of an individual above the average—is necessary if there is to he any admiration and any sense of distance in the fall of the tragic character.

19) In this play Philomela, who was raped and then had her tongue cut out to prevent her telling about it, wove with her shuttle a web which revealed the story.

Orestes: therefore Orestes has come." Such too is the discovery– made by Iphigenia in the play of Polyidus the Sophist. It was a natural reflexion for Orestes to make, "So I too must die at the altar like my sister." So, again, in the Tydeus of Theodectes, the father says, "I came to find my son, and I lose my own life." So too in the Phineidae: the women, on seeing the place, inferred their fate: –"Here we are doomed to die, for here we were cast forth." Again, there is a composite kind of recognition involving false inference on the part of one of the characters, as in the Odysseus Disguised as a Messenger. A said <that no one else was able to bend the bow; . . . hence B (the disguised Odysseus) imagined that A would> recognise the bow which, in fact, he had not seen; and to bring about a recognition by this means–the expectation that A would recognise the bow–is false inference.

But, of all recognitions, the best is that which arises from the incidents themselves, where the startling discovery is made by natural means. Such is that in the Oedipus of Sophocles, and in the Iphigenia; for it was natural that Iphigenia should wish to dispatch a letter. These recognitions alone dispense with the artificial aid of tokens or amulets. Next come the recognitions by process of reasoning.

XVII

In constructing the plot and working it out with the proper diction, the poet should place the scene, as far as possible, before his eyes. In this way, seeing everything with the utmost vividness, as if he were a spectator of the action, he will discover what is in keeping with it, and be most unlikely to overlook inconsistencies. The need of such a rule is shown by the fault found in Carcinus. Amphiaraus was on his way from the temple. This fact escaped the observation of one who did not see the situation. On the stage, however, the piece failed, the audience being offended at the oversight. Again, the poet should work out his play, to the best of his power, with appropriate gestures; for those who feel emotion are most convincing through natural sympathy with the char– characters they represent; and one who is sgitsted storms, one who is angry rages, with the most life–like reality. Hence poetry implies either a happy gift of nature or a strain of madness. In the one case a man can take the mould of any character; in the other, he is lifted out of his proper self.[20]

20) Aristotle's emphasis on the value of sympathetic identification with characters should be compared with the romantic theory of sympathetic imagination, particularly in Hazlitt. See p. 284. Aristotle here is stressing the extent to which the poet is lifted beyond his ordinary self. The poet can transcend his ordinary state in two ways: in emotional enthsiasm, akin to "madnes"; or in an intense but objective awareness of the characters of others through sympathetic identification. There are indications that Aristotle prefers

As for the story, whether the poet takes it ready made or constructs it for himself, he should first sketch its general outline, and then fill in the episodes and amplify in detail. The general plan may be illustrated by the Iphigenia. A young girl is sacrificed; she disappears mysteriously from the eyes of those who sacrificed her; she is transported to another country, where the custom is to offer up all strangers to the goddess. To this ministry she is appointed. Some time later her own brother chances to arrive. The fact that the oracle for some reason ordered him to go there, is outside the general plan of the play. The purpose, again, of his coming is outside the action proper. However, he comes, he is seized, and, when on the point of being sacrificed, reveals who he is. The mode of recognition may be either that of Euripides or of Polyidus, in whose play he exclaims very naturally:—"So it was not my sister only, but I too, who was doomed to be sacrificed"; and by that remark he is saved.

After this, the names being once given, it remains to fill in the episodes. We must see that they are relevant to the action. In the case of Orestes, for example, there is the madness which led to his capture, and his deliverance by means of the purificatory rite. In the drama, the episodes are short, but it is these that give extension to Epic poetry. Thus the story of the Odyssey can be stated briefly. A certain man is absent from home for many years; he is jealously watched by Poseidon, and left desolate. Meanwhile his home is in a wretched plight—suitors are wasting his substance and plotting against his son. At length, tempest-tost, he himself arrives; he makes certain persons acquainted with him; he attacks the suitors with his own hand, and is himself preserved while he destroys them. This is the essence of the plot; the rest is episode.

XVIII

Every tragedy falls into two parts,—Complication and Unravelling or *Dénouement.* Incidents extraneous to the action are frequently combined with a portion of the action proper, to form the Complication; the rest is the Unravelling. By the Complication I mean all that extends from the beginning of the action to the part which marks the turning-point to good or bad fortune. The Unravelling is that which extends from the beginning of the change to the end. Thus, in the Lynceus of Theodectes, the Complication consists of the incidents presupposed in the drama, the seizure of the child, and then again" <The Unravelling> extends from the accusation of murder to the end.

There are four kinds of Tragedy, the Complex, depending entirely on

---

the latter. See especially, XXIV, 7.

Reversal and Recognition; the Pathetic (where the motive is passion),—such as the tragedies on Ajax and Ixion; the Ethical (where the motives are ethical),—such as the Phthiotides and the Peleus. The fourth kind is the Simple. <We here exclude the purely spectacular element>, exemplified by the Phorcides, the Prometheus, and scenes laid in Hades. The poet should endeavour, if possible, to combine all poetic merits; or failing that, the greatest number and those the most important; the more so, in face of the cavilling criticism of the day. For whereas there have hitherto been good poets, each in his own branch, the critics now expect one man to surpass all others in their several lines of excellence.

In speaking of a tragedy as the same or different, the best test to take is the plot. Identity exists where the Complication and Unravelling are the same. Many poets tie the knot well, but unravel it ill. Both arts, however, should always be mastered.

Again, the poet should remember what has been often said, and not make a Tragedy into an Epic structure. By an Epic structure I mean one with a multiplicity of plots: as if, for instance, you were to make a tragedy out of the entire story of the Iliad. In the Epic poem, owing to its length, each part assumes its proper magnitude. In the drama the result is far from answering to the poet's expectation. The proof is that the poets who have dramatised the whole story of the Fall of Troy, instead of selecting portions, like Euripides; or who have taken the whole tale of Niobe, and not a part of her story, like Aeschylus, either fail utterly or meet with poor success on the stage. Even Agathon has been known to fail from this one defect. In his Reversals of Intention, however, he shows a marvellous skill in the effort to hit the popular taste,—to produce a tragic effect that satisfies the moral sense. This effect is produced when the clever rogue, like Sisyphus, is outwitted, or the brave villain defeated. Such an event is probable in Agathon's sense of the word: "it is probable," he says, "that many things should happen contrary to probability."

The Chorus too should be regarded as one of the actors; it should be an integral part of the whole, and share in the action, in the manner not of Euripides but of Sophocles. As for the later poets, their choral songs pertain as little to the subject of the piece as to that of any other tragedy. They are, therefore, sung as mere interludes,—a practice first begun by Agathon. Yet what difference is there between introducing such choral interludes, and transferring a speech, or even a whole act, from one play to another ?

XIX

It remains to speak of Diction and Thought, the other parts of Tragedy having been already discussed. Concerning Thought, we may assume what is said in the Rhetoric, to which inquiry the subject more strictly belongs. Under Thought is included every effect which has to be produced by speech, the subdivisions being,— proof and refutation; the excitation of the feelings, such as pity, fear, anger, and the like; the suggestion of importance or its opposite. Now, it is evident that the dramatic incidents must be treated from the same points of view as the dramatic speeches, when the object is to evoke the sense of pity, fear, importance, or probability. The only difference is, that the incidents should speak for themselves without verbal exposition; while the effects aimed at in speech should be produced by the speaker, and as a result of the speech. For what were the business of a speaker, if the Thought were revealed quite apart from what he says?

Next, as regards Diction. One branch of the inquiry treats of the Modes of Expression. But this province of knowledge belongs to the art of Delivery, and to the masters of that science. It includes, for instance,— what is a command, a prayer, a narrative, a threat, a question, an answer, and so forth. To know or not to know these things involves no serious censure upon the poet's art. For who can admit the fault imputed to Homer by Protagoras,—that in the words, "Sing, goddess, of the wrath," he gives a command under the idea that he utters a prayer? For to tell some one to do a thing or not to do it is, he says, a command. We may, therefore, pass this over as an inquiry that belongs to another art, not to poetry.

XX [21)]

[Language in general includes the following parts:—Letter, Syllable, Connecting word, Noun, Verb, Inflexion or Case, Sentence or Phrase.

A Letter is an indivisible sound, yet not every such sound, but only one which can form part of a group of sounds. For even brutes utter indivisible sounds, none of which I call a letter. The sound I mean may be either a vowel, a semi-vowel, or a mute. A vowel is that which without impact of tongue or lip has an audible sound. A semi-vowel, that which with such impact has an audible sound, as S and R. A mute, that which with such impact has by itself no sound, but joined to a vowel sound becomes audible, as G and D. These are distinguished according to the

21) This and the following chapter, which are less essential for the student than the others, afford one illustration of Aristotle's approach in the *Poetics*; in this first treatment of poetry as a province of knowledge suitable for analytic investigation, the investigation would naturally include language as the material through which poetic imitation works.

form assumed by the mouth, and the place where they are produced; according as they are aspirated or smooth, long or short; as they are acute, grave, or of an intermediate tone; which inquiry belongs in detail to a treatise on metre. A Syllable is a non significant sound, composed of a mute and a vowel: for GR without A is a syllable, as also with A,—GRA. But the investigation of these differences belongs also to metrical science. A Connecting word is a non-significant sound, which neither causes nor hinders the union of many sounds into one significant sound; it may be placed at either end or in the middle of a sentence. Or, a non-significant sound, which out of several sounds, each of them significant, is capable of forming one significant sound,—as ἀμφί, περί, and the like. Or, a non-significant sound, which marks the beginning, end, or division of a sentence; such, however, that it cannot correctly stand by itself at the beginning of a sentence,—as μέν, ἤτοι, δέ.

A Noun is a composite significant sound, not marking time, of which no part is in itself significant: for in double or compound words we do not employ the separate parts as if each were in itself significant. Thus in Theodorus, "godgiven," the δῶρον or "gift" is not in itself significant.

A Verb is a composite significant sound, marking time, in which, as in the noun, no part is in itself significant. For "man," or "white" does not express the idea of "when"; but "he walks," or "he has walked" does connote time, present or past.

Inflexion belongs both to the noun and verb, and expresses either the relation "of," "to," or the like; or that of number, whether one or many, as "man" or "men"; or the modes or tones in actual delivery, e.g. a question or a command. "Did he go?" and "go" are verbal inflexions of this kind.

A Sentence or Phrase is a composite significant sound, some at least of whose parts are in themselves significant; for not every such group of words consists of verbs and nouns—"the definition of man," for example—but it may dispense even with the verb. Still it will always have some significant part, as "in walking," or "Cleon son of Cleon." A sentence or phrase may form a unity in two ways,—either as signifying one thing, or as consisting of several parts linked together. Thus the Iliad is one by the linking together of parts, the definition of man by the unity of the thing signified.]

XXI

Words are of two kinds, simple and double. By simple I mean those composed of non-significant elements, such as γῆ. By double or compound, those composed either of a significant and non-significant element (though within the whole word no element is significant), or of elements that are both significant. A word may likewise be triple, quadruple, or multiple in form, like so many Massilian expressions, e.g. "Hermocaico xanthus <who prayed to Father Zeus.>"

Every word is either current, or strange, or metaphorical, or ornamental, or newly-coined, or lengthened, or contracted, or altered.

By a current or proper word I mean one which is in general use among a people; by a strange word, one which is in use in another country. Plainly, therefore, the same word may be at once strange and current, but not in relation to the same people. The word σίγυνον, "lance," is to the Cyprians a current term but to us a strange one.

Metaphor is the application of an alien name by transference either from genus to species, or from species to genus, or from species to species, or by analogy, that is, proportion. Thus from genus to species, as: "There lies my ship": for lying at anchor is a species of lying. From species to genus, as: "Verily ten thousand noble deeds hath Odysseus wrought"; for ten thousand is a species of large number, and is here used for a large number generally. From species to species, as: "With blade of bronze drew away the life," and "Cleft the water with the vessel of unyielding bronze." Here αουσαι, "to draw away," is used for ταμεῖν, "to cleave," and ταμεῖν again for αουσαι,—each being a species of taking away. Analogy or proportion is when the second term is to the first as the fourth to the third. We may then use the fourth for the second, or the second for the fourth. Sometimes too we qualify the metaphor by adding the term to which the proper word is relative. Thus the cup is to Dionysus as the shield to Ares. The cup may, therefore, be called "the shield of Dionysus," and the shield, "the cup of Ares." Or, again, as old age is to life, so is evening to day. Evening may therefore be called "the old age of the day," and old age, "the evening of life," or, in the phrases of Empedocles, "life's setting sun." For some of the terms of the proportion there is at times no word in existence; still the metaphor may be used. For instance, to scatter seed is called sowing: but the action of the sun in scattering his rays is nameless. Still this process bears to the sun the same relation as sowing to the seed. Hence the expression of the poet "sowing the godcreated light." There is another way in which this kind of metaphor may be employed. We may apply an alien term, and then deny of that term one of its proper attributes; as if we were to call the shield, not "the cup of Ares," but "the wineless cup."

<An ornamental word . . .>

A newly-coined word is one which has never been even in local use, but is adopted by the poet himself. Some such words there appear to be: as εο νέϋγες, "sprouters," for χέοατα, "horns," and αοητηο, "supplicator," for ιεοευ ς, "priest."

A word is lengthened when its own vowel is exchanged for a longer one, or when a syllable is inserted. A word is contracted when some part of it is removed. Instances of lengthening are,—πολησς for πολεως, and Πηλ ηιαδεω for Πηλείδου: of contraction, —χοί, δώ and όψ as in μία γίνεται αμφ οτέοων όψ.

An altered word is one in which part of the ordinary form is left unchanged, and part is re-cast; as in δεξιτεοόν χατά μαζόν δεξιτεοόν is for δεξιόν.

[Nouns in themselves are either masculine, feminine, or neuter. Masculine are such as end in ν, ο, ς, ψ ξ η ω or in some letter compounded with ς,—these being two, ψ and ξ. Feminine, such as end in vowels that are always long, namely η and ω and—of vowels that admit of lengthening— those in α. Thus the number of letters in which nouns masculine and feminine end is the same; for ψ and ξ are equivalent to endings in ς. No noun ends in a mute or vowel short by nature. Three only end in ι,—μέλι χόμμι πέπεοι: five end in υ. Neuter nouns end in these two latter vowels; also in υ and ς.]

XXII

The perfection of style is to be clear without being mean. The clearest style is that which uses only current or proper words; at the same time it is mean:—witness the poetry of Cleophon and of Sthenelus. That diction, on the other hand, is lofty and raised above the commonplace which employs unusual words. By unusual, I mean strange (or rare) words, metaphorical, lengthened,—anything, in short, that differs from the normal idiom. Yet a style wholly composed of such words is either a riddle or a jargon; a riddle, if it consists of metaphors; a jargon, if it consists of strange (or rare) words. For the essence of a riddle is to express true facts under impossible combinations. Now this cannot be done by any arrangement of ordinary words, but by the use of metaphor it can. Such is the riddle:—"A man I saw who on another man had glued the bronze by aid of fire," and others of the same kind. A diction that is made up of strange (or rare) terms is a jargon. A certain infusion, therefore, of these elements is necessary to style; for the strange (or rare) word, the metaphorical, the ornamental, and the other kinds above mentioned, will raise it above the commonplace and mean, while the use of proper words will make it perspicuous. But nothing contributes more to produce a clearness of diction that is remote from commonness than the lengthening, contraction, and alteration of words. For by deviating in exceptional cases from the normal idiom, the language will gain distinction; while, at the same time, the partial conformity with usage will give perspicuity. The critics, therefore, are in error who censure these licenses of speech, and hold the author up to ridicule. Thus Eucleides, the elder, declared that it would be an easy matter to be a poet if you might lengthen syllables at will. He caricatured the practice in the very form of his diction, as in the verse:

Ἐπιχάοηv εἰδον Μαοαυώνάδε βαδίζοντα,

or,

οὐχ ἀν γ' ἐοάμενος τόν ἐχεἰνου ἐλλέβοον.

To employ such license at all obtrusively is, no doubt, grotesque; but in any mode of poetic diction there must be moderation. Even metaphors, strange (or rare) words, or any similar forms of speech, would produce the like effect if used without propriety, and with the express purpose of being ludicrous. How great a difference is made by the appropriate use of lengthening, may be seen in Epic poetry by the insertion of ordinary forms in the verse. So, again, if we take a strange (or rare) word, a metaphor, or any similar mode of expression, and replace it by the current or proper term, the truth of our observation will be manifest. For example Aeschylus and Euripides each composed the same iambic line. But the alteration of a single word by Euripides, who employed the rarer term instead of the ordinary one, makes one verse appear beautiful and the other trivial. Aeschylus in his Philoctetes says:

φαγέδαινα <δ'> η μου σάοχας εσνίει ποδός. 22)

Euripides substitutes υοινάται "feasts on" for ἐσυίει "feeds on." Again, in the line,

νύν δἑ μ'ἐών ὀλίγος τε χαί ἀειχης, 23)

the difference will be felt if we substitute the common words,

νύν δἑ μ'ἐών μιχοός τε χαί ἀσυενιχός χαί ἀειδης. 24)

Or, if for the line,

δίφον ἀειχέλιον χαταυείς ὀλιγηv τε τοάπεζαν, 25)

22) "The ulcer feeds on the flesh of my foot."
23) "Now being small, powerless, of no standing."
24) "Now being little, spindly, and ugly."

we read,

δίφοον μοχυηρόν χαταυείς μιχοάν τε τοάπεζαν. 26)

Or, for ηιόνες βοόωσιν ηιόνες χοάζουσιν. 27)

Again, Ariphrades ridiculed the tragedians for using phrases which no one would employ in ordinary speech: for example, δωμάτων ἄπο instead of ἄπο δωμάτων, σέυεν, ἐγὼ δέ νιν, Ἀχιλλέως πέοι instead of πε οι Ἀχιλλέως, and the like. It is precisely because such phrases are not part of the current idiom that they give distinction to the style. This, however, he failed to see.

It is a great matter to observe propriety in these several modes of expression—compound words, strange (or rare) words, and so forth. But the greatest thing by far is to have a command of metaphor. This alone cannot be imparted by another; it is the mark of genius,—for to make good metaphors implies an eye for resemblances.

Of the various kinds of words, the compound are best adapted to dithyrambs, rare words to heroic poetry, metaphors to iambic. In heroic poetry, indeed, all these varieties are serviceable. But in iambic verse, which reproduces, as far as may be, familiar speech, the most appropriate words are those which are found even in prose. These are,—the current or proper, the metaphorical, the ornamental.

Concerning Tragedy and imitation by means of action this may suffice.

XXIII

As to that poetic imitation which is narrative in form and employs a single metre, the plot manifestly ought, as in a tragedy, to be constructed on dramatic principles. It should have for its subject a single action, whole and complete, with a beginning, a middle, and an end. It will thus resemble a single and coherent picture of a living being, and produce the pleasure proper to it. It will differ in structure from historical compositions, which of necessity present not a single action, but a single period, and all that happened within that period to one person or to many, little connected together as the events may be. For as the sea-fight at Salamis and the battle with the Carthaginians in Sicily took place at the same time, but did not tend to any one result, so in the sequence of events, one thing sometimes follows another, and yet no single result is

25) "He set a simple stool and a meager table."

26) "He set a little stool and a piddling little table."

27) "Shores roar, shores scream."

thereby produced. Such is the practice, we may say, of most poets. Here again, then, as has been already observed, the transcendent excellence of Homer is manifest. He never attempts to make the whole war of Troy the subject of his poem, though that war had a beginning and an end. It would have been too vast a theme, and not easily embraced in a single view. If, again, he had kept it within moderate limits, it must have been over-complicated by the variety of the incidents. As it is, he detaches a single portion, and admits as episodes many events from the general story of the war—such as the Catalogue of the ships and others—thus diversifying the poem. All other poets take a single hero, a single period, or an action single indeed, but with a multiplicity of parts. Thus did the author of the Cypria and of the Little Iliad. For this reason the Iliad and the Odyssey each furnish the subject of one tragedy, or, at most, of two; while the Cypria supplies materials for many, and the Little Iliad for eight—the Award of the Arms, the Philoctetes, the Neoptolemus, the Eurypylus, the Mendicant Odysseus, the Laconian Women, the Fall of Ilium, the Departure of the Fleet.

XXIV

Again, Epic poetry must have as many kinds as Tragedy: it must be simple, or complex, or "ethical," or "pathetic." The parts also, with the exception of song and scenery, are the same; for it requires Reversals of Intention, Recognitions, and Tragic Incidents. Moreover, the thoughts and the diction must be artistic. In all these respects Homer is our earliest and sufficient model. Indeed each of his poems has a twofold character. The Iliad is at once simple and "pathetic," and the Odyssey complex (for Recognition scenes run through it), and at the same time "ethical." Moreover, in diction and thought he is supreme.

Epic poetry differs from Tragedy in the scale on which it is constructed, and in its metre. As regards scale or length, we have already laid down an adequate limit:—the beginning and the end must be capable of being brought within a single view. This condition will be satisfied by poems on a smaller scale than the old epics, and answering in length to the group of tragedies presented at a single sitting.

Epic poetry has, however, a great—a special—capacity for enlarging its dimensions, and we can see the reason. In Tragedy we cannot imitate several lines of actions carried on at one and the same time; we must confine ourselves to the action on the stage and the part taken by the players. But in Epic poetry, owing to the narrative form, many events simultaneously transacted can be presented; and these, if relevant to the subject, add mass and dignity to the poem. The Epic has here an advantage, and one that conduces to grandeur of effect, to diverting the mind of the hearer, and relieving the story with varying episodes. For sameness of incident soon produces satiety, and makes tragedies fail on the stage.

As for the metre, the heroic measure has proved its fitness by the test of experience. If a narrative poem in any other metre or in many metres were now composed, it would be found incongruous. For of all measures the heroic is the stateliest and the most massive; and hence it most readily admits rare words and metaphors, which is another point in which the narrative form of imitation stands alone. On the other hand, the iambic and the trochaic tetrameter are stirring measures, the latter being akin to dancing, the former expressive of action. Still more absurd would it be to mix together different metres, as was done by Chaeremon. Hence no one has ever composed a poem on a great scale in any other than heroic verse. Nature herself, as we have said, teaches the choice of the proper measure.

Homer, admirable in all respects, has the special merit of being the only poet who rightly appreciates the part he should take himself. The poet should speak as little as possible in his own person, for it is not this that makes him an imitator.[28] Other poets appear themselves upon the scene throughout, and imitate but little and rarely. Homer, after a few prefatory words, at once brings in a man, or woman, or other personage; none of them wanting in characteristic qualities, but each with a character of his own.

The element of the wonderful is admitted in Tragedy. The irrational, on which the wonderful depends for its chief effects, has wider scope in Epic poetry, because there the person acting is not seen. Thus, the pursuit of Hector would be ludicrous if placed upon the stage—the Greeks standing still and not joining in the pursuit, and Achilles waving them back. But in the Epic poem the absurdity passes unnoticed. Now the wonderful is pleasing: as may be inferred from the fact that, in telling a story, every one adds something startling of his own, knowing that his hearers like it. It is Homer who has chiefly taught other poets the art of telling lies skilfully. The secret of it lies in a fallacy. For, assuming that if one thing is or becomes, a second is or be— comes, men imagine that, if the second is, the first likewise is or becomes. But this is a false inference. Hence, where the first thing is untrue, it is quite unnecessary, provided the second be true, to add that the first is or has become. For

---

28) Sympathetic identification with the object is thus necessary for successful imitation. See note 19, p. 30.

the mind, knowing the second to be true, falsely infers the truth of the first. There is an example of this in the Bath Scene of the Odyssey.

Accordingly, the poet should prefer probable impossibilities to improbable possibilities.[29] The tragic plot must not be composed of irrational parts. Everything irrational should, if possible, be excluded; or, at all events, it should lie outside the action of the play (as, in the Oedipus, the hero's ignorance as to the manner of Laius' death); not within the drama,—as in the Electra, the messenger's account of the Pythian games; or, as in the Mysians, the man who comes from Tegea to Mysia without speaking. The plea that otherwise the plot would have been ruined, is ridiculous; such a plot should not in the first instance be constructed. But once the irrational has been introduced and an air of likelihood imparted to it, we must accept it in spite of the absurdity. Take even the irrational incidents in the Odyssey, where Odysseus is left upon the shore of Ithaca. How intolerable even these might have been would be apparent if an inferior poet were to treat the subject. As it is, the absurdity is veiled by the poetic charm with which the poet invests it.

The diction should be elaborated in the pauses of the action, where there is no expression of character or thought. For, conversely, character and thought are merely obscured by a diction that is over brilliant.

XXV

With respect to critical difficulties and their solutions, the number and nature of the sources from which they may be drawn may be thus exhibited.

The poet being an imitator, like a painter or any other artist, must of necessity imitate one of three objects,—things as they were or are, things as they are said or thought to be, or things as they ought to be. The vehicle of expression is language,—either current terms or, it may be, rare words or metaphors. There are also many modifications of language, which we concede to the poets. Add to this, that the standard of correctness is not the same in poetry and politics, any more than in poetry and any other art. Within the art of poetry itself there are two kinds of faults,—those which touch its essence, and those which are accidental. If a poet has chosen to imitate something, <but has imitated it incorrectly > through

29) Another key statement of the *Poetics*. A "probable impossibility" would be such a monster as Caliban in the Tempest: though he is impossible his actions are consistent, and would be appropriate to such a monster if he did exist. An "improbable possibility" would be a freak accident in the plot, or, in the form of character, an ordinary and very possible human being who acted in an improbable way.

want of capacity, the error is inherent in the poetry. But if the failure is due to a wrong choice—if he has represented a horse as throwing out both his off legs at once, or introduced technical inaccuracies in medicine, for example, or in any other art—the error is not essential to the poetry. These are the points of view from which we should consider and answer the objections raised by the critics.

First as to matters which concern the poet's own art. If he describes the impossible, he is guilty of an error; but the error may be justified, if the end of the art be thereby attained (the end being that already mentioned),—if, that is, the effect of this or any other part of the poem is thus rendered more striking. A case in point is the pursuit of Hector. If, however, the end might have been as well, or better, attained without violating the special rules of the poetic art, the error is not justified: for every kind of error should, if possible, be avoided. Again, does the error touch the essentials of the poetic art, or some accident of it? For example,—not to know that a hind has no horns is a less serious matter than to paint it inartistically.

Further, if it be objected that the description is not true to fact, the poet may perhaps reply,—"But the objects are as they ought to be": just as Sophocles said that he drew men as they ought to be; Euripides, as they are. In this way the objection may be met. If, however, the representation be of neither kind, the poet may answer,—"This is how men say the thing is." This applies to tales about the gods. It may well be that these stories are not higher than fact nor yet true to fact: they are, very possibly, what Xenophanes says of them. But anyhow, "this is what is said." Again a description may be no better than the fact: "still, it was the fact"; as in the passage about the arms: "Upright upon their butt-ends stood the spears." This was the custom then, as it now is among the Illyrians.

Again, in examining whether what has been said or done by some one is poetically right or not, we must not look merely to the particular act or saying, and ask whether it is poetically good or bad. We must also consider by whom it is said or done, to whom, when, in whose interest, or for what end; whether, for instance, it be to secure a greater good, or avert a greater evil.

Other difficulties may be resolved by due regard to the usage of language. We may note a rare word, as in οὐρῆας μέν πρῶτον, where the poet perhaps employs οὐρῆας not in the sense of mules, but of sentinels. So, again, of Dolon: "illfavoured indeed he was to look upon." It is not meant that his body was ill-shaped, but that his face was ugly; for the Cretans use the word εὐειδές, "well-favoured," to denote a fair face. Again, ζωρότερον δέ κέραιε, "mix the drink livelier," does not mean "mix it stronger" as for hard drinkers, but "mix it quicker."

Sometimes an expression is metaphorical, as "Now all gods and men were sleeping through the night,"—while at the same time the poet says: "Often indeed as he turned his gaze to the Trojan plain, he marvelled at the sound of flutes and pipes." "All" is here used metaphorically for "many," all being a species of many. So in the verse,—"alone she hath no part. . . ," οἴη, "alone," is metaphorical; for the best known may be called the only one.

Again, the solution may depend upon accent or breathing. Thus Hippias of Thasos solved the difficulties in the line,—δίδομεν (διδόμεν) δέ οἱ, and τό μέν (οὐ) χαταπύυεται ὄμβοω.30)

Or again, the question may be solved by punctuation, as in Empedocles, —"Of a sudden things became mortal that before had learnt to be immortal, and things unmixed before mixed."

Or again, by ambiguity of construction,—as in παοώχηχεν δέ πλέω νύξ, where the word πλέω is ambiguous.31)

Or by the usage of language. Thus any mixed drink is called οἶνος, "wine." Hence Ganymede is said "to pour the wine to Zeus," though the gods do not drink wine. So too workers in iron are called χαλχέας, or workers in bronze. This, however, may also be taken as a metaphor.

Again, when a word seems to involve some inconsistency of meaning, we should consider how many senses it may bear in the particular passage. For example: "there was stayed the spear of bronze"—we should ask in how many ways we may take "being checked there." The true mode of interpretation is the precise opposite of what Glaucon mentions. Critics, he says, jump at certain groundless conclusions; they pass adverse judgment and then proceed to reason on it; and, assuming that the poet has said whatever they happen to think, find fault if a thing is inconsistent with their own fancy. The question about Icarius has been treated in this fashion. The critics imagine he was a Lacedaemonian. They think it strange, therefore, that Telemachus should not have met him when he went to Lacedaemon. But the Cephallenian story may perhaps be the true one. They allege that Odysseus took a wife from among themselves, and that her father was Icadius not Icarius. It is merely a mistake, then, that gives plausibility to the objection.

In general, the impossible must be justified by reference to artistic requirements, or to the higher reality, or to received opinion. With

30) He explained "We grant he will receive what he prayed for" as "Allow him to receive . . .": and "It is not rotted by rain" as "A part of it is rotted . . ."

31) "The greater part," in Greek, is ambiguous in the statement, "The greater part of the night had passed."

respect to the requirements of art, a probable impossibility is to be preferred to a thing improbable and yet possible. Again, it may be impossible that there should be men such as Zeuxis painted. "Yes," we say, "but the impossible is the higher thing; for the ideal type must surpass the reality." To justify the irrational, we appeal to what is commonly said to be. In addi tion to which, we urge that the irrational sometimes does not violate reason; just as "it is probable that a thing may happen contrary to probability."

Things that sound contradictory should be examined by the same rules as in dialectical refutation—whether the same thing is meant, in the same relation, and in the same sense. We should therefore solve the question by reference to what the poet says himself, or to what is tacitly assumed by a person of intelligence.

The element of the irrational, and, similarly, depravity of character, are justly censured when there is no inner necessity for introducing them. Such is the irrational element in the Aegeus of Euripides, and the badness of Menelaus in the Orestes.

Thus, there are five sources from which critical objections are drawn. Things are censured either as impossible, or irrational, or morally hurtful, or contradictory, or contrary to artistic correctness. The answers should be sought under the twelve heads above mentioned.

XXVI

The question may be raised whether the Epic or Tragic mode of imitation is the higher. If the more refined art is the higher, and the more refined in every case is that which appeals to the better sort of audience, the art which imitates anything and everything is manifestly most unrefined. The audience is supposed to be too dull to comprehend unless something of their own is thrown in by the performers, who therefore indulge in restless movements. Bad flute-players twist and twirl, if they have to represent "the quoit-throw," or hustle the coryphaeus when they perform the "Scylla." Tragedy, it is said, has this same defect. We may compare the opinion that the older actors entertained of their successors. Mynniscus used to call Callippides "ape" on account of the extravagance of his action, and the same view was held of Pindarus. Tragic art, then, as a whole, stands to Epic in the same relation as the younger to the elder actors. So we are told that Epic poetry is addressed to a cultivated audience, who do not need gesture; Tragedy, to an inferior public. Being then unrefined, it is evidently the lower of the two.

Now, in the first place, this censure attaches not to the poetic but to the histrionic art: for gesticulation may be equally overdone in epic recitation, as by Sosistratus, or in lyrical competition, as by Mnasitheus the Opuntian. Next, all action is not to be condemned —any more than all dancing—but only that of bad performers. Such was the fault found in Callippides, as also in others of our own day, who are censured for representing degraded women. Again, Tragedy like Epic poetry produces its effect even without action; it reveals its power by mere reading. If, then, in all other respects it is superior, this fault, we say, is not inherent in it.

And superior it is, because it has all the epic elements—it may even use the epic metre—with the music and scenic effects as important accessories; and these produce the most vivid of pleasures. Further, it has vividness of impression in reading as well as in representation. Moreover, the art attains its end within narrower limits; for the concentrated effect is more pleasurable than one which is spread over a long time and so diluted. What, for example, would be the effect of the Oedipus of Sophocles, if it were cast into a form as long as the Iliad? Once more, the Epic imitation has less unity; as is shown by this, that any Epic poem will furnish subjects for several tragedies. Thus if the story adopted by the poet has a strict unity, it must either be concisely told and appear truncated; or, if it conform to the Epic canon of length, it must seem weak and watery. <Such lengths implies some loss of unity,> if, I mean, the poem is constructed out of several actions, like the Iliad and the Odyssey, which have many such parts, each with a certain magnitude of its own. Yet these poems are as perfect as possible in structure; each is, in the highest degree attainable, an imitation of a sinlgle action.

If, then, Tragedy is superior to Epic poetry in all these respects, and, moreover, fulfils its specific function better as an art—for each art ought to produce, not any chance pleasure, but the pleasure proper to it, as already stated—it plainly follows that Tragedy is the higher art, as attaining its end more perfectly. 32)

Thus much may suffice concerning Tragic and Epic poetry in general; their several kinds and parts, with the number of each and their differences; the causes that make a poem good or bad; the objections of the critics and the answers to these objections.

---

32) Tragedy, in short, is a more concentrated, unified, and vivid form of imitation than narrative verse. It is also itself, by definition, an activity in a more direct and thoroughgoing way than is a narrative poem. Accordingly, in imitating or portraying human actions, it offers a closer counterpart than mere narrative can present—just as music can imitate human feeling more vitally than can the visual arts, since feeling is an activity taking place in time, and so is music (See p. 5).

Eliot and the Dialect of the Tribe

A. V. C. SCHMIDT

A RECURRING THEME in Eliot's many writings on the English language can be formulated in some such terms as these: what a poet does to the common speech, and what he does for it. The two activities are not in principle opposed to one another, nor are they, in practice, to be found in separation; but a way of bringing out the contrast more sharply is to think of the one as exemplified in a high degree by a poet like Mallarmé, while the other is fitly represented by, say, Dante. With Mallarmé we can associate not only other writers in the Symbolist tradition, but poets like Milton, while with Dante we can link a writer like Dryden. In the famous *terza rima* imitation of *Little Gidding,* Eliot of course 'fuses' the two types in the person of the 'familiar compound ghost' who is 'both one and many', 'myself' and 'someone other', and it is this figure who declares, both to and through Eliot, that

> our concern was speech, and speech impelled us
> To purify the dialect of the tribe
> And urge the mind to aftersight and foresight.

Just as the poet impresses the 'mind' or consciousness of his readers with a sense of the history of the language living in his words ('after sight') and at the same time opens up new experience through his use of these words ('foresight'), so too the 'speech' which impels him is not just the poetic language he writes, it is also the common tongue he speaks.

The drafts of *Little Gidding* so admirably set out in Helen Gardner's study *The Composition of Four Quartets* (1978), in which the speaker is less a compound figure and more unequivocally Yeats, bring out clearly how the endeavour to forge an individual poetic idiom is also the effort to create a national poetry. In one prose draft (Gardner, p. 186) the speaker plainly links the two activities:

> These events draw me back to the streets of the speech I learned early in life. *I also was engaged in the battle of language.* My alien people with an unknown [a dying?] tongue claimed me. I saved them by my efforts — you by my example . . . (italics mine).

The passage articulates what the poet does for the common language by what he does to it: in this case, the individual example to Eliot of poetic dedication[1] is profferred not as artistic martyrdom for a cause but as a response to a public call to arms in a 'battle of language' (the metaphor of *East Coker* V). The poet is claimed by his language, and in this sense his 'concern' for speech ceases to be a private or coterie affair; and though in his own 'intolerable wrestle with words and meanings' the poet must aim, in the phrase Eliot adapted from Mallarmé, 'to purify the dialect of the tribe', he comes thereby to discover his responsibility to spend his life, as another of the prose drafts has it, 'in that unending fight / To give a [the] people speech' (Gardner, p. 187). The full meaning of that last phrase can be best brought out in the light of some passages from Eliot's 1950 Italian Institute lecture 'What Dante Means to Me', which I consider below. But Eliot's ability to use Mallarmé's phrase in what might be called a 'Dantean' sense is the result of a careful critique of the Symbolist tradition which he carried out two years before that lecture in 'From Poe to Valéry' (1948).

In the line

Donner un sens plus pur aux mots de la tribu

from Mallarmé's Le Tombeau d'Edgar Poe, the angel-voice that conveys this purer sense to the common speech is that of Poe as understood in the Symbolist tradition after Baudelaire, the Poe from whom comes the doctrine of la poésie pure, that 'A poem should have nothing in view but itself', as Eliot phrases it (To Criticise the Critic, p. 40). Eliot, however, sees the goal of increasing consciousn- ess of language that accompanies such a notion of poetry as unattainable: poetry must retain some 'impurity', must value the subject for its own sake—in order to remain poetry at all (ibid., p. 39). Where 'the subject is little, the treatment is everything' and Poe achieves poésie pure because, in effect, he has little to say: he does not 'achieve purity by a process of purification' (ibid., p. 40; my italics). There is no need to recapitulate here Eliot's detailed analysis of Poe's 'irresponsibility towards the meaning of words', what we might call the claim of the people's speech, to demonstrate that 'In the sense in which we speak of "purity of language" Poe's poetry is very far from pure' (ibid., p. 40). What matters is that he differs from Mallarmé in his

---

1) Eliot says very little in his 1940 lecture on Yeats (*On Poetry and Poets*, 1957) about Yeats's language as such. But he salutes in the poet who was 'from one point of view . . . a contemporary' (p. 252) but from another, an older master, 'the integrity of his passion for his art and his craft' as the 'impulse for his extraordinary development' (p. 253), a development in which 'maturing as a poet means maturing as the whole man' (p. 254). Compare with this his comment on the value of Dante (quoted p. 39 above).

valuation of Poe, and this imparts to his adaptation of Mallarmé's famous line an element of implied criticism. Eliot is aware that the French poet's 'curious treatise' on English (Les Mots Anglais, 1877) shows him to have had, like Baudelaire, an imperfect knowledge of Poe's native tongue; yet simultaneously he sees this imperfection as a 'Happy accident' enabling them to elicit from the depths of their own minds something important which they mistakenly attribute to what they read (CC, p. 36).[2)]

Eliot's concern 'to purify the dialect of the tribe' is thus at once a rejection of Poe's type of 'pure poetry' and a willingness to recognise in his French admirers something of that 'purity' which is achieved 'by a process of purification'. Eliot nowhere objects to the attempt to 'give' a finer, a more vividly precise sense to the common language; in fact his own poetry derives much of its power from just such an effort, as in these lines from 'Rhapsody on a Windy Night':

> The street-lamp said, 'Regard that woman
> Who hesitates towards you in the light of the door'.[3)]

His own positive conception of the task, however, finds expression in his 1953 address at St. Louis on 'American Literature and the American Language', in which he places Mark Twain with Dryden and Swift

> as one of those rare writers who have brought their language up to date, and in so doing 'purified the dialect of the tribe' (CC p. 54).

By 'bringing one's language up to date' Eliot meant something more positive than just the avoidance of archaic diction. His quotation of the Little Gidding line 'adapted' from Mallarmé's praise of Poe, in connection with such prose masters as Dryden, Swift and Twain confirms it as critical of the type of 'purity' exemplified in Ulalume and The Raven.

Although 'From Poe to Valéry' acknowledges Symbolist poetry as 'the most interesting development of poetic consciousness anywhere in that same hundred years' (*CC*, p. 42), Eliot makes explicit in the lecture on

---

2) Cf. Eliot's whimsical observation on 'Stephane Mallarmé, of whom the French sometimes say that his language is so peculiar that it can be understood only by foreigners' (Preface to Transit of Venus: Poems by Harry Crosby, Paris, 1931, p. ix).

3) I discuss this example of a common word used in an uncommon sense in 'T. S. Eliot and the English Language' (English Studies in Africa (1982)). The paradoxical use of the preposition towards is wholly original, but Eliot may have been remembering the surprise-effect of Pope's 'Just hint a fault, and hesitate dislike' (Epistle to Dr Arbuthnot, line 204).

'American Literature and the American Language' that apprehension about the limits of 'consciousness' in pursuing the goal of purity hinted at in his criticism of Poe. For in speaking of Twain's achievement, he is impressed by

> a great *unconscious* depth . . . *a symbolism an the more powerful for being uncalculated and unconscious*' (*CC*, p. 54; my italics).

While that collocation may suggest that what Eliot means by 'unconscious' is really 'unself-conscious', it is striking that Eliot should go on to contrast Twain, a writer of 'local flavour combined with unconscious universality' (p. 54), with Poe, one whose 'imagina- tion . . . created its own dream-world' (p. 55). There is, evidently, a right and a wrong kind of 'consciousness', the wrong kind being that in which the poet's calculated manipulation of language ('treatment') diminishes and may even extinguish theme and subject. That there is also a right kind of poetic 'consciousness' emerges during Eliot's comparison of Dante's significance for his development as a poet with that of Baudelaire and Laforgue.

In 'What Dante Means to Me' (1950) Eliot declares that since Dante requires a lifetime for appreciation, he can be significant to a poet 'at every stage of maturing' (*CC*, p. 127). There has never been, he continues, 'a more scrupulous, painstaking and conscious practiti- oner of the craft' (ibid. p. 132). Here there is a consciousness co-existing with scrupulousness, something Eliot finds lacking in Poe, whose use of words he finds 'unscrupulous' (CC, p. 40). Dante is 'local' (like Twain), yet 'the least provincial of the poets of our continent' (ibid., p. 134), his Italian is 'somehow our language from the moment we begin to try to read it' (ibid., p. 135). The implication in that last statement is clearly that even an imperfect knowledge of his language, such as Baudelaire and Mallarmé brought to their reading of Poe, would not lead to an over-valuing of Dante's achiev- ement, since in Dante there is no preponderance of 'treatment' over 'subject', no attainment of 'purity' without a 'process of purification'. The meaning of that 'scrupulousness' which accompanies poetic consciousness in Dante is defined in a passage that brings out the moral lesson to be found in his work:

> The whole study and practice of Dante seems to me to teach that the poet should be the servant of his language, rather than the master of it. This sense of responsibility is one of the marks of the *classical* poet . . . (ibid. p. 133).

The 'sense of responsibility' here contrasts with that 'irresponsibility' towards language condemned in Poe. In calling Dante 'classical' (a word he also applies to Twain), Eliot thinks of him as

> one of those without whom the *current* speech of a people with a great language would not be what it is . . .

'the people' being

> *everybody after him who speaks that language, whose mother tongue it is,* whether they are poets, philosophers, statesmen or railway porters (ibid. p. 133; my italics).

As I understand Eliot's position, the complex and demanding task of being a 'servant' of one's mother tongue, of being 'impelled by speech', is that of bringing the language up to date by a process of conscious but scrupulous, responsible 'purification', of urging the mind to aftersight and foresight in the sense of creating and fostering awareness of the past as a basis for responsibility to the future.

While there is little sign in Mallarmé of concern with any speech other than the speech of poetry, Eliot conceives the 'supreme poet's' task in arrestingly different terms:

> To pass on to posterity *one's own language*, more highly developed, more refined, and more precise than it was before one wrote it, that is the highest possible achievement of the poet as poet (ibid. p. 133; my italics).

There is a possible ambiguity in that first italicised phrase of which Eliot may not be aware; but it is a richly suggestive, rather than a confusing ambiguity, hinting, as it does, at the close involvement between idiolect and dialect. What needs stressing here is his conception of the poet's role as social and public.[4] 'Development', 'refinement', 'precision' all seem more natural specifications of the notion of 'purifying' than 'bringing up to date'; but it becomes clear from Eliot's account of Dryden that these activities

4) Cf. his assertion in 'The Social Function of Poetry' (1945): 'We may say that the duty of the poet, as poet, is only indirectly to his people: his direct duty is to his *language*, first to preserve, and second to extend and improve' (*On Poetry and Poets*, p. 20). The theme of my essay, and indeed of Eliot's lecture on Dante, which develops the point made in this 1945 address, is the poet's extension and improvement of his language; but there are many other places in Eliot's uncollected writings where he speaks of the first of the poet's duties to language, e.g. in a review entitled 'Grammar and Usage', where he says 'To preserve a language from death is the first duty of those who speak it' (*Criterion*, V. 1., Jan. 1927, p. 122.)

are very closely related in the actual development of English poetry and of the English language. And since it is the common language that the great poet works with, the speech of 'everybody . . . whose mother tongue it is',

> in making people comprehend the *incomprehensible*; and in developing the language, enriching the meaning of words and showing how much words can do, [he is] making possible a much greater range of emotion and perception for other men, *because he gives them the speech in which more can be expressed* (ibid., p. 134; my italics).

Eliot's Dante 'gives' to his fellow-speakers the power to say more and to experience more. He does not, like Mallarmé's Poe, 'give' to the common words a 'purer' sense such as to render them incompre- hensible, as Mallarmé's poetry and prose might seem to ordinary speakers of French. Although Eliot's tribute to Dante does not imply a total rejection of Mallarmé and all he stands for, there is a clear movement away from Mallarméan esotericism towards the notion of a social, even a civic role for the poet. For he recognises Dante as 'the explorer beyond the frontiers of ordinary consciousness' who can *'report to his fellow-citizens'* (p. 135, my italics) because of his 'firm grasp upon the realities with which they are already acquainted'. The chief of these realities being the 'dialect' which enshrines the comm- unal experience and values of the 'tribe' whose historic continuity created it, Eliot comes to reject the Symbolist stereotype of the poet given in *Le Tombeau d'Edgar Poe* or in Rimbaud's *Une Saison en Enfer*: 'mage ou arise, dispensé de toute morale' ('Adieu'). Eliot's poet-explorer is commissioned, invested with

> the obligation to explore, *to find words for the inarticulate*, to capture those feelings which people can hardly even feel, because they have no words for them (ibid. p. 134; my italics).

This time it is hard to imagine that the ambiguity of the italicised phrase was lost on Eliot: it expresses exactly how, for the poet who is a 'servant' of his language, to purify the dialect of the tribe is to give the people speech.

I have so far been discussing Eliot's comments on two great writers in the modern European languages by which he was most deeply influenced. But however interesting Eliot's notions about the impact of a French and an Italian poet upon the speech of their own countrymen may be, they cannot carry the same authority as his judgements about the history of English. His understanding of how the modern English language developed has to be established from a variety of (mainly short and occasional) talks and lectures, and my purpose here is simply to disengage one line of thought which I believe is central and deserves fuller study.

In his criticisms of Milton, Eliot displays a number of grounds for disquiet and unease about the influence of an indubitably great poet. In the 1936 essay, invoking 'the standards of language and of something called poetry, in our own language and in the whole history of European literature', he finds that Milton 'may still be considered as having done damage to the English language from which it has not wholly recovered' (*On Poetry and Poets*, p. 145). In the 1947 lecture he has decided that modern poets may now 'approach the study of his work without danger, and with profit to their poetry and to the English language' (ibid., p. 161). Despite the perceptible shift of emphasis away from a broader community of users of the language towards the poets in particular, Eliot is still closely concerned with the notion of a poet's responsibility to the common speech, the theme which was to be made explicit in the Dante lecture of three years later. While it can hardly be doubted that Eliot must have contrasted in his mind the respective influence on their language and literary tradition of two such comparable figures as Dante and Milton, there is plenty of evidence to show that the man he came to see as the salutary antitype to Milton was Dryden.

Eliot's (perhaps somewhat unexpected) admiration for Dryden as a poet is found as early as the essay of 1921 (reprinted in *Selected Essays*); but this is a slightly defensive piece, and says little about Dry- den's contribution to the development of modern English. While he observes here that 'His powers were . . . wider, but no greater, than Milton's' (SE, p. 314), it is not until nearly a decade later that he is able to praise him without reserve for his 'astounding vivification of the language'. This appears in a broadcast talk of 16 April 1930 (*The Listener*, III.66, 688-9) in which he also provides an expansion of the comparison of Dryden with Milton quoted above from the 1921 essay:

A great poet is a poet who extends the uses of verse; who makes poetry out of what we took for granted to be only matter for prose, written or often only spoken prose, or thoughts and feelings hardly expressible at all (ibid., p. 689).[5]

---

5) 'Thoughts and feelings hardly expressible at all' are the correlative of 'those feelings which people can hardly even feel' (see p. 42 above), the common factor being that 'they have no words for them'. Eliot does not seem to have made explicit the parallel between Dante and Dryden, but if he recognised one, it probably lay in some such relationship as these two quotations, separated by twenty years, suggest.

Eliot unquestionably had in mind Dryden's creation of a genuinely poetic satire in English, but the wording of the last phrase strkingly anticipates that of his second comment on Dante (quoted on p. 42 above), while the very title of his fullest tribute to Dryden, 'John Dryden—I. The Poet Who Gave the English Speech' (*The Listener*, V.118, 15 April 1931, 621-2), looks forward to the wording of the italicised phrase in the first comment on Dante (also p. 42 above). The direct comparison with Milton is to be found in the talk of 2 April 1930, 'Mystic and Politician as Poet: Vaughan, Traherne, Marvell, Milton':

> Milton . . . is almost a contortionist of grammar. When we read a poem like this [*the Nativity Ode*] . . . we may well be thankful that Dryden appeared to put the English language straight again (Listener, III. 64, 591).

It would, however, be misleading to present Eliot's view of Dryden's reform as primarily a movement of reaction against Milton. Certainly, to the extent that English grammar underwent contortion in the hands of seventeenth century poets, Milton must stand out as the chief offender; but Eliot seems to have been more impressed by the way in which a man who had himself begun as a minor Metaphysical wit could revivify and make available for new poetic purposes a tradition which was showing signs of collapse by the time he reached adulthood ('The Minor Metaphysicals: From Cowley to Dryden'):

> Donne invented *an idiom, a language* which less original men could learn to talk; and which they went on talking until they talked it out, and Dryden imposed *a new way of speech* on the next 100 years (*Listener*, III. 65, 9 April 1930, 641; my italics).

Though the italics are not Eliot's, I believe his choice of terms reveals how closely he connected the condition of poetic expression with the condition of the common tongue. 'The common tongue' should perhaps be paraphrased as 'the language spoken and written by the educated classes', for and from whom the poetry of the seventeenth century was written. But inasmuch as the literary langu- age is available for *all* members of a particular linguistic community, there seems little point in quibbling over the ambiguity of such terms as 'idiom' and 'way of speech'. Eliot clearly saw the decay of the poetic tradition of metaphysical wit as something much more than a merely 'literary' matter, a viewpoint which, admittedly, is increasingly harder to sustain (or even discern) in our time. Here is his comment on the minor Metaphysical Edward Benlowes, one who can bring a good idiom to such a point that a drastic reform of language is needed. Our language, or any civilised language, is like the phoenix: it springs anew from its own ashes. And correct language is civilisation (ibid. p. 641).

Although the picture of 'Eliot's Dryden' that has emerged is of a man who 'drastically' reformed contortions or deformations stemming from at least two sources, the decadent 'line of wit' and Miltonic hyper-Latinism, it is worth recognising that for Eliot the first of these was once a living 'phoenix'. They were both, of course, inimical to the development of an adequate means of expressing the new sensibility that had, inevitably, come into being in the later seventeen- th century; they were both obstacles to the cultivation of that 'uncorruptible sincerity of word which at all times distinguishes the good writer from the bad, and at critical times such as his, distinguishes the great writer from the little one', for 'What Dryden did, in fact, was to reform the language, and devise a natural, conversational style of speech in place of an artificial and decadent one' (*Listener*, V. 118, 621). The last phrase of this quotation may be taken as covering the two-fold danger to language represented by Benlowes and Milton, both poets; but other passages in this talk make clear that Eliot sees Dryden as doing more than 'restor[e] English verse to the condition of speech' (ibid. p. 622). Dryden's achievement was that of a bridge-builder:

Dryden established a normal English speech, a speech valid for both verse and prose . . . a language possible for the mediocrity, and yet possible for later great writers to do great things with (ibid., p. 622).

He finds in Dryden's satire the lesson that

if verse should not stray too far from the customs of speech, so also it should not abandon too much the uses of prose (ibid. p. 622).

This passage makes explicit Eliot's recognition that Dryden's 'reform' was no mere matter of restoring the *colloquial* authenticity of Donne: the polemical antithesis between Donne and Milton in the criticism of F. R. Leavis, for instance, is not strictly possible for Eliot (who, of course, admires Dryden far more than does Leavis). The inter- relationship and necessary inter-dependence of the two harmonies is well brought out in a passage from the second of his 1931 series of talks on Dryden, 'Dryden the Dramatist':

Prose which has nothing in common with verse is dead; verse which has nothing in common with prose is probably artificial, false, diffuse, and syntactically weak . . . I do not believe that in any modern civilisation prose can flourish if all the verse being written is bad, or that good verse can be written in an atmosphere choked with bad prose (Listener, V. 119, 22 April 1931, 682).

The three conditions specified in this passage are all ideal rather than historical, for Dryden (Eliot would say) did appear at the right time and both saw what was needed and set about his 'reform' in a deliberate and practical manner: 'His theories were all theories directed to what the poet could consciously attempt' (Listener, V. 118, p. 622). He can therefore see, without paradox, 'the infusion of the prosaic into verse' as 'an accomplishment of the greatest masters of verse' because he finds the 'prosaic' qualities of 'good sense, sobriety and the speech of a cultivated gentleman' qualities 'as vital to verse as they are to prose' (Listener, III, 65, 9 April 1930, 642).[6] The third of the 1931 talks, 'Dryden the Critic, Defender of Sanity', indicates the basis of Dryden's consciousness of what he felt called on to do as a 'master of verse'; there was in him 'an almost ideal balance between the critic and the creative poet' (Listener, V. 120, 29 April 1931, 724-5). These comments made in the 1930's, when Eliot had just completed the 'utterly unproselike[7] Ash-Wednesday, anticipate and give substance to the view of Dryden, in the lecture of over twenty years later, as one of those rare writers who have brought their language up to date, and in so doing 'purified the dialect of the tribe' (CC, p. 54).

Balliol College, Oxford

---

6) This should not be taken as suggesting that Eliot failed to make a sharp formal distinction between verse and prose; see, for example, his demonstration of their mutual inconvertibility in a letter to the TLS of Sept. 27, 1928 (p. 687), where he makes the interesting point that "verse, whatever else it may or may not be, is itself a system of punctuation; the usual marks of punctuation themselves are differently employed'. Cf. also his remark that "a different metre is a different kind of thought; it is a different kind of punctuation, for the emphases and the breath pauses do not come in the same place' (To Criticise the Critic, p. 129).

7) F. R. Leavis, 'Eliot's Classical Standing', in Lectures in America (1969), p. 46. The passages quoted in note 6 above underline the accuracy of Leavis's phrase; his notion that in Ash-Wednesday 'poetic technique . . . is a technique for sincerity (ibid. p. 45) interestingly echoes Eliot's praise of Dryden's 'uncorruptible sincerity of word' (see p. 44 above).

Yeats and the 'Little and Intense' Poem

KRISHNA RAYAN

SEVENTY-ONE of Yeats's poems are short pieces of eight lines or less. This is almost a fifth of the total number of poems in the Yeats canon, and the figure would be even higher if the limit were raised from eight lines to ten or twelve. This significantly large proportion of poems of diminutive length can, in one sense, be understood as the result merely of Yeats's choice of certain forms. Some of these poems are 'songs' which provided opportunity for his gift of short-flighted lyricism. Others are epigrams, and these are in the English tradition which includes three poets whose work influenced Yeats deeply: Swift, Blake and Landor. Two or three are short strings of rhymed couplets. A few are quatrains, writing which, as Curtis Bradford says, 'usually provided a needed relaxation for him, it was a kind of poetic doodling'.[1] It is true enough of these categories of poems that their formal properties encourage or indeed prescribe brevity, but many of Yeats's short poems are not songs, epigrams, couplets or quatrains, so that we have to look elsewhere for reasons for their size. When a fifth of the poems in a corpus exhibit the same degree of brevity, such things as genre and metre cannot account for it except superficially, and an adequate explanation can only be found in the doctrines and models that the poet was exposed to and, more significantly, in the imperatives of his own vision and language.

The short unitary poem suggests the influence of the Greek Anthology mode on the one hand, and of the *haiku* and the *tanka* on the other. (Indeed, late in his life, Yeats turned out a nine-line poem, 'Imitated from the Japanese', based on a *haiku*.) The more specific influence is that of Imagism which reached him through Ezra Pound whose company and work had a certain impact on him over several years. Yet it is significant that long before Yeats and Pound came to know each other well (1911), long before Imagism was inaugurated (1909), Yeats was already writing poems like 'The Fish' and 'He Reproves the Curlew' and that his frequent recourse to the form continued for many years after Imagism had ceased to interest him and had indeed spent itself out. Besides, Yeats's poems would hardly pass muster as exercises in Imagism. Contrary to Imagist practice, they accommodate discourse; Yeats in his mature years was firmly committed to

---

1) J. Stallworthy (ed.), *Yeats: Last Poems* (London, 1968), p. 91.

intellectual content and was, on this issue, equally opposed to aestheticism and to Imagism. Also, contrary to Imagist practice, his images are, as a rule, the opposite of hard, dry and sharp.

Arthur Symons rather than Ezra Pound, the Symbolists rather than the Imagists, would seem to be the source of the philosophy of the very short poem. In the essay 'The Autumn of the Body', after reproducing some of Mallarmé's pronouncements quoted by Symons, Yeats adds: 'Mr. Symons understands these and other sentences to mean that poetry will henceforth be a poetry of essences separated one from another in little and intense poems. I think there will be much poetry of this kind, because of an ever more arduous search for an almost disembodied ecstasy . . .' (*Essays and Introductions*, London, 1961, pp. 193-4).

The concept of the 'little and intense' poem was something the Symbolists took over from Poe who had declared in 'The Philosophy of Composition' that 'a poem is such only inasmuch as it intensely excites, by elevating the soul; and all intense excitements are, through a physical necessity, brief . . . it is clear that the brevity must be in direct ratio of the intensity of the intended effect'. Yeats disliked Poe's poetry (he called 'The Raven' 'insincere and vulgar', 'a rhythmical trick'),[2] but Poe's theory of the short intense poem, as developed and refined by the Symbolists, clearly made an impression on Yeats when it reached him via Symons's book. This is not to say that basic differences do not exist between Yeats's thinking and Poe's. For instance, in the essay 'The Poetic Principle', while prescribing brevity Poe adds an important proviso: '. . . it is clear that a poem may be improperly brief. Undue brevity degenerates into mere epigrammatism. A very short poem, while now and then producing a brilliant or vivid, never produces a profound or enduring, effect'. Poe would have dismissed many of Yeats's poems of eight lines or less as (to quote from the same essay) 'feathers of fancy . . . blown aloft only to be whistled down the wind'. And for his part, Yeats would have found it impossible to accept the ground on which Poe denied profundity and permanence to very short poems. As with Poe's many other attractive-looking insights, the idea that a poem can be too brief turns out, on closer scrutiny, to be based on simplistic considerations. All that Poe seems to mean is that a poem that is slight can fail to attract the common reader's attention!

In Poe's analysis of the short poem, its 'suggestive' or 'imaginative' quality is seen as arising from its intensity and brevity. He nowhere sets out what the nature of the connexion is, though by piecing together

2) A. Wade (ed.), *The Letters of W. B. Yeats* (New York, 1955), p. 325.

scattered statements and looking at his examples it is possible to see that the intense short-lived excitement, which he regarded as an essential product of true poetry, was to him connected with the imagination's mode of 'suggestive indefinitiveness' (he meant indenfiniteness). There is no evidence that Yeats had read Poe's essays and reviews. Their naïveté would, in any case, have repelled him. He knew, however, that suggestiveness is central to art. Writing in 1900, clearly very much under the influence of Symons, he speaks of 'the element of evocation, of suggestion . . . what we call the symbolism in great writers' (*Essays and Introductions*, p. 155). Twenty years later, he is as firmly committed to this 'element' as ever: 'I desire', he says, 'a mysterious art . . . doing its work by suggestion, not by direct statement' (*Explorations*, London, 1962, p. 255). But now he is defining his commitment less in terms of Symbolism than in those of the Noh. Yeats was deeply impressed by a drama which dispenses with theatre, stage and set and operates through the minimum of characters and dialogue. Even more significant to him was the fact that the Noh play is reducible to a quintessential single image; Yeats structured his own Noh-based plays on this principle, so that Calvary, for instance, seems to sum itself up in the image of the white moon-crazed heron. Paralleling the design of the Noh play was Yeats's own strategy of concentrating in a poem on 'some one vivid image', a method which, as he explains in Autobiographies, his revision of 'The Sorrow of Love' illustrates (London, 1955, pp. 434-5). This method consists in unfocusing the surrounding space in a poem (by filling it with numb-dull words which can be 'remembered with indifference') so that the central image is sharp: and not in deploying a single image which almost entirely fills a limited space, which is what the present essay is concerned with. Yet the principle is basically the same in both cases: the image, whether it be the brightest of several or the only one, develops the special eloquence, the expansiveness of meaning, that is a function of concentrated utterance. There is an important difference, though. A solitary note has a richer and more prolonged resonance than a series of notes; an image which is single and free, and not set in a network of relationships with others, is more capable of acquiring extensions and ramifications of meaning. A poem with a micro-structure has thus a superior capacity for developing macro-meaning. There is no evidence that Yeats formulated it thus to himself consciously, but the high proportion of very short poems in his work does indicate that he had instinctively discerned the possibilities of micro-suggestion.

To take an example, the twelve lines making up the poem 'An Appointment', speaking through the single image of the squirrel, express

Yeats's anger and bitterness over the Hugh Lane affair, and because they do so by minimal utterance their expression of the mood has greater force than the full length poems on Lane manage to achieve. Similarly, in 'Old Tom Again', the thought that birth and death are illusions, because it is presented through the brief action of a single symbol—the archetypal one of a voyage—acquires an authority and resonance that would be quite beyond explicit statement. Wordsworth's Immortality Ode, for instance, sets out the same Platonic doctrine, and the two poems illustrate admirably the possibilities of the contrasted techniques of micro-suggestion and extended exposition.

No single piece documents both the potentialities and the methods of micro-suggestion so impressively as 'Symbols', a poem composed of three rhymed couplets. To be sure, being verbless, it is closer to Li-Po's technique than to a normal short poem of Yeats's with its characteristic shell of discourse. However, precisely because it is free of the dross of statement, it is able to exhibit in isolation the way suggestion works in a micro-medium. And because it can be placed alongside 'A Dialogue of Self and Soul', which was written about the same time or a little earlier and has virtually the same content, 'Symbols' illustrates effectively how a short suggestive poem differs from a relatively long one. 'A Dialogue' begins with a description of the tower and of the ascent to its top and beyond and offers several clues to what the tower represents. Instead in 'Symbols' all we have is the gaunt image: 'A storm-beaten old watch-tower,/A blind hermit rings the hour'. This may at first sight seem to be a mere item in an inventory, but it soon proves (even if what Yeats said of his vision of a tower on the Appenines in Discoveries is not called in to fill in the outline) to be a visionary object with a complete clear-cut identity in the context but nevertheless an infinite range of undefined reference. The second image in the poem 'Gold-sewn silk on the sword-blade' (despite the unfortunate explanatory line, 'Beauty and fool together laid', which follows) is almost as arresting as Donne's 'A bracelet of bright hair about the bone' and states, with the same taut eloquence, a different paradox: that of love and war, of beauty and folly. The packed energy of the line contrasts with the leisurely elaboration of the corresponding passage in 'A Dialogue' :

> That flowering, silken, old embroidery, torn
> From some court-lady's dress and round
> The wooden scabbard bound and wound,
> Can, tattered, still protect, faded adorn.

The Annunciation, which is dealt with in the first and last couplets of 'A Nativity', is clearly the theme which unites the poem in spite of the four intervening couplets which speak of things that have no identifiable connexion with it. 'The Mother of God', a longer poem, also deals with the Annunciation and does so (particularly in the first and last stanzas quoted below) in images identical with those of 'A Nativity'.

The threefold terror of love; a fallen flare
Through the hollow of an ear;
Wings beating about the room;
The terror of all terrors that I bore
The Heavens in my womb.
* * *
What is this flesh I purchased with my pains,
This fallen star my milk sustains,
This love that makes my heart's blood stop
Or strikes a sudden chill into my bones
And bids my hair stand up?

These lines work by accumulation, repetition, elaboration. The contrast is startling when we turn to the couplets in 'A Nativity', with their staccato series of short pregnant questions:

What woman hugs her infant there?
Another star has shot an ear.
* * *
Why is the woman terror-struck?
Can there be mercy in that look?

Poe's fear that 'undue brevity' could degenerate into 'mere epigrammatism' is borne out in certain cases in Yeats's work. Age and the losses it brings as well as its compensations are concerns that engaged Yeats's imagination deeply throughout his life and drew from him some of his fullest and most passionate poetic statements. But 'The Coming of Wisdom' handles the theme perfunctorily in sprucely antithetical terms which tend to over-simplify. Jeffares has told us that here the preoccupation with age which was later to demand a seat by the fireside in *Last Poems* is as yet only approaching the hall door.[3] If by this is meant that the poem is inadequate because it is early work, how is one to

3) W. B. Yeats: *Man and Poet* (London, 1949/62), p. 143.

account for the disappointingly simplistic structure of 'Youth and Age', which was written fifteen years later when Yeats was at the height of his powers? The explanation seems to be that the straight-jacket of the quatrain has encouraged in both poems a merely antithetical or sententious setting out of an essentially complex issue.

The reverse process is more often in evidence in Yeats's work: a gnomic verse intended merely to make a satirical point will often be vitalized by the action of a disturbing image, so that a dart aimed at the target turns, as it were, into a pebble flung into water causing widening eddies of meaning. As a result an epigrammatic poem that is 'a little mechanical' (to borrow some words used by Yeats about a different kind of poem) becomes a 'little and intense' poem. Something like this is what seems to take place in 'On Those that Hated "The Playboy of the Western World", 1907'. An epigram directed against Griffith and other critics of Synge acquires a haunting quality when the image of Don Juan on horseback with envious eunuchs staring at him, which Yeats had derived from the Ricketts painting, lifts the poem from satire to suggestion, so that it is not about Griffith or Synge any more (except ostensibly) but is an implied hymn to sexual or creative energy. Similarly, in the first section of 'Fragments', where the Industrial Revolution is presented as the second Fall and Locke as its Adam, the image of the spinning-jenny fashioned from his ribs, which would normally be the touch of caricature appropriate to an epigram, develops into an arresting image signifying the fall from spirituality or undissociated sensibility into a mechanistic and utilitarian culture. In the second section of the poem, Yeats adds that this insight came to him 'Out of the forest loam,/Out of dark night': elsewhere in the Introduction to *The Words upon the Window-pane*, he sees Locke and the spinning-jenny in 'a sort of nightmare vision' (*Explorations*, pp. 358-9). But, even if this information about the source of the image did not exist, the lines themselves are evidence that their effect springs from suggestiveness and mystery rather than from any satirical incisiveness.

Don Juan on horseback and the spinning-jenny are images that arose from Yeats's own experience; other images drawn from tradition equally effectively energize the epigrammatic poems in which they occur. I can think of at least three poems where this happens. The sphere, which as well as being a basic symbol in Yeats's system is a familiar traditional symbol, fills the quatrain 'There' with its presence, so that the four lines with their mechanical regularity and uniformity are turned into a ringing affirmation, unique in Yeat's poems, of completeness and unity, of the resolution of those warring polarities of life which form the preoccupation of most of his poetry. There is also the eleventh poem in 'Supernatural

Songs' which acquires an immense additional dimension of meaning from the needle's eye that holds the entire celestial circuit and, like Black's grain of sand, is infinity embodied in the infinitesimal. A third example is the contrast between a transcendence of life and an involvement in it, on which 'Veronica's Napkin' is built, which dissolves dramatically in a flood of human significance when the poem reaches the final line with its image of the biood-stained napkin. In 'Oil and Blood', on the other hand, the antithetical structure itself (the contrast, that is, between the saints in their tombs of gold and the vampires buried in the ground), without the action of imagery, comes alive poetycally. As Henn said, 'the lines are stripped bare of images, and only this sinister inexplicable thing remains'.[4] At other times, an image or what looks like one may be present but it will turn out to be no more than a trope driving a point home. Pride and Truth shaking their sides (in 'On hearing that the Students of our New University, etc.'), the dog and his fleas (in 'To a Poet, who would have me Praise, etc.) and the milk split on the stone (in 'Spilt Milk') are examples that come to mind. The difference between the image which fertilizes the poem and the trope which does not is sharply illustrated in 'The Nineteenth Century and After' and 'Three Movements'–two poems which, though written with a gap of three years between them, appear together and are similar not merely in form but in content too, lamenting as they do the passing of great poetry. The image of the pebbles rattling on the shore under the receding wave has resonance; that of the fish lying on the shore gasping seems somehow to have none. The former is more typical of Yeat's poem.

Certain poem do show Yeats moving away altogether from the formula of the evocative image. 'The Spur' employs unmetaphorical language–the phrases 'dance attention', 'a plague', and 'to spur' are threadbare metaphors which have almost become idioms. Yet, because of this very directness and because also of its economy of utterance, the quatrain succeeds in stating the paradox of senescence and sexual desire with more energy and resonance than the extended affirmations of the same, or a similar, condition in 'The Tower' and other poems do. The Arnoldian touchstone school of criticism extolled in its day the force of short starkly simple statements: 'Why should a dog, a horse, a rat, have life/And thou no breath at all?', 'And never lifted up a single stone', and so forth. These lines derive their suggestiveness from their hint of complex feeling, or from their illumination of tangled events, or quite simply from their incompatibility with the density of the surrounding text. But short bare

4) *The lonely Tower* (London, 1965), p.300.

statements can have even higher potency when they occur as independent poems. Simonides's epitaph on the Spartans is the prototype. Yeats's 'Parnell' has a comparable length, baldness and range of meaning. On the other hand, 'Politics' ends with the lines

> But O that I were young again,
> And held her in my arms!

which recalls 'Western Wind':

> Christ, that my love were in my arms,
> And I in my bed again!

Whether they are lyrical cries with a piercing directness like these or the bald toneless statements of 'The Spur' and 'Parnell', such poems operate without the action of imagery, developing resonance from their penumbra of unspoken contexts and from a whole world of passion which waits behind the few bare words. This activity of a micro-unit of apparently prosaic text is unlike that of a single-image poem, but it must be admitted to be as authentic a mode of suggestion.

There is another and very specialized form of micro-suggestion. The very short poem is uniquely equipped to express instantaneous or mystical experience, enacting its rounded completeness, its burning intensity, and specifically its sudden swift passage. The fourth section of 'Vacillation' recounts a revelation which is brief but stays for 'twenty minutes more or less'. But there is a different kind of experience such as that Yeats describes in 'The Celtic Twilight': 'One day I was walking over a bit of marshy ground close to Inchy Wood when I felt, all of a sudden, and only for a second, an emotion which I said to myself was the root of Christian mysticism' (Mythologies, London, 1959, p. 68). Such 'a moment; a pulsation of the artery' is given organic form in the 28-word poem 'A Meditation in Time of War'.

In a poem that is not too short the symbols can be multiple, and then its suggested meaning will be the complex product of their interaction, of their re-inforcing, enriching, balancing, defining each other. The meaning of 'A Prayer for my Daughter', to give a familiar instance, grows out of the interplay of the wind, the laurel tree, the linnet and the horn of plenty. In a micro-suggestive poem too, although the image is single, it can reach out across the boundaries of the poem and establish wider connexions. Thus although the quatrain 'The Great Day' is political satire, the beggars changing places would seem to be an image linking itself with Yeats's basic symbol of gyres. In 'That the Night Come' the metaphor for 'desire/ For what proud death may bring' is the king 'That packed his marriage day/With banneret and pennon,/Trumpet and Kettledrum,/And the outrageous cannon'; the image recalls the King in Hamlet who in Act I keeps wassail to the accompaniment of the kettledrum and the trumpet and in Act V asks that the kettledrum, the trumpet and the cannon proclaim that he is drinking to Hamlet. The image thus picks up some of the larger overtones of a play which, like Yeats's poem, tells of marriage and death. Similarly, 'the balloon of the mind/ That bellies and drags in the wind' in the quatrain named after it links itself with the wind as a metaphor for the restless mind, which is familiar in Indian philosophy (e.g. the Bhagavad-Gita, VI, 34). However, although the single image can thus develop an enlarged reference beyond the text, yet within the poem itself it has to operate singly without the activity of any fellow images. This sets micro-suggestion apart from the method possible in a relatively long poem.

Another demarcation between normal suggestion and micro-suggestion arises from its relation to statement. Although Yeats's short poems, unlike Imagist poems, frame the image in discourse, the quantity and role of their discursive content are so regulated that the image remains central and its suggestiveness is not damaged. In his other poems, the suggestive elements are either placed amid the discourse (as in 'Sailing to Byzantium' with its logical structure) or, as in 'Among School Children', occur as a movement, the final climactic one of that poem, carried forward upon the symbols of chestnut tree and dancer, the rest of the poem being discourse. Thus while in the less short poems, the relation between suggestion and statement will vary from one poem to another, in micro-suggestive poems it is fixed, with a minimal discursive component supporting the image.

The discursive base of the short poem is explained in Yeats's essay 'Art and Ideas' (1913) which is a plea for departing from the aestheticism of the nineties and readmitting intellectual content into art. On the other hand, in 'The Autumn of the Body', written in 1898, Yeats, as we have seen, had expressed the hope that short poems would continue to be produced because of 'an ever more arduous search for an almost disembodied ecstasy', but he had added that long poems would gain in vogue and that the two forms would be reconciled so that Homer's 'old man wandering among enchanted islands' and Mallarmé's 'horror of the forest' could be accepted as standing for equally valid imaginative modes. However, in the years that followed Yeats seems to have discovered that the short poem has not only an identity of its own but, in the contemporary situation, even an advantage. In 'Art and Ideas' Yeats complains that the long poems of his time do not have the 'architectural unity' of those of earlier ages and are only remembered 'for some occasional passage, some moment which gains little from the context', and adds that 'it remains for some greater time . . . to create a King Lear, a Divine Comedy, vast worlds moulded by their own weight like drops of water' (Essays and Introductions, p. 354). He has no use for the inconsequentiality of poems like Swinburne's, 'where the verses might be arranged in any order, like shot poured out of a bag'; and he refers with approval to 'the short poems which contained as clearly as an Elizabethan lyric the impression of a single idea'. Although he has used the word 'architectural', the metaphor of the drop of water is more significant; the unity he has in mind is not 'a classical imitation' but 'an organic thing . . . the flow of flesh under the impulse of passionate thought'. It must thus be a unity that is integral with spontaneity. 'Those poets', he says, 'with whom I feel myself in sympathy have tried to give to little poems the spontaneity of a gesture or of some casual emotional phrase'. If the rhetoric of micro-suggestion came to Yeats readily and frequently, it must be because he found from his own practice that of all forms the slight poem could most easily be at the same time both cohesive with a single image or idea supplying its structure and uncontrived like a swift look or a chance word.

Ahmadu Bello University

Nigeria

Tradition and the Individual Talent[1)]

I ENGLISH writing we seldom speak of tradition, though we occasionally apply its name in deploring its absence. We cannot refer to "the tradition" or to "a tradition"; at most, we employ the adjective in saying that the poetry of So-and-so is "traditional" or even "too traditional." Seldom, perhaps, does the word appear except in a phrase of censure. If otherwise, it is vaguely approbative, with the implication, as to the work approved, of some pleasing archaeolo- gical reconstruction. You can hardly make the word agreeable to English ears without this comfortable reference to the reassuring science of archaeology.

Certainly the word is not likely to appear in our appreciations of living or dead writers. Every nation, every race, has not only its own creative, but its own critical turn of mind; and is even more oblivious of the shortcomings and limitations of its critical habits than of those of its creative genius. We know, or think we know, from the enormous mass of critical writing that has appeared in the French language the critical method or habit of the French; we only conclude (we are such unconscious people) that the French are "more critical" than we, and sometimes even plume ourselves a little with the fact, as if the French were the less spontaneous. Perhaps they are; but we might remind ourselves that criticism is as inevitable as breathing, and that we should be none the worse for articulating what passes in our minds when we read a book and feel an emotion about it, for criticizing our own minds in their work of criticism. One of the facts that might come to light in this process is our tendency to insist, when we praise a poet, upon those aspects of his work in which he least resembles any one else. In these aspects or parts of his work we pretend to find what is individual, what is the peculiar essence of the man. We dwell with satisfaction upon the poet's difference from his predecessors, especially his immediate prodecessors; we endeavour to find something that can be isolated in order to be enjoyed. Whereas if we approach a poet without this prejudice we shall often find that not only tile best, but the most individual parts of his work may be those in which the dead poets, his ancestors, assert their immortality most vigorously. And I do not mean the impressionable period of adolescence, but the period of maturity.

---

1) *Tradition and Individual Talent.* First published in 1917. From *Selected Essays,* 1917-1932 by T. S. Eliot, copyright, 1932, by Harcourt Brace Jovanhovish, Inc. and Faber & Faber Ltd.

Yet if the only form of tradition, of handing down, consisted in following the ways of the immediate generation before us in a blind or timid adherence to its successes, "tradition" should positively be discouraged. We have seen many such simple currents soon lost in the sand; and novelty is better than repetition. Tradition is a matter of much wider significance. It cannot be inherited, and if you want it you must obtain it by great labour. It involves, in the first place, the historical sense, which we may call nearly indispensable to any one who would continue to be a poet beyond his twenty-fifth year; and the historical sense involves a perception, not only of the pastness of the past, but of its presence;[2] the historical sense compels a man to write not merely with his own generation in his bones, but with a feeling that the *whole* of the literature of Europe from Homer and within it the whole of the literature of his own country has a simultaneous existence and composes a simultaneous order. This historical sense, which is a sense of the timeless as well as of the temporal and of the timeless and of the temporal together, is what makes a writer traditional. And it is at the same time what makes a writer most acutely conscious of his place in time, of his own contemporaneity.

No poet, no artist of any art, has his complete meaning alone. His significance, his appreciation is the appreciation of his relation to the dead poets and artists. You cannot value him alone; you must set him, for contrast and comparison, among the dead. I mean this as a principle of aesthetic, not merely historical, criticism. The necessity that he shall conform, that he shall cohere, is not one sided; what happens when a new work of art is created is something that happens simultaneously to all the works of art which preceded it. The existing monuments form an ideal order among themselves, which is modified by the introduction of the new (the really new) work of art among them. The existing order is complete before the new work arrives; for order to persist after the supervention of novelty, the *whole* existing order must be, if ever so slightly, altered; and so the relations, proportions, values of each work of art toward the whole are readjusted; and this is conformity between the old and the new. Whoever has approved this idea of order, of the form of European, of English literature will not find it preposterous that the past should be altered by the present as much as the present is directed by the past. And the poet who is aware of this will be aware of great difficulties and responsibilities.

---

2) A sense, that is, of its relevance now—of the extent to which the past is entering into the content of the present, creating and forming the present into what it is.

In a peculiar sense he will be aware also that he must inevitably be judged by the standards of the past. I say judged, not amputated, by them; not judged to be as good as, or worse or better than, the dead; and certainly not judged by the canons of dead critics. It is a judgment, a comparison, in which two things are measured by each other. To conform merely would be for the new work not really to conform at all; 3) it would not be new, and would therefore not be a work of art. And we do not quite say that the new is more valuable because it fits in; but its fitting in is a test of its value—a test, it is true, which can only be slowly and cautiously applied, for we are none of us in. fallible judges of conformity. We say: it appears to conform, and is perhaps individual, or it appears individual, and may conform; but we are hardly likely to find that it is one and not he other.

To proceed to a more intelligible exposition of the relation of the poet to the past: he can neither take the past as a lump, an indiscriminate bolus, nor can he form himself wholly on one or two private admirations, nor can he form himself wholly upon one preferred period. The first course is inadmissible, the second is an important experience of youth, and the third is a pleasant and highly desirable supplement. The poet must be very conscious of the main current, which does not at all flow invariably through the most distinguished reputations. He must be quite aware of the obvious fact that art never improves, but that the material of art is never quite the same. He must be aware that the mind of Europe—the mind of his own country—a mind which he learns in time to be much more important than his own private mind— is a mind which changes, and that this change is a development which abandons nothing *en route*, which does not superannuate either Shakespeare, or Homer, or the rock drawing of the Magdalenian draughts men. That this development, refinement perhaps, complication certainly, is not, from the point of view of the artist, any improvement. Perhaps not even an improvement from the point of view of the psychologist or not to the extent which we imagine; perhaps only in the end based upon a complication in economics and machinery. But the difference between the present and the past is that the conscious present is an awareness of the past in a way and to an extent which the past's awareness of itself cannot show.

Some one said: "The dead writers are remote from us because we *know* so much more than they did." Precisely, and they are that which we know.

3) One might illustrate the statement by the remark of Edward Young;, which Sir Joshua Reynolds emphasized: "He that imitates the . . . *Iliad* does not imitate Homer" (see above. p. 242).

I am alive to a usual objection to what is clearly part of my program me for the *métier* of poetry. The objection is that the doctrine requires a ridiculous amount of erudition (pedantry), a claim which can be rejected by appeal to the lives of poets in any pantheon. It will even be affirmed that much learning deadens or perverts poetic sensibility. While, however, we persist in believing that a poet ought to know as much as will not encroach upon his necessary receptivity and necessary laziness, it is not desirable to confine knowledge to whatever can be put into a useful shape for examinations, drawing-rooms, or the still more pretentious modes of publicity. Some can absorb knowledge, the more tardy must sweat for it. Shakespeare acquired more essential history from Plutarch than most men could from the whole British Museum. What is to be insisted upon is that the poet must develop or procure the consciousness of the past and that he should continue to develop this consciousness throughout his career.

What happens is a continual surrender of himself as he is at the moment to something which is more valuable. The progress of an artist is a continual self-sacrifice, a continual extinction of personality. There remains to define this process of depersonalization and its relation to the sense of tradition. It is in this depersonalization that art may be said to approach the condition of science. I, therefore, invite you to consider, as a suggestive analogy, the action which takes place when a bit of finely filiated platinum is introduced into a chamber containing oxygen and sulphur dioxide.

II

Honest criticism and sensitive appreciation are directed not upon the poet but upon the poetry. If we attend to the confused cries of the newspaper critics and the *susurrus* of popular repetition that follows, we shall hear the names of poets in great numbers; if we seek not Blue-book knowledge but the enjoyment of poetry, and ask for a poem, we shall seldom find it. I have tried to point out the importance of the relation of the poem to other poems by other authors, and suggested the conception of poetry as a living whole of all the poetry that has ever been written. The other aspect of this Impersonal theory of poetry is the relation of the poem to its author. And I hinted, by an analogy, that the mind of the mature poet differs from that of the immature one not precisely in any valuation of "personality," not being necessarily more interesting, or having "more to say," but rather by being a more finely perfected medium in which special, or very varied, feelings are at liberty to enter into new combinations.

The analogy was that of the catalyst. When the two gases previously mentioned are mixed in the presence of a filament of platinum, they form sulphurous acid. This combination takes place only if the platinum is present; nevertheless the newly formed acid contains no trace of platinum, and the platinum itself is apparently unaffected; has remained inert, neutral, and unchanged.[4] The mind of the poet is the shred of platinum. It may partly or exclusively operate upon the experience of the man himself; bat, the more perfect the artist. the more completely separate in him will be the man who suffers and the mind which creates; the more perfectly will the mind digest and transmute the passions which are its material.

The experience, you will notice, the elements which enter the presence of the transforming catalyst, are of two kinds: emotions and feelings. The effect of a work of art upon the person who enjoys it is an experience different in kind from any experience not of art. It may be formed out of one emotion, or may be a combination of several; and various feelings, inhering for the writer in particular words or phrases or images, may be added to compose the final result. Or great poetry may be made without the direct use of any emotion whatever: composed out of feelings solely. Canto XV of the *Inferno* (Brunetto Latini) is a working up of the emotion evident in the situation; but the effect, though single as that of any work of art, is obtained by considerable complexity of detail. The last quatrain gives an image, a feeling attaching to an image, which "came," which did not develop simply out of what precedes, but which was probably in suspension in the poet's mind until the proper combination arrived for it to add itself to. The poet's mind is in fact a receptacle for seizing and storing up numberless feelings, phrases, images, which remain there until all the particles which can unite to form a new compound are present together.

If you compare several representative passages of the greatest poetry you see how great is the variety of types of combination, and also how completely any semi-ethical criterion of "sublimity" misses the mark. For it is not the "greatness," the intensity, of the emotions, the components, but the intensity of the artistic process, the pressure, so to speak, under which the fusion takes place, that counts. The episode of Paolo and Francesca employs a definite emotion, but the intensity of the poetry is something quite different from whatever intensity in the

---

4) Compare Keats's remark: "Men of Genius are great as certain etherial Chemicals operating on the Mass of neutral intellect–but they have not any individuality any determined Character" (see above, p. 349). "This is the sort of remark," says Eliot, after citing it, "which, when made by a man so young as Keats, can only be called the result of genius. There is hardly one statement of Keats about poetry, which . . . will not be found to be true . . ."
(*The Use of Poetry* [Cambridge, Mass., 1933], p. 93.)

supposed experience it may give the impression of. It is no more intense, furthermore, than Canto XXVI, the voyage of Ulysses, which has not the direct dependence upon an emotion. Great variety is possible in the process of transmutation of emotion: the murder of Agamemnon, or the agony of Othello, gives an artistic effect apparently closer to a possible original than the scenes from Dante. In the *Agamemnon*, the' artistic emotion. approximates to the emotion of an actual spectator; in *Othello* to the emotion of the protagonist himself. But the difference between art and the event is always absolute; the combination which is the murder of Agamemnon is probably as complex as that which is the voyage of Ulysses. In either case there has been a fusion of elements. The ode of Keats contains a number of feelings which have nothing particular to do with the nightingale, but which the nightingale, partly, perhaps, because of its attractive name, and partly because of its reputation, served to bring together.

The point of view which I am struggling to attack is perhaps related to the metaphysical theory of the substantial unity of the soul: for my meaning is, that the poet has, not a "personality" to express, but a particular medium, which is only a medium and not a personality, in which impressions and experiences combine in peculiar and unexpected ways. Impressions and experiences which are important for the man may take no place in the poetry, and those Which become important in the poetry may play quite a negligible part in the man, the personality. I will quote a passage which is unfamiliar enough to be regarded with fresh attention in the light—or darkness—of these observations:

And now me thinks I could e'en chide myself
For doating on her beauty, though tier death
Shall be revenged after no common action.
Does the silkworm expend her yellow lab ours
For thee? For thee does she undo herself?
Are lordships sold to maintain ladyships
For the poor benefit of a bewildering minute?
Why does yon fellow falsify highways,
And put his life between the judge's lips,
To refine such a thing—keeps horse and men
To beat their valours for her? . . .[5]

In this passage (as is evident if it is taken in its context) there is a

5) Cyril Tourneur, the *Revenger's Tragedy,* III, 4.

combination of positive and negative emotions: an intensely strong attraction toward beauty and an equally intense fascination by the ugliness which is contrasted with it and which destroys it. This balance of contrasted emotion is in the dramatic situation to which the speech is pertinent, but that situation alone is inadequate to it. This is, so to speak, the structural emotion, provided by the drama. But the whole effect, the dominant tone, is due to the fact that a number of floating feelings. having an affinity to this emotion by no means superficially evident, have combined with it to give us a new art emotion.

It is not in his personal emotions, the emotions provoked by particular events in his life, that the poet is in any way remarkable or interesting. His particular emotions may be simple, or crude, or flat. The emotion in his poetry will be a very complex thing, but not with the complexity of the emotions of people who have very complex or unusual emotions in life. One error, in fact, of eccentricity in poetry is to seek for new human emotions to express, and in this search for novelty in the wrong place it discovers the perverse. The business of the poet is not to find new emotions, but to use the ordinary ones and, in working them up into poetry, to express feelings which are not in actual emotions at all. And emotions which he has never experienced will serve his turn as well as those familiar to him. Consequently, we must believe that "emotion recollected in tranquillity" is an inexact formula. For it is neither emotion, nor recollection, nor, without distortion of meaning, tranquillity. It is a concentration, and a new thing resulting from the concentration, of a very great number of experiences which to the practical and active person would not seem to be experiences at all; it is a concentration which does not happen consciously or of deliberation. These experiences are not "recollected," and they finally unite in an atmosphere which is "tranquil" only in that it is a passive attending upon the event. Of course this is not quite the whole story. There is a great deal, in the writing of poetry, which must be conscious and deliberate. In fact, the bad poet is usually unconscious where he ought to be conscious, and conscious where he ought to be unconscious. Both errors tend to make him "personal." Poetry is not a turning loose of emotion, but an escape from emotion; it is not the expression of personality, but an escape from personality. But, of course, only those who have personality and emotions know what it means to want to escape from these things.

III

σ δὲ νοὺς ἰοως Θειότεοόν τι χαὶ ἀταυὲς ἐοτιν.6)

This essay proposes to halt at the frontier of metaphysics or mysticism, and confine itself to such practical conclusions as can be applied by the responsible person interested in poetry. To divert interest from the poet to the poetry is a laudable aim: for it would conduce to a juster estimation of actual poetry, good and bad. There are many people who appreciate the expression of sincere emotion in verse, and there is a smaller number of people who can appreciate technical excellence. But very few know when there is an expression of significant emotion, emotion which has its life in the poem and not in the history of the poet. The emotion of art is impersonal. And the poet cannot reach his impersonality without surrendering himself wholly to the work to be done. And he is not likely to know what is to be done unless he lives in what is not merely the present, but the present moment of the past, unless he is conscious, not of what is dead, but of what is already living.

---

6) "The mind may be too divine, and therefore unaffected."

김현옥

호남대학교 교무처장, 학생처장
호남대학교 영문과 학과장 및 대학원 영문과 주임
호남대학교 인문대 학장 역임

논문

*The Waste Land*의 상황 연구, T.S. Eliot의 "*Burnt Noton*"에 나타난 종교적 의미, T.S. Eliot의 시에 나타난 인간의 고립과 소원, T.S. Eliot의 시에 나타난 현대문명과 교관, T.S. Eliot의 개성 몰각설, 시인으로서의 T.S. Eliot의 발전과정, 낭만시와 현대시의 고찰, *The Waste Land*의 개관, 비평가로서의 T.S. Eliot의 발전과정, 영시의 발전과정(왕정 복고기까지)

T.S. Eliot et al.

Modern Poetry

WITH ESSAYS IN CRITICISM

1판 1쇄 찍음 _ 1994년 2월 20일
1판 5쇄 펴냄 _ 2018년 8월 31일

편 저 자 · 김 현 옥
발 행 인 · 정 현 걸
발　　행 · 신 아 사
인　　쇄 · 대명프린팅
출판등록 · 1956년 1월 5일 (제9-52호)
주　　소 · 서울시 은평구 통일로 59길 4(2F)
전　　화 · 02)382-6411 · 팩스 02)382-6401
홈페이지 · www.shinasa.co.kr
E-MAIL · shinasa@daum.net

ISBN 978-89-8396-293-5(93840)

정가 *15,000*원